이
정
희 李丁希 Lee, Jung-hee

연세대학교 작곡과 학사
한국예술종합학교 전통예술원 예술전문사(석사)
서울대학교 협동과정 한국음악학 박사
박사 후 국내연수(Post-Doc) [한국연구재단 지원].
한문연수원 사단법인 儒道會 수료
韓國音樂史學報 제6회 신인논문상 수상.
서울대학교 규장각한국학연구원에서 보조연구원 및 공동연구원 역임.
現 서울대학교 박물관 객원연구원. 연세대, 전북대학교 출강.

주요논문

「조선후기 민간의 생황문화 고찰」, 「조선후기 종묘악현 연구」, 「이왕직아악부의 활동과 안팎의 시각」, 「조선시대 掌樂院 典樂의 역할」, 「고종대 圜丘祭禮樂 再考」, 「대한제국기 군악대 고찰」, 「숭의묘 건립과 숭의묘 제례악」, 「개항기 근대식 궁정연회의 성립과 공연문화사적 의의」, 「대한제국기 건원절 경축 행사의 설행 양상」, 「제1차 수신사 김기수가 경험한 근대 일본의 외교의례와 연회」, 「대한제국기 순종황제 즉위 행사와 음악」, 「의례 소재 樂器圖 연구」, 「한국근대전환기의 궁중악사, 明完璧」, 「대한제국기 고종황제의 행차와 악대」, 「궁중의 의례와 음악의 중개자, 협률랑」, 「고종황제 만수성절 경축 문화」, 「1910년대 고종 탄신 기념 연회의 공연 양상」, 「윤용구(尹用求) 편찬 음악 자료의 소장 현황 및 의의」 등

주요저서

『대한제국, 세계적인 흐름에 발맞추다』(공저, 국립고궁박물관, 2018), 『근대식 연회의 탄생』(민속원, 2014), 『한국학, 그림을 그리다』(공저, 태학사, 2013), 『대한제국 – 잊혀진 100년 전의 황제국 – 』(공저, 국립고궁박물관/민속원, 2011), 『국역 순조기축진찬의궤』 권2(공역, 민속원, 2007), 『한국공연예술자료선집 – 朝光 – 』 1~4(공편저, 민속원, 2002)

민속원 아르케북스 129 minsokwon archebooks

대한제국 황실음악

전통과 근대의 이중주

| 이정희 |

민속원

책머리에

"어제는 너무 멀고, 오늘은 낯설고, 내일은 두렵다." 〈미스터 션샤인〉(2018)의 여주인공 고애신이 읊조린 독백이다. 격변기에 삶을 영위해야만 했던 당대인들의 심정을 응축한 명대사이다. 거듭되는 혼란 속에서 날마다 번민에 휩싸였던 그들의 불안감이 선명하게 압축되어 있다. 문장은 우아하고 간결하지만, 글자에 어린 아픔의 무게는 결코 가볍지 않다. 그들의 슬픔은 드라마뿐 아니라 곳곳에 배어 있다. 치유되지 않은 고통의 혈흔은 대한제국 시기 자료 여기저기에 선명하다. 이를 들추어 보는 작업으로 보낸 시간이 울분과 통한이 쌓이는 나날로 이어져 평정이란 단어가 사전에서 탈출한 것만 같았다.

그럼에도 불구하고 왜 대한제국인가. 왜 그 시기가 아른거렸을까. 현재, 바로 여기, 지금의 모습이 대한제국을 통해 더욱 명확하게 파악되었기 때문이다. 내게 대한제국은 현실을 비춰주는 거울 같았다. 대한제국을 들여다보고 있으니, 본래 우리 것이 어떤 구도였다가 어떻게 변화되고 퇴색되었는지, 새로운 물건과 문화는 어떤 명분과 필요에 의해서 유입되었는지, 그것들이 서로 조화 또는 부조화를 어떻게 이루었는지 등을 가늠할 수 있었다. 특히 궁중에서 전통음악 뿐 아니라 서양음악이 공식적으로 연주되고 상황에 따라 국악과 양악이 선별적으로 사용되는 지점이 흥미로웠다. 대한제국의 황실에서는 전통음악과 서양음악을 선택적으로 활용했다는 측면에서 이전과 차별화 되었다. 황제의 위격으로 격상시킨 전통음악을 통해 황실의 위의를 드러냈고, 서양인과 교류하는 행사에서는 양악으로 개방성을 표현했다. 국악과 양악이 궁중에서 교차하던 흔적들은 내 마음을 들뜨게 했다.

그러나 심정적으로 받아들이기 힘든 내용들은 여전히 남아 있고 머리도 복잡하다. 판단하기 어려운 지점이 많고 이해되지 않는 부분이 산처럼 쌓여있다. 일상생활을 영위하기 위한 몸짓 속에서 잠시 망각의 순간이 존재할 뿐, 미해결 과제로 몸살을 앓는다. 다만, 무슨 인연이 나를 이끌었는지는 모르겠지만 그 시대를 몸으로 겪었던 이들의 시선과 생각이 담긴 파편 같은 기록들이 자꾸만 눈에 들어와 어느덧 12편의 논문을 작성하게 되었다. 부족하고 부끄러운 글이지만 책으로 엮어 세상에 내놓을 용기를 지니게 된 것은 두 가지 이유 때문이다.

첫째, 자료를 공유하고 싶어서이다. 내 손에 들어온 자료가 특별하거나 독보적이지는 않지만 미진하나마 다른 연구자들에게 하나라도 쓰임이 되면 좋겠다. 자료 접근성이 좋은 시대이지만 대한제국 시기 자료는 여전히 간절한 상황이다. 대한제국 시기는 현재와 긴밀하게 연계되어 있어 앞으로도 많은 연구가 다방면에서 이루어져야 한다고 본다. 자료의 축적은 연구의 진전에 초석이 된다. 보다 많은 자료가 발굴되고 하나 둘 쌓이다 보면 대한제국에 관한 평가, 해석, 이해 등이 보다 성숙해 질 것이다.

둘째, 개인적으로 정리가 필요한 상황이라는 생각이 들었기 때문이다. 대단한 연구를 한 것은 아니지만 열정을 쏟았던 지난 시간을 반추해 보며 나아갈 방향을 점검해 보는 계기를 갖기 위해서이다. 이런 생각으로 책을 마무리하면서 달력을 보니, 고종 승하 100주년이 되는 해로 접어들었다. 가슴이 두근거리다가 무거워진다.

혼자만의 힘으로 이 순간까지 올 수는 없었다. 대한제국 황실음악에 관심을 갖도록 안내해 주셨을 뿐 아니라 항상 그 자리에서 응원해 주시는 송지원 선생님께 감사드린다. 부족한 아내를 이해해주는 남편 최영섭 변호사와 엄마노릇에 서툰 내게 오히려 힘을 주는 예쁜 딸 서윤이에게 고마운 마음을 전한다. 흔쾌히 출판을 허락해 주신 민속원 홍종화 사장님, 오성현 과장님, 신나래 대리님에게도 감사드린다.

2019년 매화 소식 들으며
이정희

차례

책 머리에 • 4

제1부
———
황제 즉위식의 음악   13

1장 고종의 황제 즉위와 환구제례악
   ——— 014

   1. 머리말 ……………………………………………………………… 14
   2. 환구제 복원 ………………………………………………………… 15
   3. 환구제례악 ………………………………………………………… 18
   4. 맺음말 ……………………………………………………………… 35

2장 순종황제 즉위식과 음악
   ——— 037

   1. 머리말 ……………………………………………………………… 37
   2. 고종황제 퇴위와 황태자대리청정진하의 ………………………… 39
   3. 순종황제 즉위식 준비과정 ………………………………………… 47
   4. 순종황제 즉위식 절차 ……………………………………………… 51
   5. 순종황제 즉위식의 음악 …………………………………………… 60
   6. 순종황제 즉위식 기념행사 ………………………………………… 65
   7. 맺음말 ……………………………………………………………… 67

제2부
황제의 행차 악대　71

1장 고종황제 행차와 악대
——— 072

1. 머리말 ·· 72
2. 고종황제 행차와 『大韓禮典』 ···································· 73
3. 고종황제 행차의 특징 ··· 76
4. 고종황제 행차의 악대 ··· 82
5. 고종황제 행차에 대한 시선 ····································· 91
6. 맺음말 ··· 92

2장 순종황제 행차와 음악
——— 094

1. 머리말 ·· 94
2. 순종황제의 행차 동기 ··· 96
3. 순종황제의 鹵簿 구성 ·· 101
4. 순종황제 행차의 음악 ··· 107
5. 맺음말 ·· 112

제3부
황제 탄신 경축 행사와 음악   115

1장 고종황제 만수성절 경축 문화
——— 116

1. 머리말 ·· 116
2. 고종황제 만수성절 등장 배경 ·· 117
3. 황제권 절정기의 만수성절 ·· 125
4. 황제권 추락과 만수성절 ·· 134
5. 맺음말 ·· 144

2장 순종황제 건원절 경축 공연
——— 148

1. 머리말 ·· 148
2. 건원절 제정과 경축 개요 ·· 150
3. 창덕궁 폐현례 ·· 153
4. 덕수궁 문안의 ·· 157
5. 민간의 제등회 ·· 161
6. 비원의 원유회 ·· 167
7. 맺음말 ·· 175

제4부
부국강병과 개국기원의 염원   177

1장 부국강병과 숭의묘 제례악
———— 178
1. 머리말 ·· 178
2. 숭의묘 건립과 철폐 ··· 179
3. 숭의묘 제례악 ·· 192
4. 맺음말 ··· 200

2장 개국기원절 기념 행사와 음악
———— 201
1. 머리말 ·· 201
2. 개국기원절 기념 행사의 설행 배경 ······································ 203
3. 궁중의 개국기원절 기념 행사와 음악(1895) ···························· 205
4. 독립협회의 제1차 개국기원절 기념 행사와 음악(1897) ·············· 213
5. 독립협회의 제2차 개국기원절 기념 행사와 음악(1898) ·············· 220
6. 맺음말 ··· 234

제5부

서구식 파티의 경험-도입-변용   237

1장 제1차 수신사 김기수가 경험한 최초의 서구식 파티
───── 238

1. 머리말 ·· 238
2. 제1차 수신사의 노정과 일정 ··· 240
3. 일본 천황 접견례 ··· 246
4. 延遼館의 下船宴 ··· 253
5. 延遼館의 上船宴 ··· 256
6. 맺음말 ·· 261

2장 원유회園遊會, 가든파티의 도입과 변용
───── 263

1. 머리말 ·· 263
2. 원유회 설행배경 ··· 265
3. 원유회 설행장소와 참석자 ··· 271
4. 원유회장의 실상 ··· 276
5. 원유회장의 공연예술 ··· 297
6. 맺음말 ·· 302

제6부
전통음악기관 정비와 서구식 악대 창설　305

1장 장악원 체제 정비
―――― 306

1. 머리말 ·· 306
2. 대한제국기 궁내부와 장악기관의 명칭 ······························· 307
3. 대한제국기 장악기관의 직제 ··· 313
4. 대한제국기 장악기관에 소속된 관리와 악인들의 관등, 봉급 ······ 323
5. 맺음말 ··· 329

2장 군악대 설치와 운용
―――― 331

1. 머리말 ·· 331
2. 군악대 창설과 에케르트 고용계약 ······································· 332
3. 군악대 편제 ··· 339
4. 군악대 재정 ··· 348
5. 군악대원의 복식 ··· 353
6. 군악대원의 정년과 징벌사항 ··· 358
7. 맺음말：군악대 활동과 그 의의 ·· 361

참고문헌 • 367
찾아보기 • 375

제1부

황제 즉위식의 음악

1. 고종의 황제 즉위와 환구제례악
2. 순종황제 즉위식과 음악

고종의 황제 즉위와 환구제례악

1. 머리말

환구제圜丘祭는 하늘에 올리는 제사이다. 우리나라에서 천제天祭를 지낸 기록은 삼국시대부터 보인다. 고려시대와 조선 전기 세조대까지도 폐지와 회복을 거듭하며 천신天神에게 제사를 올렸지만, 지속되기 어려웠다. 그 후 고종이 황제로 즉위하면서 환구제가 복원되었고, 1910년 한일합방과 동시에 완전히 폐지되었다. 일제는 고종대 환구제를 지냈던 환구단圜丘壇을 헐고서 그 자리에 조선총독부 철도호텔을 1914년 완공하였다. 철도호텔은 현 서울 웨스틴조선호텔의 전신으로, 호텔 옆에는 팔각형 3층 건물인 황궁우皇穹宇와 석고단石鼓壇이 남아 있다.

고종대 환구제 복원은 1897년 고종이 황제로 즉위하며 대한제국大韓帝國을 성립한 시점에 이루어졌는데 이는 국모國母인 왕비가 시해되는 어려움을 겪으면서도 실추된 국권을 회복하고 국가와 국왕의 위상을 높임과 동시에 근대적인 개혁을 추진하는[1] 과

---

1   이윤상, 「대한제국기 국가와 국왕의 위상제고사업」, 『震檀學報』 제95집, 진단학회, 2001 참조.

정에서 정점이 되었다. 이처럼 고종대 환구제는 역사적 의의가 크기 때문에 이를 주목한 연구성과물이 역사학, 종교학 등에서 나왔고[2] 한국음악학계에서도 환구제에서 연주되는 환구제례악圜丘祭禮樂에 대해 논의된 바 있다.[3] 그러나 한국음악학계의 기존 연구성과에서는 악곡명樂曲名, 악조樂調, 악현樂懸 등에 대해서는 자세히 고찰하지 않았으므로 본고에서는 이를 보충하여 고종대 환구제례악에 대해 재정리 해 보겠다. 먼저 고종대 환구제가 복원되는 과정을 간략히 서술하고[4] 환구제례악은 3장에서 다루겠다.

2. 환구제 복원

고종이 황제로 즉위하고 환구단에 나아가 친히 제사를 올린 날짜는 1897년 10월 12일이다.[5] 그러나 환구제 관련 기록은 그 이전부터 보인다. 국가 사전祀典의 대소향사大小享祀를 의정하여 올리라는 고종의 칙령[6]에 따라 사전祀典 개혁안이 1895년 정월 14일에 올려 졌는데[7] 이 때 대사大祀에 환구제가 기재되어 있다.[8] 같은 해(1895년) 윤 5월 20일에는 환구단을 쌓으라는 지시도 내려졌다.[9] 그러나 1895년 10월 8일 을미사변

2 김문식·송지원, 「국가제례의 변천과 복원」, 『서울 20세기 생활·문화변천사』, 서울시정개발연구원, 2001; 이욱, 「대한제국기 환구제에 관한 연구」, 『종교연구』 30, 한국종교학회, 2000.
3 김종수, 「朝鮮時代 圜丘祭 研究」, 『民族音樂學』 제17집, 1995; 김문식·송지원, 위의 논문. 이외에도 세조대 환구악을 다룬 연구성과로 송혜진, 「『世祖實錄』圜丘 「新製雅樂譜」의 연원에 대한 고찰」, 『韓國 雅樂史 研究』, 민속원, 2000이 있다.
4 환구제 복원, 칭제 논의, 대한제국 성립 등에 대한 자세한 내용은 李玟源, 「稱帝논의의 전개와 大韓帝國의 성립」, 『淸溪史學』, 1988 및 한영우, 「대한제국 성립과정과 『大禮儀軌』」, 『高宗大禮儀軌』, 서울대학교규장각, 2001 등 참조.
5 본고에서 기입하는 날짜는 양력을 기준으로 하며, 음력으로 기재할 경우 별도로 음력임을 명시하겠다.
6 『高宗實錄』 권32, 高宗 31년(1894) 12월 16일.
7 奏本 제85호 開國五百四年正月十四日奏, 『奏本·議奏』 1, 서울대학교 규장각, 1994, 48~49쪽.
8 위의 책, 48~49쪽.
   사전 개혁안의 기본 방향이 근대적 의식과 중국과의 정치적 단절에 기초하여 국가 제사의 규모를 축소하려는 것이었음에도 불구하고 당시 유일하게 새로 만들어진 의례는 환구제 뿐이었다. 이욱, 앞의 논문, 184~186쪽.
9 『高宗實錄』 권33, 高宗 32년(1895) 5월 20일.

乙未事變이 일어났고 고종은 신변의 안전을 위해 1896년 2월 11일 아관파천俄館播遷을 감행하였다.

아관파천으로 인해 환구제에 관한 논의는 잠시 소강상태로 접어든 듯했지만 1896년 7월 고종은 러시아 공사관에서 그동안 진행되었던 사전祀典 개혁을 바로잡으라는 지시를 내렸다.[10] 고종의 령을 받은 궁내부대신宮內府大臣 이재순李載純과 장례원경掌禮院卿은 1896년 8월 14일, 당시 형편과 예법禮法을 참작하여 고친 제사 규정을 올렸다〈표 1〉 참조).[11] 시정된 제사 규정에도 환구제는 대사大祀에 그대로 포함되었고, 제사일은 동지冬至와 정월正月 상신일上辛日, 이상 두 차례로 기재되어 있다.[12]

甲午改革期[13]와 1896년 8월[14]의 國家 祀典

甲午改革期		1896년 8월
구분	제향	제향
大祀	圜丘(風雲雷雨·山川)·宗廟·永寧殿·社稷	圜丘(風雲雷雨·山川)·宗廟·永寧殿·社稷·**大報壇**
中祀	景慕宮·文廟·尾箕星·先農·先蠶·**歷代始祖**	景慕宮·文廟·尾箕星·先農·先蠶·**雩祀·關王廟**
小祀	蠹祭·厲祭·城隍祭·**北岳**·漢江·木覓·**關王廟**	蠹祭·厲祭·城隍祭·**三角山**·漢江·木覓·**中霤**·司寒·**祈雨·禜祭·祈雪·馬祖·四賢祠·啓聖祠·宣武祠·靖武祠**
俗禮	永禧殿·濬源殿·**慶基殿**·華寧殿·各陵園墓·肇慶廟·各宮廟	永禧殿·濬源殿·華寧殿·各陵園墓·肇慶廟·各宮廟
정지	**雩祀**·司寒·祈雨·禜祭·祈雪·馬祖·四賢祠	·
기타	大祀에는 八佾舞을 쓴다	지방 道의 제사규정이 있음

10 고종은 갑오개혁기의 祀典 개혁안이 국왕의 지시대로 집행된 것이 아니라 내각(內閣)의 역신(逆臣)이 제멋대로 줄인 탓이라고 통탄스러워 하면서 國家 祀典을 바로잡도록 지시하였다. 『高宗實錄』 권34, 高宗 33년(1896) 7월 24일.
11 『高宗實錄』 권34, 高宗 33년(1896) 8월 14일.
12 天地從祀, 風雲雷雨國內山川, 冬至合祭, 正月上辛, 祈穀.
13 奏本 제85호 開國五百四年正月十四日奉, 『奏本·議奏』 1, 48~49쪽.
14 『高宗實錄』 권34, 高宗 33년(1896) 8월 14일.

이로부터 넉 달 후인 1896년 12월 15일, 고종은 환구단 향사享祀의 축문祝文과 악장문樂章文을 전前 경연원경經筵院卿 김영수金永壽에게 지어 바치게 하였다.[15] 그리고 제사 시일에 맞춰 1896년 12월 20일(음력 11월 17일)에 동지환구대제冬至圜丘大祭를, 1897년 1월 25일(음력 1월 1일)에 환구기곡대제圜丘祈穀大祭를 모두 섭행攝行으로 남단에서 거행하도록 하였다.[16] 환구제를 섭행으로 올린 이유는 민비의 상喪이 끝나지 않아 고종이 제례에 참석할 수 없는 상황이었기 때문이다.

이어 1897년 2월 20일, 고종이 러시아공사관에서 경운궁慶運宮으로 환궁하였고 같은 해 5월부터 고종의 칭제 논의가 본격화 되었으며 8월에는 연호를 광무光武로 개정하고 9월에는 환구단 설치 논의가 진행되었다.[17] 오랜 기간을 거친 끝에 최종적으로 고종이 황제로 거듭나 환구제에 친히 참석한 날은 1897년 10월 12일이며 이후 1899년과 1907년의 동짓날에도 고종황제가 환구제를 거행하였다.

따라서 친행과 섭행을 통틀어 고종대 환구제가 처음 거행된 날은 1896년 12월 20일이며 고종이 경운궁으로 환궁한 후 황제로 즉위하며 친행으로 환구제를 올린 최초의 날은 1897년 10월 12일이다. 전자는 고종대 최초의 환구제라는 점에서 의의가 크지만 안타깝게도 자세한 내용을 알 수 없으며 후자는 『대례의궤大禮儀軌』[18]·『대한예전大韓禮典』[19] 등에 자세히 기록되어 있다. 본고에서는 고종의 친행으로 거행된 1897년 10월 12일의 제천례祭天禮를 중심으로 고종대 환구제례악에 대해 다음 장에서 살펴보겠다.

---

15 『高宗實錄』 권34, 高宗 33년(1896) 12월 15일.
16 당시 제향의 모습을 구체적으로 확인할 수는 없지만, 차출된 제관의 기록(『祭單』藏K2-587)을 통해 실제로 거행되었음을 유추해 볼 수 있다. 이욱, 앞의 논문, 190쪽.
17 한영우, 앞의 논문, 3~21쪽.
18 奎13488. 서울대학교 규장각에서 2001년에 『高宗大禮儀軌』라는 책명으로 영인본을 간행하였다.
19 『大韓禮典』(藏 귀K2-2123)은 사례소(史禮所)에서 편찬하였는데 완성되지 못하였다. 사례소는 황제국의 위상에 맞게 국가 전례를 정비하기 위해서 1897년 6월에 설치되었다가 1898년 10월에 폐지되었다.

3. 환구제례악

1897년 10월 12일, 고종은 환구단에 나아가 초헌·아헌·종헌을 친히 행하며 환구제를 이끌었다. 이 때 거행된 친사환구의親祀圜丘儀에 수반된 악무의 내용은 의식절차마다 악곡명, 선율의 악조, 노래 가사樂章, 악대樂懸, 음악과 어우러지는 춤佾舞 등이 조금씩 달라진다. 이러한 환구제례악의 실질적인 내용을 차례로 분석해 보겠다.

『大韓禮典』의 圜丘祭 의식절차와 樂舞[20]

제례절차	樂懸	樂曲	樂調	佾舞	비고
영신	宮架	中和之曲	夾鍾宮, 南呂宮, 姑洗宮, 大呂宮		六成
전폐	登歌	肅和之曲	大呂宮		
진찬	宮架	凝和之曲	黃鍾宮		
초헌	登歌	壽和之曲	大呂宮	武舞	
아헌	宮架	豫和之曲	黃鍾宮	文舞	
종헌	宮架	熙和之曲	黃鍾宮	文舞	
철변두	登歌	雍和之曲	大呂宮		
송신	宮架	安和之曲	夾鍾宮		
망료	宮架	安和之曲	夾鍾宮		

1) 악곡명

환구제례악에서 보이는 악곡명은 중화지곡中和之曲, 숙화지곡肅和之曲, 응화지곡凝和之曲, 수화지곡壽和之曲, 예화지곡豫和之曲, 희화지곡熙和之曲, 옹화지곡雍和之曲, 안화지곡安和之曲 이상 여덟 종류이다. 송신과 망료에서 안화지곡이 중복된 것을 제외하고는 의례절차마다 악곡명이 바뀌었다. 모두 '화和'자字가 들어가는 것이 특징인 환구제례악의

---

20 본 표는 『大韓禮典』 권2, 115쪽, '圜丘'의 내용을 정리하여 작성한 것이다.

악곡명은 종묘, 사직 등 조선시대 타 의례에서는 보이지 않으며 명나라 환구제 악곡명과 동일하다. 그러나 양자의 악곡명이 같을 뿐 실제로 연주되는 음악은 서로 다르다. 악곡명이 명나라 환구제의 것과 같은 이유는 당시 황제국으로 거듭나며 명나라 제도를 표준 의례로 삼았던 맥락과 관련되는 것으로 보인다.[21]

明의 圜丘樂 中 迎神 中和之曲[22]

迎神 中和之曲

昊天蒼兮　穹窿廣覆燾兮　巋洪建圜丘兮

黃太夾太　南林黃南夾林　太黃黃大夾黃

於國之陽　合衆神兮　來臨之同　念蝼螘兮

黃林南林　黃林南林　林夾太黃　黃太南黃

微衷莫自期兮　感通思神來兮

夾太黃南林太　南黃黃黃太夾

金玉其容　馭龍鸞兮　乘雲駕風　顧南郊兮

黃黃林南　林夾林南　林夾太南　黃夾林南

昭格望至尊兮　崇崇

林夾太夾林南　林黃

---

21 황제로 격상된 대한제국의 표준 의례를 명나라의 제도로 삼은 이유는 우리가 명나라의 황통(皇統)을 이어받았다는 대의명분(大義名分)이 크게 작용한 것이라고 한다. 한영우, 앞의 논문, 22쪽.

22 『明集禮』卷52 雅樂四 國朝圜丘樂章. 필자가 참고한 영인본은 欽定四庫全書에 포함된 것임.

2) 악조

　『대한예전』에는 황종궁黃鍾宮, 대려궁大呂宮, 태주궁太簇宮, 협종궁夾鍾宮, 고선궁姑洗宮, 중려궁仲呂宮, 유빈궁蕤賓宮, 임종궁林鍾宮, 이칙궁夷則宮, 남려궁南呂宮, 무역궁無射宮, 응종궁應鍾宮, 송협종궁送夾鍾宮, 송임종궁送林鍾宮, 송황종궁送黃鍾宮 이상 열다섯 개의 궁宮이 소개되어 있다. 각각의 궁에는 그에 해당되는 선율도 제시되어 있어 key와 melody를 동시에 알 수 있는데 이는 두 개의 선율을 이조移調하여 만든 것이다.[23]

『대한예전』 권2 제례악 선율 패턴 15궁　한국학중앙연구원 장서각 소장

23　황종궁~응종궁은 林宇의 『大成樂譜』중 영신악을, 송협종궁~송황종궁은 『대성악보』중 송신악의 선율을 가져와 이조하되, 『대성악보』에 기록된 淸聲을 正聲으로 고쳐서 사용했다.

15궁은 『대한예전』에서 처음 제시된 것이 아니다. 『국조오례서례國朝五禮序例』와 『악학궤범樂學軌範』에 각각 '아부악장雅部樂章', '시용아부제악時用雅部祭樂'으로 기록되어 있다.[24] 즉 15궁은 조선시대 제례아악의 선율 패턴으로, 15궁 중 제례의 성격과 부합되는 적합한 것을 예제에 맞게 선택적으로 활용된 것이다. 『대한예전』에 소개된 15궁 역시 모두 환구제례악에 연주되지 않았으며 환구제에 쓰인 것은 협종궁, 남려궁, 고선궁, 대려궁, 황종궁, 이상 다섯 종류에 불과하다. 환구제례악에 쓰인 악조는 모두 『주례周禮』에 근거를 두었으니 천제天祭와 관련된 문구는 다음과 같다.

> 대개 악은 환종위궁(圜鍾爲宮), 황종위각(黃鍾爲角), 태주위치(太簇爲徵), 고선위우(姑洗爲羽)이다. …(중략)… 악이 육변(六變)하면 천신이 강림하여 예를 얻을 수 있다.[25]
>
> 황종을 연주하며 대려를 노래하고 운문(雲門)을 추어 천신에게 제사한다.[26]

『주례』에서 천신강신악天神降神樂으로 쓰인다고 기록한 '환종위궁, 황종위각, 태주위치, 고선위우'를 궁조로 바꾸면 환종위궁, 고선위궁, 남려위궁, 대려위궁이 된다. 환종은 협종을 의미하며[27] 천제天祭에 사용되는 대표적인 악조로써 천궁天宮이라 하였다.[28] 즉, 『주례』에 하늘 제사에 수반되는 대표적인 악조 협종궁을 위시하여 고선궁, 남려궁, 대려궁이 등장하니, 환구제례악의 영신 절차에서 연주되는 네 가지 악조는 여기에 근거를 둔 것이다. 그리고 영신악이 육성六成을 이루는 것도 "악이 육변하면 천신이 강림하여 예를 얻을 수 있다."는 『주례』의 문구에서 이론적 배경을 찾을 수 있다. 송신과 망료에서 협종궁이 연주된 것도, 전폐에서 철변두까지 대려궁과 황종궁이 번갈

---

24 『國朝五禮儀序例』 권1 '雅部樂章'; 『樂學軌範』 권2 '時用雅部祭樂'
25 "凡樂, 圜鍾爲宮, 黃鍾爲角, 太簇爲徵, 姑洗爲羽, …(中略)… 若樂六變則, 天神皆降, 可得而禮矣." 『纂圖瓦註周禮』 卷6. 6b-7a(大司樂). 본고에서 참고한 『纂圖瓦註周禮』는 서울대학교 규장각 소장본이다. 도서번호는 '奎中317-1-13'이다.
26 "奏黃鍾, 歌大呂, 舞雲門, 以祀天神." 『纂圖瓦註周禮』 卷6.4a(大司樂).
27 『纂圖瓦註周禮』 卷6.7b(大司樂).
28 『樂學軌範』 권1, '三宮' 참조.

아 연주된 관행도 같은 맥락이다. 또한 등가와 대려궁, 궁가와 황종궁의 어울림은 음양합성지제陰陽合聲之制가 반영된 것이기도 하다.

요컨대 고종대 환구제례악에 쓰인 악조는 『주례』의 제도를 적극적으로 수용하고 음양합성지제를 충실하게 반영한 형태이다.

3) 악장

환구악장은 전前 경연원경經筵院卿 김영수金永壽에게 짓도록 하였다.[29] 영신에 4언 12구, 전폐에 4언 8구, 초헌에서 망료까지는 모두 4언 4구이다. 이는 글자수가 일정하지 않은 명의 환구악장과 거리가 멀며 오히려 『세조실록』「신제아악보新制雅樂譜」 '환구圜丘'와 유사하다.

악장은 노래 가사로, 당상악堂上樂인 등가登歌뿐 아니라 당하악堂下樂인 궁가宮架에서도 불리었다.[30] 구체적으로 음악과 연결시켜보면 4언 12구 48자字로 된 영신악장의 경우 네 번 반복했으리라 유추해 볼 수 있다. 가사 한 글자에 음 하나가 매치되는 일자일음식이라는 아악의 특징, 하나의 악조가 32음으로 구성되어 있다는 점, 영신악은 육성이라는 점을 종합한 결과이다.[31] 전폐는 글자 수와 음 수가 모두 32로 일치하므로 대려궁을 한 번만 연주하면 되며, 이하 4언 4구로 된 악장은 16자이므로 두 번 반복 연주하면 되는 셈이다. 그러나 이러한 수치는 이론상 도출되는 수치에 불과하다. 실제 상황에서는 관습적으로 의식의 진행에 따라 음악을 맞추었기 때문이다.

---

29 『高宗實錄』 권34, 高宗 33년(1896) 12월 15일.

30 "肅宗十七年, 補撰文廟樂章, 始置於軒架, 今圜丘祭宮架有詞, 因此制也." 『大韓禮典』 권2, '雅部樂章'.

31 32음을 여섯 번 곱하면 192이며(32×6=192), 이를 다시 48자로 나누면 4가 나온다(192÷48=4).

고종대 환구 악장[32]

영신(迎神) 중화(中和)

맑고 밝으며 광대한 천신과 지기(地祇)는 혁혁하시도다	淸明廣大 神祇有赫
품물을 생성하고, 조화의 중추(中樞)를 변화시키도다	品物生成 化樞闔闢
질서있는 제사로 높이 갚나니, 신령스런 제사터는 매우 크도다	秩祀崇報 靈壝孔碩
올리는 것은 무엇인가? 누런 옥과 푸른 옥이로다	用薦維何 黃琮蒼璧
예의를 갖추고 옛 전례를 따르니	禮儀旣備 式遵古昔
만년토록 복을 드리우고, 우리 종묘를 보우해 주시리이다	萬祀垂休 祐我宗祐

전백(奠帛) 숙화(肅和)

하늘과 땅은 엄숙하고 고요하며, 향이 타오르며 향내를 퍼뜨리도다	穹壤肅肅 苾芬升香
술을 따라 권하고 광주리에 검은색과 누런백의	
비단을 담아 올리도다	踝瓚用侑 篚厥玄黃
자성(粢盛 : 나라의 大祭에 쓰는 黍稷)이 밝고 길하고 깨끗하니,	齊明吉蠲
아름다운 상서 밝게 드리우도다	昭垂嘉祥
천명을 이어 받아 크고 깊으며 정밀하게 하니,	
만억년토록 끝 없으리다	基命宥密 萬億無疆

진조(進俎) 응화(凝和)

어린 붉은 숫송아지를 제기에 담으니, 조촐하고 향긋하도다	繭栗駏剛 鉶豆潔馨
거룩한 신령이시여! 오르내리시며 흠향하소서	陟降居歆 皇皇厥靈

---

32 김종수 역, 『譯註 增補文獻備考 - 樂考 -』上, 국립국악원, 1994, 354~356쪽.

초헌(初獻) 수화(壽和)

공손히 맑은 술 올리고, 대축이 공손히 고하도다   恭薦明酌 祝告用虔

구성의 음악을 연주함에 상서로움이 앞에서 인도하도다   樂奏九成 祥飈導前

아헌(亞獻) 예화(豫和)

예물로 금판을 바치고 노래를 죽궁에 올리도다   儀供金版 歌登竹宮

두 번째 술잔 올리니, 크게 향기 퍼지며 서로 통하도다   亞祼是將 肸蠁斯通

종헌(終獻) 희화(熙和)

일의 처음과 끝이 헌활하니, 밝으신 신령께서 감림하셨도다   端倪軒豁 明靈監臨

삼헌례를 마치어 공손히 정성을 드리도다   三獻禮終 恭展誠忱

철변두(撤籩豆) 옹화(雍和)

변두가 가지런히 놓여 있나니, 물리는 것을 더디지 않게 하도다   籩豆有踐 廢徹不遲

밝게 돌아보고 묵묵히 보우하사 큰 토대를 반석처럼

안정되게 하시도다   英顧黙佑 磐泰洪基

송신(送神) 안화(安和)

송신 협종궁 음악을 연주하매, 구름 타고 바람에 날려 떠나시도다   鼓送圓鍾 雲馭飈輪

숭고한 제사터 휑하니 텅 비매, 백신을 가호하도다   崇壇寥廓 呵護百神

망료(望燎) 안화(安和)

절도있게 태우고 묻었나니, 예는 정성과 공경을 귀히 여기도다   燎瘞有節 禮貴誠敬

정결한 제사를 마치오매, 아름다운 명을 거듭하시도다   明禋迄成 用申休命

4) 악현

환구제례악을 연주하기 위해 악기가 새로 조성되었다. 악기 제작에 대한 구체적인 내용을 알 수 없지만 악현을 구성하는 악기 일체를 만들었으리라 짐작된다. 다행히 시상施賞 명단이 남아 있어 수고한 이들을 알 수 있다.

환구 악기 조성 施賞 명단[33]

이름	시상내력
宮內府大臣 閔泳奎, 掌禮院卿 金永穆	熟馬一匹 面給
監董 金宗南, 鄭龍瑍(煥),[34] 明完璧	兒馬一匹 賜給
金仁吉, 看役 金壽吉, 安興龍, 高龍伊	陞六
咸在韶, 姜熙鎭, 鄭駿瑍	兒馬一匹 賜給
員役, 工匠	米布分等

위의 표에서 주목되는 점은 악인樂人들이 포함되었다는 것이다. 조선후기에 전악(부전악)의 위치에 있는 악인들이 악기를 보수하거나 조성하는 일에 참여했는데[35] 이러한 전통이 고종대 환구 악기 제작에 이어진 것이다. 아마兒馬 1필을 받은 김종남金宗南, 정용환鄭龍瑍(煥), 명완벽明完璧, 함재소咸在韶, 강희진姜熙鎭, 정준환鄭駿瑍은 모두 악인들에게

---

33 『高宗實錄』에는 "환구단의 제기와 악기를 만들 때 감독한 궁내부 대신 이하에게 차등있게 상을 주었다."라고 약술되어 있을 뿐이다(『高宗實錄』 권35, 高宗 34년(1897) 8월 10일). 시상내력은 『日省錄』과 『官報』에 기재되어 있다(『日省錄』 광무 3년 9월 20일 乙丑 양력 10월 24일 火曜; 『官報』(奎17289) 「號外2」 光武 三年 十月 二十四日).

34 『日省錄』에는 '煥'字로 쓰어 있다.

35 4종의 악기조성 관련 의궤에 기록된 감조전악의 명단

의궤명	감조전악 명단
『祭器樂器都監儀軌』(1624)	豊呈雜物監造典樂 黃尙謹, 諸壇樂器監造典樂 文彪壽
『仁政殿樂器造成廳儀軌』(1745)	監造典樂 咸德亨, 强就成 全海淡
『景慕宮樂器造成廳儀軌』(1777)	監造典樂 申得麟, 林成柱
『社稷樂器造成廳儀軌』(1804)	監造典樂 申光三, 金應三, 朴輔完

는 요직인 전악의 지위에 오른 이들이다.

김종남은 명문 악사樂師집안 출신으로, 할아버지 김대건金大建과 아버지 김창록金昌祿은 정조대와 순조대에 가전악과 전악을 역임한 바 있다. 김종남 가업을 3대째 이어 철종 10년(1859) 전악에 낙점되었으며 각종 궁중 연향에서 집사악사執事樂師를 맡았고[36] 제1대 국악사장國樂師長을 역임하였다. 이왕직아악부 시절 아악사雅樂師를 지낸 김영제金寧濟의 양조부이기도 하다. 정용환의 본관은 경주이며 고종 28년(1891)에 전악에 올랐는데 피리에 능했다.[37]

가야금과 여창女唱을 잘했던 명완벽도 명문 악사 집안의 악인이다. 고종 30년(1893)에 전악이 되었고 국악사와 제3대 아악사장을 역임하였다. 그의 아들 명호진明鎬震이 가업을 이어 아악수장雅樂手長이 되었다. 함재소도 명문 악사 집안의 일원이니 아버지 함제홍咸濟弘, 형 함재영咸在韺, 아들 함화진咸和鎭 모두 뛰어난 악인이었다. 그는 고종 13년(1876)에 가전악, 융희 원년(1907)에 전악에 올랐으며 제2대 국악사장을 지냈다. 강희진은 고종 16년(1879)에 가전악, 융희 2년(1908)에 전악이 되었다. 정준환은 고종 30년(1893)에 가전악, 광무 5년(1901)에 전악이 되었다.[38]

악인들의 노고를 치하하는 시상은 1897년 8월 10일에 진행되었다. 시상 날짜로 유추해 보건대 환구단 악기는 친사환구의가 거행되기 두 달 전에 제작 완료된 셈이다. 이 때 만들어진 악기로 구성된 환구악현이 『대한예전』에 전해지니 먼저 환구 등가登歌를 살펴보고 이어 환구 궁가宮架를 분석하겠다.

고종대 환구 등가는 악조의 경우처럼 고제古制를 완벽히 재연한 형태는 아니다(진양 『樂書』의 환구 등가 참조). 고종대 환구등가는 아악기로 구성된 아악악현의 형태로, 고종대 이전 조선시대 환구제에 쓰인 아악악현의 모습은 남아있지 않아 이전의 환구악현과 비교해 볼 수는 없으며 오히려 정조대 『춘관통고』의 사직 악현과 맥이 닿아 있다.

---

36 1863, 1873, 1892, 1901, 1902년의 궁중 연향에서 집사악사를 역임함.
37 장사훈, 「第六篇 國樂名人錄」, 『韓國樂器大觀』, 서울대학교출판부, 1986, 187~217쪽; 『典樂先生案』, 국립국악원 소장본, 도서번호 421 참조.
38 장사훈, 위의 글, 187~217쪽; 『典樂先生案』 참조.

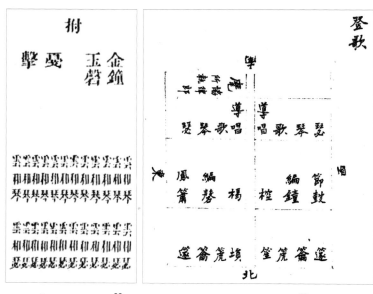

『대한예전』 권4의 환구 등가 　한국학중앙연구원 장서각 소장

진양 『樂書』의 환구 등가[39]
국립국악원 소장

『춘관통고』의 사직 등가[40]
서울대학교 규장각 소장

39　『樂書』 卷189.7a(『한국음악학자료총서』 권10, 215쪽).
40　『春官通考』 卷3, 吉禮 社稷.

정조대 『춘관통고』의 사직 악현은 대표적인 아악악현이라 할 수 있다. 풍운뢰우, 선농, 선잠, 우사, 문묘 등의 악현도 사직의 것과 같다[41]고 설명되어 있기 때문이다.[42] 고종대의 환구 악현이 아악악현이며 사직악현이 조선시대 아악악현의 기본틀이었으므로, 아악악현이라는 동질성의 측면에서 고종대 환구 악현은 기본적으로 정조대 사직악현을 참조한 것으로 보인다.

양자의 등가 악현을 비교해 보면 세 줄로 구성된 것이 같고, 첫째 줄은 금과 슬의 위치만 바뀌었을 뿐 서로 일치한다. 둘째 줄과 셋째 줄에는 악기의 위치가 바뀌고, 새로 추가되며, 기존에 있던 악기 몇 종의 수가 증가되었다. 배치가 바뀐 악기는 봉소와 생이다. 『춘관통고』 사직 등가의 둘째 줄에 있던 봉소가 『대한예전』에서는 셋째 줄에 배치되었고, 셋째 줄에 있던 생은 둘째 줄로 올라갔다. 고종대에 새로 첨가된 악기는 화, 우, 관, 특종, 특경이 있다. 정조대에 2개만 배치되었던 지가 고종대에 와서는 5개로 늘어났다.

이처럼 고종대에 와서 변화가 생긴 이유는 성종대 아악악현을 참조함과 동시에 아악악현의 균형미를 고려한 탓으로 짐작된다. 첨가된 악기 5종이 성종대 아악악현에 진설되었으며, 아악악현은 외형상 좌우대칭형으로 정렬된 형태를 띠기 때문에 기존에 있던 악기라 하더라도 좌우 균형을 맞추기 위해 추가했던 것이 아닌가 추측된다.[43] 그 결과 연주인원이 22명에서 31명으로 증대되어 정조대 사직 등가에 비해 고종대 환구 등가의 규모가 커졌다.

---

41 사직 악현을 기본으로 삼되 제례의 성격상 한 두 개의 악기가 첨가되기도 하였다. 『春官通考』 卷3, 吉禮 社稷.

42 성종대에도 아악악현 한 가지를 표준으로 삼아 사직, 풍운뢰우, 산천, 성황, 선농, 선잠, 우사, 문묘에 두루 연주하였으므로 비단 정조대만의 현상은 아니다. 『樂學軌範』 권2, '雅樂陳設圖說' 참조.

43 단, 셋째 줄 오른쪽에 '지'가 하나 더 진설되어 부분적으로 비대칭을 이루기는 하지만, 큰 맥락에서는 좌우 대칭형으로 악기가 진설되어 있다.

『춘관통고』 사직 등가와 『대한예전』 환구 등가의 악기 비교표

八音	악기	기타	『춘관통고』 사직 등가	『대한예전』 환구 등가
金	편종		1	1
	특종		·	1
石	편경		1	1
	특경		·	1
絲	금		2	2
	슬		2	2
竹	관		·	2
	약		2	2
	지		2	5
	적		2	2
	봉소		1	1
匏	생		1	1
	화		·	1
	우		·	1
土	훈		1	1
革	절고		1	1
木	축(강)		1	1
	어(갈)		1	1
		歌	2	2
		도창	2	2
합계	18종	2종	15종(노래 포함) / 22명	20종(노래 포함) / 31명

이렇게 확장된 고종대 환구 등가는 확실히 고제古制와는 거리가 멀다. 고제스타일의 등가라면 현악기와 노래를 진설할 뿐 관악기 및 포부에 속하는 악기를 배치하지 않는데 고종대 환구 등가는 정조대 사직 악현처럼 팔음을 구비하였기 때문이다. 즉, 고종대 환구 등가는 성종대와 정조대 아악악현의 전통성을 이은 것이다.

『대한예전』의 환구 궁가는 일단 궁가라는 명칭부터 주목된다. 궁가는 천자만이 쓸

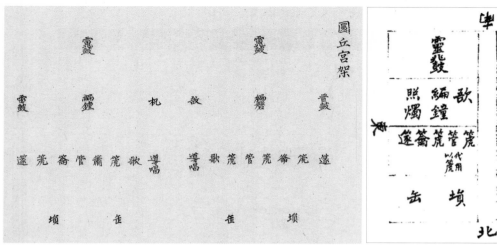

『대한예전』 권4의 환구 궁가
한국학중앙연구원 장서각 소장

『춘관통고』의 사직 헌가[44]
서울대학교 규장각한국학연구원 소장

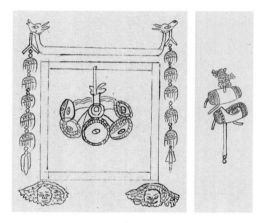

『대한예전』 권4의 뇌고와 뇌도　한국학중앙연구원 장서각 소장

수 있는 악대이기 때문에 제후국에서 황제국으로 격상된 상황이 그대로 반영되어 있기 때문이다.[45]

환구 등가의 예처럼 환구 궁가를 정조대 사직 헌가와 비교해 보면 양자 모두 악기를 전체적으로 네 줄로 편성하여 구조적으로 유사하다. 환구 궁가의 첫째 줄에 뇌도 2개를 배치하였고, 둘째 줄에서는 축과 어의 위치가 바뀌고 뇌고가 첨가되었다. 뇌고와 뇌도는 천신제 악기라는 상징성으로 인해 삽입한 것이다.[46]

---

44 『春官通考』 卷3, 吉禮 社稷.
45 "正樂縣之位, 王宮縣, 諸侯軒縣, 卿大夫判縣, 士特縣, 變其聲." 『纂圖互註周禮』 卷6.18a5-6(小胥).

셋째 줄은 악장을 궁가에도 편성함으로 인해 가歌와 도창이 진설되었고, 정조대 사직악현에서는 오른쪽에 있던 소가 고종대 환구궁가에서는 왼쪽으로 옮겨 가는 등 악기 배치가 달라졌으며, 적이 하나 줄어드는 대신 지가 들어갔다. 넷째 줄은 훈과 부의 위치만 바뀌었을 뿐이다.

『춘관통고』 사직 헌가와 『대한예전』 환구 궁가의 악기 비교표

八音	악기	기타	『춘관통고』 사직 헌가	『대한예전』 환구 궁가
金	편종		1	1
石	편경		1	1
絲	·		·	·
竹	관		·	2
	약		2	2
	지		4	5
	적		3	2
	소		1	1
匏	·		·	·
土	훈		2	2
	부		2	2
革	진고		1	1
	뇌도		·	·
	뇌고		·	1
	영도		2	
木	축		1	1
	어		1	1
		歌	·	2
		도창	·	2
합계	14종	2종	12종 / 21명[47]	16종(노래 포함) / 28명

---

[46] "凡樂, 圜鍾爲宮, 黃鍾爲角, 太簇爲徵, 姑洗爲羽, **雷鼓雷鼗** 孤竹之管 雲和之琴瑟 雲門之舞 冬日 至於地上之圜丘 奏之 若樂六變則 天神皆降 可得而禮矣."『纂圖互註周禮』卷6,6b8-7a1(大司樂).

[47] 조촉은 제외하였고, 管은 簏로 代用한다고 했으므로 연주인원을 21명으로 파악했다.

즉, 고종대 환구 궁가가 정조대 사직 헌가와 차별되는 점은 『주례』에 기록된 천신제 악기인 뇌도와 뇌고 추가, 당하악에서도 악장을 사용하는 변화에 따른 노래 편성, 관악기의 수의 증가, 이상 세 가지 점이다. 그 결과 21명에서 28명으로 연주인원이 증가되어 정조대에 비해 그 규모가 커졌다. 그러나 사부와 포부를 결여하여 팔음八音이 구비되지 못했고, 사면에 종경을 배치하는 원론적인 궁가의 형태[48]를 갖추지 않았다는 면에서 불완전한 모습도 보인다.

이렇듯 비록 부분적으로 고종대 환구 악현에서 아쉬운 부분도 발견되지만 『대한예전』의 환구 등가와 궁가는 정조대 사직악현을 습용하거나 고제 재현에 치중하지 않은 독자적인 조선 최후의 환구 악현이라는 점에서 의미가 있다.

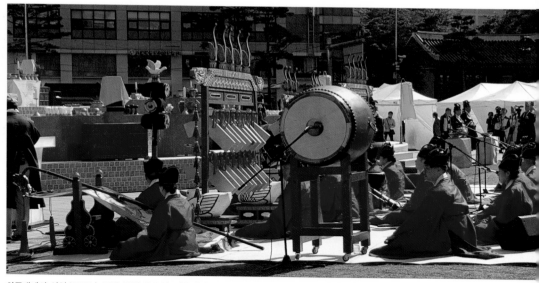

환구대제의 악현 (2017년 10월 14일 토요일, 서울광장)
대한제국 선포 120주년 기념 재현행사 '대한의 시작, 그날!' (필자 촬영)

---

48 궁현은 동서남북 사방에 편종과 편경 각 3틀씩을 편성한다. 『樂書』 卷113.6b1-8(『한국음악학자료총서』 권9, 195쪽) 참조.

5) 일무

고종이 황제로 즉위함에 따라 일무에서 생긴 가장 큰 변화는 제후국이라는 한계로 인해 출 수 없었던 팔일무八佾舞를 추게 되었다는 점이다.[49] 그런데 팔일무는 모든 제례에 해당된 사항은 아니었고 대사에만 적용되었다.[50] 환구, 사직, 종묘 등에서만 팔일무를 추고 문묘를 비롯한 중사 이하에서는 그대로 육일무를 춘 것이다.

팔일무에 대한 첫 논의는 갑오개혁기 국가사전 개혁안에 등장한다.[51] 이후 1896년 국가사전 재정비에서는 팔일무가 거론되지 않았으니 팔일무 시행은 재론의 여지가 없을 정도로 자연스럽게 받아들여졌던 것 같다. 팔일무에 대한 논의는 『대한예전』에도 보인다. "을미년에 악무를 개정하여 대사에 팔일무를 추고 중사에 육일무를 썼다"[52]는 기록이 그것이다. 갑오개혁기 국가사전 개혁안이 을미년인 1895년 정월에 올려진 점으로 추측컨대 『대한예전』의 '팔일무 을미년 개정설'은 갑오개혁기 국가사전 개혁안을 의미하는 것으로 생각된다. 따라서 팔일무는 1895년에 처음 논의되었고 대사에만 적용되었으며 1897년 칭제 이후 실현된 것으로 보인다.

---

49 "佾, 舞列也, 天子八, 諸侯六, 大夫四, 士二." 『論語』 「八佾」
50 "今上, 乙未改定樂舞, 大祀用八佾, 中祀用六佾." 『大韓禮典』 권4, 242쪽.
51 "大中小祀別單 …(中略)… 已上大祀, 樂用八佾." 奏本 제85호 開國五百四年正月十四日奉. 『奏本·議奏』 1, 48쪽.
52 "今上, 乙未改定樂舞, 大祀用八佾, 中祀用六佾." 『大韓禮典』 권4, 242쪽.

『대한예전』 권4 환구제의 문무 한국학중앙연구원 장서각 소장　　『대한예전』 권4 환구제의 무무 한국학중앙연구원 장서각 소장

　　환구제는 대사에 속하므로 1897년 10월 12일 '친사환구의'에 64인으로 구성된 팔일
무가 등장하였다. 왼손에 간干, 오른손에 척戚을 잡은 무무 64인은 초헌의 절차에서
등가의 연주, 대려궁으로 불리는 수화지곡과 어울려 팔일무를 추었다. 문무 64인은
왼손에 약籥, 오른손에 우羽[53]을 잡고 아헌과 종헌의 절차에서 궁가의 연주에 맞춰 황
종궁으로 불리는 예화지곡·희화지곡과 하나가 되어 팔일무를 추었다. 무무와 문무
앞에는 각각 독纛과 정旌이 2개씩 놓여 있었다.[54] 초헌·아헌·종헌에서만 일무를 추
는 관행은 명나라의 것과 동일하다.

53　'翟'을 의미한다.
54　『大韓禮典』 권4, 242~243쪽.

4. 맺음말

환구제는 조선 전기 세조대 이후 정지되었다가 고종대에 새롭게 만들어져 대사大祀의 하나로서 국가전례에 편성된 대표적인 제례이다. 갑오개혁기부터 논의되었지만 을미사변으로 인해 지연되다가 고종이 러시아 공사관에서 경운궁으로 환궁한 후 다시 본격적으로 칭제를 준비하는 과정에서 환구단 악기가 제작되는 등 환구제례악의 모습이 갖추어졌다.

환구제례악의 악곡명은 명나라 것과 동일했으며, 조선시대 제례아악의 선율패턴인 15궁에서 선율을 취했고, 『주례』의 천신강신악조를 택하였다. 모두 4언 짝수구로 된 악장은 선율과 매치되기 쉬운 형태였고 악장이 당상악 뿐 아니라 당하악에도 배치되었다. 악현에서는 천자를 위한 악대인 궁가가 사용되었다는 점이 주목된다. 등가 31명 궁가 28명이 연주하여 정조대 사직악현에 비해 규모가 커졌고 노래가 궁가에 편성되었다. 『대한예전』의 환구 등가와 궁가는 정조대 사직악현을 습용하거나 고제 재현에 치중하지 않은 독자적인 모습을 보였다. 일무는 천자의 춤인 팔일무를 추었다.

이를 종합해 보건대 환구제례악은 첫째, 『주례』를 참조했다는 점에서 고제古制를 고려하였으며 둘째, 명나라 환구제를 참작한 모습도 악곡명에서 드러난다. 셋째, 궁가에 팔음을 구비하지 않아 다소 결란된 형태도 보이지만 넷째, 사직 악현을 기본틀로 삼거나 15궁의 선율을 사용했다는 점 등에서 조선시대 제례아악의 전통을 크게 벗어나지 않았다. 마지막으로 가장 주목되는 점은 고종의 칭제로 인해 황제국의 위상에 맞게 궁가와 팔일무로 바뀌었다는 것이다.

이런 특성을 지닌 환구제례악은 천자만이 지닐 수 있는 제례인 환구제에 수반되어 황제국의 위상을 보여준 황제의 악무樂舞라는 상징성 측면에서 큰 의의를 지닌다.

「高宗代 圜丘祭禮樂 再考」, 『공연문화연구』 제14집, 2007.2.

순종황제 즉위식과 음악

1. 머리말

순종황제는 대한제국의 마지막 황제이다. 순종 황제 즉위는 일제의 강압에 의한 고종황제 강제 퇴위로 인해 이행된 것이었다. 1907년 6월, 헤이그에서 열린 제2차 만국평화회의에 일제의 한국 침략상을 폭로하기 위해 특사를 파견했던 일[1]을 구실로 고종황제를 옥좌에서 억지로 끌어내렸고, 양위라는 거짓 명분을 앞세워 황태자에게 황권을 잇게 한다는 조서를 내리도록 고종황제를 압박하였다. 이렇듯 순종 황제 즉위가 역사적으로 불합리한 상황과 맞물려있기 때문에 그동안 순종황제 즉위식에 대해 논란이 많았다. 순종황제 즉위식이 아예 없었다든지, 순종황제가 직접 즉위식에 참석하지 않은 채 환관을 대리인으로 하여 즉위식을 행하였다든지, 즉위식이 두 차례에 걸쳐 행해졌다든지 하는 견해들이 그것이다. 그러나 이러한 논란을 넘어서서 최근에는 순종황제 즉위식이 분명히 행해졌으며, 순종황제가 즉위식에 참석했음을 보여주는 연구

---

1   헤이그 특사에 대한 연구성과는 다음과 같다. 『백년 후 만나는 헤이그 특사』, 태학사, 2008.

들이 학계에 발표되고 있다. 이러한 연구성과에는 당시 즉위식장의 모습을 담은 사진, 즉위식 참석 직후 순종황제의 모습을 촬영한 사진, 즉위식 관련 일본측 사료 등이 근거 자료로 제시되어 있다.[2]

　본고에서는 기존 연구성과를 바탕으로 순종황제 즉위식 자체와 즉위식을 둘러싼 전후 상황에 관한 각종 자료에 기록된 내용을 정리하되, 특히 즉위식의 절차와 음악을 중점적으로 살펴보려고 한다. 1907년 8월 27일[3]에 돈덕전惇德殿에서 행해진 순종황제 즉위식은 전통적인 의례와 근대적인 예식이 병행된 형태라는 점에서 주목될 뿐 아니라 음악적인 측면에서도 전통적인 궁중 악대가 연주하는 전통 음악과 서양식 군악대가 연주하는 애국가愛國歌가 모두 선보였다는 점에서도 특별하기 때문이다. 또한 순종황제 즉위식이 '즉위예식일卽位禮式日'이라는 명칭으로 경절慶節에 포함되었기[4] 때문에 경절 연구[5]의 연속선상에서 분석해 보려는 것이기도 하다.

　경절로 제정되기도 한 1907년 순종황제 즉위식의 전모에 대해 고찰하기 위해 양위식이라고 일컬어지는 내용, 순종황제 즉위식 준비 과정, 즉위식 당일의 예식 절차와 음악, 즉위식 이후 설행된 기념행사의 순서로 살펴보겠다. 양위식이라고 일컬어지는 내용부터 점검하는 이유는 양위식과 즉위식의 개념이 혼동되고 있기 때문이다. 양위

2　안창모, 『덕수궁』, 동녘, 2009, 160 · 162쪽; 윤소영, 「한국통감부의 궁내부 해체와 변용(1904~1908)」, 15쪽. 윤소영선생님의 논문은 한국근현대사학회 제135회 월례발표회(2010년 11월 13일)에서 발표된 것으로, 아직 학술지에 게재되지 않았다. 필자는 윤소영선생님에게 PDF의 형태로 만들어진 논문을 개인적으로 받았기 때문에, 본고에서 밝히는 쪽수는 윤소영선생님이 보내주신 PDF에 기입된 쪽수이며, 한국근현대사학회 월례발표자료집의 쪽수가 아님을 밝힌다.

3　날짜는 양력을 기준으로 삼음을 밝힌다. 그 당시 실록 날짜를 양력으로 표기할 정도로 양력이 보편화되어 있었기 때문이다. 특별히 음력 날짜를 기입할 경우에는 '음력'이라고 밝히겠다.

4　『순종실록』 권2, 융희 2년(1908) 7월 22일.
　　"포달(布達) 제177호, 〈궁내관 관등 봉급령 중 개정에 관한 안건[宮內官官等俸給令中改正件]〉, 포달 제178호 〈탄신 및 기념경절 날짜를 양력으로 정하는 안건[誕辰及紀念慶節月日定以陽曆件]〉을 모두 반포하였다. 【건원절(乾元節)은 3월 25일, 만수성절(萬壽聖節)은 9월 8일, 곤원절(坤元節)은 9월 19일, 천추경절(千秋慶節) 10월 20일, 개국기원절(開國紀元節)은 8월 14일, 계천기원절(繼天紀元節)은 10월 12일, **즉위식일(卽位禮式日)은 8월 27일**, 묘사서고일(廟社誓告日) 11월 18일이다.】"

5　경절의 하나인 건원절(순종황제생신)에 대한 연구를 선행한 바 있다. 졸고, 「대한제국기 건원절 경축 행사의 설행양상」, 『韓國音樂史學報』 제45집, 한국음악사학회, 2010.

식의 실체가 무엇이며 양위식이라는 용어가 과연 적합한 것인지, 양위가 전통적인 의미에서의 '대리청정', '즉위'의 맥락과 어떻게 같고 다른지를 살펴봄으로써, 순종황제 즉위식의 성격을 파악하는데 도움이 되고자 한다.

2. 고종황제 퇴위와 황태자대리청정진하의

조선시대 왕의 즉위는 대부분 전왕이 사망하여 왕위 계승자인 세자나 세손에게 왕권이 자연스럽게 승계되는 과정에서 이루어졌다. 전왕의 장례를 치루면서 성복成服의 예가 끝난 시점에 잠시 새로운 왕의 즉위식을 행하였던 것이다嗣位.[6] 그러므로 전통적으로 조선시대 왕의 즉위식은 들뜬 분위기 속에서 치러진 축하 자리가 아니며, 국상國喪이 진행되던 중 진중鎮重하게 설행된 왕실 의례였다. 그러나 고종황제 즉위식은 고종이 왕의 위치에 있다가 황제로 등극한 특별 행사였기 때문에 예외적으로 경축하는 분위기에서 치러졌다. 대한제국의 첫 번째 황제가 탄생한 고종황제 즉위식은 1897년 10월 12일 환구단圜丘壇에서 행해졌다. 그 핵심 내용은 고종황제가 황금색 의자金椅에 앉고, 황제의 면복冕服인 12장복을 착용하며, 국새를 받는 것이었다. 즉위식 외에도 환구단에서의 고유제, 백관들의 축하 의례, 왕비를 황후로 책봉하는 의례, 왕세자를 황태로 책봉하는 의례, 조칙詔勅을 반포하는 의례 등이 거행되어 총 23가지의 관련 행사가 설행되었다. 모두 전통 복식을 착용한 채 전통적인 의례와 절차를 준수하는 형태로 행례되었다.[7]

이후 대한제국의 두 번째 황제 즉위식은 1907년 8월 27일 돈덕전에서 행해졌다. 이는 고종황제의 사망으로 인해 황태자에게 황위가 자연스럽게 승계된 상황에서 발생된

6   『國朝五禮儀』 권7, 「凶禮」 '嗣位'
7   고종황제 즉위식에 관한 상세한 내용은 영인본 『高宗大禮儀軌』(서울대학교 규장각, 2001) 및 연구논문 김문식, 「고종의 황제 등극의에 나타난 상징적 함의」(『조선시대사학보』 37집, 조선시대사학회, 2006)를 참조 요망.

것이 아니었다. 고종이 황제로 등극한 지 10여년이 지난 1907년 7월, 헤이그에 특사를 파견했던 일로 인해 고종황제는 강제 퇴위하게 된다.[8] 고종황제의 강제 퇴위는 일제에 의해 단행된 정치적인 사건이었다. 즉 순종황제 즉위식은 전황제가 생존한 상태에서, 일제의 간섭 하에 행해진 행사라는 이례적인 성격을 지닌다. 그렇다면 전례가 없는 특수한 상황에서 전황제[고종황제]의 퇴위와 신황제[순종황제]의 즉위식을 어떤 형태로 행하였을까?

고종황제 퇴위 후 순종황제 즉위식은 곧장 설행되지 않았다. 고종황제의 퇴위는 1907년 7월 18일 즈음의 일이고, 순종황제 즉위식은 1907년 8월 27일에 거행되었다.[9] 고종황제는 일제의 강압에 의해 어쩔 수 없이 황태자에게 대리代理하게 한다는 조령詔勅을 내리기는 했지만[10] '대리청정'이라는 표현을 사용하여 언제든 황제의 자리로 돌아갈 수 있는 명분을 남겨 놓았다.

대리청정이란 생존해 있는 왕을 대신하여 왕세자나 왕세손에게 국정운영을 연습할 기회를 제공하는 것을 일컫는다. 조선의 역대 왕 중 숙종, 영조, 순조가 왕세자 또는 왕세손에게 대리청정 하도록 명했던 전례가 있다.[11] 즉 고종황제가 황태자에게 대리청정을 명하였고(1907.7.18) 대리청정을 거부하는 황태자의 상소가 올라 왔으며(1907.7.19) 황태자의 대리청정으로 인한 진하의식 행해지는(1907.7.19) 순서로 진행되었다고 실록에 기록되어 있다.[12] 이를 다시 정리하면 '대리청정 조령 발표 – 대리청정 거부 상소 – 대리청정 진하의식'으로 요약된다. 여기에서 주목되는 점은 1907년 7월 18~20일 사이에는 순종황제즉위식이라는 명칭이 등장하지 않는다는 점이다. 전술하였듯이 순종황제즉위식은 1907년 8월 27일에 행해졌다.[13] 그러면 '대리청정 진하의식'과 '순종황제

---

8   당시 고종황제 퇴위를 압박하던 상황에 대해서는 『大韓季年史』에 자세히 서술되어 있다.
9   『고종실록』 권48, 고종 44년(1907, 광무 11) 7월 18일; 『순종실록』 권1, 즉위년(1907, 융희 1) 8월 27일.
10   『고종실록』 권48, 고종 44년(1907, 광무 11) 7월 18일.
11   영조대의 대리청정에 대해서는 김문식, 「사도세자의 대리청정」, 『문헌과 해석』 통권 45호, 문헌과 해석사, 2008; 김문식, 「세손 정조의 대리청정」, 『문헌과 해석』 통권 47호, 2009 참조 요망.
12   『고종실록』 권48, 고종 44년(1907, 광무 11) 7월 18일; 『고종실록』 권48, 고종 44년(1907, 광무 11) 7월 19일; 『순종실록』 권1, 즉위년(1907, 융희 1) 7월 19일.

즉위식'이라는 두 종류의 의식이 별도로 행해졌다고 정리할 수 있다. 그럼, 고종황제 퇴위 시점에 등장하는 '대리청정 진하의식'이란 무엇인가?

1907년 7월 19일에 장례원경掌禮院卿 박용대朴容大가 황태자대리청정진하皇太子代理聽政陳賀를 거론하는 기사, 황태자대리청정진하를 권정례權停例로 행했다는 내용이 실록에 기록되어 있으므로, 이를 인용하면 다음과 같다.

> **"황태자가 정사를 대리하게 된 것을 진하(陳賀)하는 의식을 규례대로 중화전(中和殿)에 친**림하는 것으로 마련하고, **황태자가 예를 행하는 의절도 규례대로 마련**하는 것이 어떻겠습니까?"라고 하니, 제칙(制勅)을 내리기를, "권정례(權停例)로 하라."하였다.
>
> **황태자의 대리 청정(代理聽政)으로 인한 진하(陳賀)는 권정례(權停例)로 행하였다.** 이어 사면(赦免)을 반포하였다. 조문(詔文)에, "왕은 다음과 같이 말한다. 요(堯) 임금이 제위를 물려주어 순(舜) 임금이 섭정(攝政)한 것은 『서경(書經)』을 펴면 첫 번째 뜻으로 되어 있다. …(중략)… 아! 태자는 나라의 제사를 주관하면서 밝은 시대를 여는 훌륭한 임금이 되도록 하라. 바른 사람을 가까이하고 옳은 말을 들어 난관을 극복해 나가는 데 힘쓰고, 명분이 바르게 되고 말이 순해지면 예악의 흥성을 기대할 수 있을 것이다. 그러므로 이에 조령을 내려 교시하는 것이니, 다 잘 알았으리라 생각한다."하였다.[14]

위의 인용문을 종합해 보면 1907년 7월 19일에 중화전에서 황태자의 대리청정으로 인한 진하, 즉 '황태자대리청정진하의'를 '권정례'로 행했던 것으로 정리된다.[15] 고종이 생존한 상태에서 황태자가 황위를 잇는 상황이 '대리청정'의 성격을 띠는 것이고, 이 때 행해진 의례는 '황태자대리청정진하의'였으며, 고종이 친림하지 않은 권정례의 형태였다는 뜻이다.

---

13 『순종실록』 권1, 즉위년(1907, 융희 1) 8월 27일.
14 『고종실록』 권48, 고종 44년(1907, 광무 11) 7월 19일.
15 『대한계년사』에도 1907년 7월 19일 오전 10시에 황태자가 대리하는 의식 절차를 거행했다고 기록되어 있다. 조광 편(정교 저), 『대한계년사』 8, 소명출판, 2005, 151쪽.

'황태자대리청정진하의'에 관한 진전된 이해를 위해서는 전통적으로 대리청정이 정해진 경우 어떤 의식이 행해졌는지를 살펴보면 된다. 전통적으로 대리청정이 정해지면 왕세자(또는 왕세손)가 왕에게 하례를 올리는 의식과 백관百官이 왕세자에게 하례를 올리는 의식이 수반되었다.[16] 이것이 바로 조선시대의 '대리청정진하의'인 것이다. 조선시대에 대리청정이 결정된 후 행해지던 대리청정진하의는 대리청정 주체자가 왕에게 인사를 올리고 백관들에게 축하를 받는 내용으로 구성되어 있었다賀禮儀. 이러한 축하행사를 행한 후 왕세자 또는 왕세손이 비로소 왕을 대신하여 정사政事를 펼칠 수 있었다. 1907년 7월 19일, 장례원경 박용대의 '규례대로 마련한다'는 언질도 바로 조선시대 '대리청정진하의'의 전례를 참고하여 황태자 순종의 대리청정 진하의를 준비하겠다는 것으로 풀이된다. '황태자대리청정진하의'라는 용어는 갑자기 대한제국시기에 만들어진 신조어新造語가 아니라 조선시대 '대리청정진하의'라는 용어와 닿아있는 것이다.

그렇다면 '황태자대리청정진하의'의 실제 내용은 어떠했을까? 혹 조선시대 '대리청정진하의'의 규례를 참고하여 마련한 절목이 있었더라도 실제 적용 여부는 또 다른 문제이기 때문이다. 명실상부할 수도 있고, 그렇지 않을 수도 있다. 실록 기사에는 고종황제가 참석하지 않은 채權停例 '황태자대리청정진하의'가 실행되었다는 것과 이 때 반포된 조령의 내용까지만 밝혀져 있을 뿐이다. 그 구체적인 의식 절차, 참석인물 등을 상세히 파악하기 위해서는 실록 기사에는 게재되지 않은 측면을 기록한 다른 자료가 요청된다.

한편 일본은 자국의 신문에 1907년 7월 19일에 고종황제가 양위讓位하였다고 크게 보도하였다.[17] 그리고 오사카大阪 마이니치신문每日新聞 경성京城 지국의 기자記者였던 나라자키 케이엔楢崎桂園의 기록에 의하면, 덕수궁 중화전中和展에서 1907년 7월 20일 오전 8시 조금 넘어 매우 간략한 양위식을 했다고 한다. 본래 1907년 7월 19일에 행

---

16 『영조실록』권126, 영조 51년 12월 10일(癸丑); 『순조실록』권28, 순조 27년 2월 10일(丙辰).
17 『新聞集成明治編年史』제13권, 東京 : 財政經濟學會, 昭和 11年, 288~290頁.

고종황제가 황태자 순종에게 황위를 넘겨준 것을 기념하는 엽서 부산박물관 소장

하기로 했다가 하루 연기된 것이라고 한다. 고종황제를 대신한 내관內官과 순종황제
대리인이 참석하였으며, 고종황제를 대신한 내관이 조칙詔勅 읽은 후 그것을 순종황제
대리인에게 주는 형식으로 이행되었고, 양위식이 끝나고 나서 대신大臣들이 중명전重明
殿에 계신 고종황제와 순종황제를 알현하였다고 한다.[18] 나라자키 케이엔이 기록한 양
위식 기록에 의하면 고종황제와 황태자 순종은 친림하지 않은 채 모두 대리인이 행한
것이었다.

　그렇다면 나라자키 케이엔의 기록과 실록의 내용은 어떤 측면에서 동일성과 차별성
이 있는가? 양자는 같은 의식을 각각의 시선과 정보력을 바탕으로 기록한 것으로 생
각된다. 그 의식은 외압에 의해 고종황제가 황태자 순종에게 어쩔 수 없이 황위를 넘
기는 것을 공식화 한 행사였다. 이를 실록에서는 '황태자대리청정진하의'라고 기술하
였고, 나라자키 케이엔은 '양위식'이라고 표현하였다. 양위식이라는 용어는 바로 이

18　楢崎桂園 著,『韓國丁未政變史』, 京城 : 日韓書房, 1907, 65~66頁. 이외에도 일본인들이 양위식이라고
　　칭하는 이 의식에 관한 내용은 통감부문서, 일본신문 등에서도 산견된다. 특히 통감부문서에는 양위식
　　이 오전 7시에 행했다는 기록도 보인다.

코리아의 신 황제 이척[19]의 대관식   *La Tribuna Illustrata*, 1907년 8월 4일

시점에서 등장한다. 양위식은 전통적으로 행해진 적도 없고 사용되지도 않았던 용어
이며, 일본인들이 명명한 것이다. 따라서 고종황제와 황태자 순종이 직접 참석하지
않고 대리인을 각각 내세워 졸속으로 행한 행사를 일본인들의 표현대로 양위식이라고
칭하는 것은 부적합하다고 본다. 또한 전통적인 격식을 갖추지 못한 채 황태자 순종

---

19   순종황제의 이름이 이척(李坧)이다.

에게 황위를 넘기기 위해 대리인을 앞세워 졸속으로 행한 이 의식의 실제 내용은 조선시대 '대리청정진하의'의 의식 절차와도 무관하다. 그렇지만 관찬사료인 실록에서 '황태자대리청정진하의'라고 명명하였으므로, 실록에서 사용된 용어를 활용하는 편이 나을 듯하다. 그러므로 일제가 고종황제와 황태자 순종의 대리인을 동원하여 황위를 억지로 넘기게 한 이 의식은 '일제에 의해 변칙적으로 강행된 황태자대리청정진하의'라고 정리해야 하지 않을까 한다. 아무튼 분명한 점은 이 의식은 순종황제 즉위식이 아니었다는 것이다.

그런데 순종황제 즉위식이 설행되지 않았던 시점인 1907년 8월 4일에 실린 일러스트가 회자되면서 순종황제 즉위식 장면이라고 공공연하게 언급되고 있다. 그 근거는 일러스트 아래에 기록된 문구文句이다. 'L'INCORONAZIONE DI I-TSACK NUOVO IMPERATORE DI COREA(코리아의 신 황제 이척의 대관식)'이라고 쓰여 있어, 순종황제의 즉위식 장면을 포착한 일러스트라는 해석이 널리 퍼지게 된 것이다.

위에서 논의했듯이 1907년 8월 27일에서야 순종황제 즉위식이 거행되었으므로, 1907년 8월 4일자의 일러스트를 순종황제 즉위식 장면이라고 단정 짓기 어렵다. 일러스트 아래의 문구에 비록 'L'INCORONAZIONE', 즉 '대관식' 혹은 '즉위식'이란 의미를 지닌 용어가 사용되었지만, 그렇다고 해서 실제 순종황제 즉위식 장면을 담은 일러스트라고 하기에는 결정적으로 날짜가 맞지 않는다.

위의 일러스트는 1907년 7월 20일에 '일제에 의해 변칙적으로 강행된 황태자대리청정진하의'와 관련성이 있다고 생각된다. 대관식이라는 용어가 사용된 맥락은 외국인들이 '진하의'라는 개념을 알지 못했기 때문에 생긴 착오라고 본다. 외국인들은 동양의 의례를 상세히 알지 못하므로 자신들의 시각으로 판단하고 자신들에게 친숙한 용어를 사용하여 표현한 것이다. 7월 20일에서부터 8월 4일까지는 약 2주 정도 시차가 나는데 이 기간은 일러스트가 경성에서 본국인 이태리로 충분히 전송될 수 있는 시간이다. 결국 외국인들의 눈에는 대관식으로 비친 '변칙적인 황태자대리청정진하의'의 한 장면이 일러스트로 남게 된 것이다. 세부적으로 릴러스트가 과연 진하의에서도 어떤 장면을 포착한 것인지, 일러스트의 사실성을 어느 정도까지 인정해야 할 것인지 등에 대해 논의할 과제가 많지만 이는 차후의 연구과제로 남긴다.

격식을 갖추지 못한 '변칙적인 황태자대리청정진하의'가 순식간에 끝나자 일본 천황天皇은 기다렸다는 듯이 직접 축하 전보를 보냈다. 또한 황태자 순종은 수옥헌漱玉軒에서 이토 히로부미와 당시 경성에 주재하던 각국 영사를 접견하였으니,[20] 이는 이토 히로부미가 각국 영사를 소집하여 황위 계승을 공표하려는 계획된 만남이었다.[21]

고종황제 퇴위와 황태자 대리청정 관련 내용 요약

사료	날짜	내용 요약
『고종실록』	1907년 7월 18일	황태자에게 대리(代理)하게 한다는 고종황제의 조령(詔令)이 내려짐
	1907년 7월 19일	대리청정을 거부하는 황태자의 상소가 올려짐
	1907년 7월 19일	장례원경(掌禮院卿) 박용대(朴容大)가 황태자대리청정진하(皇太子 代理聽政陳賀)를 거론함 → 고종황제가 권정례로 하라고 명령함
	1907년 7월 19일	권정례로 황태자대리청정진하의를 거행함
『대한계년사』	1907년 7월 19일 오전 10시	황태자가 대리정청하는 의식 절차를 거행함
『순종실록』	1907년 7월 19일	대리청정하였다. 선위하였다.

---

20 『순종실록』 권1, 즉위년(1907, 융희 1) 7월 20일.
21 『통감부문서』 7월 20일자에 의하면 황제 즉위식을 거행하였기 때문에 오후 4시 30분(일본 시간)에 황제가 각국 영사들을 접견할 것이라는 내용을 통보한 내용이 있다.
"(14) [皇帝 卽位式에서의 서울駐在 領事團接見에 관한 通牒]
(DRAFT) H.I.J.M's Residency General,Seoul, July 20th, 1907.
Sir : By request of the Minister of Imperial Household, I have the honour to inform you that His Majesty the Emperor has signified His pleasure on the occasion of His accession to the throne to receive you at Chung-Myong Palace at 4 30 o'clock(Japanese time) this afternoon, when His Excellency the Resident General will present you to His Majesty.
I have the honour to be,
Full Uniform Sir.
Your obedient servant,
(Sigened) S. Tsuruhara
To all Consuls, at Seoul.
No 81. German Consul General, No 82. French Consul General, No 83. Russian Consul General, No 84. American Consul General, No 85. Brithish Consul General, No 86. Italian Consul General, No 87. Chinese Consul General, No 88. Belgian Consul General"

『韓國丁未政變史』	1907년 7월 20일	고종황제를 대신한 내관(內官)과 순종황제 대리인이 참석하여 간략히 양위식을 행함
『순종실록』	1907년 7월 20일	일본 천황이 축하 전보를 보냄 → 사례 전보를 보냄
	1907년 7월 20일	순종이 이토 히로부미[伊藤博文]와 각국 영사(領事)를 접견함

일제에 의해 강제 퇴위된 고종황제는 어쩔 수 없이 황태자에게 대리청정을 명하였다. 그렇다고 고종황제의 퇴위가 곧장 순종황제 즉위식으로 이어진 것이 아니며, 두 사건은 실제로 40여일의 시차가 있었다. 대리청정의 전례는 조선시대부터 있었고, 대리청정의 경우 조선시대에는 왕세자 혹은 왕세손이 왕에게 하례하는 의식과 백관들에게 하례를 받는 의식이 행해졌다. 고종의 퇴위와 황태자의 대리청정 시점에는 조선시대 대리청정의 규례가 논의된 흔적만 있을 뿐, 실제로 고종황제와 황태자가 모두 친림하지 않은 상황에서 대리인들에 의해 '황태자대리청정진하의'가 비정상적인 형태로 격식을 갖추지 못한 채 졸속으로 이행되었다. 일본인들은 이를 양위식이라고 명명하였지만, 조선시대 전통에서는 양위식이란 명칭은 없었다. La Tribuna Ilustrata에 게재된 일러스트는 일본인들이 양위식이라고 일컫는 '변칙적으로 강행된 황태자대리청정진하의'의 한 장면을 포착한 결과물이다.

3. 순종황제 즉위식 준비과정

황태자 순종의 황제 즉위식은 '황태자대리청정진하의'가 있은 지 불과 6일 만에 거론된다. 1907년 7월 25일, 장례원 경掌禮院卿 신기선申箕善이 황제의 자리에 오르는 예가 없어서는 안 된다며 구체적으로 즉위 처소와 날짜를 묻는다. 이 때 장소는 즉조당卽祚堂으로 하며 날짜는 음력으로 다음 달 보름 후로 잡으라고 답하였다. 그리고 바로 그 날 즉위일을 8월 27일(음력 7월 19일)로 택한다.[22] 순종황제 즉위일이 8월 27일로 정

---

22 『순종실록』 권1, 즉위년(1907, 융희 1) 7월 25일.

순종황제 즉위식 의주 책자 한국학중앙연구원 장서각 소장

해졌다는 소식은 당시 신문과 관보官報에 게재되어 널리 알려졌고[23] 이후 즉위 장소가 즉조당에서 돈덕전으로 바뀐 것도 전해졌다. 그러나 즉위기념장卽位記念章을 제조하기에는 날짜가 촉박하였기 때문에 기념장증서記念章證書만 먼저 주기로 정하였다.[24] 실제로 순종황제 즉위기념장은 그 해를 넘긴 1908년 4월 초에 반급頒給되었다.[25]

즉위식에 초대된 이들은 각 부서에 소속된 국내관원 중 칙임관勅任官과 주임관奏任官, 각부에 고빙雇聘된 외국인관원 중 칙임관과 주임관 대우를 받거나 폐현할 자격이 있는 자로 제한하여, 내외국인 중 지위가 높은 이들에게만 청첩장을 발송하기로

---

23 "禮院奏本 掌禮院에셔 奏本ᄒ기를 皇帝陛下卽位處所與日子는 以何間擇入事라 ᄒ얏ᄂᆞᆫ듸 處所는 卽祚堂으로 爲之ᄒ고 日子는 陰曆來月望間으로 擇入ᄒ라 ᄒ얍셧다더라." 『皇城新聞』, 1907년 7월 29일, 2면. "즉위ᄒ시는 길일 황뎨의옵셔 즉위ᄒ실 길일은 칠월십구일 손시로 뎡ᄒ야 쟁례원에셔 주본을 올녓다더라." 『대한매일신보』, 1907년 8월 1일, 2면.
"掌禮院卿臣申箕善謹奏, 皇帝卽位吉日, 以陰曆七月十九日, 推擇奏下矣." 『官報』제3835호, 융희 원년 8월 3일 土曜 '宮廷錄事'

24 『通牒』(奎17822) 제11책, 발신자 : 表勳院 參書官代辦技師 金禹植, 발신일 : 1907년 8월 15일. "이번 1907년 8월 27일에 大皇帝陛下 卽位紀念章을 나눠 줄려고 하는데, **아직 만들지 못하여 먼저 證書를 주기로 했으니**, 親勅奏判任官 및 근무하는 외국인 직원록을 1907년 8월 16일까지 적어 보내시고 소속 관청에도 모두 알리기 바란다는 輪牒."
『通牒』제11책, 발신자 : 表勳院書記官 金瀅模, 발신일 : 1907년 8월 21일, 수신자 : 內閣 書記官 高源植. "1907년 8월 27일 大皇帝陛下 卽位陳賀時에 **紀念章證書를 수여하는바**, 날짜가 급박하고 각 관리의 遞差를 일일이 조사하기 힘든 즉, 內閣職員表에 의해 증서 79매를 보내니, 1907년 8월 25일까지 복사를 마치고 돌려보내 주시기 바란다는 通牒."

25 『皇城新聞』, 1908년 2월 8일, 2면. "紀念章頒給 大皇帝陛下卽位式紀念章이 來月末에 出來하야 四月上旬에 頒給ᄒᆫ다더라."

했다.[26] 당시 즉위식에 참석하기로 예정된 대한제국의 관리만 해도 720명에 달했다.[27] 그러나 즉위장소인 돈덕전이 협소했기 때문에 외국관리는 주임 3등 이상만 참석하게 한다는 설이 분분했다.[28] 당시 순종황제 즉위식에 참석했던 인물 중 한 명인 오사카 마이니치신문사 경성 지국 기자 나라자키 케이엔楢崎桂園의 『한국정미정변사韓國丁未政變史』에 의하면 주임관 이상의 자격을 지닌 대한제국 관원, 5등 이상 문무고등관이었던 일본인, 각국 총령사, 선교사 등으로 구성된 300여명이 즉위식장에 참석했다고 한다.[29]

즉위식의 제반 의절을 준비하는 중이라는 소문도 자자했다.[30] 즉위식 절차 마련에서 주목되는 점은 신식新式과 구식舊式을 참고하라고 당부한 점이다.[31] 철저하게 전통식으로 황제에 등극했던 고종황제의 등극의와는 차별되는 지점이다.[32] 신식도 참조하라는 내용은 실제로 즉위식 의주儀註에 반영되었다(4. 참조). 신구 양자를 참조하여 정

---

26   『皇城新聞』, 1907년 8월 20일, 2면. "卽位式參賀官 今此大皇帝陛下卽位禮式時에 貴部所屬勅奏任官과 外國人雇聘中에 勅奏任待遇와 陛見資格이 有한 人員에게 請牒을 發送하깃기로 仰佈하니 貴部所屬勅奏任官及雇傭人員職名及姓名을 本月十九日內로 錄送于禮式課하라고 宮內府에서 各部에 通牒하얏더다."

27   『皇城新聞』에는 730명이라고 밝혔지만, 신문에 게재된 인원을 합산한 결과 720명이었다.
     『皇城新聞』, 1907년 8월 23일, 2면. "卽位式參列員 卽位式參列홀 韓國官吏의 總數는 七百三十人인딕 其所屬廳을 別擧하건딕 左와 如하니 宮內府百八十人 內閣十二人 表勳院五人 中樞院二十四人 內部十七人 警視廳十人 漢城府二人 廣濟院九人 度支部二十五人 軍部五十二人 陸軍法院四人 軍器廠四人 武官學校四十一人 硏成學校三十三人 幼年學校二十一人 憲兵隊九人 侍衛聯隊六人 侍一隊二十四人 侍二隊二十五人 侍三隊二十五人 騎兵隊八人 砲兵隊七人 工兵隊七人 軍樂隊二人 徵上一隊二十五人 同二二十五人 同三二十五人 侍從武官附七人 陪從武官附六人 親王府一人 法部九人 平理院十人 漢城裁判所七人 法官養成所六人 學部十人 觀象所五人 各學校十二人 農商工部二十人 總員七百三十人."

28   『皇城新聞』, 1907년 8월 27일, 2면. "外國官憲參與定數 今日 進賀公故時에 惇德殿이 挾窄하야 一般 官吏가 參班키 極難홈으로 外國官吏는 奏任三等以上만 參與케 혼다는 說이 有한더라."

29   楢崎桂園 著, 『韓國丁未政變史』, 京城: 日韓書房, 1907, 128~129頁.

30   『대한매일신보』, 1907년 8월 8일, 2면. "의절을 준비 음력 칠월십구일에 칭경례식을 준비홀 더인딕 제반 의절은 지금 준비하는중이라더라"

31   『순종실록』 권1, 즉위년(1907, 융희 1) 8월 24일.
     "조령(詔令)을 내리기를, '황제의 자리에 오르는 예식을 거행할 장소는 돈덕전(惇德殿)으로 정하고 진행해야 할 의식 절차는 **신식과 구식을 참고하여** 궁내부(宮內府)의 장례원(掌禮院)에서 마련하여 거행하게 하라.'하였다. 또 조령을 내리기를, '시대의 형편이 달라졌으므로 이제부터 동가(動駕)할 때에는 시위하는 데 마련하는 군사의 인원수를 취품(取稟)하던 것과 같은 구식 규례를 모두 폐지하고 모든 의장물들은 안팎의 사례들을 참작하여 신식으로 별도로 정하여 가지고 들여보내라.'하였다."

32   고종황제의 등극의에 관한 상세한 내용은 영인본 『高宗大禮儀軌』(서울대학교규장각, 2001)와 연구논문 김문식, 「고종의 황제 등극의에 나타난 상징적 함의」, 『조선시대사학보』 37집 참조 요망.

한 즉위식 순서는 신문을 통해 널리 공지되었고[33] 책자로 간행하여 관리들에게 배포하기도 하였다.[34] 이후 『법규류편法規類編』을 간행할 때 즉위식 순서가 삽입되었다.[35]

즉위식에 참석할 국내관원들에게는 드레스 코드를 지정해 주었다. 서구식 대례복大禮服과 후록코트를 착용하도록 강권하면서, 이를 갖추지 못할 경우 참석하기 어려울 것이라고 압박하였다.[36] 그리하여 궁내부 판임관判任官 중에 서구식 대례복을 장만할 형편이 안 되어 사직을 청하는 자가 속출하는 사태도 발생되었다.[37] 관리들의 불평으로 인해 서구식 예복이 없다면 소례복小禮服에 사모紗帽를 써도 되는데, 반드시 삭발을 해야 하고 선명하게 보이도록 하라고 일침을 가하기도 하였다.[38] 즉 순종황제 즉위식에 참석할 국내관원들의 복장은 전통복식이 아니라 서구식 대례복[39] 또는 후록코트를 착용하는 것이 원칙이었던 셈이다.[40] 고종황제 등극의에서 백관百官들이 조복朝服을 갖추었던 것과는 대조적이다.

---

33 『皇城新聞』, 1907년 8월 23일, 2면. "卽位式順序"
34 『皇城新聞』, 1907년 8월 27일, 2면. "卽位式紀念 大皇帝陛下卽位ㅎ신 **儀節順序**를 宮內府에서 度支所管 印刷局에 委託ㅎ야 該**冊子**를 刊印後에 各府部院廳高等官吏에게 一部式을 分給ㅎ야 以爲紀念케 ㅎ다더라"; "宮牒各官廳 宮內府에서 各府部院廳에 通牒ㅎ되 本月二十七日巽時에 大皇帝陛下卽位式을 惇德殿에서 行ㅎ실 時에 親勅奏任官이 進參賀禮홀 事로 仰佈ㅎ며 **儀註冊子**를 另具送交ㅎ니 照亮ㅎ라 ㅎ얏더라."
35 『法規類編』 권2, 規制門 三.宮禁及儀式 '卽位禮式儀註'(서울대학교 규장각 소장, 도서번호 奎15334).
36 『대한매일신보』, 1907년 8월 24일, 2면. "진하참례홀사름 궁늬부에서 작일에 각부로 뎐화ㅎ되 금번 진하홀째에 주판임관즁에 **대례복과 후록고투가 업ᄂᆞᆫ관인은 참례키 어려울 거시니** 그 외에 진참홀 관인의 수효를 속히 록송ㅎ라ㅎ엿다더라."
37 『皇城新聞』, 1907년 8월 20일, 2면. "理似然矣 陰本月十七日陳賀時에 一般 官吏가 西洋大禮服으로 擧行ㅎ다ᄂᆞᆫ 說이 有홈으로 宮內府判任官들이 如干 薄俸으로 服裝을 準備홀 道理가 無ㅎ야 辭職請願者가 近日以來로 多有ㅎ다ᄂᆞᆫ 說이 有ㅎ더라."
38 『대한매일신보』, 1907년 8월 27일, 2면. "궁늬부신칙 본일에 태황데폐하 즉위례식에 ᄎᆞ비관과 입참ㅎᄂᆞᆫ 관인은 **례복을 예비치 못ㅎ엿거든 삭발ㅎ고 쇼례복에 샤모를 쓰드릭도 일졔히 션명ㅎ게** ㅎ라고 궁늬부에서 소관흔 관인에게 신칙ㅎ엿다더라."
39 이경미, 「대한제국의 서구식 대례복 패러다임」, 서울대학교 대학원 박사학위논문, 2008.
40 순종황제 즉위식의 복장규정과 관련된 사항인지 확실하지 않지만, 엄비가 대례복과 소례복을 이재면과 이준용에게 하사한다는 신문 기사가 있다. 『대한매일신보』, 1907년 8월 27일, 2면. "례복을하ᄉᆞ 황귀비 뎐하ᄭᅴ셔 리지면씨와 리쥰용씨의게 대쇼례복을 각 셰벌식 하ᄉᆞㅎ시기로 샹쥬ㅎ고 방금 제조흔다더라."

순종황제 즉위 기념 사진엽서 부산박물관 소장

순종황제 즉위식은 고종의 퇴위 후 6~7일 만에 거론되었다. 곧장 8월 27일 돈덕전에서 행하기로 결정되었다. 지위가 높은 내외국인에게 초청장을 발송하기로 하였는데, 초대된 국내관원만 해도 720명에 육박했다가 즉위식장이 협소하여 결국 즉위식 당일 참석한 내외국인은 총 300여명으로 축소된다. 한편 기념장을 제조하기에는 촉박한 시간인지라 기념증서만 수여하기로 하였다. 제반 의절은 신식과 구식을 참조하여 준비하였고, 그 내용은 신문에 공지되고 책자의 형태로 배포되기도 하였다. 국내관원들의 드레스 코드는 서구식 대례복 또는 후록코트로 정해져 신식 복장 착용을 강권하는 분위기였다.

4. 순종황제 즉위식 절차

순종황제 즉위식 절차를 살펴볼 수 있는 자료로는 『황성신문』 1907년 8월 23일 2면 "즉위식순서即位式順序", 관리들에게 배포된 의주 책자인 『대황제폐하즉위예식의주大皇帝陛下即位禮式儀註』, 『법규류편』 권2 규제문規制門 궁금급의식宮禁及儀式 중 '즉위예식의주卽位禮式儀註', 나라자키 케이엔楢崎桂園의 『한국정미정변사韓國丁未政變史』 제8장 한국의 유신韓國の維新 중 '즉위식의 성전卽位式の盛典'이 있다. 앞의 3종은 대한제국의 것이고, 마지막 자료는 일본 기자가 쓴 관람기이다. 네 종류의 자료 중 대한제국 자료 3종은 즉위식 순서를 나열하는 방법으로 기술되어 있고, 일본 기자 나라자키 케이엔의 기록은 당일 참석한 인물이 집필한 참관기參觀記의 성격을 지닌다는 점에서 그 성격이 조금 다르다. 기록방식의 측면에서도 『황성신문』이 국한문 혼용이고, 『대황제폐하즉위예식의주』와 『법규류편』은 순한문이며, 『한국정미정변사』는 일본어로 쓰여 있다는 점에서 차이가 난다. 이상 4종의 자료를 종합하여 즉위식 절차를 정리해 보면 다음과 같다.

순종황제 즉위식 절차가 기록된 주요 자료

자료명	『황성신문』 (1907.8.23)	『대황제폐하 즉위예식의주』	『법규류편』 권2	『한국정미정변사』
기록방식	국한문	한문	한문	일본어
성격	신문기사	의주 책자	관찬서	관람기

1907년 8월 27일(음력 7월 19일), 순종황제 즉위식이 거행되었다. 행례 시간은 오후 5시로 예정되었다가 오전 9시로 바뀌었다.[41] 즉위 장소는 경운궁 돈덕전惇德殿이었다. 돈덕전은 서양식 건물이다.

『대황제폐하즉위예식의주』와 『법규류편』에는 모두 돈덕전의 구조를 알려주는 동일한 도식圖式이 실려 있다. 이 도식은 '순종황제 즉위식장 안내도'의 성격을 지닌다. 당시 즉위식에 참석하는 이들의 이해를 돕기 위한 것이었다. 돈덕전 건물 내에는 어탑御榻과 관리들의 자리가 표시된 즉위식 행례 공간, 휴게소休憩所 두 곳, 어실御室, 식당食堂으로 구획되어 있으며 건물 주변에 악실樂室(서쪽에 위치)과 분수기噴水器(남쪽에 위치)의 위치가 표시되어 있다.

---

41 『대황제폐하즉위예식의주』를 보면 즉위식 시간이 기록된 부분인 '下午五點鍾'에서 '下'자와 '五'자 위에 붉은색으로 사선(\)을 그은 후 '上'자와 '九'자를 적어서 '上午九點鍾', 즉 오전 9시로 교정해 놓은 것을 확인할 수 있다.

THE JUNTOKU PALACE (WHE THE CORONATION CEREMONY INAU GURATED) SEOUL, KOREA (場式位即)殿德惇城京(國韓)

돈덕전 고궁박물관 소장

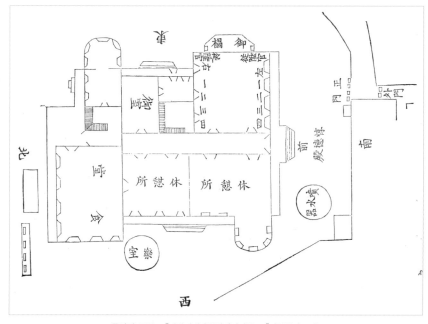

돈덕전 **圖式** 『대황제폐하즉위예식의주』, 『법규류편』 권2

순종황제는 즉위식 당일 8시 30분에 일본측 특파대사로 파견된 장곡천대장에게 국서國書를 받았고, 장곡천대장에게 금척대수장金尺大綬章[42]을 하사하는 등 그 일행에게 훈장을 수여했다.[43] 9시 30분, 순종황제가 중명전에서 출어出御하여 돈덕전의 어실御室에 임어하였다.[44]

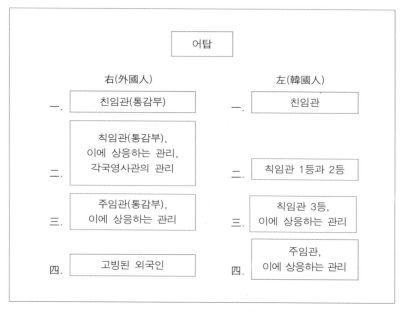

순종황제 즉위식장 자리배치[45]

---

42 대한제국 시기 훈장에 관한 자세한 내용은 목수현, 「한국 근대 전환기 국가 시각 상징물」, 서울대학교 대학원 박사학위논문, 2008, 105~119쪽 참조 요망.

43 『순종실록』 권1, 즉위년(1907, 융희 1) 8월 27일;『統監府文書』 권4 (124)[韓國皇帝卽位式에 日本皇帝 親書捧呈 件. 문서번호 往電第二一號, 발송일 明治四十年八月二十七日 午後一時〇五分 京城發(1907-08-27), 발송자 長谷川 統監代理, 수신일 明治四十年八月二十七日 午後八時四〇分 東京着(1907-08-27), 수신자 伊藤 統監.

44 동선 가운데 어떤 곳에서 활용한 것인지는 자세하지 않지만, 순종황제가 사용하기 위해 마차 연습을 시행했다는 신문기사가 포착된다.
"마챠 습의 작일 샹오십일시에 광화문 압해서 어용ᄒ시ᄂᆞᆫ 마챠 습의를 거힝ᄒ엿다더라"「대한매일신보」, 1907년 8월 17일, 2면;"昨日上午十二時에 宮內府大臣 李允用 侍從卿 閔丙奭 兩氏가 光化門前에 다 舖陳하고 馬車習儀를 看檢하얏다더라"『皇城新聞』, 1907년 8월 17일, 2면.

45 『대황제폐하즉위예식의주』, 『법규류편』의 기록을 기준으로 삼되 『皇城新聞』, 1907년 8월 23일, 2면.

9시 50분, 휴게실에서 대기하고 있던 내외관원들이 즉위식장으로 들어가 각각의 자리로 나아갔다. 어탑御榻을 중심으로 왼쪽에는 국내관원이, 오른쪽에는 외국인들이 서열을 달리하여 섰다.

음악이 연주되는 가운데 면복을 착용한 순종황제는 어탑에 오르자 음악이 그쳤다. 찬의贊儀의 '국궁·사배·흥·평신'이라는 소리에 맞춰 참석자들은 몸을 굽혔고, 음악이 다시 연주되었다가 그쳤다. 전표관展表官이 표안表案(祝文)을 탑전榻前에 설치하자 총리대신 이완용이 축하문賀表을 낭독하였다. 이완용의 축하문 낭독이 끝난 후 전표관이 표안을 들고 퇴장하였다. 음악이 연주되었고 참석자들은 몸을 굽혔다.

음악이 연주(악대와 곡목에 대한 내용은 5. 순종황제 즉위식의 음악 참조)되는 가운데 순종황제는 잠시 퇴장하였다가 육군대장복으로[46] 갈아입고서 재등장하였다. 장곡천대장長谷川大將이 통감대리의 자격으로 축하글賀詞을 낭독하였고, 이어 벨기에白耳義 총령사 방카르트方葛(Vangal)도 영사領事 대표로 축하글을 낭독하였다. 다음으로 총리대신 이완용은 어전에 나아가 북면北面하여 섰고, 애국가가 연주되었다. 총리대신 이완용의 발성發聲에 맞추어 참석자들 모두 '만세·만세·만만세'를 외쳤고山呼, 음악이 연주되는 가운데 찬의의 '국궁·사배·흥·평신'이라는 소리에 맞춰 참석자들은 몸을 굽혔다. 음악 소리가 울려퍼지자 순종황제

순종황제
최순권 해제, 『고종과 순종의 국장 사진첩』,
민속원, 2008 재인용

'卽位式參列席順序'라는 기록도 보조적으로 참고하여 작성하였다.

46 우리측 사료에는 대원수정장(大元帥正裝)으로 쓰여 있지만, 당시 순종황제 즉위식에 참석했던 나라자키 케이엔楢崎桂園은 육군대장복이라고 기록하였다. 본고에서는 후자의 견해를 따랐다.

는 퇴장하였고, 다시 황룡포로 갈아입은 후 출어하였다. 10시 50분이었다. 순종황제 즉위식은 대략 1시간 정도 소요된 셈이다.

순종황제 즉위식 순서[47]

즉위식 절차	음악 사용 여부	기타
관리들 기립	×	
황제 입장	O	순종황제 면복 착용
황제에게 배례(拜禮)	O	
총리대신 이완용의 축하문[賀表] 낭독	×	
황제에게 배례	O	
황제 퇴장	O	
황제 입장	O	순종황제 육군대장복 착용
장곡천대장의 축하글[賀詞] 낭독	×	
영사관 대표 방카르트의 축하글[賀詞] 낭독	×	
총리대신 이완용이 탑전(榻前)으로 나아가 북향	×	
애국가 연주	O	**군악대 연주**
산호	×	
황제에게 배례	O	
황제 퇴장	O	
참석자들 휴게실로 이동	×	
기념장 반사(頒賜)[48]	×	

이렇게 진행된 순종황제 즉위식은 고종황제 등극의와 비교해 볼 때 완전히 다른 모습이다. 고종황제 등극의에서 행해진 곤면袞冕과 어보御寶를 올리는 과정이라든지 삼

---

47 『황성신문』(1907.8.23.), 『대황제폐하즉위예식의주』, 『법규류편』 권2, 『한국정미정변사』를 참고하여 작성함.
48 실제로는 기념장증서만 배포하였다.

무도三舞蹈, 삼고두三叩頭를 순종황제 즉위식에서는 찾아볼 수 없다. 순종황제 즉위식은 순종황제가 면복에서 육군대장복으로 옷을 갈아입는 것, 3인(총리대신 이완용, 통감 대리 장곡천대장, 영사 대표 방카르트)의 축하문 낭독, 애국가 연주가 핵심을 이루었다.

고종황제 등극의와 순종황제 즉위식의 주요 절차 비교표

고종황제 등극의	순종황제 즉위식
皇帝位에 오름	御榻에 오름
袞冕을 올림	×
국궁사배	참석자들이 공손히 몸을 굽힘[最敬禮]
御寶를 올림	×
三舞蹈	×
三叩頭	×
×	총리대신 이완용의 축하문 낭독
×	순종황제가 면복에서 육군대장복으로 갈아 입음
×	참석자들이 공손히 몸을 굽힘[最敬禮]
×	통감대리인 장곡천대장이 축하문 낭독
×	영사 대표 벨기에 총령사 방카르트의 축하문 낭독
×	애국가 연주
山呼	山呼
국궁사배	참석자들이 공손히 몸을 굽힘[最敬禮]

그 중에서 축하문을 낭독하는 규례는 고종황제가 등극의를 행한 후 백관들의 축하를 받는 의식皇帝御太極殿受百官賀表儀에서 찾아볼 수 있다. 순종황제 즉위식에서 총리대신 이완용의 축하문 낭독 전후에만 등퇴장하는 전표관展表官이 존재하는데, 고종황제가 백관들에게 축하를 받을 때 전표관과 선표관宣表官이 하는 역할을 병행하고 있다.[49]

---

49   『高宗大禮儀軌』'皇帝御太極殿受百官賀表儀'"展表官二人, 對舉表案, 由東門入, 置於座前, 俯伏興. 宣表
      官陞自西階, 入詣表案南跪. 展表官取表對展, 贊儀唱跪, 宗親文武百官跪, 宣表官宣, 訖, 俯伏興, 降復位."

즉, 순종황제 즉위식은 고종황제 등극의와 유사성이 없으며 오히려 등극의 이후 설행된 백관들에게 축하를 받는 의식에 가까웠다.[50] 구식에서 모델로 삼아야 할 고종황제 등극의와는 거리가 멀었으며, 백관들에게 축하를 받는 하례의와 일부 맥락이 닿아 있었다. 즉 구식을 참조한 부분이다.

그러나 표문을 올린 후에도 두 차례에 걸쳐 축하글을 낭독하는 절차는 전례에게 찾아볼 수 없다. 순종황제가 서구식 복색인 육군대장복을 착용한 채 축하글을 각 대표가 낭독하고 서양식 군악대의 연주로 행해진 즉위식 후반부는 신식 예식이 궁궐의 즉위의례에 침투되고 있는 일면인 것이다. 신식의 규례를 순수하게 서양에서 모델을 찾아 이를 도입한 것인지, 일본에서 걸러진 서양식인지는 좀 더 연구해 보아야 할 문제이다. 이를 전통적인 의례와 근대화된 신식 예식이 조화를 이루었다고 해석하기는 어렵다는 뜻이다. 아무튼 전반부와 후반부에서 각각 다른 복색과 음악이 동원된 순종황제 즉위식은 전통과 서구의 스타일을 넘나든 셈이니, 신식과 구식을 모두 참고하라는 『순종실록』의 내용을 거듭 상기시킨다.

한편 국궁사배도 실제로 하지 않았으며 몸을 굽히는 정도로 배례를 행했던 것 같다.[51] 찬의가 '국궁·사배·흥·평신'을 외쳤을 때 참석자 모두 최경례最敬禮를 행했다고 나라자키 케이엔楢崎桂園이 기록하였기 때문이다. 최경례란 일본의 경례식을 칭하는 용어의 하나로, 착용했던 모자를 벗거나 두 손을 무릎에 가지런히 올린 채 몸을 가

最敬禮
이경미, 『제복의 탄생』, 민속원, 2012, 98쪽에서 재인용

---

50   축하 의식으로 인식하고 있는 내용이 『순종실록』에 기록되어 있다. 『순종실록』 권1, 즉위년(1907, 융희 1) 9월 6일 조령(詔令)을 내리기를, "황제의 즉위 예식 절차를 이미 작성하여 거행하였다. 이제부터 **모든 축하 의식도** 역시 이 규례에 의거하되 궁내부(宮內府)의 장례원(掌禮院)에게 작성하여 거행하도록 하라."하였다.

51   이미 내각대신들이 순종을 접견할 때 모자만 벗고 경례를 했다는 기록이 있다. 『대한매일신보』, 1907년 8월 10일, 2면. "긔화폐현 직작일부터 닉각대신들이 폐현홀째에 모즈를 벗고 경례만 힝ㅎ엿더라."

장 공손하게 굽히는 인사방법이다.[52] 즉 최경례를 했다는 맥락은 바닥에 머리를 조아리는 동양식 배례拜禮를 행하지 않았음을 의미한다. 참석자들은 서양식 예복을 입고 서양스타일의 인사법을 행했던 것이다. 이렇듯 실제 행동양식에서는 전통적인 방식을 따르지 않은 모습들이 포착된다.

순종황제 즉위 절차는 전례에 없던 새로운 형태로 행해졌다. 그러나 그러한 변화 양상 가운데에서도 찬의나 전표관이 여전히 의식에서 등장하고 있다는 점, 만세 삼창이 이행되고 있다는 점, 백관 하례의에서 표문을 올리는 의식이 축하문 낭독으로 이어졌다는 점에서 면면히 지속되고 있는 전통적인 면모가 포착된다. 그러나 국궁사배를 실제로 행하지 않은 행동양식의 변화 지점을 단순히 신식으로 해석할 일인지, 전통을 해체시키려는 의도적인 계획이었는지에 대해서도 좀 더 고민이 필요한 지점이기도 하다. 그리고 신식의 적용 범위에 대해서는 좀 더 깊이 논의되어야 할 것이다. 순종황제가 즉위식에서 육군대장복으로 옷을 갈아입는 행위를 했는지에 대해서도 단순히 신식의 적용으로 치부하기는 어렵다. 이 또한 연구 과제로 남긴다. 이러한 문제들을 해결하기 위해서는 일본 황실의 예식, 세계 각국의 황제 즉위식, 일제의 식민지 정책 등을 종합적으로 살펴보아야 할 것으로 생각된다.

고종은 황제 등극 전에 환구단圜丘壇에 나아가 친제親祭하였지만 순종은 단발斷髮・융장戎裝하였고[53] 장곡천대장을 만나 일본측의 국서를 받은 후 그 일행에게 서훈하였다. 환구단 참석 유무에서도 고종황제 즉위식과 순종황제 즉위식은 확연히 차이가 난다. 고종의 황제 등극 전 과정은 의궤로 제작되어 『대례의궤大禮儀軌』로 현전하지만, 순종황제

---

52 이경미, 「19세기말 서구식 대례복 제도에 대한 조선의 최초 시각―서계(書契) 접수 문제를 통해」, 『한국의류학회지』 제33호, 한국의류학회, 2009, 736쪽.

53 단발과 융장은 일제에 의해 순종황제 즉위식이 진행되었음을 암시하는 정치성이 매우 큰 사건이라고 생각한다. 메이지 유신의 상징과 닿아있기 때문이다.
楢崎桂園 著, 『韓國丁未政變史』, 128頁; 『순종실록』 권1, 즉위년(1907, 융희 1) 8월 15일 "조령(詔令)을 내리기를, '짐이 이제 개선하기 위한 정사를 베풀어서 한 세상을 **유신(維新)**하고자 할진대 반드시 짐으로부터 시작해야 하겠다. 황제의 자리에 오르는 날에 머리를 깎고 군복을 입겠으니 신민들은 잘 알고 짐의 뜻을 잘 따를 것이다.'"

즉위 후 의궤는 제작되지 않았다. 참석자들에게 배포했던 『대황제폐하즉위예식의주大皇帝陛下卽位禮式儀註』라는 단촐한 책자가 남아 있을 뿐이다. 순종황제 즉위식은 대한제국에서 첫 번째로 황위에 등극한 고종황제의 정통성이 연계된 행사는 아니었다. 전통적인 스타일만 행례된 고종황제 즉위식과는 다른, 새로운 형태의 황제 즉위식이었다.

5. 순종황제 즉위식의 음악

앞에서 언급했듯이, 조선시대 왕의 즉위는 선왕이 돌아가시면서 왕위를 잇게 되는 사위嗣位였다. 선왕이 돌아가신 상황에서 성복成服의 예가 끝나면 새로운 왕의 즉위식을 잠시 행하였다. 상중喪中에서 행한 즉위식이었기 때문에 흉례凶禮의 범주에 포함되어 헌현軒懸을 진설하되 실제로 음악 연주는 하지 않았다陳而不作.[54] 즉 조선시대 왕의 즉위식에는 음악이 연주되지 않았다.

그러나 왕에서 황제로 등극한 특별 케이스였던 고종황제 등극의에서는 음악이 사용되었다. 이는 큰 경사였기 때문이다. 고종황제 등극의에서 음악은 단 한 차례 연주된다. 황제를 상징하는 곤면袞冕을 올린 후 문무백관이 황제에게 국궁사배 할 때 음악소리가 울려 퍼졌던 것이다.[55] '악작樂作', '악지樂止'라고 기록되어 있을 뿐이어서 구체적으로 어떤 악곡이 연주되었는지 『고종대례의궤』의 내용만으로는 알 수 없다는 점이 아쉽다.

순종황제 즉위식에서도 음악이 연주되었다. 고종황제 등극의 보다 적극적으로 사용되었다. 순종황제가 즉위식장에 입퇴장 할 때, 참석자들이 배례할 때(실제로는 몸을 공손히 숙이는 서양식 인사법의 형태로 함), 방카르트의 축하글 낭독이 끝난 후에 음악이 연주되었다(순종황제 즉위식 순서 참조 요망). 연주 악대와 연주된 음악은 두 가지 계열이다. 궁중의

---

54 『國朝五禮儀』 권7, 「凶禮·嗣位」.

55 『高宗大禮儀軌』 '登極儀'

전통적인 악대와 서양식 군악대가 등장하였고, 각각 전통음악과 애국가를 연주하였다. 이는 1907년 8월 23일자 『황성신문』의 '즉위식순서'라는 기사에 '아국음악我國音樂', '軍樂隊愛國歌樂을 奏'라고 쓰여진 내용에 근거한다. 또한 순종황제 즉위식에 참석했던 나라자키 케이엔도 관람기에 '한국의 고악古樂이 연주되었다, 군악대가 애국가를 연주했다'고 밝혔다.

당시 궁중의 전통음악은 궁내부宮內府 장례원掌禮院에 소속된 장악과掌樂課에서 관할하고 있었다. 장악과는 조선시대 장악원掌樂院의 후신으로 궁중음악을 관장하던 장악기관掌樂機關이다.[56] 당시 장악기관이었던 장악과에 소속된 악인樂人이 즉위식장으로 파견되어 궁중음악을 연주하였을 것이다. 그렇다면 장악과에서 파견된 악인들은 어떤 악기樂器로 어떤 악곡을 연주하였을까? 조선시대 대한제국 시기에 이르기까지 왕[황제]가 거둥할 때, 백관들이 왕(황제)에게 배례할 때 어떤 악대가 어떤 악곡을 연주하였는지를 살펴봄으로써, 추정 가능하다.

조선시대에는 전정헌가殿庭軒架가 왕의 거둥 시 주로 여민락만與民樂慢과 여민락령與民樂令을, 백관들의 배례 시 낙양춘洛陽春을 연주하곤 하였다. 대한제국에도 이러한 연주 관행은 이어졌다.[57] 다만 1897년에 황제국으로 격상되면서 전정헌가라는 명칭이 전정궁가로 바뀌었을 뿐이다. 장악기관의 존속과 궁중음악의 지속성의 측면에서 짐작해 보건대 순종황제 즉위식에서도 순종황제의 등퇴장 시에는 전정궁가가 여민락만과 여민락령을, 국내외관원들이 배례할 때에는 낙양춘이 연주되었으리라고 추측해 볼 수 있다.

---

56 조선시대부터 대한제국기까지 장악기관의 소속과 명칭이 변화되었으니(졸고, 「대한제국기 장악기관(掌樂機關)의 체제」, 『공연문화연구』 제17집, 한국공연문화학회, 2008.8 참조), 이를 정리하면 다음과 같다. '예조 장악원 - 궁내부 장례원(1894.7.22) - 궁내부 장례 봉상사(1895.4.2) - 궁내부 장례원 협률과(1895.11.10) - 궁내부 장례원 교방사(1900.6.19) - 궁내부 예식원 장악과(1905.3.4) - 궁내부 장례원 장악과(1906.8.23) - 궁내부 장례원 장악부(1908.8.24)'

57 임미선, 「조선조 궁중의례의 운영과 전정헌가」, 『조선조 궁중의례와 음악의 사적전개』, 민속원, 2011, 100~169쪽.

『**大韓禮典**』의 **殿庭宮架** 한국학중앙연구원 장서각 소장

대한제국기 전정궁가의 위용은 『대한예전』에서 구체적으로 확인 가능하다. 박 1, 편종 2, 편경 2, 방향 1, 축 1, 어 1, 건고 1, 응고 1, 삭고 1, 장구 2, 당비파 2, 해금 2, 피리 8, 당적 2, 퉁소 2, 대금 8, 이상 16종의 악기를 37명이 연주한 형태였다. 당시 즉위식에 참석하여 전정궁가의 소리를 직접 들었던 나라자키 케이엔은 '정고鉦鼓와 격경擊磬의 미묘한 음향이 섞인 한국의 고악古樂'이라고 표현하였다. 일본의 전통악기 정고가 금속제 타악기임을 감안할 때 이와 유사한 음향은 방향이나 편종 정도 될 것 같다. 격경은 경돌磬을 두드렸다는 의미이니, 편경 소리를 묘사한 것으로 보인다. 방향, 편종, 편경 모두 전정궁가에 배치되었던 우리의 전통악기이다.

일본의 전통악기 鉦鼓
엔도 도루·사사모토 다케시·미야마루 나오코 지음, 시바 스
케야스 감수, 허영일 옮김, 『그림으로 보는 가가쿠 입문사전』,
민속원, 2016, 185쪽 인용

대한제국 애국가 표지
대한민국 역사박물관 소장

군악대는 1900년 12월에 설치령이 내려진 후 1901년에 조직되어 프랑츠 폰 에케르
트Franz von Eckert(1852~1916)에 의해 훈련된 서양식 악대를 의미한다.[58] 군악대 교사였던
에케르트는 국가國歌 제정에 대한 고종의 강한 의지로 인해[59] 대한제국 애국가大韓帝國
愛國歌[60]를 작곡하였고 그 공로로 훈장을 수여받았다.[61] 순종황제 즉위식에서 군악대가

---

58 이정희, 「대한제국기 군악대 고찰」, 『한국음악연구』 제44집, 한국국악학회, 2008.
59 『고종실록』 권42, 고종 39년(1902, 광무 6) 1월 27일 "조령을 내리기를, '백성들의 마음을 분발시키고
   선비들의 기풍을 격려시켜서 그것으로 충성을 떨치고 나라를 사랑하게 하는 방법에는 국가(國歌)를 지
   어 부르는 것보다 더 좋은 일이 없으니 마땅히 국가를 만들어야 하겠다. 문임(文任)에게 지어 바치도
   록 하라.'"
60 대한제국 애국가에 관한 자세한 연구는 민경찬, 「우리나라 최초의 국가인 '대한제국 애국가'를 생각하

연주했다는 애국가는 바로 에케르트가 작곡한 '대한제국 애국가'로 추정된다.

악인樂人들은 돈덕전 서쪽에 위치한 악실樂室에서 대기하였을 것이다. 조선시대에도 악공청樂工廳이라 하여 악인을 위한 대기실이 별도로 설치되어 있었다. 돈덕전의 악실은 악공청의 개념이 이어진 것이고, 악인들을 위한 대기실의 성격으로 활용되었을 것으로 본다. 악실에 대기했던 음악인音樂人들 중 장악과에서 소속 악인들이 즉위식장으로 이동하여 전정궁가라는 악대로 순종황제의 등퇴장 때 여민락만, 여민락령을 연주하고 참석자들이 몸을 숙여 인사할 때 낙양춘을 연주했을 것이다. 그리고 영사 대표 방카르트의 축하글 낭독이 끝난 후 군악대의 연주로 대한제국 애국가가 즉위식장을 가득 채웠다.

순종황제 즉위식의 음악은 두 가지 계열의 악대가 각각 전통악곡과 서양음악 어법에 기초하여 만들어진 대한제국 애국가를 연주하는 형태였다. 황제의 거둥과 군신들의 배례 때 음악이 연주되는 전통은 조선시대부터 지속되었던 전례였으므로 순종황제 즉위식에서 자연스럽게 응용될 수 있었다. 그러나 애국가 연주는 이례적인 일로, 좀 더 진전된 연구가 필요하다. 단순히 다른 나라의 신식예식의 관행을 참조한 것인지, 즉위식 마무리라는 의미를 지닌 것이었는지, 다른 맥락이 내포된 것인지 숙고해 볼 일이다. 당시 국내를 비롯하여 일본, 중국을 포함한 세계 각국에서 국가가 연주되던 용례를 찾아서 비교 연구하는 것도 문제 해결에 도움이 되는 방법의 하나일 것이다.

며」, 『한국음악평론』, 한국음악평론가협의회, 2010 참조 요망.

61 『고종실록』 권42, 고종 39년(1902, 광무 6) 12월 20일 "조령(詔令)을 내리기를, '악사(樂師)인 독일 사람 에케르트[扼토多 : Franz Eckert]는 악보를 살펴 만들어 성의껏 교습(敎習)한 공로가 있으니 특별히 훈3등에 서훈하고 태극훈장(太極勳章)을 하사하라.'하였다."

6. 순종황제 즉위식 기념행사

순종황제 즉위식이 끝난 후 당일 오후에 순명비 민씨純明妃閔氏를 황후皇后로 추봉하고, 윤씨尹氏를 황후로 진봉하는 의식이 진행되었다.[62] 국내관원들에게 표문表文을 받는 하례의도 행해졌는데 이는 전례대로 전통적인 의례 절차를 따른 것이었다.[63] 그리고 영왕 이은을 황태로 책봉하는 일은 9월 7일에 행해져 즉위식으로부터 10일 후에 설행되었다.[64]

순종황제 즉위식 당일 저녁, 돈덕전에서 연회[夜會]가 설행되었다.[65] 궁궐에서 설행된 즉위식 축하 파티였다. 구체적인 장소는 돈덕전 도식에 식당食堂으로 표시된 공간으로 보인다. 『대황제폐하즉위예식의주』의 즉위식 순서 마지막 줄에 '入參諸臣會于食堂立食後退出'이라고 기입되어 있는데, '참석한 모든 신하는 식당에서 모여 입식한 후 퇴장한다'는 뜻이다. 이는 밤에 열린 축하파티를 압축한 내용이다.

연회는 입식立食의 형태였다. 요즘 표현으로 설명하자면 일종의 뷔페식인 셈이다. 이 때 장곡천대장을 비롯하여 많은 관리들이 참석하였는데 탁지부대신 고영희高永喜는 병을 핑계 삼아 나타나지 않았다.[66] 반면 송병준은 뒤늦게 나타나서 연향에 서열이 없다고 호통치며, 장곡천대장을 비롯한 일본인들의 좌차座次를 특별히 표시하고 그들이 음식 먹는 자리를 병풍으로 가리는 등 친일 행각을 드러내놓고 했다.[67]

---

62 『순종실록』 권1, 즉위년(1907, 융희 1) 8월 27일;『대한매일신보』, 1907년 8월 27일, 2면. "공복으로로진하 금일손시에 돈덧면에서 황뎨씌셔 즉위ㅎ시고 **즁화뎐에셔 황후를 츄봉ㅎ시고 황후를 진봉ㅎ실쎡**에 문무 빅관이 공복으로 입참ㅎ다더라."

63 『儀註謄錄』 권10 '皇帝詣惇德殿卽位後受百官賀表儀'

64 『순종실록』 권1, 즉위년(1907, 융희 1) 9월 7일.

65 아마도 이 때 후록코트를 반드시 착용해야 했던 것 같다. 이 날 후록코트가 없어 연회에 참석하지 못한 이들을 위해 원유회를 별도로 설행한다는 신문 기사가 있기 때문이다. 『대한매일신보』, 1907년 8월 27일, 2면. "원유회 성셜 닉각대신이원유회를 셩셜흔다는뎌 금일 진하에 빅관들이 후록고투가 업셔 참례치못흔사름을 위ㅎ여 연회흔다더라."

66 『皇城新聞』, 1907년 8월 29일, 2면. "度大吟病 再昨日下午九時에 惇德殿賜宴에 百官이 盡爲入參ㅎ얏는뎌 度支部大臣 高永喜氏는 身病이 卒發ㅎ야 參入치 못ㅎ얏더라."

67 『대한매일신보』, 1907년 8월 31일, 2면. "일젼에 돈덕뎐에서 연향ㅎ기를 립식[셔서 먹 법]으로 예비ㅎ

한편 13도道에서 축하 전보電報와 기념품이 한성부민회로 도달하여, 회장 유길준俞吉濬은 한성부민회에서 작성한 송덕표頌德表와 함께 이를 순종황제에게 직접 올리기도 하였다. 각 지역의 기념품은 한성부민회 은제향로銀製香爐 1대對, 의주부義州府 은제주관銀製酒罐 1좌座, 동래부東萊府 은제주배銀製酒盃 1대對 등이었다.[68] 금으로 만든 제품을 없었고 모두 은으로 제작된 것이었다. 황제 즉위식 기념품은 금으로 만들어져야 함에도 불구하고 일제히 은으로 만들어 진상했다는 점에서 황제의 위격에 맞지 않는다.

각 부府·부部·원院·청廳, 전포廛舖, 집집마다家家戶戶 국기國旗와 구등球燈을 일제히 걸어 놓음으로 경축을 표시하기도 하였고, 각 학교에서는 학생들이 모여 만세를 외쳤다. 여러 학회學會, 은행, 농업회의소商業會議所에서도 일제히 경축하였으며, 내부內部와 농상공부農商工部에서는 밤 11시경에 관리들이 모여 기악妓樂을 즐기기도 하였다.[69]

특히 일진회一進會는 독립관獨立館에서 성대하게 경축 행사를 벌였다. 당시 일진회 회원 400명을 비롯하여 서양인, 일본인 등 각계 각층에서 내빈來賓이 참석했는데, 총 150명이었다. 폭죽爆竹과 함께 시작된 경축회는 음악 연주奏樂 → 개회 취지開會趣旨 → 축사祝辭 → 답사答辭 → 주악奏樂 → 다과進茶果 → 만세를 외침呼萬歲 → 음악연주 → 창가唱歌 → 남무男舞 → 무동舞童 → 희예戲藝의 순으로 진행되었다. 개회취지는 회장 이용구李容九, 축사는 부회장 홍긍섭洪肯燮, 답사答辭는 내빈으로 참석한 정운부鄭雲復가 담당하였다.[70] 남무는 남자 역할과 여자 역할을 하는 두 명의 기녀가 서로 마주보기도 하

지라 장곡천ㅅ령관이 곳치 참여ㅎ엿더니 농대 송병쥰씨가 츄후로 와서 연향ㅎ는 츠서를 보고 리궁대
를 딕ㅎ야 테례의 무식흠을 칙망ㅎ고 병풍으로 음식먹는 자리를 가리워 상직의 좌츠를 특별이 표ㅎ엿
다니 송씨가 일인을 존숭흠은 말홀것이 업거니와 서서 먹는 전례에도 좌츠를 보는지."

68 『皇城新聞』, 1907년 8월 29일, 2면. '紀念慶祝의 人民表誠大皇帝陛下卽位紀念式慶祝에 對ㅎ야.'

69 『皇城新聞』, 1907년 8월 29일, 2면. "一般大慶祝 再昨日은 大皇帝陛下卽位ㅎ시는 慶節인 故로 一般 臣
民의 慶祝景況이 如左ㅎ되 各府部院廳과 廛舖와 其外他臣民도 家家戶戶에 國旗及球燈을 一齊揭懸ㅎ야
慶祝의 誠을 表ㅎ얏시며 △各學校에서는 同日下午九時頃에 一般 學徒가 各其 校場에 會同하야 嵩呼萬
歲ㅎ얏시며 △內部及農商工部에서 慶祝하기 爲하야 同日下午十一時頃에 一般 官吏가 會同하야 妓樂으
로 迭樂ㅎ얏스며 △各學會及銀行所와 商業會議所에도 一切 慶祝을 設行ㅎ얏시며 …(하략)…."

70 『皇城新聞』, 1907년 8월 29일, 2면. "一般大慶祝 …(중략)… △一進會에서는 獨立舘에서 慶祝會를 盛
設ㅎ얏는딕 宴會式順序가 如左ㅎ니 爆竹, 奏樂, 開會趣旨, 祝辭, 答辭, 奏樂, 進茶果, 呼萬歲, 奏樂, 唱
歌, 男舞, 舞童, 戲藝인딕 開會趣旨는 會長 李容九氏가 說明ㅎ고 祝辭는 副會長 洪肯燮氏가 說明ㅎ얏고

고 등지기도 하고 포옹하기도 하는 등 갖은 교태를 연출하며 추는 한국식 사교춤이다.[71] 남무를 제외하고는 이날 연행된 공연예술에 대한 자세한 설명이 없어 구체적인 레파토리를 알 수 없다는 점이 아쉽다. 악樂・가歌・무舞・희戲의 순서로 연출됨으로써 다양한 공연문화가 펼쳐지는 무대였음을 짐작하게 할 뿐이다.

이렇듯 순종황제 즉위식 당일에는 다양한 즉위 기념행사가 펼쳐졌다. 순명비 민씨純明妃閔氏를 황후皇后로 추봉하고, 윤씨尹氏를 황후로 진봉하는 의식이 행해졌고, 백관들이 표문을 올리는 하례의도 있었다. 돈덕전에서 입식立食의 형태로 파티가 행해졌으며 한성부민회에서 송덕표, 13도에서 보낸 기념품, 13도에서 보낸 축하 전보를 진상하기도 하였다. 관사를 비롯하여 상인들의 점포와 개인의 집에 이르기까지 곳곳에 국기國旗와 구등이 걸렸다. 특히 친일단체 일진회는 민심을 외면한 채 독립관獨立館에서 성대하게 경축 행사를 벌여 당시 유행하던 악・가・무・희 일체를 감상하며 즐거워했다.

7. 맺음말

순종황제 즉위식은 고종황제의 강제 퇴위 후 40여일 만인 1907년 8월 27일에 돈덕전에서 행해졌다. 이렇듯 황태자 순종의 황제 즉위 자체가 일제에 의해 불합리한 상황에서 벌어진 일이었기 때문에 그 실체에 대해 논란도 있었고 불분명한 점이 많았다. 그러나 순종실록, 각종 공문서, 통감부 문서, 신문, 의주 책자, 관람기, 초청장, 기념장, 엽서, 사진 등 다양한 자료에 즉위식 모습이 남아 있었다. 순종황제 즉위식 당일, 즉위식장인 돈덕전에서 서구식 대례복을 착용한 국내외관원들이 좌우로 나뉘어 서열대로 정해진 자리에 기립한 채 순종황제를 맞이하였다. 전통적인 스타일의 의례

答辭는 來賓中 鄭雲復氏가 說明ᄒᆞ얏ᄂᆞᆫ디 當日 參與ᄒᆞᆫ 人員中 會員이 四百名이오 來賓은 內外國人幷ᄒᆞ야 一百五十餘名인디 西洋人이 三名이오 日本人이 二十五人이더라."

71 男舞에 관한 내용은 졸고, 「개항기 근대식 궁정연회의 성립과 공연문화사적 의의」, 서울대학교 대학원 박사학위논문, 2010, 117~22쪽 참조 요망.

와 신식 예식 스타일이 교차하는 가운데 순종황제의 복색도 면복에서 서구식 복장인 육군대장복으로 옷을 갈아입기까지 하였고, 음악에서도 전통식 악대인 전정궁가와 전통음악(여민락만, 여민락령, 낙양춘), 서양식 군악대와 서양음악 어법에 기반하여 작곡된 대한제국 애국가를 연주하는 광경이 연출되었다. 이는 전례에 없는 새로운 형태로 행해진 궁중의 예식이었다.

그런데 현행 우리의 예식 문화를 둘러보면 구식과 신식이 병행되는 모습을 결혼식에서 쉽게 발견할 수 있다. 현재 결혼식은 약간의 시차를 둔 채 서양식과 전통식으로 각각 이행된다. 먼저 턱시도와 웨딩드레스를 입고선 서양악기로 연주되는 웨딩마치에 맞춰 신랑과 신부가 등장하는 서양식 결혼식을 행한 후, 한복으로 갈아입고서 폐백을 드리는 전통식 혼례를 다시 한다. 신구예식이 교차되는 상황은 현재 우리의 예식 문화에 남아 있는 상황인 것이다. 그렇다고 순종황제 즉위식에서 현행 신식과 구식 스타일이 교차되는 예식 문화가 파생되었다고 해석하기에는 무리가 있다. 다만, 민간의 근대 결혼제도가 정착된 결정타가 1912년 총독부의 〈조선민사령〉이었다는 점에서[72] 민간과 궁중의 예식에 신식의 도입 문제를 가볍게 여길 수 없다는 것이다. 즉, 순종황제 즉위식에 갑자기 신식이 가미된 것을 단순히 새로운 스타일의 즉위식 탄생 정도로 치부하기 어렵다. 신식이 근대화의 지름길이고, 편한 것이고, 무조건 바람직하다는 명분을 내세워 부지불식간에 궁중과 민간의 의례 부분에서도 전통적인 맥락을 퇴색시키려 했던 일제의 숨은 의도가 내재된 측면이 있는 것이 아닌지 숙고해 보아야 할 일이다.

전통적으로 황제임을 공식화 하는 상징적인 공간이 환구단이었으므로 고종이 황제로 등극하기 직전, 환구단에 나아가 고유제를 올렸다. 그러나 순종황제 즉위식은 일제의 간섭 속에 치러졌기 때문에 즉위 직전, 일본의 국서를 받았다. 순종황제가 환구단에 고유하지 못하도록 조치한 것이다. 순종황제가 즉위 전에 환구단에 고유하지 못

---

72 장두식, 「근대결혼제도 정착과정과 소설의 관련양상 연구」, 『단국대학교 동양학연구소 중점연구소 연구과제 학술회의 자료집 : 개화기에서 일제강점기까지 한국 문화전통의 지속과 변용』 Ⅵ, 죽전 : 단국대학교 동양학연구소, 2011.

한 사실은 결국 공식적으로 대한제국의 황제라고 공중 받지 못했음을 증명한다. 순종황제를 고종황제의 계승자로 여기지 않고, 어떤 방법으로든지 간에 고종황제와 연계되지 않게 하려는 일제의 계산과 닿아 있었던 것이다. 일제는 이미 한반도를 식민지화 하려는 계획을 정밀하게 추진 중이었다.[73] 게다가 순종황제 즉위를 종묘·사직에 고하는 것조차 11월이 되어서야 행해졌으니[74] 대한제국의 두 번째 황제로써의 행해야 할 가장 핵심적인 행사는 너무나 초라해져 버린 상황이었다.

조선시대와 대한제국 시기 궁중 의례의 문화전통도 지속되는 측면과 변화되는 부분이 분명 공존한다. 다만 그 변화라는 것이 자발적 필요에 의해 순행된 것인지 외부적 강압에 의해 굴절된 것인지는 구별되어야 한다. 특히 한 나라를 상징하는 궁궐 문화와 관련된 것이라면 반드시 정확하게 짚고 넘어가야 할 것이다. 이는 음악적인 측면에서 궁중음악문화의 축소와 직결된 사항이며, 결국 풍성한 음악 유산이 전승되지 못한 원인으로 볼 수 있기 때문이다.

「대한제국기 순종황제 즉위 행사와 음악」, 『한국음악사학보』 47집, 2011.12.

---

[73] 윤소영, 「한국통감부의 궁내부 해체와 변용」(PDF).
[74] 『순종실록』 권1, 즉위년(1907, 융희 1) 11월 18일.

제2부

황제의 행차 악대

1. 고종황제 행차와 악대
2. 순종황제 행차와 음악

고종황제 행차와 악대

1. 머리말

1897년 10월, 고종이 황제로 즉위하게 되면서 황제의 위격에 맞게 국가 전례를 격상하는 작업이 이행되었다. 그 결과물로 『대한예전大韓禮典』(1898)이 편찬되어 황제국의 위의를 가늠할 수 있다. 즉 황제만이 지낼 수 있는 제사인 환구제례圜丘祭禮에 대한 내용이라든지, 구장복九章服에서 십이장복 착용으로 바뀐 상황이라든지, 대사大祀에 속하는 제례에 수반되는 육일무六佾舞를 팔일무八佾舞로 고친 것이라든지, 헌가軒架 대신 궁가宮架를 설행한 정황 등을 예로 들 수 있다.

이 뿐 아니라 『대한예전』에는 황제국임을 드러내는 콘텐츠가 많이 수록되어 있어 분석해야 할 요소가 많다.[1] 그 중 본고에서 주목하는 점은 고종황제의 어가행렬과 이

---

1 그동안 음악학계에서 『대한예전』을 활용한 연구를 소개하면 대략 다음과 같다.
   김문식·송지원, 「20세기 국가제례의 변천과 복원」, 『서울 20세기 생활·문화변천사』, 서울시정개발연구원, 2002; 이정희, 「고종대 원구제례악 재고」, 『공연문화연구』, 한국공연문화학회, 2007; 이숙희, 「대한제국 악제의 성립 배경과 성격」, 『서울학연구』, 서울시립대학교 서울학연구소, 2009; 임미선, 「대한

에 수반된 악대에 관한 것이다. 고종황제가 궁 밖으로 행차할 때 어떤 모습을 갖추고 움직였는가 하는 문제는 위기상황에서 황제로 거듭난 고종의 위엄을 드러내는 중요한 장치였고, 아울러 대한제국의 이미지 형성과도 밀접한 관련성을 지녔기 때문이다. 고종이 왕으로 지내던 시기의 어가행렬과 비교하여 어떤 점이 구체적으로 달라졌는지, 수반되었던 악대는 어떻게 변화되었는지, 그 변화가 표상하려던 바는 무엇이었는지를 살펴보겠다.

2. 고종황제 행차와 『大韓禮典』

고종이 국왕으로 재위하던 시기에는 조선후기에 형성된 전통적인 어가행렬의 구도가 지속되었지만, 개항 이후부터 근대화의 선로에 놓이게 되면서 고종의 행차에 태극기가 등장하고 신식군인이 호위하는 등 이미 부분적으로 변화가 일어나고 있었다. 이러한 양상은 다음에 제시된 고종의 국왕 재위 시절의 행차 모습이 담긴 〈동가반차도動駕班次圖〉에서 확인된다.

고종황제의 주요 행차는 환구圜丘, 종묘宗廟, 사직社稷, 선농先農, 문묘文廟에 친제親祭를 올리기 위해 이동할 때, 능행陵幸을 위해 도성都城을 나갈 때 등의 경우에 이루어졌다. 이렇듯 주요 행차 계기가 제례祭禮와 배릉拜陵이라는 점은 고종이 국왕으로 재위하던 시기와 외견상 다르지 않다. 그러나 황제 즉위 후, 행차 장소가 약간 추가되었다는 측면에서 차별된다. 즉 황제만이 설행 가능한 환구제례를 위해 행행行幸을 한다든지, 명성황후가 묻힌 홍릉을 둘러보기 위한 능행行幸을 감행하는 것은 고종의 황제 등극 이후에 등장한 것이다.[2]

　　제국기 궁중음악 : 『대한예전』을 중심으로」, 『韓國音樂史學報』, 한국음악사학회, 2010 등.
2 　김지영, 「근대기 국가 의례의 장으로서의 東郊」, 『서울학연구』 제36호, 서울시립대학교 서울학연구소, 2009.

고종이 황제로 즉위한 이후[3] 황제의 행차 규모나 모습에 대한 구체적인 내용은 『대한예전』의 '노부鹵簿', '성내동가배반지도城內動駕排班之圖', '성외동가배반지도城外動駕排班之圖'에 나타난다. 이 중 노부 항목은 고종황제의 행차에 동원된 인원과 물품 일체에 대한 상세한 정보가 문자로 나열식으로 기재되어 있으며, 그 하위 범주에는 대가大駕, 법가法駕, 소가小駕 이상 세 종류로 나뉘어 소개되어 있다. 대가노부는 환구제례·종묘제례·사직제례를 올릴 때, 법가노부는 선농제례·문묘제례·대사례大射禮·관사례觀射禮를 행할 때, 소가노부는 배릉拜陵·문외행행門外行幸할 때의 어가행렬에 해당된다.[4] 이는 황제의 행차 계기에 따라 노부를 차등 규정하고 있는 것으로, 특히 대가노부는 대한제국의 대사大祀와 직결되어 있으며 가장 큰 규모로 구성되었다는 측면에서 주목된다. 이처럼 3종의 노부로 구성한 점에서는 조선시대 국가전례서의 노부 항목 기록 방식과 일견 동일하다.

『國朝五禮序例』와 『大韓禮典』에 소개된 鹵簿의 종류 및 행차 목적

鹵簿의 종류	『國朝五禮序例』	『大韓禮典』
大駕	迎詔勅 宗廟祭禮 社稷祭禮	園丘祭禮 宗廟祭禮 社稷祭禮
法駕	文昭殿祭禮 先農祭禮 文廟祭禮 射于射壇 觀射于射壇 武科殿試	先農祭禮 文廟祭禮 大射禮 觀射禮
小駕	拜陵 門外行幸	拜陵 門外行幸

---

3 1894년부터 시행된 관제개혁으로 인해 궁중의 각 기관의 명칭이 바뀌거나 새로 증설되기도 하고, 관리의 칭호 또한 달라지는 등 급격히 제도가 변화되어 행렬에 등장하는 기관과 관원들의 호칭도 자연스럽게 재편되었다. 그리고 1897년에는 고종이 황제로 등극했기 때문에 황제의 위격에 맞게 의장(儀仗)에도 변화가 초래되었다.

4 『大韓禮典』 卷5 鹵簿 "凡祀園丘享宗廟祭社稷用大駕鹵簿, 享先農文宣王大射觀射用法駕鹵簿, 拜陵及門外行幸用小駕鹵簿, 惟陵幸則無前後部鼓吹."

그러나 대가, 법가, 소가에 기록된 세부 내용은 각 전례서마다 차이가 난다. 특히 『대한예전』'노부' 항목의 경우 황제 행차의 스펙트럼을 보여준다는 차별성이 있다. 즉 『대한예전』'노부' 항목의 하위 범주로 기재된 대가, 법가, 소가노부는 고종황제 행차 위의를 가늠해 볼 수 있는 중요한 근거자료로 활용 가능하다. 황제가 사용하는 여輿와 연輦, 황제를 수행하는 대한제국의 관원, 황제를 호위하는 병사, 황제의 품격을 드러내는 의장, 장마仗馬, 악대의 위치 등의 사항을 밝혀져 있기 때문이다. 황제 행차에 수반된 각종 컨텐츠의 보고寶庫가 집결되어 있는 셈이다. 또한 기록이 정밀하기 때문에 그 내용을 차례대로 나열하다보면 도식圖式화 할 수도 있다. 따라서 『대한예전』 '노부' 항목은 고종이 황제로 등극한 이후 황제의 위상에 맞게 재정비한 '황제 행차의 표준안'을 가늠해 볼 수 있다는 측면에서 유용하다.

또한 '성내동가배반지도'와 '성외동가배반지도'는 배반도 양식으로 기록되어 있어 행차 행렬 전체를 한 눈에 조망할 수 있다는 장점이 있다. 노부 규정이 있음에도 불구하고 배반도를 별도로 기록한 까닭은 노부 항목에 명시된 거둥 계기 외에도 황제가 동가動駕할 경우가 생기는 상황에 대비한 것이다.[5] 예를 들면 고종황제는 1902년에 기로소耆老所에 입소하였는데, 그 때 동선이 '경운궁 → 창덕궁 선원전璿源殿 → 기로소 영수각靈壽閣'으로 결정되었다.[6] 이는 일회적인 행사이기 때문에 노부 규정에 입안되어 있지 않다. 바로 이런 경우 행차 장소와 동선을 중심으로 성내 동가로 판단한 후 '성내동가배반지도'의 틀대로 어가행렬을 준비하면 순조롭다. 2종의 배반도는 정기적

---

5 '성내동가배반지도(城內動駕排班之圖)'와 '성외동가배반지도(城外動駕排班之圖)'는 영조대 『國朝續五禮儀』에 처음 등장한 것이다. 영조대에 이르러 노부에 규정된 행차 외에도 새로운 계기로 인한 거둥 사례가 늘어났기 때문이다. 김지영, 「조선시대 典禮書를 통해 본 御駕行列의 변화」, 『韓國學報』 제120집, 일지사, 2005, 55~56쪽 참조.
6 『高宗實錄』 권42, 고종 39년(1902) 4월 2일(양력) 조령을 내리기를, "기로소(耆老所)의 의식 절차를 일체 《통편(通編)》대로 시행하라." 하였다. 또 조령을 내리기를, "이번의 조치는 사실 영조(英祖) 때의 성헌(成憲)으로써 일체 절차를 이미 시행한 규례를 삼가 따르는 것도 그것을 이어나가는 뜻이다. 기사(耆社)에 들어가는 날 먼저 선원전(璿源殿)을 전알(展謁)하고 나서 영수각(靈壽閣)에 나아가 봉심한 뒤에 각(閣) 안에서 직접 어첩(御帖)을 쓰겠다. 장례원(掌禮院)에서 이대로 절차를 마련해서 거행하게 하라." 하였다.

인 행차 외에 일시적으로 시행되는 행렬에 대비한 것으로 해석된다.

　이렇듯 고종황제의 어가행렬을 살펴볼 수 있는 중요 자료로는 『대한예전』의 '노부'(대가·법가·소가), '성내동가배반지도', '성외동가배반지도'가 있는데, 그 중 대가노부를 대표로 꼽을 수 있다. 대가노부는 황제만이 지닐 수 있는 환구제례와 연계되어 있으며, 가장 큰 규모로 구성되어 있어, 대한제국에서 구상했던 황제 행차의 정수라 할 수 있기 때문이다. 따라서 『대한예전』의 대가노부를 중심으로 고종황제 어가행렬과 이에 수반되는 악대에 대해 살펴보겠다.

3. 고종황제 행차의 특징

　고종의 황제등극의는 환구단에서 이루어졌다. 환구단은 하늘 제사를 올리는 장소이고, 천제天祭는 황제만이 누릴 수 있는 특권이었다. 고종황제가 환구에서 친제親祭를 올리기 위해 궁을 나설 때 바로 대가노부로 구상했을 것이다.

　『대한예전』의 대가노부는 어가를 이끄는 도가導駕로 시작되고 있다. 도가는 행렬의 선두를 의미한다. 한성부 주사漢城府主事, 한성부 판윤漢城府判尹, 내부대신內部大臣이 그 구성원이었다. 이어 시위대 참장侍衛隊參將 또는 친위대 참장親衛隊參將이 선상병先廂兵 역할을 하였다. 그리고 가전 시위駕前侍衛로 둑기纛旗, 교룡기交龍旗, 시종원관리侍從院官 2명이 자리하였다. 그 다음으로는 각종 의장儀仗이 뒤따랐다. 드디어 황제가 타는 연御輦과 이를 시위侍衛하는 이들이 등장하며, 황제를 뒤따르는 관원들로 이어졌다. 마지막으로 친위대대親衛大隊와 군병軍兵들이 후상군後廂軍 역할을 하였다.[7]

7　"大駕. 導駕, 先漢城府主事, 次漢城府判尹, 次內部大臣, 次先廂兵, 侍衛隊參將領率[惑親衛隊參將領率], 次纛一居中, 次交龍旗一居中, 侍從院官二員, 具軍服佩劍隨之, 次紅門大旗二分左右, 黃蓋二居中分左右, 次朱雀旗青龍旗白虎旗玄武旗各二分左右, 黃龍旗二居中, 次金鼓各一居中, 鼓左金右, 次白澤旗二分左右, 皇帝大寶幷居中, 宮內府主事具朝服隨之, 御衣襨居中, 奉侍及尙衣司官具常服隨之, 次三角旗龍馬旗各二分左右, 天下太平旗一居中, 次玄鶴旗白鶴旗各二分左右, 內吹二十人具器服分左右, 仗馬二匹具鞍韂居中分左右, 次豹骨朵熊骨朵各二分左右, 金鼓居中, 仗馬二匹, 次令子旗二分左右, 駕龜仙人旗一居中, 次鼓字

즉 '도가 → 선상병 → 가전 시위 → 의장 → 어연 및 시위 → 수가隨駕 관원 → 후상 군'으로 압축된다. 이러한 구도는 조선후기 어가행렬의 골격과 동일하다. 그러나 세부 적으로는 대한제국으로 변모된 당시 상황이 반영되어 있으니, 핵심적인 사안을 살펴 보면 다음과 같다.

『大韓禮典』의 大駕鹵簿[8]

導駕	漢城府主事 漢城府判尹 內部大臣		
선상병	侍衛隊參將 [또는 親衛隊參將]		
駕前侍衛		纛	
		交龍旗	
	侍從院官		侍從院官
儀仗	紅門大旗		紅門大旗
	黃蓋		**黃蓋**
	朱雀旗		朱雀旗
	靑龍旗		靑龍旗
	白虎旗		白虎旗
	玄武旗		玄武旗
	黃龍旗	鼓 金	黃龍旗
	白澤旗	**皇帝大寶**	白澤旗

旗金字旗各二分左右, 仗馬二匹, 次碧鳳旗一居中, 仗馬二匹, 郡王萬歲旗一居中, 仗馬二匹, 次金粧刀二分 左右, 銀交椅居中, 脚踏隨之, 次銀粧刀二分左右, 次朱雀幢靑龍幢各一在左, 白虎幢玄武幢各一在右, 銀灌 子銀盂各一居中, 仗馬二匹, 次銀立瓜金立瓜銀橫瓜金橫瓜各二相間分左右, 銀交椅居中, 脚踏隨之, 仗馬二 匹, 次銀斫子金斫子各二相間分左右, 黃陽繖二居中分左右, 小輿居中, 次旄節二分左右, 小輦居中, 次銀鉞 斧金鉞斧各二相間分左右, 金鼓居中, 御馬二匹居中分左右, 太僕司官二員, 具常服佩劍隨之, 次鳳扇四雀扇 二龍扇四各分左右, 次警務使率巡檢八十人爲前衛, 中央軍兵尾局分左右侍衛, 次寶劍二員, 次侍從院侍從, 次別雲劍, 次左右侍御, 幷分左右鱗, 次待衛黃陽繖一居中, 水晶杖金鉞斧各一居中分左右, 次駕前軍樂隊, 次駕前巡視四令旗十分左右, 挾輦軍一百人, 次後殿大旗二分左右, 奉侍太僕司官典輦各具常服隨之, 次宮 內府, 次秘書院, 次奎章閣, 次太醫院, 次弘文館, 次宗正院, 次總巡一員, 率巡檢分左右侍衛, 次後廂軍兵親 衛大隊中參將領率, 副將率軍兵都領押後." 『大韓禮典』 卷5, '鹵簿'

8 『大韓禮典』 卷5, '鹵簿'의 하위 항목으로 있는 '大駕'의 내용을 연구자가 도식화 하였음.

	宮內府主事	
	奉侍	
	尙衣司	
三角旗	天下太平旗	三角旗
龍馬旗		龍馬旗
白澤旗	**皇帝大寶**	白澤旗
	宮內府主事	
	奉侍	
	尙衣司	
三角旗	天下太平旗	三角旗
龍馬旗		龍馬旗
玄鶴旗		玄鶴旗
白鶴旗		白鶴旗
內吹 10	仗馬　仗馬	**內吹 10**
豹骨朵	鼓　金	豹骨朵
熊骨朵	仗馬　仗馬	熊骨朵
令子旗	駕龜仙人旗	令子旗
鼓字旗		鼓字旗
金字旗	仗馬　仗馬	金字旗
	碧鳳旗	
	仗馬　仗馬	
	郡王萬歲旗	
	仗馬　仗馬	
金粧刀	銀交椅	金粧刀
銀粧刀	脚踏	銀粧刀
朱雀幢	銀灌子	白虎幢
靑龍幢	銀盂	玄武幢
	仗馬　仗馬	
銀立瓜		銀立瓜
金立瓜	銀交椅	金立瓜
銀橫瓜	脚踏	銀橫瓜

儀仗	金橫瓜	仗馬　　仗馬	金橫瓜
	銀斫子		銀斫子
	金斫子		金斫子
	黃陽繖	小轝	**黃陽繖**
	旄節	小輦	旄節
	銀鉞斧	鼓　金	銀鉞斧
	金鉞斧	御馬　　御馬	金鉞斧
		太僕司官　太僕司官	
	鳳扇		鳳扇
	鳳扇		鳳扇
	雀扇		雀扇
	龍扇		龍扇
	龍扇		龍扇
御輦 및 侍衛	中央軍兵	警務使 巡檢 80	中央軍兵
	寶劍		寶劍
		侍從院侍從	
		別雲劍	
		左侍御　　右侍御	
		黃陽繖	
		水晶杖 金鉞斧	
		軍樂隊	
		巡視4	
	令旗 5		令旗 5
		[御輦][9]	
		挾輦軍 100	
	後殿大旗		後殿大旗
隨駕官員		奉侍	
		太僕司官	
		典醫	

9　대가노부의 규정에는 없으며, 필자가 임의로 넣었음.

隨駕官員		宮內府	
		秘書院	
		奎章閣	
		太醫院	
		弘文館	
		宗正院	
後廂軍		總巡	
	巡檢		巡檢
		親衛大隊 (參將, 副將)	
		軍兵	

　첫째, 황제의 위격에 맞는 '황제대보皇帝大寶'가 두 차례 등장한다. 국왕의 어보가 아니라 황제의 어보로 격상된 것이다. 고종이 황제로 등극할 때 3종의 황제지보皇帝之寶를 마련하였기 때문에, 행차에서도 충분히 활용될 수 있었다. 구체적으로 3종의 황제지보 중 어떤 것을 행렬에 사용했는지는 알 수 없지만, 고종이 황제임을 상징하는 중요한 상징물인 '황제대보'가 행차에 등장한다는 점은 황제의 행차임을 입증한다는 측면에서 주목된다.

　둘째, 황제의 어연御輦으로 변화되었다. 국왕이 타는 연이 아니라 황제의 연으로 격상되었다. 대가노부에는 어연을 명시하지 않지만 호위하던 군사인 협련군挾輦軍의 존

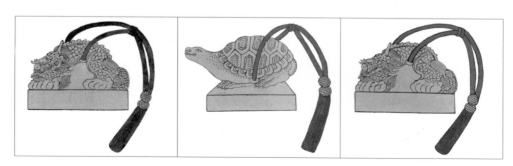

고종의 皇帝登極儀 사용되었던 3종의 皇帝之寶
『고종대례의궤』, 서울대학교 규장각 소장

재를 통해 어연의 위치를 확인할 수 있다. 대가노부에도 표시되지 않는 어연이 황제가 타는 황금색 연으로 달라진 상황은 고종황제가 환구단으로 행차할 때의 모습을 기사화 한 신문자료를 통해 알 수 있다.[10]

셋째, 황색 의장이 추가되었다. 황개黃蓋, 황양산黃陽繖이 그것이다. 황색은 황제를 상징하는 색이다. 고종은 황제로 등극한 후 황룡포를 입게 되었는데, 황색 복색도 황제 즉위 이후 착용하였다. 황개와 황양산도 황제를 상징하는 황색으로 단장된 의장으로, 황제의 행차 위용을 한층 돋보이게 기능하였다.

넷째, 신식으로 정비된 경찰과 군사들이 행차에 전면적으로 등장하고 있다. 특히 대한제국 선포 이후 황제 호위와 도성방위를 위해 증강된 친위대親衛隊[11]가 대대大隊의 성대한 규모로 행렬 후미에 등장함으로써, 신식군대의 활약이 두드러졌다. 행차의 일원으로 등장했던 신식 복장을 갖춘 신식군대는 행차를 구경하는 국내외인들에게 대한제국의 군사력을 과시하는 광고 효과를 발생시켰을 것이다. 그리고 궁극적으로는 황제의 안전을 위해 존재하였다. 화려한 복색과 신식 무기로 무장한 신식군대를 행차에 동원시킴으로써 황제 호위와 군사력 과시라는 두 가지 효과를 함께 얻으려했던 정황이 포착된다.

다섯째, 관제개혁으로 인해 새로운 기관명과 관원의 명칭이 등장한다는 점이다. 가장 주목되는 것은 어연의 뒤를 따르는 궁내부宮內府와 비서원秘書院이다. 궁내부는 1894년 관제개혁 때 신설되어 왕권 제한 역할을 담당했지만, 고종의 황제 즉위 이후에는 황제권의 실현장치로 기능하였던 기구이다. 즉 광무년간光武年間 궁내부는 확대·강화되어 대한제국의 각종 근대화 사업을 이루는 결정적인 역할을 단행하였다.[12] 따라서 대한제국의 근대화를 리드하는 핵심기구인 궁내부가 고종황제의 어가행렬에 배치되었다는 점은 근대화를 지향하던 고종황제의 대한제국 운영 방침을 행렬 속에서

---

10 "…(前略)… 대황뎨 폐하의셔는 황룡포에 면류관을 쓰시고 금으로 칙칙흔 연을 타시고 …(後略)…" 『독립신문』, 1897년 10월 14일, 1면.
11 서인한, 『대한제국의 군사제도』, 혜안, 2000, 169~178쪽.
12 서영희, 「1894~1904年의 政治體制變動과 宮內府」, 『한국사론』 23권, 서울대학교, 1990.

뚜렷하게 드러내고자 했던 의도가 있었음을 알 수 있다.

비서원은 궁내부의 부속기구로, 황명皇命을 직접 받들며 비서업무를 담당하였다. 궁내부의 하위 기구인 비서원을 고종황제의 행차에 별도로 등장시킨 것은 황명의 위엄을 드러내기 위한 것으로 해석된다. 즉 대가노부에 배치된 궁내부와 비서원은 '근대화'라는 시대 과업 달성과 '황권' 중심 정치를 지향했던 고종황제의 의지와 국정 운영 방향성이 투영되었던 상황을 나타낸다.[13]

『대한예전』의 대가노부는 조선후기 어가행렬의 큰 구도(도가 → 선상병 → 가전 시위 → 의장 → 어연 및 시위 → 수가隨駕 관원 → 후상군)를 유지하고는 있었지만 그 당시 변화된 여러 요소가 반영되어 있었다. 즉 황제로 격상된 상황, 근대화 된 면모, 황권 중심 체재 지향 등을 엿볼 수 있었다. 구체적으로는 황제 어보御寶의 전면화, 황제가 타는 황금색 연輦의 등장, 황색 의장儀仗 추가, 신식 복색과 무기를 겸비한 경찰과 군사 배치, 대한제국의 근대화를 선도하는 중추 기관인 궁내부와 황명을 직접 받드는 비서원 등장 등을 통해 제국으로써의 위용을 떨치려 했음을 알 수 있다. 다만 아쉬운 점은 태극기가 노부에 명시되어 있지는 않다는 것이다. 그렇지만 황제 중심 체재로 정비된 면모와 근대화 된 대한제국을 시각화[14] 하려고 했다는 측면에서 분명 차별화 된다.

4. 고종황제 행차의 악대

고종대 이전, 조선의 르네상스를 구가했던 정조대에 국왕 행렬에 수반되었던 악대로는 전부고취와 후부고취,[15] 취고수와 세악수, 내취가 있었다.[16] 그러나 취고수와 세

---

13 정조대의 어가행렬에는 규장각 관원이 등장하는데, 이는 규장각을 설립했던 학자군주 정조의 정치성향이 반영된 것이다. 김지영, 「조선시대 典禮書를 통해 본 御駕行列의 변화」, 『韓國學報』 제120집, 65~67쪽 참조.
14 대한제국의 고종황제 행차를 스펙터클한 효과와 연극적 요소로 풀이하여 연구한 논문은 다음과 같다. 김기란, 「대한제국기 극장국가 연구(1)」, 『어문론총』 제51호, 한국문학언어학회, 2009; 김기란, 「대한제국기 극장국가 연구(2)」, 『한국연극학』 제40호, 한국연극학회, 2010.

악수는 정조의 화성행차 때 일시적으로 나타날 뿐이다.[17] 그러므로 국왕 행차 악대는 전부고취와 후부고취, 내취로 압축된다.

전부고취와 후부고취는 성내城內에서만, 내취는 성내와 성외城外에서 모두 사용되었다. 따라서 성내 동가의 경우에는 고취와 내취가 함께 등장하기도 하였다. 그러나 성 밖으로의 장거리 행행行幸에는 내취만이 따랐다. 고취는 장악원 소속 악인들로 구성된 악대였고, 내취는 선전관청 소속 군인들로 구성된 군영악대였다.[18] 장악원 악공들로 이루어진 고취와 선전관청 군인들로 이루어진 내취의 협업 구도로 운영되었던 셈이다. 이러한 조선후기 왕의 행차 악대는 고종이 황제로 즉위한 이후에도 그 구도가 유지되는 한편 부분적으로 변화되었다.

고종황제의 행차 악대에 관한 주요 자료로는 이미 위에서 언급한 『대한예전』의 '노부', '성내동가배반지도', '성외동가배반지도'가 있다. 여기에 등장하는 악대는 전부고취, 후부고취, 내취, 군악대軍樂隊이다. 그 중에서 군악대는 처음 등장하는 것으로, 조선후기 왕의 행차 악대로 존재하지 않았다. 그러면 군악대는 어떤 성격의 악대이며, 어떤 맥락에서 행차악대로 새롭게 나타났는지를 알아보겠다. 고종의 국왕 시절에 편찬된 전례서典禮書가 없으므로 정조대의 『춘관통고』와 고종의 황제 등극 이후 편찬된 『대한예전』에 등장하는 어가행렬의 악대를 비교·정리해 보았다.

15 고취에 대한 상세한 연구는 다음과 같다.
　　신대철, 「조선조의 고취와 고취악」, 한국학중앙연구원 박사학위논문, 1995.
16 이숙희, 「行樂 연주 악대의 종류와 성격」, 『한국음악연구』 제35집, 한국국악학회, 2004.
17 『園幸乙卯整理儀軌』.
18 이숙희, 『조선후기 군영악대』, 태학사, 2007.

『春官通考』와 『大韓禮典』에 기록된 어가행렬의 종류와 악대

어가행렬의 종류		어가행렬의 악대	
『春官通考』	『大韓禮典』	『春官通考』	『大韓禮典』
大駕	大駕	內吹, 鼓吹[19]	內吹(20), 軍樂隊
法駕	法駕	內吹, 鼓吹	內吹(20), 軍樂隊
小駕	小駕	內吹, 鼓吹	內吹(23), 前部鼓吹, 後部鼓吹
今儀城內動駕班次圖	城內動駕排班之圖	內吹	內吹, 前部鼓吹, 後部鼓吹
今儀城外動駕班次圖	城外動駕排班之圖	內吹	內吹
今儀社稷動駕班次之圖	×	內吹	×
今儀追覲門動駕班次之圖	×	內吹	×
今儀山陵動駕班次之圖	×	內吹	×

위의 표를 통해 고종의 행차에 내취, 군악대, 전부고취, 후부고취가 동원되었음을
알 수 있다. 고종이 황제로 즉위한 이후 전부고취와 후부고취는 소가노부와 성내동
가배반지도에서만 나타나며, 내취가 지속적으로 중용되었다. 또한 대가노부와 법가
노부에서 고취 대신 군악대가 새롭게 등장하는 변화가 포착된다. 그러므로 대가노부
에 동원되었던 악대는 내취와 군악대로 압축된다. 대가노부에서 황제 행차의 특성이
드러나므로 본고에서는 대가노부에 수반된 내취와 군악대에 초점을 맞춰 정리해 보
겠다.

내취는 선전관청宣傳官廳에 소속된 군영악대의 일종으로, 영조대에 제도화되고, 정조
대에 법제화되었다.[20] 그 후 선전관청이 1894년에 시종원侍從院으로 바뀌고 1900년에
우시어청右侍御廳으로 계승되다가 1907년에 폐지됨으로 인해 내취는 1900년에 우시어
청에 소속되었다가 1908년에 장악원으로 이속되었다고 한다.[21] 즉, 기존 연구에서는

---

19 『春官通考』에 鼓吹라고만 쓰여 있고 전부고취인지 후부고취인지 밝혀져 있지 않으므로, 그 표기방식
을 준수하여 표에도 鼓吹라고 썼다.
20 이숙희, 『조선후기 군영악대』, 307~311쪽.
21 이숙희, 「대한제국 악제의 성립 배경과 성격」, 『서울학연구』, 제35호, 서울시립대학교 서울학연구소,

내취 소속기관을 '선전관청 → 시종원(1894) → 우시어청(1900) → 장악원(1908)'으로 설명하고 있다. 그러나 내취의 소속기관에 대한 보다 섬세한 설명이 필요하다.

관제개혁으로 인해 선전관청은 1895년에 궁내부宮內府 산하 시종원侍從院으로 개칭되었다. 개칭 당시 시종원의 관리는 경卿, 시강侍講, 부시강副侍講, 시종侍從, 시독侍讀, 시어侍御로 구성되었다.[22] 그러다가 1900년에 시종원의 시어라는 직책을 없애고 대신 좌시어와 우시어를 두게 된다.[23] 그 과정에서 내취는 1895년에 시종원의 시어가, 1900년에 우시어가 관할했던 것으로 정리된다. 우시어가 관할하는 일들을 부서화하여 우시어청이라 칭하였기 때문에 내취가 우시어청 소속으로 알려지게 된 것이다.

즉 '시종원(1895)의 관리 중 시어 → 시종원의 관리 중 우시어(1900)'가 내취를 관할하였다. 이를 기관으로 설명하면 '시종원의 시어청(1895) → 시종원의 우시어청(1900)'[24]으로 정리된다. 구조적으로 내취는 고종의 황제 즉위 전후 시기에도 선전관청 후속 기관에 계속 소속되어 활동하였던 것이다. 또한 시종원의 우시어청은 장악원이 아니라 장악부로 이어졌다는 점도 부연한다. 관제개편과 맞물려 장악원의 상위소속기관과 명칭도 변화되었던 정황을 참조해야 할 것이다.

掌樂機關의 소속과 명칭의 변화[25]

날짜	갑오개혁 이전	1894.7.22	1895.4.2	1895.11.10	1900.6.19	1905.3.4	1906.8.23	1908.8.24
명칭	예조 장악원	궁내부 장악원	궁내부 장례원 봉상사	궁내부 장례원 협률과	궁내부 장례원 교방사	궁내부 예식원 장악과	궁내부 장례원 장악과	궁내부 장례원 **장악부**

2009.5, 98쪽.

22 『高宗實錄』 권33, 고종 32년(1895) 4월 癸卯(2일).

23 『高宗實錄』 권40, 고종 37년(1900, 광무 4), 11월 15일(양력).

24 『右侍御廳節目』(奎9846)에는 선전관이 우시어의 기능을 하게 되었다는 설명이 있고, 동가(動駕) 때 동원되는 侍衛 陪衛 인원에 대해 대략적으로 기재해 두었다.

25 이정희, 「대한제국기 장악기관(掌樂機關)의 체제」, 『공연문화연구』 제17집, 공연문화학회, 2008, 255쪽.

병조 일군색에서 담당하던 내취의 경제적인 부분은 1894년부터 의정부議政府의 군무아문軍務衙門에서 담당하게 되었다. 이는 내취의 삭료朔料 2개월 치를 지급해 달라는 부탁,[26] 행행 때의 수고 비용 지불 요청,[27] 악기 보수 신청,[28] 군복비軍服費 지출 요구[29] 등에 관한 공문을 통해 확인할 수 있다. 즉 내취의 소속기관과 재정 관리가 분리된 구조는 고종대에도 유지되었지만, 관제개혁으로 인해 기관명은 변화되었다. 소속기관은 선전관청에서 '시종원의 시어청(1895) → 시종원의 우시어청(1900) → 장례원의 장악부(1908)'로 이어졌고, 경제적인 지원은 병조 일군색에서 '의정부 군무아문'으로 이관되었다.

내취의 악기 구성은 악기 보수비 및 신규 구입 관련 공문을 통해 악기 4종, 즉 '장고長鼓, 호적號笛, 나발喇叭, 나각螺角'이 고종황제 행차에 사용되었다는 사실을 알 수 있다. 이는 조선후기의 내취에서 음악 연주에 사용되는 주요 악기가 대한제국 시기에도 계승되고 있는 현황을 나타낸다.

本月十二日 軍部大臣 第一百四十四號 照會를 接準ᄒ온즉 內開 卽接右侍御元益常의 報告 內開 每於幸行時에 侍衛軍樂隊所用各差備中에 ――準考ᄒ온즉 年久破傷者가 顆多ᄒ와 修補與新備ᄒᆞᆯ기 末由ᄒ와 緣由를 奏達ᄒᆞ엿습더니 往議于宮內府大臣ᄒ야 從速修造ᄒ야 無至臨時窘急케 ᄒ라신 旨意를 奉承ᄒ와 宮內府에 報告ᄒᆞ엿습더니 題內往報軍部ᄒ라ᄒᆞᆸ서 修造諸件을 ――後錄ᄒ와 玆에 報告等因 此를 準ᄒ와 該**軍樂隊修補費明細**를 左開ᄒ와 玆에 仰佈ᄒᆞ오니 照亮ᄒ오셔 該費七百三十二兩三戔 作銀一百四十六元四十六戔을 預算外支出ᄒ심을 爲要等因이온바 査該費額이 不得不支撥이기로 別紙調書를 從ᄒ야 預備金中 支出흠으

---

26 『公文編案』(奎18154) 甲午 十二月 二十九日. "敬啓, 本衛屬宣傳官廳原內吹, 十九朔朔下未下中, 二朔條 爲先上下, 以爲接濟之地爲□." (발신자는 軍務衙門, 수신자는 度支衙門임)

27 『고종시대사』 제4집, 1898년 5월 2일.

28 『各部請議書存案』(奎17715) 제5책, 光武 二年 四月 三十日 '軍部所管軍樂隊各差備修補費를 預算外支出請議書'

29 『各部請議書存案』 제23책, 光武 六年 十二月 三十一日 '軍部所管右侍御廳軍樂隊軍服等費를 預算外支出請議書 第百六號'

로 會議에 提出事.

預備金支出調書

一金一百四十六元四十六戔 軍樂隊各差備修補費

明細書

長鼓三坐 [每六十兩 新備] 合一百八十兩

長鼓二坐 [修補 每三十六兩] 合七十二兩

黃木八十尺 [長鼓匣所入 每尺一戔七分] 合十三兩六戔

黃木三十尺 [長鼓擔芝所入] 合五兩一戔

號笛五雙 [每二十兩 新備] 合一百兩

號笛三雙 [每十二兩 修補] 合三十六兩

號笛瓔珞八雙 [每二兩] 合十六兩

白木四十八尺 [每尺一戔五分 號笛匣所入] 合七兩二戔

喇叭五雙 [每二十四兩 新備] 合一百二十兩

喇叭三雙 [每十二兩 修補] 合三十六兩

白木九十六尺 [喇叭匣所入 每一戔五分] 合十四兩四戔

螺角四件 [網呂象毛並 每三十兩] 合一百二十兩

螺角瓔珞四件 [每三兩] 合十二兩

合 七百三十二兩三戔

作銀 一百四十六元四十六戔

度支部大臣署理度支部協辦 李寅祐 議政府參政內部大臣 朴定陽 閣下 光武二年四月三十

日 奏六十九[30]

---

30 『各部請議書存案』(奎17715) 제5책, 光武 二年 四月 三十日 '軍部所管軍樂隊各差備修補費를 豫算外支出請議書'

또한 내취의 대표 복식인 황철릭을 대한제국 설립 이후에도 지속적으로 착용했던 정황이 공문서에 나타난다. 우시어청 소속 군악대가 동가動駕할 때 착용했던 황저黃苧 군복軍服이 낡고 해어져 새것으로 갖출 복색 재료 구입비를 지급해 달라는 내용 속에 '초립草笠, 황저黃苧, 공작우孔雀羽, 호수虎鬚, 유삼油衫, 유삼전대油衫戰帶'가 등장하기 때문이다.

本月二十五日 軍部大臣署理第二百十五號 照會를 接准ᄒ온즉 內開現接元帥府軍務局總長 照會內開 卽接**右侍御廳軍樂隊**等訴 則殿坐敎是時 與動駕敎是時 **侍衛陪衛軍樂隊**七十六名等 을 己亥九月分 黃苧軍服次上下이오나 至於四年 則年久破傷ᄒ야 一時爲悶故 玆에 後錄仰訴ᄒ오니 參商敎是後 以爲新備之地伏望等因 據此仰照ᄒ오니 照亮ᄒ오셔 該軍服次을 照例支給ᄒ심을 爲要 准此左開仰照ᄒ오니 照亮ᄒ신 後 該軍服諸具費一千十六元五十戔을 預算外로 卽爲支撥ᄒ심을 爲要等因이온바 査該軍服諸具 年久破傷ᄒ야 不得不新備이옵기 別紙調書를 從ᄒ야 預備金中支出홈을 會議에 提出事.

預備金支出調書

一金一千十六元五十戔 侍御廳軍樂隊軍服諸具費

左開

草笠七十六立[具所入]二元七十戔 二百五元二十戔

黃苧[服軍次]七十六件[具戰帶黃染幷]六元七十戔 五百九元二十戔

孔雀羽七十六件 二元六十戔 一百九十七元六十戔

虎鬚七十六件 六十戔 四十五元六十戔

油衫七十六件 六十戔 四十五元六十戔

油衫戰帶 七十六件 十七戔五里 十三元三十戔

合計一千十六元五十戔

議政府贊政度支部大臣 金聲根 議政府參政 金奎弘 閣下 光武六年十二月三十一日[31]

---

31 『各部請議書存案』(奎17715) 제23책, '軍部所管右侍御廳軍樂隊軍服等費를 預算外支出請議書 第百六號'

그러므로 현재 대취타 연주 복식으로 전승되는 황철릭은 조선후기부터 입었고,[32] 내취의 복식 재료 구입 청구명세서를 통해 대한제국 시기에 계속 착용했으며, 일제강점기를 거쳐 현재까지 대취타 연주 복식으로 그 전통이 전승되고 있음을 알 수 있다.

내취의 규모는 1902년 당시 76명 정도였다.[33] 이 규모는 영조대 100여명, 정조대 150여명, 조선 말기에는 80~94명 정도였던 것[34]에 비해서는 약간 축소된 편이다. 그러나 〈동가반차도〉의 내취 51인 보다는 많은 인원이다. 태극기가 그려진 〈동가반차도〉는 고종의 국왕 시절 행차 모습을 반영한 것이다.[35] 그러므로 고종 황제의 행차에 수반된 내취의 규모는 영정조대에 비해서는 적은 숫자이지만 고종의 국왕 시절보다는 커진 것이 아닌가 한다.[36]

군악대軍樂隊는 세 가지로 해석될 수 있는 가능성이 있다. 첫째, 사실 내취를 의미한다는 것이다. 이는 내취라는 칭호가 1895년에 '군악대'로 개칭되었던 맥락과 연계된다. 내취가 군악대로 개칭되었다는 사실은 『관보官報』에 "軍事前內吹를 軍樂隊로 改稱ᄒᆞ야 二牌를 設置ᄒᆞᄂᆞᆫ件을 上奏ᄒᆞ야 裁可ᄒᆞ시를믈 經홈"라고 공시되기까지 하였다.[37] 그러나 1895년에 내취가 군악대로 개칭되었음에도 불구하고 그 이후에도 그대로 내취라고 칭하는 관습이 남아 지속적으로 내취라는 단어가 사용되기도 하였다. 결과적으로 대한제국 시기에는 내취와 군악대라는 명칭이 혼용되었고, 그러한 혼재 양상이 『대한예전』의 대가노부에도 반영되었을 수도 있다.

둘째, 러시아식 군악대를 암시했을 가능성이 있다. 그렇다고 에케르트가 육성했던

---

32 이숙희, 『조선후기 군영악대』, 319쪽.

33 "本月二十五日 軍部大臣署理第二百十五號 照會를 接准ᄒᆞ온즉 內開現接元帥府軍務局總長照會內開 卽接 **右侍御廳軍樂隊**等訴 則殿坐敎是時 **輿動駕敎是時 侍衛陪衛軍樂隊七十六名**等을 已亥九月分 黃苧軍服次 上下이오나" 『各部請議書存案』(奎 17715) 제23책, '軍部所管右侍御廳軍樂隊軍服等費를 預算外支出請議書 第百六號'

34 이숙희, 『조선후기 군영악대』, 325~329쪽.

35 박정혜, 「삼성미술관 Leeum 소장 〈동가반차도(動駕班次圖)〉 소고(小考)」, 『화원 : 조선화원대전』, 리움, 2011, 218~225쪽.

36 물론 〈동가반차도〉에 그려진 내취의 인원 구성이 실제 상황과 완전 일치한다고 보기는 어려운 측면도 있다. 도상자료의 특성상 인원의 출입이 있을 가능성도 충분하다.

37 『官報』 제88호, 개국 504년 6월 13일 土曜 '彙報'

군악대를 의미하는 것은 아니다. 에케르트가 교육했던 군악대는 1900년 12월에 설치령이 내려졌기 때문에 1898년에 편찬된 『대한예전』에 에케르트의 군악대가 입안되지는 않았을 것이라고 본다. 그보다 앞서 1897년~1898년 러시아식 군악대 조직하려 시도했던 정황이 포착되기 때문이다.[38] 그러므로 『대한예전』 대가노부의 군악대는 러시아식 군악대를 염두에 둔 기록이었을 것으로 추측된다.

셋째, 곡호대로 추정 가능하다. 곡호대는 나팔과 드럼으로 구성된 서구식 군악대로, 군대에 배치되어 일정한 역할을 하고 있었기 때문에 동원 가능한 상황이었기 때문이다.

군악대는 당시 근대화를 상징하는 장치의 하나로, 그당시 모든 제국帝國에 구비되어 있었다. 화려한 제복을 착용하고서 반짝반짝 빛나는 서양악기를 연주하는 군악대에 당대인들은 매료되었다. 즉 근대화로 달려가는 대한제국의 위용을 드러내기 위해 고종황제의 어가행렬에 군악대 배치를 구상했던 것은 아닌가 한다. 대가노부에 지정된 군악대의 위치도 어연御輦에 가깝게 배치되어 있어, 황제의 위의를 드러내고자 했던 의도가 있었음을 알 수 있다. 러시아식 군악대가 순조롭게 설치되었다면 서양식 군악대가 어연 주변에서 시각적, 청각적으로 화려함을 드러내며 황제 행차의 위용을 한층

---

38 "1897년 4월 23일(5.5) 조선 군부대신이 서울 주재 러시아공사에게 요청한 러시아 군사교관단의 병과별 초청인원. 3명 – 장교, 10명 – 하사관, 1명 – 유년학교(하사관학교)교사, 1명 – 병기관, 1명 – 군악대 지휘관, **3명 – 군악대원**, 2명 – 간호장(위생병), 총 : 21명" 『러시아 국립문서보관소 소장 한국 관련 문서 요약집』, 한국국제교류재단, 2002, 93~94쪽.
"大隈로부터 加藤에게 (2) 러시아 駐在 臨時代理公使가 다음과 같이 전송했음 : '본인은 5월 19일 러시아 外務大臣을 만났음. 그는 조선주재 러시아 공사가 본인의 전문 제34호에 언급한 그의 전문을 수령하기 전에 약 17명의 장교와 **3명의 군악대원의 고용협정이 체결되었다**는 취지의 전문을 자기에게 발송했다고 말했음. 본인이 그 협정이 결정적이며 변경될 수 없는지를 그에게 묻자 대답하기를 문서는 이미 서명 조인되었지만 日本 정부와 신임 일본주재 러시아 공사 간에 합의가 이루어질 때까지는 시행될 수 없다고 했음. 러시아주재 조선 공사가 5월 17일 이곳에 도착했으므로 본인은 러시아 외무대신에게 조선 공사가 베베르에 관해 어떤 요청을 했는지 물었음. 그는 그와 같은 요청은 전혀 없었으며 현재까지 일본주재 러시아 임시 대리공사의 京城전임에 관해서는 아무 변명도 없다고 말했음.' 1897년 5월 21일 오후 1시 45분 발신, 東京 1897년 5월 21일 오후 3시 5분 수신, 서울" 『駐韓日本公使館記錄』 8권 五. 歐文電報往復控 二 (72) [朝鮮政府의 러시아군 장교와 군악대원 고용에 관한 駐露公使의 보고]
"度支部에서 請議흔 大邱北靑淸州江華四處地方隊費 五萬九千一百七十九元六十三錢二釐와 萬國郵遞公會全權委員派往費一千元과 **露國軍樂器各種購買費三千○九十六元**을 豫備金中支出事로 議政府會議를 經흔 後에 上奏흐야 制曰可라흐심" 『官報』 제587호, 건양 2년 3월 18일 木曜 '彙報'

빛냈을 것이다. 그러나 러시아식 군악대 설치가 흐지부지 되었으므로, 실제 고종황제의 행차 현장에서는 나팔과 드럼으로 구성된 곡호대로 대치되었을 것으로 추측된다.

따라서 고종황제의 행차 중 가장 규모가 큰 대가노부에 러시아식 서양 군악대 설치로 국왕시절의 행차와 차별화 하려했던 구상이 실현되지 못했으며, 실제 행차 현장에서는 곡호대로 대치되었음이 고종황제 행차 악대의 특징이라 하겠다. 곡호대는 고종황제 행차에서 드럼과 나팔 소리를 드높이며 '황제 행차를 공식화 하는 음향적 알리미' 역할을 톡톡하게 담당했을 것이다.

5. 고종황제 행차에 대한 시선

고종황제의 거둥에서 가장 많이 노출되었던 것은 황제임을 공증하는 환구단 행차이다. 환구단에 나아가 하늘 제사를 올릴 수 있는 존재는 황제만이 가능했기 때문이다. 따라서 고종이 황제로 등극하는 과정에서 환구단에 행차하는 장면을 기사화 한 『독립신문』을 통해 고종황제 행차에 담긴 시선이 어떠했는지를 탐색해 보겠다.

> 십일일 오후 이시 반에 경운궁에서 시작 ᄒ야 환구단 ᄭ지 길 ᄀ 좌우로 각 대딕 군수들이 정졔 ᄒ게 셧스며 순검들도 몃 빅명이 틈틈이 정졔히 벌녀 셔셔 황국의 위엄을 낫하 내며 좌우로 휘쟝을 쳐 잡인 왕리를 금 ᄒ고 죠션 녯젹에 쓰던 의장등물을 곳쳐 누른 빗으로 새로 믄드러 호위 ᄒ게 ᄒ엿스며 시위딕 군수들이 어가를 호위 ᄒ고 지내ᄂ딕 위엄이 쟝 ᄒ고 총 ᄭᄯ히 ᄭᄌ친 챵들이 셕양에 빗나더라 륙군 쟝관들은 **금슈 노흔 모ᄌ들과 복쟝들을 입고** 은 빗 ᄀᄒ 군도들을 **금 줄노 허리에 찻스며** 또 그즁에 녯젹 풍속으로 죠션 군복 입은 관원들도 더러 잇스며 **금관 죠복** ᄒ 관인들도 만히 잇더라 어가 압혜ᄂ 대황뎨 폐하의 태극 국긔가 몬져가고 대황뎨 폐하ᄭᅴᄉ는 **황룡포**에 면류관을 쓰시고 **금으로 치칙ᄒ 연**을 타시고 그 후에 황태ᄌ 뎐하ᄭ셔도 홍룡포를 입으시고 면류관을 쓰시며 불근 연을 타시고 지내시더라 어가가 환구단에 이르샤 뎨향에 쓸 각식 물건을 친히 감 ᄒ신 후에 도로 오후 네시쯤 ᄒ야 환어 ᄒ셧

다가 십이일 오전 두시에 다시 위의를 베프시고 황단에 림 ㅎ샤 하ᄂᆞ님ᄭᅴ 뎨샤 ㅎ시고 황뎨 위에 나아 가심을 고 ㅎ시고 오젼 네시 반에 환어 ㅎ셧스며 동일 졍오 십이시에 만죠 ᄇᆡ관이 례복을 갓쵸고 경운궁에 나아가 대황뎨 폐하ᄭᅴ와 황태후 폐하ᄭᅴ와 황태ᄌᆞ 뎐하ᄭᅴ와 황태비 뎐하ᄭᅴ 크게 하례를 올니며 ᄇᆡ관이 길거워들 ㅎ더라[39]

위의 기사에는 황제의 행차 위의의 성대함을 매우 자랑스러워하는 뿌듯함과 황제를 상징하는 황금색에 주시하는 화려한 색채감에 시선을 보내던 정황이 담겨 있다. 황룡포를 착용한 채 금으로 채색한 어연御輦을 탄 황제, 금색 수를 놓은 모자를 쓴 육군 장관들, 금색 줄을 허리에 매단 이들 등이 언급되어 있다. 비록 위의 인용문에서 악대에 대한 직접적인 언급이 없다는 점이 아쉽지만, 곡호대는 서구식 음향을 통해 황제의 행차 위용을 빛냈을 것으로 여겨진다.

6. 맺음말

고종 황제의 행차는 조선후기 어가행렬의 큰 구도(도가 → 선상병 → 가전 시위 → 의장 → 어연 및 시위 → 수가隨駕 관원 → 후상군)를 유지하고는 있었지만 그 당시 변화된 여러 요소가 반영되어 있었다. 즉 황제로 격상된 상황, 근대화 된 면모, 황권 중심 체재 지향 등을 엿볼 수 있었다. 구체적으로는 황제 어보御寶의 전면화, 황제가 타는 황금색 연輦의 등장, 황색 의장 추가, 신식 복색과 무기를 겸비한 경찰과 군사 배치, 대한제국의 근대화를 선도하는 중추 기관인 궁내부와 황명을 직접 받드는 비서원 등장 등을 통해 제국으로써의 위용을 떨치려 했음을 알 수 있다. 다만 태극기가 대가노부에 명시되어 있지 않아 아쉽다. 그렇지만 황제 중심 체재로 정비된 대한제국을 시각화 하려고 했다는 측면에서 분명 차별성을 지니고 있었다.

---

[39] 『독립신문』, 1897년 10월 14일, 1면.

고종황제 행차에 수반된 악대로는 내취와 군악대가 기록되어 있었다. 특히 군악대는 새롭게 등장하여 주목되었다. 군악대의 위치도 어연御輦에 가깝게 배치되어 있어 황제의 위의를 '군악대'라는 새로운 악대로 드러내고자 했던 의도가 있었음을 알 수 있다.

　　군악대는 내취의 개칭, 러시아식 군악대 설치 가능성, 곡호대로 추정해 보았고, 실제 행차 상황에서는 곡호대의 활약이 두드러졌을 것으로 보았다. 러시아식 서양 군악대 설치가 불발되었기 때문에 그 공백은 곡호대로 변통했을 것으로 여겨진다. 즉 상황상 곡호대의 역할이 커졌다는 점이 고종황제 행차 악대의 특징이다. 곡호대는 고종황제 행차에서 서양악기로 연주하며 '황제 행차를 공식화 하는 음향적 알리미' 역할을 톡톡히 담당하였다. 그리고 고종황제의 행차에서 서구식 제복을 착용하고서 당당히 연주하는 그들의 모습은 황제의 행차 위용을 한층 빛냈을 것이다.

　　『대한예전』의 대가노부를 중심으로 살펴본 고종황제의 행차와 악대는 황제 중심 체재로 정비된 상황을 근대화된 면모와 함께 시각화 했다는 측면에서 고종의 국왕 시절 어가행렬과 차별화 되었다.

「대한제국기 고종황제의 행차와 악대」, 『한국음악사학보』 제53집, 2014.12.

순종황제 행차와 음악

1. 머리말

1907년 8월 27일, 대한제국의 마지막 황제인 순종황제의 즉위식이 돈덕전惇德殿에서 거행되었다. 일제가 고종황제를 강제 퇴위 시킨 후 단행한 정치적 사건이었다.[1] 순종은 황제가 되었지만, 일제의 간섭이 심했기 때문에 독립적인 대한제국의 황제 역할을 할 수 없는 상황에 놓였다. 순종이 4년 동안 황제로 존재하던 기간은 한일병합을 준비하는 일제의 계략이 가속화 되던 시기였다. 일제는 친일 내각을 더욱 견고하게 구축했으며, 광무년간光武年間 근대화 사업을 이끌었던 궁내부宮內府를 해체·변용하고,[2] 국가전례國家典禮를 축소시키는[3] 등 대한제국을 약화시키는 일련의 일들을 거침없이

---

1   순종황제 즉위식과 음악에 관한 상세한 내용은 다음 논문 참조 요망.
    이정희, 「대한제국기 순종황제 즉위 행사와 음악」, 『한국음악사학보』 제47집, 한국음악사학회, 2011.
2   윤소영, 「한국통감부의 궁내부 해체와 변용(1904~1908)」, 『한국근현대사학회 제135회 월례발표회 자료집』, 2010.11.
3   『순종실록』 권2 순종 1년(1908) 7월 23일.
    김문식·송지원, 「20세기 국가전례의 변천과 복원」, 『서울 20세기 생활·문화변천사』, 서울시정개발

자행해 나갔다.

또한 매사에 신식新式으로 바꿔야 한다는 명분을 내세워 조선에서 대한제국으로 이어지는 전통 문화를 단절하려는 일제의 계략이 지속적으로 진행되었다. 그 범주에서 순종황제의 행차도 예외는 아니었다. 황제의 움직임 자체가 국내외 사람들의 시선과 관심을 집중시키는 효과가 컸기 때문에 일제는 순종황제의 노부鹵簿 규정을 바꾸었다. 순종황제의 행차 모습 자체가 곧 순종황제의 권위와 제국帝國이 처한 현실을 대변해 주는 상징성을 지녔기 때문이다.

그렇다면 일제에 의해 변형된 순종황제의 행차문화는 어땠을까? 순종황제의 동가動駕가 어떻게 달라졌는지, 그 악대와 음악은 어떻게 변화되었는지, 그 구체적인 양상을 분석해 볼 필요가 있다. 대한제국이 해체되어가던 시기 순종황제의 행차 위용과 행악의 변곡 지점의 실상을 알기 위해 고종황제의 어가행렬御駕行列 문화와의 비교 고찰 및 일제의 내밀한 의도 탐색이 요청된다. 이는 대한제국의 행악行樂의 변화 원인을 규명하는데 하나의 실마리가 될 수 있기 때문이다.

따라서 본고에서는 순종황제의 행차문화를 살펴보기 위해 먼저 순종황제의 행차 계기를 기존 연구성과에서 언급된 것[4]을 총망라하여 다시 정리해보고, 순종황제의 노부鹵簿 구성을 분석해 보며, 마지막으로 순종황제의 행차에 수반된 음악에 대해 정리해 보는 순서로 서술하겠다.

연구원, 2001.

4 이왕무, 「대한제국기 순종의 남순행 연구」, 『정신문화연구』 제30권 제2호, 통권 107호, 한국학중앙연구원, 2007; 김지영, 「근대기 국가 의례의 장으로서의 東郊」, 『서울학연구』 XXXVI, 서울학연구소, 2009. 8, 20~24쪽; 김소영, 「순종황제의 南・西巡幸과 忠君愛國論」, 『韓國史學報』 제39호, 고려사학회, 2010. 5; 이왕무, 「대한제국기 순종의 서순행 연구」, 『동북아역사논총』 제31호, 동북아역사재단, 2011.

2. 순종황제의 행차 동기

순종황제의 행차는 정상적인 황제의 외양을 드러내기 위해 다양하게 이행되었다. 먼저 전통적으로 행해 왔던 황제의 행차 계기와 연계되는 것으로는 1907년 9월 17일에 행차한 태묘를 시작으로[5] 사직·문묘文廟·환구圜丘를 전알展謁하기 위한 동가動駕가 있다. 이 중에서 황제임을 공식화 하는 환구단 행차가 가장 빈번했어야 하지만, 순종황제의 경우에는 즉위식이 이행된 후 거의 네 달이 된 시점인 1907년 12월 22일이 되어서야 환구단으로 나아간다. 게다가 순종황제는 자신이 황제로 등극했다는 고유제告由祭를 환구단에서 올리지도 않은 채 환구제례용 희생犧牲과 제기祭器만 살피고 섭행攝行으로 대제大祭를 행하라 명령한 후 환어還御해 버린다.[6] 전통적으로 황제임을 공식화 하는 상징적인 공간이 환구단이었기 때문에 황제의 환구단 행차와 환구제례를 친제親祭하는 행위는 제국帝國의 대표 행사로 손꼽히지만, 순종황제의 환구단 행차는 형식적인 방문이었을 뿐 황제로써의 위엄을 담아내지 못한 이벤트로 그쳤다. 순종황제가 환구단에 나아갔다는 사실 자체로는 고종황제의 정통성을 계승한 듯한 분위기를 연출했지만, 환구단 고유제조차 올리지 못했던 미미한 행적으로 인해 무력한 황권이 여실히 드러났다.

순종황제는 문묘 전배를 위해 행차한 경우도 있었다. 순종황제는 문묘 전알을 마친 후 명륜당明倫堂에서 학부대신學部大臣 이재곤李載崑과 차관次官 이하의 직원職員, 유생儒生 장필상張泌相 등을 만나 성균관의 공부 과목에 대해 질문하였다. 성균관成均館 규정에 명시된 대로 경학經學을 공부한다고 답하자 순종황제는 당장 새로운 학문을 배우라고 지적한다.[7] 문묘 존숭과 경학 연구의 전통을 치하하면서 신학문 독려로 이어진 것이 아니라 신학문의 부재를 나무라는 상황이었다. 마치 성균관의 경학 공부의 전통을 약

---

5   『皇城新聞』, 1907년 9월 10일, 2면 2단. '謁廟節次'
6   『순종실록』 권1 즉위년(1907) 12월 22일.
7   『순종실록』 권2 순종 1년(1908) 6월 13일.

화시키려는 목적으로 신학문을 강조한 듯한 분위기가 팽배하지만, 기록의 이면을 생각해 볼 필요가 있다.

고종도 행한 이력이 있는 적전의례耤田儀禮[8]를 이행하기 위해 순종황제는 동적전東耤田으로 향하기도 하였다. 즉 순종황제는 동적전에 1909년 4월 5일,[9] 1909년 7월 5일,[10] 1910년 5월 5일[11] 이상 세 차례 행차하였다. 첫 번째와 세 번째 행차에서는 친경親耕하였고, 두 번째 행차인 1909년 7월 5일에는 직접 보리를 베었다. 모두 민생 안정을 위한 행위라고 광고했지만 배종했던 관료들이 대부분 친일파와 일본인으로 구성되어 있어 대한제국의 백성을 위한 행사라기보다는 일제의 세력을 과시하는 효과가 더 컸다.[12]

한편 혼전魂殿과 왕릉을 돌아보기 위한 행차도 있었으니 경효전景孝殿, 의효전懿孝殿, 홍릉洪陵, 유릉裕陵 전배展拜를 꼽을 수 있다.[13] 경효전은 순종황제의 어머니 명성황후明成皇后의 신주를 봉안한 혼전이며, 의효전은 순종황제의 아내 순명효황후純明孝皇后의 혼전이고, 홍릉은 명성황후의 무덤이며, 유릉은 순명효황후의 무덤이다. 즉 돌아가신 어머니와 먼저 세상을 떠난 부인을 기리기 위한 순종황제의 행보인데, 고종황제도 정성을 기울였던 부분이다. 두 황후의 혼전과 무덤 참배는 고종황제와 순종황제의 공통적인 행차 계기로 작동되었지만 고종황제에 비해 순종황제는 행차 횟수가 적었다는 점에서 차이가 난다.

또한 순종황제는 영희전永禧殿[14]·선원전璿源殿에 행차하여 어진御眞(임금의 초상화)을 접하였고,[15] 건원릉健元陵·융릉隆陵·건릉健陵·수릉綏陵·경릉景陵에 능행하였으며, 수원

8 　김세은, 「고종초기 국왕권의 회복과 왕실행사」, 서울대 박사학위논문, 2005.
9 　『순종실록』 권3, 순종 2년(1909) 4월 5일.
10 　『순종실록』 권3, 순종 2년(1909) 7월 5일.
11 　『순종실록』 권4, 순종 3년(1910) 7월 5일.
12 　김지영, 「근대기 국가 의례의 장으로서의 東郊」, 『서울학연구』 XXXVI, 24쪽.
13 　『皇城新聞』, 1907년 10월 12일, 2면 1단,『官報』 제4714호, 隆熙二年 五月 十五日 金曜, 『皇城新聞』, 1908년 5월 16일, 1면 2단.
14 　영희전의 御眞은 선원전으로 移安되었다(『純宗實錄』 권2, 순종 1년 7월 23일).
15 　『순종실록』 권2, 순종 1년(1908) 6월 13일, 『순종실록』 권2.

의 융릉과 건릉에서는 직접 제례를 올리기도 하였다.[16] 순종황제가 능행한 건원릉은 태조 이성계, 융릉은 장조莊祖(正祖의 아버지), 건릉은 정조正祖, 수릉은 문조文祖(효명세자), 경릉은 헌종憲宗의 무덤이었으므로 순종황제의 왕실 계보系譜상 직결된 선왕들의 왕릉을 참배하기 위한 행사였음을 알 수 있다.

저경궁儲慶宮・육상궁毓祥宮・연호궁延祜宮・선희궁宣禧宮・경우궁景祐宮에도 전배展拜하였다.[17] 저경궁은 추존왕 원종元宗(인조의 아버지)의 생모 인빈仁嬪 김씨金氏의 위패를, 육상궁은 영조의 생모 숙빈淑嬪 최씨崔氏의 사당이고, 연호궁은 추존왕 진종眞宗(영조의 장남 孝章世子)의 생모인 정빈靖嬪 이씨李氏의 위패를, 선희궁은 사도세자의 생모 영빈暎嬪 이씨李氏의 위패를, 경우궁은 순조의 생모 수빈綏嬪 박씨朴氏의 위패를 모신 사당이다.[18] 모두 왕이나 왕으로 추존된 이들을 낳은 후궁의 사당이라는 공통점을 지니는데, 그 사당을 1908년 한 곳에 모은 후 전배한 것이다. 저경궁・육상궁・연호궁・선희궁・경우궁을 한 장소에 집합시킨 이유는 고종황제와 순종황제의 왕실 계보에 연계된 후궁들이었기 때문이다. 고종황제가 그녀들의 사당에 치제致祭하며 황실의 권위를 세우는 작업을 선행하였고 순종황제가 계승하였던 것이다.

한편 고종이 생존한 상황에서 순종이 황제로 등극하였기 때문에 덕수궁德壽宮의 고종태황제高宗太皇帝에게 순종황제가 행차하는 경우가 빈번하게 발생되었다. 새해 인사를 위해,[19] 더위나 추위에 어떻게 지내시는지 계절성 안부를 여쭙기 위한 목적으로,[20] 태묘 사직에 전알展謁한 후 환어還御하면서,[21] 동적전으로 나아가면서,[22] 순행처럼 도성

16　『官報』제4714호, 隆熙二年 五月 十五日 金曜,『皇城新聞』, 1908년 5월 16일, 1면 2단. '動駕',『官報』號外 隆熙二年 九月 二十八日 '宮廷錄事',『皇城新聞』, 1908년 9월 29일, 2면 2단. '陵幸路次',『皇城新聞』, 1908년 9월 30일, 1면 2단. '動駕',『皇城新聞』, 1908년 10월 4일, 2면 1단. '水原陵幸에 節次及盛況'

17　『官報』號外 隆熙二年 六月 九日 '宮廷錄事',『皇城新聞』, 1908년 6월 10일, 2면 3단. '兩陛下拜宮'

18　저경궁・육상궁・연호궁・선희궁・경우궁에 대빈궁(경종의 생모 희빈 장씨의 사당)과 덕안궁(영친왕의 생모 순헌귀비 엄씨의 상당)을 포함시켜 '칠궁'이라고 칭한다. 칠궁은 조선시대부터 일제강점기에 이르기까지 왕이나 왕으로 추존된 이들을 낳은 후궁의 위패를 봉안한 사당이다. 칠궁은 현재 청와대 내에 위치한다.

19　『官報』號外2 隆熙二年 十二月 二十八日 '宮廷錄事'

20　『官報』號外 隆熙 二年 八月 十三日,『官報』제4244호, 隆熙二年 十二月 四日 金曜,『官報』제4429호, 隆熙三年 七月 十五日 木曜 '宮廷錄事'

都城을 나가는 장거리 이동 전후에 문안 인사를 드리기 위해,[23] 고종태황제 탄신경축일인 만수성절萬壽聖節에 하례賀禮를 올리기 위해,[24] 순종황제 본인의 탄신경축일인 건원절乾元節을 기념하기 위해[25] 등 크고 작은 일을 당할 때마다 순종황제는 덕수궁으로 향했다. 덕수궁 동가動駕는 고종이 일제에 의해 강제 퇴위 당한 후 태황제로 존재함으로 인해 발생된 것으로, 전례가 없던 특별한 상황에 해당된다.

일제와 직접적으로 관련되었던 순종황제의 행차도 있었다. 역시 융희년간에만 발생된 이례적인 동가動駕였다. 1907년 10월 일본 황태자의 대한제국 방문을 계기로, 인천항까지 가서 영접하고, 그가 머무는 일본 여관에서 전별인사를 나누고, 떠나는 날에는 남대문 정거장에서 배웅하기 위해 순종황제가 수차례 행차할 수밖에 없었다.[26] 게다가 통감관저統監官邸로 행행하는 일도 빈번했다. 이토 히로부미伊藤博文 저격사건이 일어났을 때 순종황제는 위로 인사를 하기 위해 통감관저로 향해야만 했다.[27]

일제와 순종의 친화력을 선전하려는 목적으로 이토 히로부미에 의해 계획된 두 차례의 순행巡幸에도 순종황제는 동행할 수밖에 없었다.[28] 일제에 의해 계획된 두 차례의 순행은 전대미문의 행차였다. 순종황제의 순행은 1909년 1월과 2월에 삼남지역과 관북지역을 직접 가보는 남순행과 서순행으로 감행되었다. 한반도 변경 지역 순행은

21 『官報』號外 隆熙元年 十一月 十六日 '宮廷錄事'
22 『官報』號外 隆熙三年 四月 一日 '宮廷錄事', 『皇城新聞』, 1909년 7월 6일, 2면 5단. '觀察會議退期'
23 『官報』號外 隆熙三年 一月 五日 '宮廷錄事', 『皇城新聞』, 1909년 1월 28일, 2면 3단. '動駕儀節', 『官報』號外2 隆熙三年 二月 三日 '宮廷錄事'
24 『官報』제4472호, 隆熙 三年 九月 六日 月曜 '宮廷錄事'
25 『皇城新聞』, 1908년 3월 12일, 2면 3단. '動駕儀節', 『皇城新聞』, 1910년 3월 18일, 2면 1단. '動駕時刻'
26 『官報』號外1 隆熙元年 十月 十四日 '宮廷錄事', 『官報』號外2 隆熙元年 十月 十八日 '宮廷錄事', 『皇城新聞』, 1907년 10월 20일, 2면 2단. '兩皇太子威儀', 『皇城新聞』, 1907년 10월 22일, 1면 1단. '宮廷錄事', 『皇城新聞』, 1907년 10월 23일, 1면 1단. '宮廷錄事'
27 『官報』號外2 隆熙三年 十月 二十八日 '宮廷錄事', 『皇城新聞』 1909년 10월 29일 2면 4단 '德壽宮問安'
28 순행 관련 기사는 다음과 같다. 『官報』號外 隆熙三年 一月 五日 '宮廷錄事', 『皇城新聞』, 1909년 1월 6일 2면 2단 '大駕東巡', 『皇城新聞』, 1909년 1월 6일, 2면 3단. '大駕陪從', 『官報』號外 隆熙三年 一月 六日 '辭令', 『皇城新聞』, 1909년 1월 26일 2면, 2단. '寒具從便', 『皇城新聞』, 1909년 2월 2일, 2면 5단. '會民賜謁', 『皇城新聞』, 1909년 2월 3일 2면, 5단. '展謁後動駕', 『官報』號外2 隆熙三年 二月 三日 '宮廷錄事'

조선의 왕과 대한제국의 고종황제도 시행하지 않았던 기이한 행적이었다. 순종의 순행이 실행되었던 배경에는 당시 고조되던 반일 감정을 완화시키거나 친일로 전환시키려는 일제의 정치적 의도가 내재되어 있었다. 남순행은 1909년 1월 7일~13일까지 6박 7일 동안 이루어졌으며, 남대문역에서 기차로 출발하여 대구 – 부산 – 마산 등을 들려오는 일정이었다. 서순행은 1월 27일~2월 3일의 7박 8일 일정으로 진행되었고, 평양 – 의주 – 신의주 – 개성 등지를 방문하는 스케줄이었다.[29] 그리고 일제가 창경궁昌慶宮의 전각을 헐어낸 공간에 설치한 동물원 · 식물원 · 박물원으로 행차하는 상황도 발생되었다.[30]

이렇듯 순종황제의 행차 동기는 정상적인 황제의 외양을 드러내기 위해 다양하게 구성되었다. 그러나 전통적으로 이행되었던 왕 혹은 황제의 행차 계기와 연계된 동가動駕라 할지라도 순종황제에 이르러서는 그 성격이 변화된 지점이 포착된다. 진전眞殿 · 혼전魂殿 · 왕릉 · 왕을 낳은 후궁의 사당廟을 둘러보기 위한 순종황제의 행차에는 미약하나마 황실의 정통성을 이어나가려는 흔적이 남아 있었지만, 환구와 문묘 전배라든지 적전의례를 위한 행차에는 본연의 의미가 퇴색된 채 형식화 되고 변질되는 양상을 띠면서, 일제의 외압이 직간접적으로 드러났다. 특히 태황제의 존재로 인한 덕수궁 문안, 일본 황태자 접대, 순행, 동물원 · 식물원 · 박물원 관람을 위한 행차 이력은 순종의 황제 등극 이후 새로 등장한 것이며, 일제의 압력이 거셌던 시대 배경에서 생겨난 것들이었다.

---

29 순행에 관한 상세한 내용은 다음 논문 참조 요망.
   이왕무, 「대한제국기 순종의 남순행 연구」, 『정신문화연구』 제30권 제2호, 통권 107호, 한국학중앙연구원, 2007; 김지영, 「근대기 국가 의례의 장으로서의 東郊」, 『서울학연구』 XXXVI, 서울학연구소, 2009.8, 20~24쪽; 김소영, 「순종황제의 南 · 西巡幸과 忠君愛國論」, 『韓國史學報』 제39호, 고려사학회, 2010.5; 이왕무, 「대한제국기 순종의 서순행 연구」, 『동북아역사논총』 제31호, 동북아역사재단, 2011.
30 『皇城新聞』, 1909년 12월 7일, 2면 3단. '御覽三園'

3. 순종황제의 鹵簿 구성

순종이 황제로 즉위한 이후 행차의 모습은 고종황제의 어가행렬과 판이하게 달라졌다. 고종황제의 노부는 『대한예전大韓禮典』에서 찾아볼 수 있는데, 조선후기 어가행렬

1907년 9월 16일에 마련된 순종황제 動駕時 鹵簿班次[31]

總巡乘馬	警視乘馬	總巡乘馬
總巡乘馬	警視副監乘馬	總巡乘馬
騎兵 騎兵	騎兵 騎兵	騎兵
左掌禮	馬車	禮式課長

宮內府次官 馬車

宮內府大臣 馬車

御旗　　　　騎兵正校

近衛將校	近衛將校	近衛將校
正尉乘馬	參領乘馬	正尉乘馬
內乘乘馬	**御馬車**	侍從院卿陪乘
侍從武官乘馬	侍從武官乘馬	侍從武官乘馬
近衛將校正尉乘馬		近衛將校正尉乘馬
侍從乘馬	太僕司長乘馬	侍從乘馬

親王馬車

秘書監丞　　　　　典醫

總理大臣馬車

騎兵 騎兵	騎兵 騎兵	騎兵
總巡乘馬		總巡乘馬

---

31 『大韓每日申報』, 1907년 9월 17일, 3면 1단, '動駕時 鹵簿班次'

의 구도를 유지하는 가운데 황제로 격상된 상황, 근대화 된 면모, 황권 중심 체재 지향 등을 반영한 형태였다.[32] 그러나 순종의 황제 즉위 때부터 "구식 규례舊規를 모두 폐지하고 노부의장鹵簿儀仗은 안팎의 사례를 참작하여 신식新式으로 별도로 정하라."[33] 는 조령을 내려 고종황제의 어가행렬과는 달리 '신식'으로 구성할 것을 예보하였다. 새로 마련된 순종황제의 신식 노부는 1907년 9월 16일에 궁내부대신宮內府大臣 이윤용 李允用이 올렸다.[34]

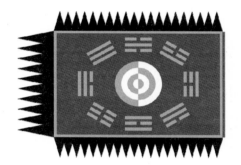

1902년의 御旗 서울대학교 규장각한국학연구원 소장

새로 마련된 순종황제의 노부의 특징은 첫째, 황제의 위의를 드러내는 상징물이 사라졌다는 점이다. 고종황제의 어가행렬에는 황제대보皇帝大寶, 황제가 타는 황금색 어연御輦, 황개黃蓋·황양산黃陽繖 등의 황색 의장儀仗이 등장하여 황제의 위상을 드날리고 있었다. 그러나 순종황제의 신식노부에는 황제를 상징했던 장치가 모두 사라졌다. 그대신 어기御旗가 등장하였다.

어기는 1902년 고종황제가 조칙을 내려 조성한 후 광무년간에 군주기로 활용되었던 전례가 있는데[35] 순종황제의 노부에 사용된 어기는 고종황제가 만든 어기와는 다른 종류였다. 『대한매일신보』에 "黃色緞質中央에 金線製李花를 付ᄒ고 金織山字形으로 飾邊"[36]이라고 설명된 것으로 보아, 순종황제의 어기는 금색 실로 만든 이화梨花를

32 이정희, 「대한제국기 고종황제의 행차와 악대」, 『한국음악사학보』 제53집, 한국음악사학회, 2014.
33 『순종실록』 권1, 즉위년(1907) 8월 24일, 『官報』 號外2 隆熙元年 八月 二十五日 '宮廷錄事', 『大韓每日申報』, 1907년 8월 27일, 1면 5단. '宮廷錄事', 『皇城新聞』, 1907년 8월 26일, 2면 2단. '鹵簿新式勅詔', 『皇城新聞』, 1907년 8월 27일, 1면 1단. '宮廷錄事'
34 『고종시대사』 6집, 隆熙 元年 9월 12일, 『承政院日記』 隆熙 元年 8월 5일, 『官報』 隆熙 元年 9월 16일, 『大韓每日申報』, 1907년 9월 17일, 1면 6단. '宮廷錄事'
35 이태진, 「고종의 국기제정과 군민일체의 정치이념」, 『고종시대의 재조명』, 태학사, 2000.

붙인 형태였음을 짐작할 수 있다. 이화 문양을 순종황제의 어기의 중앙에 붙인 이유는 순종을 대한제국의 황제의 위격이 아니라 이씨 조선의 왕으로 표상하기 위함이었을 것으로 추정된다. 그러므로 순종황제의 노부에 등장하는 어기는 대외적으로 한 나라를 대표하는 '국기國旗'로써의 기능은 약했으며, 순종을 한 국가의 황제가 아니라 이씨 성을 지닌 왕으로 격하시키려고 했던 장치로 해석된다.

둘째, 말과 마차를 적극 도입했다는 점이다. 말을 노부에 전면적으로 배치한 이유는 노부에 속도감을 부여하려기 위함이었을 것이다. 백성들에게 황실의 행차 위의를 감상하고 느끼게 하는 시간적 여유를 박탈한 것이다. 순종황제 역시 마차馬車를 타고 빠르게 지나가 버리게 됨으로써 민정을 살피고 대민 소통할 기회를 얻지 못하는 상황에 처할 수밖에 없었다.

셋째, 노부의 선두에 총순總巡, 경시警視를 배치함으로써 삼엄한 분위기를 연출하였다. 노부에 접근하기 어렵게 할 뿐 아니라 일제에 비판적인 시각을 지닌 이들을 위협하기 위한 장치였다. 고종황제의 대가노부에도 황제의 호위를 담당하는 시위대 혹은 친위대가 배치되어 있었지만 신식군대의 성대한 위용을 통해 황권과 대한제국의 군사력이 과시되는 광고 효과를 발생시키기 위함이었지 백성들과 거리를 두려는 의도는 없었다는 점에서 대비된다.

넷째, 순종황제를 배종하는 황실의 관원 수가 급감했다는 것이다. 순종황제의 신식노부에 배치된 관원은 비서감승秘書監丞, 예식과장禮式課長, 궁내부차관宮內府次官, 궁내부대신宮內府大臣 뿐이다. 노부에 배치된 관원을 통해 왕이나 황제가 구현하고자 하는 국정 운영 방향을 드러냈는데, 순종황제의 노부에는 형식으로 소수의 인원만 배치시켰을 뿐이어서 순종황제의 정치적 구상이 드러나지 않는다.

다섯째, 전체적으로 노부의 규모가 현격하게 축소되었다. 조선후기에서 대한제국 시기에 이르기까지 국가의 최고 권력자가 이동하는 행렬에는 수백명에서부터 수천명에 이르기까지 많은 인원이 수가隨駕하였다. 그런데 순종황제의 신식노부의 인원은 불

36　『大韓每日申報』, 1907년 11월 2일, 1면 6단.

과 50명 정도에 지나지 않는다.

여섯째, 노부에서 악대가 제외되었다. 『대한예전』에는 대가노부大駕鹵簿와 법가노부
法駕鹵簿에는 내취內吹 · 군악대軍樂隊가, 소가노부小駕鹵簿와 성내동가배반지도城內動駕排班
之圖에는 내취 · 전부고취前部鼓吹 · 후부고취後部鼓吹가, 성외동가배반지도城外動駕排班之圖
에는 내취가 수반된다고 기록되어 있다. 즉 황제의 어가행렬은 종류에 따라 내취, 군
악대, 전부고취, 후부고취를 선별하여 사용하려 했다.[37] 그런데 1907년 9월 16일에 마
련된 순종황제의 신식노부에는 악대가 등장하지 않는다. 이는 대한제국의 행악行樂의
전통을 크게 위축시키는 상황을 야기한다.

순종황제의 신식노부는 1907년 10월 3일 순종황제의 태묘 전알을 위한 행차에서
사용되었다. 순종황제는 군복을 착용한 채 마차를 타고 있었고, 대한제국과 일본의
경찰관리와 일본기병대日本騎兵隊가 신식노부의 앞뒤를 경호하였으며 궁내부대신 이윤
용李允用, 총리대신總理大臣 이완용李完用, 서기관장書記官長 한창수韓昌洙, 영선군永宣君 이
준용李埈鎔이 함께 마차를 타고 이동하였다.[38] 이 광경을 지켜본 혹자는 『황성신문皇城
新聞』 논설論說에 "鹵簿의 儀仗을 得見키 杳然ᄒ더니 今日에 至ᄒ야 雖舊日威儀ᄂᆞᆫ 難
覩ᄒᆯ지라도 陛下ᄢᅥ서 展謁의 禮를 初擧ᄒ시니 祖宗陟降의 靈이 洋洋히 冥冥之中에서
下監ᄒ시리로다"[39]라고 소감을 밝혔다. 신식 노부의 의장에서는 옛날 위의威儀를 찾아
보기 어렵다며 안타까움을 드러냈던 것이다. 순종황제의 신식노부는 국내외 신사紳士
와 부녀자들에게 관광거리로 전락하여 인산인해人山人海를 이루었을 뿐이다. 1907년
10월 12일 홍릉洪陵 · 유릉裕陵 행행, 1907년 10월 16일부터 20일까지 방한했던 일본
황태자를 위한 행차에도 신식노부는 지속적으로 활용되었던 것으로 보인다.

---

37 『大韓禮典』의 어가행렬에 등장하는 군악대는 러시아식 군악대 설치를 예상하여 기록하였을 것으로 보
    인다. 실제로 대한제국의 군악대는 1900년 12월에 설치령이 내려졌고 1901년에 결성되었다. 군악대가
    설치되기 전에는 어가행렬에 군악대로 기록된 부분을 내취로 대치했을 가능성도 있다. 이에 관한 상세
    한 내용은 이정희, 「대한제국기 고종황제의 행차와 악대」, 『한국음악사학보』 제53집 참조 요망.
38 『皇城新聞』, 1907년 10월 4일, 2면 1단. '幸行盛儀'
39 『皇城新聞』, 1907년 10월 4일, 2면 1단. 論說 '皇上陛下太廟展謁'

1907년 11월 11일에 반포된 순종황제의 신식노부[40]

幸行行啓御一列　鹵簿第一公式

	總巡乘馬		警視乘馬		總巡乘馬	
	總巡乘馬		警視副監乘馬		總巡乘馬	
騎兵		騎兵	騎兵	騎兵		騎兵
	掌禮				禮式官	
			馬車　皇后宮大夫馬車			
	禮式議長				宮內次官	
			馬車　宮內府大臣馬車			
		騎兵正校	御旗	騎兵正校		
騎兵		騎兵	騎兵	騎兵		騎兵
			近衛將校參領乘馬			
	近衛將校正尉乘馬				近衛將校正尉乘馬	
		皇后宮	內乘乘馬	聖上		
女官陪乘			御馬車			侍從院卿陪乘
		侍從武官乘馬	侍從武官長乘馬		侍從武官乘馬	
	近衛將校正尉乘馬				近衛將校正尉乘馬	
		從侍乘馬	太饒司長乘馬		從侍乘馬	
			女官			
			馬車			
		同妃		親王		
			馬車			
		同府夫人		府院君		
			馬車			
		皇后宮大夫補		典醫		
			馬車			
			總理大臣			
			馬車			
騎兵		騎兵	騎兵	騎兵		騎兵
	總巡乘馬				總巡乘馬	

40　『官報』 號外2 隆熙元年 十一月 十一日 '宮廷錄事'

그러다가 1907년 11월 11일, 1907년 11월 13일에 행해질 창덕궁 이어移御를 대비한 노부 규정이 다시 마련되었다.[41] 창덕궁 이어 때 순종황제 뿐 아니라 황후皇后, 친왕親王, 친왕비親王妃 등이 동행해야 했기 때문이다.[42] 사실 1907년 11월 11일에 마련된 노부는 1907년 9월 16일에 정한 신식노부에서 약간 확장된 형태였다.[43]

이외에도 순종황제의 노부는 순행에서 사용하기 위해 준비되었던 지방노부식 2종이 추가된다. 1909년 1월 남순행에서의 지방노부식, 1909년 2월 서순행에서의 지방노부식이 그것이다. 먼저 남순행 지방노부식의 특징은 순종황제가 행차의 선두에 위치한다는 점이다. 황제 호위 문제로 황제의 위치는 중앙에 배치하는 것이 일반적이므로, 선두에 자리한 황제의 위치는 이례적이라고 할 수 있다. 순종황제를 의미하는 '폐하陛下'가 맨 앞에 있고, 어기御旗는 맨 뒷줄 오른쪽에 치우쳐 있다.

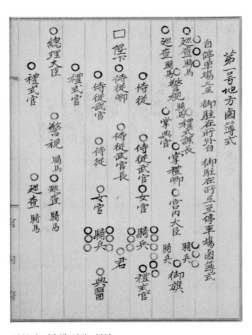

1909년 남순행 지방노부식
『南巡幸時日記』, 한국학중앙연구원 장서각 소장

서순행의 지방노부식에서는 어기와 어마차御馬車가 중앙에 배치되어 있다는 점에서 남순행의 지방노부식과 다르다. 흥미로운 점은 '당지 관찰사當地觀察使', '지방 경부地方警部'가 노부에 등장한다는 것이다. 순행하는 지역의 관찰사와 지방의 경부를 행렬에 포함시켜 지방의 인력을 활용함과 동시에 현장성을 살리는 방식의 노부를 기획했다는 측면이 이색적이

---

41 『고종시대사』 6집, 隆熙 元年 11月 11日.
42 『순종실록』 권1, 즉위년(1907) 11월 11일, 『皇城新聞』, 1907년 11월 14일, 2면 2단. '幸行行啓儀式'
43 『官報』 號外2 隆熙元年 十一月 十一日 '宮廷錄事'

다. 남순행과 서순행의 지방노부식 2종
은 순행이라는 특수 상황에서 지역성을
감안하여 계획된 일회적인 특별 노부식
으로 보아야 하지 않을까 한다.

이상 순종황제가 행차할 때 활용된 노
부는 총 4종이 나타남을 확인하였다. 첫
째로는 1907년 9월 16일에 마련된 '순종
황제 동가시 노부반차'이고, 둘째로는 창
덕궁 이어에 활용하기 위한 목적으로
1907년 11월 11일에 반포된 '행행행계어
일렬 노부제1공식幸行行啓御一列　鹵簿第一公
式'이며, 셋째로는 1909년 '남순행 지방
노부식'이고, 넷째로는 1909년 '서순행
지방노부식'이다. 이 중에서 순행을 위해
마련된 지방노부식 2건은 특별 노부식으

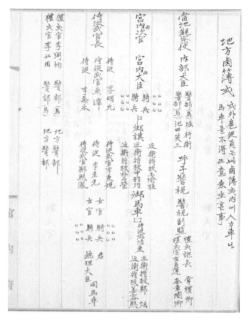

1909년 서순행의 지방노부식
『西巡幸日記』, 한국학중앙연구원 장서각 소장

로, 일회적으로 운용된 것이다. 그러므로 일반적으로 순종황제가 행차할 때의 노부는
1907년 9월 16일에 마련된 '순종황제 동가시 노부반차'를 기반으로 삼되, 1907년 11
월 11일에 반포된 '행행행계어일렬 노부제1공식幸行行啓御一列　鹵簿第一公式'을 함께 참조
하면서, 상황에 따라 신축적으로 운영되는 형태를 지녔을 것이다.

4. 순종황제 행차의 음악

순종황제의 신식노부에는 악대가 포함되지 않는다. 따라서 순종황제의 동가動駕에서
는 황제의 행차를 나타내는 음악이 없다. 고종황제의 어가행렬 중 대가노부의 경우 악
대가 수반되었던[44] 것과는 대조적이다. 비록 순종황제의 신식노부에서는 악대가 제외

되었지만, 1909년에 순행할 때에는 군악대軍樂隊가 수행인원에 포함되었다는 점이 주목된다.

남순행 때 따라간 군악대는 20여명 정도로 구성되었다.[45] 장례원掌禮院 악사장樂師長 백우용白禹鏞이 그들을 인솔하였고[46] 프란츠 폰 에케르트Franz von Eckert는 순종황제를 수행하지 않았다.[47] 군악대원들은 7량의 규모로 편성된 궁정열차에 탑승하였다. '기관차－緩急車－1등・2등－1등・식당－1등・2등－玉車－3등－화차'의 순서로 되어있는 궁정열차 중 세 번째 칸(1・2등)에 판임관判任官과 함께 탔다.[48] 남순행 중 군악대가 언제 어떤 음악을 연주했는지는 잘 드러나지 않는다.

서순행은 1월 27일~2월 3일의 7박 8일 일정으로 진행되었다. 이 때 순종황제는 평양－의주－신의주－개성 등지를 방문하였다. 서순행에서도 전통악대는 배제된 채 서양식 군악대만 수반되었는데 남순행과 마찬가지로 노부에는 포함되지 않았다. 이번에도 백우용이 20명으로 이루어진 군악대원을 인솔하였다.[49] 역시 궁정열차를 타고 이동하였는데, 남순행 때 배정받았던 열차칸과 동일했다.[50]

서순행에서는 군악대의 연주 규정이 명시되어 있다는 점이 주목된다. 『서순행일기西巡幸日記』 중 '서순행시예식상주의건西巡幸時禮式上注意件'에 수록되어 있으니 인용하면 다음과 같다.

> 一 一般鹵簿를 整齊히ᄒᆞ야 人民의게 嚴肅흠을 示홀 事
>
> 一 出御還御動駕時에 其道路距離를 調査ᄒᆞ야 相當ᄒᆞᆫ 時刻前에 出御를 奏請홀事
>
> 一 玉車가到停車場後에 陛下게ᄋᆸ서 玉車內에 幾分間御留ᄒᆞᄋᆸ시고 禮式官이 先出ᄒᆞ야 鹵簿

44 이정희, 「대한제국기 고종황제의 행차와 악대」, 『한국음악사학보』 제53집.
45 한국교회사연구소 역주, 『뮈텔주교일기』 4, 한국교회사연구소, 1998, 350쪽.
46 『南西巡幸日記』 1책 5쪽.
47 한국교회사연구소 역주, 『뮈텔주교일기』 4, 350쪽.
48 『南西巡幸日記』 1책 19쪽.
49 『官報』 號外 隆熙三年 一月 二十三日 '辭令', 『南西巡幸日記』 2책 6쪽, 10쪽.
50 『南西巡幸日記』 2책 19쪽.

를 整頓흔 後 出御를 奏請홀 事

一 御上車時에 音樂隊가 指定흔 汽車內에 先入ㅎ야 車內에서 愛國歌를 奏홀 事

一 音樂隊를 急先下車케ㅎ야 合當흔 處所에 排立케 ㅎ고 御下車時에 愛國歌를 奏홀 事

一 陛下게읍서 停車場 御休憩室로 入御ㅎ신後 音樂隊를 鹵簿內에 排立케 홀 事

一 音樂隊ᄂᆞᆫ 玉轎前에서 行步로 (또리가와) 行陣曲을 奏케홀 事. 但 馬車를 御乘ㅎ시ᄂᆞᆫ 時ᄂᆞᆫ 音樂隊를 鹵簿式內에ᄂᆞᆫ 不用홀 事

一 玉車가 幾分間 停車홀 時에 禮式官이 先爲下車ㅎ야 玉車內로 召見ㅎ실 人員과 一般祇迎 人員의 名簿를 受取홀 事

一 行在所及停車場內에서 陛見홀 人員을 禮式官이 調査흔後 宮內次官宮內大臣統監에게 經議흔後 上奏陛見케 홀 事

一 扈從員 中 或親知와 請囑을 因ㅎ야 任意로 引接陛見흠을 不許홀 事

一 西方日氣ᄂᆞᆫ 甚寒ㅎ야 玉車窓及門을 開閉가 頻數ㅎ면 御衛生에 良好치 못ㅎ니 禮式官一 人을 玉車門內에 整立ㅎ야 不得已흔 事項外에ᄂᆞᆫ 出入을 不許홀 事

一 玉車內에서 御午餐或茶果를 統監이 陪食홀 時에ᄂᆞᆫ 禮式官一人이 侍立御譯홀 事

一 御上車御下車及諸般鹵簿式에 禮或課長이 前進引導홀 事

一 平壤新義州義州定州黃州開城과 沿路各處停車홀 時에 陛見홀 人員及祇迎祇送홀 縉紳父 老等의 名簿ᄂᆞᆫ 當地觀察使日本理事官各郡守의게 預先電報ㅎ야 各兩度式正書準備ㅎ얏다 가 該地到着ᄒᆞᄂᆞᆫ 時에 禮式官의게 渡與홀 事

一 行在所에 署名室을 指定ㅎ야 經宿後 翌日問安署名과 陛見後 御禮恩賜物品或金祇受흔 人 員이 御禮로 署名케 홀 事

一 每日 所經禮式或儀式에 關ᄒᆞᄂᆞᆫ 件은 每日 官報에 揭載홀 事[51]

위의 기록에 의하면 군악대는 첫째, 순종황제가 궁정열차에 오르기 전에 기차에 탑 승하여 기차 안에서 애국가愛國歌를 연주하도록 예정되어 있었다. 둘째, 목적지에 열차

51 『西巡幸日記』 '西巡幸時禮式上注意件'

가 도착하면 먼저 하차한 후 적당한 장소에 배립한 채 순종황제가 기차에서 내리는 순간 애국가를 연주하도록 하였다. 셋째, 순종황제가 기차 정거장에 마련된 휴게실로 들어간 후 군악대를 노부鹵簿 내에 배립하도록 하였다. 넷째, 순종황제가 가마를 이용할 경우, 군악대는 황제의 가마 앞에서 걸으면서 행진곡 쏘리가와를 연주하도록 예정되어 있었다. 다섯째, 순종황제가 마차를 탈 경우에는 군악대를 노부에 포함시키지 않기로 하였다.

이러한 규정을 통해 황제 궁정열차 승하차시, 순종황제의 가마 이용시 군악대 연주를 계획했음을 알 수 있다. 궁정열차 승하차시에 음악 연주를 시도한 점은 서구의 연주관행과 유사하며, 가마 이용에 군악대를 전면 배치하려 했던 점은 어가행렬에 전통악대가 포함되었던 대한제국의 행악의 전통을 무시한 기괴한 발상이라 하겠다.

대한제국 애국가 표지 대한민국역사박물관 소장

군악대 레파토리에서 주목되는 점은 애국가를 연주하도록 하였다는 것이다. 여기에서 애국가는 대한제국 애국가를 의미하는 것으로 해석된다. 대한제국 애국가는 1902년에 탄생한 우리나라 최초의 애국가이다.[52] 군악대 교사로 초빙된 독일인 프란츠 폰 에케르트Franz von Eckert가 우리나라 전통음악의 선율 일부를 차용하여 편곡한 악곡이었다.[53] 에케르트는 대한제국 애국가

52 민경찬, 「대한제국 애국가와 그 변모에 관한 연구」, 『제10회 한국음악사학회 음악학술대회자료집』, 한국음악사학회, 2010.

를 악보로 만든 공로를 인정받아 태극훈장太極勳章을 받기도 하였다.[54] 대한제국 애국가를 군악대에게 연주하게 함으로써 반일 감정을 지닌 백성들을 누그러뜨리고 일제에 대한 경계심을 해이하게 하려는 계산이 내포되어 있었을 것으로 여겨진다.

애국가 외에 쏘리가와라는 곡목도 나타난다. 쏘리가와는 행진곡이라고 명시되어 있으며, 순종황제가 가마를 탈 경우 연주하도록 규정되어 있었다. 그런데 순종황제는 가마를 이용하지 않고 마차를 탔기 때문에 쏘리가와 연주는 불발되었다. 쏘리가와가 어떤 성격의 곡인지 좀 더 연구해야 할 과제이다. 아무튼 실행 여부를 떠나 대한제국 애국가, 쏘리가와 같은 악곡이 순종황제의 순행에서 군악대가 연주하도록 계획되었다는 점이 포착된다.

순종황제의 순행에서 전통악대를 배제한 채 서양식 군악대만 수반하였다는 측면이 특이하다. 백우용이 인솔한 20여명으로 구성된 군악대는 궁정열차에 탑승하여 이동하였다. 서순행의 경우에는 황제가 기차에 승하차시에 대한제국 애국가를 연주하였다. 또한 순종황제가 서순행에서 가마를 탈 경우에는 그 행렬의 선두에서 쏘리가와를 연주하도록 예정되어 있었다. 그러나 순종황제가 마차를 이용하는 바람에 쏘리가와 연주 계획은 실행되지 못했다. 순종황제의 순행에 수반된 음악 관련 내용 중 주목되는 것은 공식적인 노부에서 악대가 제외되었다는 점, 서구식 악대인 군악대를 대동했다는 점, 서구식 연주 관행이 적용되었다는 점, 가마와 군악대 전면 배치라는 기괴한 구성을 계획했다는 점이다.

---

53 이경분·헤르만 고체프스키, 「프란츠 에케르트는 대한제국 애국가의 작곡가인가?」, 『역사비평』 겨울
    호, 역사비평사, 2012.
54 『고종실록』 권42, 광무 6년(1902) 12월 20일(양력).

5. 맺음말

　순종황제의 행차모습은 고종황제의 어가행렬과 연계되는 점이 없었다. 신식으로 노부를 마련한다는 명목을 내세워 조선시대에서 대한제국으로 이어지는 전통을 단절시키려 했다. 갑자기 달라진 이색적인 황제 행차 풍경은 사람들에게 황제에 대한 외경심을 불러일으키지 못했다. 오히려 순종황제의 신식노부는 관광觀光거리로 취급받았다.

　황제 행차가 잘 보이는 2층 양옥 건물을 서로 점거하려 하였고[55] 구경하러 나온 국내인과 외국인들로 인산인해人山人海가 될 정도로 붐비기 일쑤였다.[56] 주전원 관료가 자전거를 타고 가다가 순종황제의 노부 앞에서 급정지하는 무례한 일이 발생될 정도로[57] 황제 행차에서 드러나는 권위가 하락하였다. 순사巡查와 순검巡檢들이 순종황제의 행차를 구경하러 외출했던 장의를 쓴 여인들에게 장의를 벗고 구경하라며 억지로 장의 탈의를 압박하는 일도 서슴치 않았다.[58] 경시청警視廳에서는 순종황제의 동가動駕 때 길을 고르게 하기 위해 황토黃土로 보충하는 일을 없애 버리기도 하였고,[59] 각 부部의 고등관리高等官吏가 황제를 배종陪從하는 격식格式을 폐지하는 상황에 이르기까지 하였다.[60] 호텔 여관 상층上層에서 불경不敬스러운 태도로 황제 행차를 관람하는 이가 있을 정도였다.[61]

　이러한 상황 자체가 순종황제의 하락한 황권과 저물어가던 대한제국의 현실을 드러

55　『大韓每日申報』, 1907년 10월 4일, 2면 2단. '有力所奪' "昨日 大皇帝陛下動駕ᄒ실 時에 法部大臣趙重應씨家婦人덜이 壽洞越便二層洋屋에 依幕處所를 占據ᄒ얏ᄂᄃᆡ 該處所ᄂ 一般法官덜이 祗迎ᄒ기 爲ᄒ야 張燾氏가 給貰契約ᄒᆫ 家屋이라더라"

56　『皇城新聞』, 1907년 10월 4일, 2면 1단. '幸行盛儀'

57　『皇城新聞』, 1907년 11월 22일, 1면 3단. '辭令'

58　『大韓每日申報』, 1907년 10월 4일, 2면 2단. "昨日 大皇帝陛下ᄭᅴ셔 太廟展謁動駕時에 女人等이 藏衣를 着ᄒ고 路邊에 列立ᄒ야 觀光ᄒᄂᄃᆡ 巡査與巡檢이 藏衣를 脫ᄒ고 觀光ᄒ라ᄒ며 藏衣를 脫ᄒᆫ 女人은 如前히 觀光ᄒ얏고 或脫치아니ᄒᆫ 女人은 坊曲으로 逐之ᄒ매 擧皆藏衣를 脫ᄒ고 觀光ᄒ얏다더라"

59　『大韓每日申報』, 1907년 12월 7일, 2면 1단. '黃土云廢'

60　『皇城新聞』, 1908년 7월 4일, 2면 2단. '各部官의 陪從廢止'

61　『皇城新聞』, 1909년 9월 10일, 2면 3단. '趙氏被責'

내는 것이었다. 구식 노부의 폐지로 인해 황실의 전통적인 어가행렬 문화와 멀어졌고, 신식 노부는 이색적인 구경거리 정도로 취급당했다. 게다가 신식 노부에는 악대마저 없었다. 순종황제가 행차할 때 황제의 위용을 나타내는 웅장한 음악소리는 찾아볼 수 없었다. 말발굽소리, 마차의 바퀴소리, 사람들의 웅성거리는 소리로 가득 찼을 뿐이다.

황제 중심 체재로 정비된 상황을 잘 드러냈던 고종황제의 노부와 달리 순종황제의 노부는 일제의 의도대로 전통과 단절된 모습으로 구성되었다. 순종황제의 행차를 신식이라는 명분 하에 고종황제의 어가행렬과 현격하게 차이를 둔 것은 대한제국의 황권을 단절시키기 위한 조치의 일환이었다. 즉 순종황제의 동가動駕를 고종황제와 그것과 전혀 다르게 구성함으로써, 완전히 달라진 순종황제의 어가행렬을 통해서는 대한제국 황제의 정통성이 이어지고 있다는 생각을 하기 어렵게 만들려고 했던 것이다. 이로 인해 행악行樂의 전승도 위기상황에 놓일 수밖에 없었다.

「대한제국기 순종황제의 행차와 음악」, 『국악원논문집』 제32집, 2015.12.

제3부

황제 탄신 경축 행사와 음악

1. 고종황제 만수성절 경축 문화
2. 순종황제 건원절 경축 공연

고종황제 만수성절 경축 문화

1. 머리말

　고종高宗(1852~1919)은 조선 제26대 왕으로 정치, 외교, 사회 변혁을 온 몸으로 겪으며 국정을 이끌다가 망국의 책임과 불명예의 짐을 짊어진 채 1919년 1월 21일 승하한 비운의 인물이다. 결과적으로 일제에 국권을 빼앗겼기 때문에 고종을 떠올리면 암울함이 감돌지만 황제 즉위를 통해 독립을 선언했던 성취, '만국공법萬國公法'에 기반을 둔 외교적 노력, '구본신참舊本新參'의 절충론을 바탕으로 단행한 개혁 등 선전했던 자취도 선명하다.[1] 대한제국 외교의 정치 사상적 배경이었던 만국공법과 구본신참은 고종이 존재했던 시대적 특징과 긴밀하게 연계되어 있었고, 고종대의 과업이 유가儒家적 왕도정치의 달성이 아니라 개화와 개혁을 통한 '세계화'였던 상황에서 태동하였다.
　격변기의 진통은 정치에서 뚜렷하게 가시화 되었지만, 사실 그 영향은 사회 곳곳에

1　강상규, 「고종의 대내외 정세인식과 대한제국 외교의 배경」, 『19세기 동아시아의 패러다임 변환과 한반도』, 논형, 2008, 156~208쪽.

미쳤다. 고종의 근대화 프로젝트로 인해 외교 뿐 아니라 행정, 종교, 교육, 의료, 건축, 예술, 복식 등 모든 분야에 변화의 물결이 스며들었기 때문이다. 그리하여 전통이 그대로 존속되는 부분도 있었지만 전통과 서구식이 공존하는 문화가 양산되거나 전근대 사회에는 부재했던 새로운 제도가 도입·활용되기도 하면서 다층적으로 변모되었다. 궁중 문화 역시 제례처럼 전통이 지속되는 지점도 있었고, 궁중 음악을 존속함과 동시에 서양식 군악대를 신설함으로써 전통음악과 양악이 공존하는 상황도 전개되었고, 전기처럼 완전히 낯선 새 문물을 사용한 측면도 존재하는 다면적인 양상을 띤다.

이는 개항 이후 서양 문화가 전래되면서 문명이 전환되는 과도기적인 시기에 나타난 현상들로써, 동서양 문화의 접목에 관한 당대인들의 대응과 선택 과정을 보여준다. 그리고 그러한 과도기를 거쳐 근현대 사회가 형성되었기 때문에 오늘날 당연시 여기는 서양문화가 유입·정착되었던 배경과 맥락을 이해하는데 실마리를 제공하며, 우리 문화가 일제에 의해 왜곡되기 전의 모습과 통감부시기와 일제강점기를 거치면서 해체되었던 실체도 파악 가능하게 한다. 그러므로 고종이 몸담았던 시대의 문화 연구는 한국근대문화사에서 일정한 의미를 지닌다.

따라서 본고에서는 한국근대문화사 연구의 일환으로 고종이 생존했던 기간 중 대한제국 시기에 설행되었던 고종황제 만수성절 경축 행사와 공연문화의 변동에 초점을 맞추어 살펴보려고 한다. 문명사적 전환기의 위정자로써 변화를 주도하고 경험했던 중심 인물이 고종이었고, 탄신 축하연은 연례행사年例行事로 치러졌기 때문에 빈도수가 높아 기념 행사와 공연 문화의 변화 추이가 상세하므로 연구대상으로 선정하였다.

2. 고종황제 만수성절 등장 배경

1) 고종황제 만수성절 등장

만수성절은 황제의 생일을 일컫는 용어로, 중화주의에 기반하여 서열화 하려는 중국의 제왕諸王 제도에서 형성되었다. 이 질서에서 제후국이었던 조선은 중국 황제의 생일을 만수성절이라고 칭하고 하례사절단도 보내곤 했는데, 고종대에 이르러서는 상황이 달라졌다. 개항 이후 조선은 서양 각국과 조약을 맺으면서 독립적으로 외교를 지향했고, 사대교린이라는 구제도에서 탈피하려는 방향성을 획득했다. 그러나 조선에 지속적으로 실력 행사를 하고 싶었던 중국, 제국주의 선로에서 가속도를 내던 일본, 부동항을 얻기 위한 집념의 러시아, 각종 이권을 챙기려는 서양 열강 등으로 얽힌 국제적인 역학 관계 때문에 조선은 정치적 위기 상황에 여러 차례 직면하게 된다. 그럼에도 불구하고 결국 1897년 10월 12일, 고종은 칭제稱帝 선언과 대한제국 탄생으로 국면을 전환시킴으로써 재위 시절 중 최고의 전성기를 구가한다.

고종의 황제 즉위는 정치적인 행위였지만, 문화사의 관점에서는 황실 문화를 배태시켰다는 측면에서 주목된다. 왕에서 황제로 나아감에 따라 황제의 위격에 맞게 주위를 재정비하고, 제반 격식을 상승시키는 작업을 진행하여, 제후국 시절과 차별화 된 황제국의 문화를 탄생시켰기 때문이다. 황실 문화로 격상된 내용[2] 중에는 고종황제의 생신 칭호를 만수성절로 승격시킨 사항도 포함되었으니, 대한제국 시기에 이르러 만수성절 칭호 사용으로 인해 고종황제가 중국 황제와 동등한 위격임이 공식화되었음을 알 수 있다.

그런데 사실 만수성절 용례는 고종이 황제로 즉위하기 전부터 나타난다. 1888년 8월 5일(음력) 동래감리서東萊監理署에서 통리교섭통상사무아문統理交涉通商事務衙門으로 보낸 공문서에 "7월 25일 고종의 만수성절을 경축하기 위해 내외빈료內外賓僚를 초청하여 설연設宴하였는데, 설연장소로 활용한 동래감리서 옆 구舊 객사客舍를 수리하는데 든 비용과 설연제비設宴諸費를 합한 615원元을 세은稅銀 중에서 추용推用하였다."[3]라고 쓰여 있어, 이미 1888년에 만수성절이란 용어를 사용했던 정황이 등장한 것이다. 어떻게 고종이 황제 즉위식을 행한 시점보다 9년 전에 만수성절 칭호를 사용할 수 있었을까?

---

2   대한제국 시기 황실의 국가전례에 관한 상세한 내용은 『大韓禮典』에 전한다.
3   『東萊統案』(奎18116) 1888년 음8월 5일.

조선은 1876년(고종 13) 일본과 강화도조약 이후 미국(1882), 영국(1883), 독일(1883), 러시아(1884), 이태리(1884), 프랑스(1886), 오스트리아(1892)와 근대적인 조약을 체결하였고 연이어 각국 공사관이 정동에 설치되는 상황을 겪었다.[4] 이를 계기로 조선에서도 해외공사관 설치 필요성에 대해 인식하여 1887년(고종 24) 최초로 동경에 공사관을 두었고, 이듬해인 1888년(고종 25) 미국 워싱턴에 공사관을 설치하여, 국가 간 외교 현안을 처리하거나 국제 정세를 파악하는 대외정책 수행의 중심지로 해외공사관을 활용하였다. 즉 1888년은 동양권이 아니라 서구 열강 중에서는 처음으로 미국 워싱턴 주재 한국공사관을 설치했던 역사적인 해이고, 조선이 주미공사관을 통해 근대적인 외교를 시작했던 시점과 일치한다. 근대 외교는 세계 각국이 주권국가로서 모두 동등하다는 합의점에서 출발하므로, 중화질서에 여전히 머물러 있는 상태에서 외교를 출발할 경우 독립적인 대외 활동이 어렵다. 그러므로 중국의 압박에도 불구하고 조선은 자주외교를 지향했고, 그러한 자주의식을 1888년의 공문서에 만수성절이란 용어에 투영하여, 중국 황제와 조선의 왕이 동격이고 결국 각각 주권을 지닌 동등한 국가의 위상을 지녔음을 드러낸 것으로 해석된다.

그 후 1895년에는 만수성절이라고 칭하는 용례가 폭발적으로 등장하여[5] 이때부터 이미 만수성절 용어 사용이 보편화되었음을 암시한다. 『고종실록』에서 조차 이미 1895년, 1896년에 고종의 탄신일을 만수성절이라고 표현하고 있어[6] 고종의 황제 즉위식이 실행된 시점(1897년 10월 12일) 보다 만수성절 호칭이 앞선다. 시기적으로 1895년은 갑오개혁이 지속되고 있던 때였으므로 정국이 혼란스럽고 급진적 안건이 만연하던 때였다. 만수성절의 용어 사용과 연계된 안건으로는 1894년 7월 29일 국왕을 공식적으로 '군주'로부터 다시 '대군주'로 호칭하고 중국 연호를 폐지하고 조선왕조의 개국기년開

---

4 이순우, 『정동과 각국 공사관』, 하늘재, 2012.
5 『仁牒』奎18088 1895년 7월 14일, 『京畿關草』 1895년 7월 17일, 『指令存案』奎17750-2 1895년 7월 21일, 『各部來照存案』奎17748 1895년 7월 21일, 『來牒存案』奎17749 1895년 7월 22일, 『宮內府案』奎17801 1895년 7월 24일자 기사 등 참조.
6 『高宗實錄』 권33, 고종 32년 11월 3일 己亥; 『高宗實錄』 권34, 고종 33년 8월 21일(양력).

國紀年을 사용하려고 했던 시도,[7] 1895년 1월 7일 공포된 홍범 14조 제1조에 "청淸나라에 의존하는 생각을 끊어버리고 자주독립의 기초를 세운다"는 의지를 명시했던 사건,[8] 1895년 1월 14일에 확정된 사전祀典 개혁안에 환구단이 처음 등장한 이래로 1895년 윤5월에 남단이 있던 자리에 환구단 조성을 실행했던 일[9] 등이 손꼽힌다. 모두 조선의 독립성을 강조했던 사안들이라는 공통점을 지니며, 특히 환구단 조성은 시각적인 효과를 불러일으켜 지속적인 파장이 생성되었다. 환구단은 제천례祭天禮를 올리는 장소였고 하늘제사는 황제만이 행할 수 있는 의례였던 까닭에, 환구단 축조는 곧 황제국을 상징하는 건축물의 등장을 의미하며, 환구단의 존재가 황제국임을 표시하는 증거물이라는 공식이 성립된다. 그러므로 1895년에는 남단에 조성된 환구단의 존재로 인해 환구단이 있는 국가, 즉 황제국의 위격을 지닌 나라의 최고 권력자 탄신일을 만수성절로 칭했던 분위기가 공유되는 양상을 띠게 된 것이다.

이처럼 만수성절 칭호는 고종 황제 즉위식과 동시에 혹은 그 이후부터 등장하는 것이 아니라 자주 외교에 기반한 대외관계를 지향했던 정치사적 맥락과 관련하여 주미 공사관이 설치된 1888년부터 등장했고, 갑오개혁과 맞물려 남단에 환구단이 조성된 1895년에 이르러 일반화 되었으며, 독립 국가임을 알리는 표식의 하나로 활용되어, 정치 외교사와 긴요하게 연계되어 사용된 용어로 정리된다.

한편 고종의 탄신일은 음력으로는 7월 25일, 양력으로는 9월 8일인데, 경축 기준이 음력 날자 혹은 양력 날자로 빈번하게 바뀌었다. 정리해 보면 음력을 준수하다가 1895년 11월 3일자를 기준으로 양력으로 정하였고[10] 1896년 8월 21일에 다시 음력으로 되돌렸으며[11] 1908년 7월 22일에 양력으로 못박았다.[12] 즉 '음력 → 양력(1895.11.3) → 음력(1896.8.21) → 양력(1908.7.22)'으로 압축된다. 그런데 왜 이렇게 탄신 경축일을 음

---

7 『高宗實錄』권31, 고종 31년 6월 28일 癸酉.
8 『高宗實錄』권32, 고종 31년 12월 12일 甲寅.
9 김문식·김지영·박례경·송지원·심승구·이은주 지음, 『왕실의 천지제사』, 돌베개, 2011, 63~64쪽.
10 『高宗實錄』권33, 고종 32년 11월 3일 己亥.
11 『高宗實錄』권34, 고종 33년 8월 21일(양력).
12 『純宗實錄』권2, 순종 1년(1908) 7월 22일(양력).

력으로 할 것인가 양력으로 삼을 것인가 하는 사안이 반복적으로 뒤집힐 정도로 중요했을까? 단순 변화가 아니다. 본래 조선의 책력은 음력을 기준으로 삼았기 때문에 양력으로 바꾸는 상황을 예의 주시할 필요성이 대두된다. 처음 양력으로 바꾼 시기는 을미사변 이후 친일세력에 의해 3차 갑오개혁이 진행되던 때이며, 두 번째 양력으로 확정한 시기는 고종의 강제 퇴위 후 황실을 무력화 했던 즈음이니, 친일내각과 일제가 극성을 부리던 시점과 교묘하게 일치하는 대목이다. 뒤집어 보면 궁중의 전례가 음력을 기반으로 형성된 것이기 때문에 황실 전례 해체를 목적으로 양력을 집요하게 고집했던 것으로 환언된다. 만수성절 경축 기준일이 정치적 격변과 함께 음력 7월 25일, 양력 9월 8일로 요동치다가 양력 생신으로 확정되었던 배경에는 교활한 일본 제국주의의 '황실 문화 해체'라는 계략이 자리하고 있었던 것이다.[13]

2) 만수성절 경축 행사의 정치 경제적 맥락

만수성절 경축은 고종의 황제 즉위 이후 1902년에 정점을 찍으며 성대하게 거행되었다. 대한제국 전성기의 만수성절 축하 행사는 각계각층에서 일어났다는 점이 특징이다. 국내 관원, 외국인, 학생, 종교인, 언론인, 상인, 민간단체, 전국의 개항장 등 다양한 지역과 계층에서 고종황제 탄신 기념 행사를 개최함으로써, 정부 관료에서부터 민간의 시민, 각국 외교관, 외국어 교사, 항구의 관료와 외국인에 이르기까지 축하 계층이 두텁고 넓어졌다. 본래 국왕의 탄신 축하 의례는 조선시대에도 행했지만 개항 이후 경성의 국내외인과 시민 뿐 아니라 지방의 관료와 외국인 등으로 참석자가 확장되어 계층·지역·인종에서 보편성·전국성·국제성을 띤다는 점에서 한층 차별화되었던 것이다.

---

13 황실 구성원의 탄신일과 각종 기념일의 기준점이 음력에서 양력으로 바뀐 다음 날에는 국가의 제사를 대폭 축소시킨 향사이정법도 발표되었고, 이어 군대가 해산되는 일련의 중요한 사건들이 연속적으로 일어났기 때문에 대한제국을 무너뜨리겠다는 큰 맥락에서 계산된 행위로 해석된다. 이정희, 「대한제국기 건원절 경축 행사의 설행 양상」, 『한국음악사학보』 제45집, 한국음악사학회, 2010, 35쪽.

행사 참여도가 다양한 측면에서 상승되면 많은 사람들로부터 지지를 받는 분위기가 연출된다. 즉 만수성절 경축의 광범위성은 황권이 확립되었음을 알리는 광고의 측면에서 매우 유익하다. 그 실효는 내국인들의 결속과 국가 홍보로 나타나므로, 국내외에 고종황제의 절대적 권위와 대한제국의 위의를 드러내는 탁월한 효과가 작동된다. 따라서 당시 세계 각국에서는 자국의 황제 생일을 크게 경축했고 대한제국에 상주했던 외국 공관에서도 자국의 황제 탄신 축하 행사를 설행하며 국가의 존재성과 위상을 드러내곤 하였다.[14] 심지어 군함 구입 조건에 황제 폐하 탄신을 봉축하기 위한 응접실應接室을 특설特設하라는 조항이 명시될 정도로 만수성절은 중요했다.[15] 이는 전 세계적으로 제국의 시대, 황제들의 시대였던 당대적 흐름과 깊이 연계되어 있으며, 세계의 제국들과 어깨를 나란히 할 대한제국의 외양을 갖춰나가기 위한 제국 만들기 프로젝트의 일환이기도 했다.[16] 대내적으로는 고종황제 권위 강화, 대외적으로는 제국의 품격이 빛나는 대한제국 광고, 이상 두 마리 토끼를 한꺼번에 잡을 수 있는 핵심 매개체가 성대한 만수성절 경축 행사였던 것이다.

그런데 어떻게 단시간 내에 만수성절 경축 행사가 넓은 지역과 다양한 계층에서 성황리에 이행될 수 있었을까? 대한제국에서 만수성절 경축 행사에 다양한 축하층이 확보된 배경에는 교육을 통한 홍보 전략이 놓여 있었다. 전 국민의 교육 계몽에 많은 영향을 끼쳤던 1896년 2월 학부學部 편집국 발행 국정교과서 『신정심상소학新訂尋常小學』에는 만수성절을 삽화와 함께 설명을 수록하여 개념과 의미를 새기고 근대식 경축 방법으로써 국기國旗 게양이 수록되어 있다.

九月八日은 萬壽聖節이라. 今上大君主陛下계옵서 誕生ᄒ옵신 날이니, 國民들이 業을 休ᄒ고 慶을 賀ᄒ며, 門前에 國旗를 달고 恭謹히 此日을 奉祝ᄒᄂ이다. 今上大君主陛下계옵서

---

14 자국의 황제 생신 축하 파티에 관한 내용이 여러 자료에서 산견된다.
15 『駐韓日本公使館記錄』권19, '軍艦揚武號 賣込' 1903년 5월 27일.
16 김기란, 「대한제국기 '극장국가' 연구 1」, 『어문론총』 제51호, 한국문학언어학회, 2009; 김기란, 「대한제국기 '극장국가' 연구 2」, 『한국연극학』 제40호, 한국연극학회, 2010.

建陽元年前　四十四年[壬子開國四百六十一年]에 誕生ᄒ시사 建陽元年前 三十二年甲子[開國四百七十二年]에 登極ᄒᅌᆸ시니 그ᄢ 春秋ㅣ十三시오, 太祖大王부터 繼統이 二十八代시오이다.[17]

그러나 사실상 교육 효과는 시일이 걸리는 문제이므로 교육을 통한 계몽만으로는 급격한 변화를 이끌어 내기에는 충분하지 않다. 따라서 만수성절 전파력의 직접적인 원인은 황실 지원금의 영향력 때문이었으리라고 본다. 1895년부터 만수성절 연회비 관련 공문이 쇄도하는데, 국고로 납입할 세금에서 헐어 쓰거나 고종황제의 내탕금에서 지출되는 방식으로 해결되었다. 당시 만수성절 후원금 지급 현황은 매 해 신문에 오르내릴 정도로 화제였다. 각 부府 부部 원院 청廳에 천냥씩 내하內下했다는 소문이 신문에 실리고[18] 각 부部, 군대, 경찰, 상무사商務社, 시전市廛에 십원 혹은 백원 가량 내하했으며, 심지어 거지에게 조차 종로에서 한 위관尉官이 20전씩 나누어 주었다는 기사가 게재되었다.[19] 그리고 때로는 연회 참석 관료들에게 각각 전표錢票 1장씩 내하하는 방법,[20] 혜민원에서 거지 400여명에게 옷 한 벌씩 제공하는 방식으로 운용되기도 하였다. 지방의 항구에도 매 해 만수성절 연회비용을 제공했는데,[21] 부족분을 더

---

17 구자황 편역, 『신정심상소학(新訂尋常小學)』, 도서출판 경진, 2012, 250~252쪽.

18 "닉하젼) 음력 七월 二十五일 만슈 셩졀에 각 부府 부部 원 청에셔 연락 ᄒ라고 돈 千량식 닉하 ᄒ셧다더라"『독립신문』, 1899년 8월 28일, 4면; "本月三十日은 萬壽聖節이라 大皇帝陛下ᄭ셔 各府部院廳에 當日 宴會費 幾千兩式 特下ᄒᅌ셧다ᄂᄃᆡ 外部에셔 各國公領事와 各語學校敎師와 各國 工學士와 各府部大臣을 請ᄒ야 夜宴을 設ᄒ고 慶祝ᄒ다더라"『皇城新聞』, 1899년 8월 28일, 4면.

19 "萬壽聖節이라 各部와 軍警兩處와 商務社及 各市廛에ᄂᆞ 宴遊費로 幾十元 或 幾百元式 內下ᄒ시고 流丐에게ᄂᆞ 每名 二十戔式 鍾路에셔 一尉官이 俵給"『皇城新聞』, 1899년 8월 31일, 4면.

20 『皇城新聞』, 1902년 8월 26일, 2면.

21 『總關去函』 奎17832 1900년 8월 13일 '明時曆 7월 25일 萬壽聖節을 맞이하여 各 港署에서는 設酌할

요구하는 경우도 비일비재했다.[22] 일례로 인천항에서 각국 영사, 신사紳士, 상인을 초대했는데 마침 일본 전함 5척이 인천항에 도착해서 함장艦長 및 사관士官까지 초청했더니 273원 97전 8리가 증액되었다며 초과비를 청구한 바 있다.[23]

교육 계몽, 재정 지원과 더불어 만수성절 보편화에 기여했던 배경에는 휴일제도도 놓여 있었다.[24] 모든 일을 정지한 채 만수성절에만 몰두 가능한 '시간'이 제공되어 경축행사 집중도와 참여율을 높이는데 도움되었기 때문이다. 즉 교육을 통한 인식의 전환, 휴일제도로 인한 시간 확보, 비용 제공으로 말미암은 물적 여유, 이러한 여건들이 입체적으로 어울려 상승 효과를 발생시킴으로써 만수성절 축하 분위기는 순식간에 조성되었고 급속도로 전파될 수 있었던 것이다. 그리고 각계각층에서 성황리에 진행된 만수성절 하례 양상은 각각의 축하방식을 배태시켜 근대적인 시민 경축 문화의 초석을 형성하는데 일조하였다.[25]

것인 바, 8港 稅司에게 分筋하여 原定宴會費를 各 監理에게 撥交토록 하라는 函의 起案文'

『仁牒』 1895년 7월 14일 '이번 달 25일의 萬壽聖節 宴費를 年例에 따라 海關稅銀에서 500元을 劃撥한다는 質稟.'

『指令存案』 1895년 7월 21일 '萬壽聖節의 연회비로 350원을 예산 외로 지출하는 건은 請議한대로 각의에서 결정한 후 재가를 받았다는 指令'

22 『昌原港報牒』 奎17869-2 1900년 8월 21일 報告 제15호, 1901년 9월 20일 報告 제42호, 1902년 8월 30일 報告 제26호, 『仁川港案』 奎17863-2 1902년 9월 24일 報告 제46호.

23 『仁川港案』 奎 17863-2 1900년 9월 4일 보고서 제43호.

24 『皇城新聞』, 1900년 7월 14일, 4면. 學部令十一號 外國語學校規則 第三欵 授學 休學 "第一條 授學時間은 長短晷를 隨ᄒ야 推移改定ᄒ되 一日에 五時間으로ᄒᆷ이라 ○第二條 休學日은 左表에 依ᄒᆷ이라, 一萬壽聖節 一千秋慶節 一開國紀元節一興慶節 一繼天紀元節 一每日曜日一夏期休學 夏期休學日노 秋期上學日ᄭ지 六十日에 越치 勿ᄒᆷ이라 一冬期休學 十二月三十日노 一月三日ᄭ지 一陰曆名節 陰曆十二月二十五日노 正月十五日ᄭ지와 寒食前日노 寒食日ᄭ지 秋夕前日노 秋夕日ᄭ지 一外國名節은 臨時ᄒ야 量宜休學ᄒᆷ을 許ᄒᆷ이라, 但喪婚(祖父母父母兄弟姉妹同異姓四寸以內)을 因ᄒ거나 不得已ᄒᆫ 事故가 有ᄒ야 校內에서 確知ᄒᄂᆫ 暫時休學은 敎師와 敎官과 副敎官이 商議許由ᄒ고 一週日이 過ᄒᄂᆫ 請由ᄂᆫ 校長에게 報明ᄒᆫ 後許施흠이라"

25 만수성절 외에도 千秋慶節(황태자 탄신일), 繼天紀元節(고종의 황제 즉위 기념일), 開國紀元節 등 황실에 근대식 기념일[慶節]이 많았던 까닭에 이를 기념한 연회석상에서 민간 공연자들이 왕성하게 활동할 수 있었다.

3. 황제권 절정기의 만수성절

1) 고종황제와 만수성절

고종황제는 만수성절 날 황태자, 백관, 종친, 각국 외교관에게 하례를 받고 연향하는 방식을 준수했다. 다만, 동서양의 문화 차이로 인해 국내인과 외국인이 하례와 연회를 함께하기 어려웠으므로, 국내인은 전통 방식대로 행하고, 동양의 의례에 낯선 서양인들에게는 별도의 폐현 후 외부外部 주체 근대식 연회[26]를 즐기도록 이원화 하였다.

고종이 황제로 즉위한 이후에도 황태자, 백관, 종친은 전례대로 전통적인 방식의 하례를 올렸는데 그 위의가 『대한예전』 '정지성절조하지도正至聖節朝賀之圖'에 드러난다.[27] 이 배반도排班圖와 실제로 똑같이 서열했는지는 확인할 수 없지만, 백관들이 고종황제에게 만수성절 축하 의식을 행하던 모습을 가늠하기 위해 참고 가능하다. 가장 크게 달라진 점은 고종의 칭제 이후 '만세'를 외쳤다는 점이다. 제후국의 위상에서는 '천세'라고 했지만 대한제국 시기에는 황제국의 위상에 걸맞게 '만세, 만세, 만만세'라고 산호山呼하였다.[28] 악대도 전정헌가殿庭軒架[29]에서 전정궁가殿庭宮架로 격상되어 있다. 만수성절 기념 백관 진하陳賀 장소로는 1897년 즉조당卽阼堂,[30] 1898년 함유재咸有齋,[31] 1900년·1901년·1902년 중화전中和殿[32]이 활용되었다.

하례 받은 후 고종황제는 황실 구성원과 친인척, 고위 관료들이 참석하는 궁중의 전통 연향을 즐겼다. 개항 이후에도 지속되었고 1902년까지 설행되었다. 궁중 전통 연향의 연속성으로 인해 궁중의 공연 양식과 공연물도 존속될 수 있었으니, 현전하는

---

26 이정희, 『근대식 연회의 탄생』, 민속원, 2014.
27 『大韓禮典』 권5, '正至聖節朝賀之圖'
28 『大韓禮典』 권9, '正至皇太子百官朝賀儀', '聖節皇太子百官朝賀儀'.
29 임미선, 「조선조 궁중의례의 운영과 전정헌가」, 『조선조 궁중의례와 음악의 사적 전개』, 민속원, 2011.
30 『高宗實錄』 권36, 고종 34년(광무 1, 1897) 8월 22일(양력).
31 『高宗實錄』 권38, 고종 35년(광무 2, 1898) 9월 10일(양력).
32 『高宗實錄』 권40, 고종 37년(광무 4, 1900) 8월 19일(양력), 『高宗實錄』 권41, 고종 38년(광무 5, 1901) 9월 7일(양력), 『高宗實錄』 권42, 고종 39년(광무 6, 1902) 8월 28일(양력).

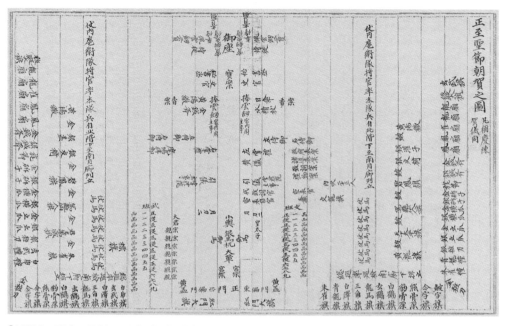

『大韓禮典』 권5 '正至聖節朝賀之圖' 한국학중앙연구원 장서각 소장

연향의궤를 근거로 짚어보면 고종대에는 1868년, 1873년, 1877년, 1887년, 1892년, 1901년 5월, 1901년 7월, 1902년 4월, 1902년 11월에 궁중 전통 연향이 거행되었음을 알 수 있다. 이 중 고종황제 만수성절과 연계된 잔치는 1901년 7월, 1902년 11월 진연이 해당되는데, 궁중 연향의 핵심 공연물인 정재가 여전히 연행되고 있었다.

대한제국 시기에 행한 여타 궁중 전통 연향과 비교해 볼 때 만수성절 기념 의미가 부여된 두 연향에서만 드러나는 특이점은 없으며, 고종의 황제 즉위 이후 황제국의 위의를 표현했던 보편적인 특성이 공유된다. 즉 공연 종목 증가, 정재 여령과 무동 인원수 확대, 정재별 구성인원 증대, 황제의 위격에 맞는 악장樂章의 글자 변화[33] 등의 변화가 만수성절 기념 전통 연향에서도 드러난다.

---

33 조경아, 「대한제국기 연향에서 정재 준비와 공연의 변모」, 『한국음악사학보』 제45집, 한국음악사학회, 2010.

고종대 설행된 궁중 전통 연향 중 현전 의궤[34]

설행시기	설행계기	현재 전하는 의궤
1868년(고종 5) 12월	神貞王后 환갑	[戊辰]進饌儀軌
1873년(고종 10) 4월	神貞王后 대비 책봉 40년	[癸酉]進爵儀軌
1877년(고종 14) 12월	神貞王后 칠순	[丁丑]進饌儀軌
1887년(고종 24) 1월	神貞王后 팔순	[丁亥]進饌儀軌
1892년(고종 29) 9월	고종 41세[望五], 등극 30년	[壬辰]進饌儀軌
1901년(광무 5) 5월	孝定王后 71세[望八]	[辛丑]進饌儀軌
1901년(광무 5) 7월	고종 50세	[辛丑]進宴儀軌
1902년(광무 6) 4월	고종 耆老所 入所	[壬寅]進宴儀軌
1902년(광무 6) 11월	고종 51세[望六], 등극 40년	[壬寅]進宴儀軌

대한제국 시기 만수성절 기념 궁중 전통 연향의 정재 종목[35]

의궤명	연향종류 및 일시	고려 당악 정재				고려 향악 정재			조선 전기 당악 정재			조선 전기 향악 정재			조선후기 향악정재						순조대 창작정재															고종대 지방유입정재			종목수
		수연장	연화대무	오양선	포구락	헌선도	무고	무애	아박	몽금척	육화대	하황은	봉래의	학무	처용무	향발	검무	광수무	선유락	첨수무	가인전목단	경풍도	만수무	무산향	보상무	사선무	연백복지무	장생보연지무	제수창	첩승무	최화무	춘앵전	헌천화	춘광호	침향춘	향령무	사자무	항장무	
신축진연	외진연 (1901.7.26.)	O		O	O	O			O	O	O	O							O		O	O	O		O	O	O	O								O			17
	내진연 (1901.7.27.)	O		O	O	O			O	O		O			O		O	O	O		O	O	O	O	O	O	O					O				O	O	O	22
	야진연 (1901.7.27.)		O	O	O	O									O				O						O				O			O	O	O		O			13
	황태자회작 (1901.7.29.)	O		O	O	O						O					O		O										O								O	O	10
	황태자야연 (1901.7.29.)	O																	O		O	O			O											O			6

---

34 현전하는 연향 의궤를 바탕으로 정리함.

35 『[辛丑]進宴儀軌』와 『[壬寅]進宴儀軌』를 토대로 정리하였음.

의궤명	연향종류 및 일시	고려 당악 정재					고려 향악 정재		조선 전기 당악 정재			조선 전기 향악 정재		조선후기 향악정재				순조대 창작정재																		고종대 지방유입 정재			종목수
		수연장	연화대무	오양선	포구락	헌선도	무고	무애	아박	몽금척	육화대	하황은	봉래의	학무	처용무	향발	검무	광수무	선유락	초무	첨수무	가인전목단	경풍도	만수무	무산향	보상무	사선무	연백복지무	장생보연지무	제수창	첩승무	최화무	춘앵전	헌천화	춘광호	침향춘	향령무	사자무	항장무	
임인진연	대전외진연 (1902.11.4.)	○		○	○	○	○	○	○	○	○	○			○		○	○	○			○	○	○			○	○	○	○	○		○	○	○					25
	내진연 (1902.11.8.)	○	○		○	○	○		○	○		○	○			○	○	○				○	○	○			○	○	○	○						○	○	○	22
	야진연 (1902.11.8.)	○	○		○		○					○				○	○	○	○			○		○			○	○		○			○				○		○	17
	황태자회작 (1902.11.9.)			○	○							○				○		○				○		○			○						○							8
	황태자야연 (1902.11.9.)	○														○		○	○								○										○			6

한편 의궤로 남지는 않았지만 1900년 만수성절 기념 연향[36] 후 고종황제, 황태자, 영친왕, 엄비가 공연자들에게 시상했던 내역이 『진연후상격발기進宴後賞格發記』(1900)로 남아, 당시 연행된 공연물을 추정해 볼 수 있다. 상을 받은 이들이 악사樂師, 전악典樂, 여령女伶, 악공樂工, 여령영솔인女伶領率人, 가곡歌曲, 좌방전악左坊典樂, 악생樂生이었던 것으로 보아 공연은 정재와 가곡으로 구성된 듯하다.

---

36 1900년에는 고종이 진찬을 베풀지 말라고 했으므로(『고종실록』 권40, 고종 37 6월 19일, 21일) 연향을 하지 않은 듯하지만, 사실상 연향을 설행했던 것으로 해석된다. 『進宴後賞格發記』 외에도 高宗 誕日 進御床을 올린 궁중음식발기(한복진·이성우, 「조선조 궁중 탄일상 발기의 분석적 연구」, 『韓國食文化學會誌』 4권 1호, 한국식생활문화학회, 1989)가 남아 있기 때문이다.

『進宴後賞格發記』(1900) ‘庚子 七月 二十五日’³⁷

	大殿 頒賜	皇太子 頒賜	英親王 頒賜	淳嬪 頒賜
樂師 5인(各)	紬 1疋 苧布 1疋 白木 1疋	生紬 1疋 苧亢羅 1疋 門布 1疋 白木 1疋 錢 125兩	錢 100兩 曲頭扇 5柄 尾扇 2柄	錢 100兩
典樂 7인(各)	苧布 1疋 洋紗 1疋 木 1疋	春紗 1疋 苧布 1疋 白木 1疋 錢 100兩	錢 100兩 曲頭扇 4柄 尾扇 2柄	錢 100兩
女伶 31명(各)	銀羅 1疋 苧亢羅 1疋 洋紗 1疋 細木 1疋	吉祥紗 1疋 生三八紬 1疋 苧布 1疋 細木 1疋 白木 1疋 錢 125兩	錢 100兩 曲頭扇 5柄 尾扇 2柄	×
樂工 50명(各)	門布 1疋 木 1疋	苧布 1疋 門布 1疋 錢 75兩	錢 50兩 曲頭扇 2柄 尾扇 1柄	×
女伶領率人 6인(各)	紅邊布 1疋 木 1疋	苧布 1疋 白木 1疋 錢 75兩	錢 50兩 曲頭扇 2柄 尾扇 1柄	門布 1疋 錢 100兩
歌曲 12명(各)	苧布 1疋 白木 1疋 木 1疋	苧亢羅 1疋 門布 1疋 白木 1疋 錢 100兩	錢 75兩 曲頭扇 3柄 尾扇 1柄	門布 1疋 錢 200兩
左坊典樂 3인(各)	×	×	×	春紗 1疋 苧亢羅 1疋 白木 1疋 錢 100兩
樂生 13명(各)	×	×	×	紅邊布 1疋 木 1疋 錢 50兩

---

37 한국학중앙연구원 장서각 소장. 도서번호 K2-2872.

악사, 전악, 악공, 악생, 좌방전악은 교방사 소속 악인이고, 여령은 궁중 밖에서 활동하던 면천된 관기로 이해된다. 관기는 갑오개혁 때 제도적으로 면천되었음에도 불구하고 여전히 국가 행사에 동원되었기 때문이다.[38] 여령영솔인은 궁 밖의 기생을 궁궐 안으로 데리고 온 자로 보이니, 1913년 고종의 진갑연에도 여령영솔인 4인(서남순, 변세창, 장계춘, 안춘민)이 등장[39]했던 상황과 통하는 측면이 있다. 이 날 광교기생조합과 다동기생조합의 기생 30명이 1913년 연향에서 재예를 선보였는데, 그녀들을 데리고 왔던 여령영솔인 중 안춘민은 광교기생조합 발족인이었고, 장계춘은 여창가곡이 장기長技였던 당시 유명한 소리선생이었다.[40] 즉 여령영솔인은 기생과 음악적으로 교분관계가 두텁거나 그녀들을 통솔 가능했던 인물로 추정되며, 기부妓夫의 성격을 지녔던 것으로 보이기도 한다. 가곡은 민간에서 활동했던 중인 가객 혹은 명기名妓로 짐작되니, 19세기부터 왕실 연향에서 활동했던 이력이 있으므로 1900년 고종황제 만수성절 연향에서도 활약했을 것이다.[41] 이상 의궤로 제작되지는 않았지만 만수성절 기념 연향의 시상 내력이 기록된 발기發記를 통해, 1900년에도 궁중 전통 연향의 양식을 준수하며 궁중과 민간의 악인들에 의해 전통적인 공연 레파토리가 올려진 것으로 정리된다.

위에서 논의한 1900년, 1901년 7월, 1902년 11월의 만수성절 연향 기록을 담은 발기와 의궤를 통해 재정해 보면, 고종황제가 참석했던 만수성절 기념 궁중 연향은 조선후기에서 전승된 전통적인 형태를 1902년까지는 확실히 유지해 왔고, 황제의 위격에 맞게 개정되었을 뿐 공연 양식, 공연물, 공연자, 모두 전례대로 운영되었던 것이라 하겠다.

---

38 권도희, 「20세기 관기와 삼패」, 『여성문학연구』 16, 여성문학학회, 2006.
39 『朝鮮雅樂』 장서각 소장 K3-590.
40 김영운, 「1913년 高宗 誕辰日 祝賀宴 樂舞 硏究」, 『藏書閣』 제18집, 2007.12, 49쪽.
41 신경숙, 「19세기 가객과 가곡의 추이」, 『韓國詩歌硏究』 제2집, 한국시가학회, 1997; 신경숙, 「조선후기 宴享儀式에서의 歌者」, 『국제어문』 제29집, 국제어문학회, 2003.

2) 국내외 관료 및 민간의 경축 문화

백관들은 전통 방식의 하례 종료 후 각자 소속된 부서에 별도로, 때로는 함께 연회를 즐겼는데, 축하 연회에 성악聲樂을 구해 유연遊宴했다,[42] 기악妓樂을 설設하고 경축했다,[43] 가악歌樂으로 일주야一晝夜를 경연慶宴했다,[44] 가동歌童 악공樂工을 쟁상광구爭相廣求했다,[45] 기악妓樂을 성비盛備했다,[46] 삼패와 광대를 데려다 연회를 즐겼다[47]는 이야기가 즐비하다. 성악, 기악, 가악으로 드러나는 공연 수요는 여기, 악공, 삼패, 광대 등 궁중과 민간 양쪽의 악인으로 충원되었고[48] 때로는 행하전行下錢을 미리 지급할 정도로 악인 선점 쟁탈전을 불러일으키기도 했다.[49] 이는 당시 민간의 노래 전문가가 궁중관료들에게 인기를 누렸던 상황, 궁중과 민간의 음악 교류가 활성화 되던 현장을 보여줄 뿐 아니라 민간의 공연자가 부상해 가던 시대의 불꽃에 만수성절 연회비라는 기름이 공급되어 대중문화의 불이 커지는 과정을 보여준다. 즉 자본금 제공으로 인한 연회 설행의 용이함과 연회장에서의 공연 완상 기회 증가 환경은 민간 공연자들의 활동 영역 확대와 대중 문화 토대 구축으로 이어져 나갔다.

국내 고위층 뿐 아니라 각국 공사와 영사, 외국인교사 같은 외국인들도 고종황제를 대면하며 축하 인사를 올릴 수 있었는데, 이들의 고종황제 폐현례는 백관들의 전통식 하례와는 별도로 마련되었다. 『황성신문皇城新聞』 1901년 9월 11일 2면 기사에 "陰曆 本月二十五日 萬壽聖節에 中和殿에서 上表裡를 親受ㅎ셧고 百官이 陳賀ㅎ얏고 景運堂에서 各國 公領事가 陛見ㅎ얏고…"라고 밝혔듯이 국내 관료들은 중화전에서, 외국

---

42 『皇城新聞』, 1899년 8월 31일, 4면.
43 『皇城新聞』, 1900년 8월 20일, 4면.
44 『皇城新聞』, 1901년 9월 9일, 2면.
45 『皇城新聞』, 1901년 9월 3일, 4면.
46 『皇城新聞』, 1902년 8월 29일, 2면.
47 『제국신문』, 1902년 8월 29일.
48 권도희, 「대한제국기 황실극장의 대중극장으로의 전환 과정에 대한 연구」, 『국악원논문집』 제32집, 국립국악원, 2015, 122~123쪽.
49 『皇城新聞』, 1901년 9월 3일, 4면.

인이었던 각국 공령사는 경운당에서 각각 장소를 달리하여 고종을 알현했고,[50] 동서양 문화 차이를 고려하여 각국 외교관들이 폐현할 경우에는 서구식을 가미하여 예를 표출하도록 배려하였다. 즉 바닥에 몸을 엎드리는 절 대신 서서 상반신을 굽히는 입식 형태의 인사법으로 대치하고, 하례 후 베푼 연회도[51] 서구식 테이블 매너를 차용하여 양식洋食을 섞는 방식으로 유연하게 제공하고, 공연 레파토리는 유희성과 오락성이 강한 궁중 정재 종목을 중심에 놓되 민간의 연희와 노래, 군악대軍樂隊의 양악洋樂 연주를 가미함으로써[52] 궁중과 민간에서 공급 가능한 동서양의 공연 일체를 감상하도록 배려하였다.[53] 외국인들을 대상으로 삼은 파티에서 공연문화사적으로 주목되는 지점은 군악대 등장으로 인한 공연문화의 지평 확장이다. 동서양의 음악이 본격적으로 만나는 현장이 선명히 드러난다.

---

50   국내관원과 각국 공령사에게 만수성절 기념 칭경기념장을 배포하였다. "慶節紀念銀章. 表勳院에셔 各府部院에 通牒ㅎ되 七月二十五日 **萬壽聖節에 稱慶紀念銀章**을 勅奏任官에게 頒下ㅎ실터인디 應參人員의 官職 姓名을 收聚修成册之意로 欽奉旨意ㅎ얏스니 各官吏入闕時에 擧案單子를 一一收呈ㅎ라 ㅎ얏는디 該銀章은 圓形이니 一元銀貨와 如ㅎ고 表面에는 遠遊冠 一介와 後面에는 한국대황졔폐하 오십년 층경긔념은 장 等字를 陽刻ㅎ야 一千枚를 製成ㅎ지라 當日承頒人은 參班ㅎ 勅奏任官과 **外國公領事及紳士라더라**"『皇城新聞』, 1901년 9월 4일, 4면; "昨日 宮內府에서 **各公領事**에게 萬壽聖節稱慶紀念章을 送交ㅎ얏더라"『皇城新聞』, 1901년 9월 12일, 2면; "今日 學部에서 **各外國語學校敎師**를 請ㅎ야 萬壽聖節稱慶紀念章을 頒給ㅎ다더라"『皇城新聞』, 1901년 9월 16일, 2면.

51   "대한 대황뎨 폐하의 만수 셩졀 경츅회를 외부에셔 크게 비셜ㅎ고 대한에 쥬차ㅎ 각국 공령ᄉ와 밋 각국 교ᄉ와 각국 공학ᄉ와 각국 쟝관들과 본국 각 부府 부部 대관들을 쳥ㅎ야 밤에 연락ㅎ기로 미리 쟉뎡ㅎ 얏다더라"『독립신문』, 1899년 8월 28일, 4면.
     "昨日은 卽我大皇帝陛下萬壽聖節이라 各府部院에 慶宴費를 內賜ㅎ셧는디 **外部에셔는 各國公領事及紳士**를 請ㅎ야 火砲로 **助宴**ㅎ고 漢城內外二十四公私立小學校學徒一千五百餘名이 大安門前에 齊會ㅎ야 嵩呼ㅎ고 各部에셔는 妓樂을 設ㅎ고 慶祝ㅎ얏더라"『皇城新聞』, 1900년 8월 20일, 4면.
     "음력 7월 25일 萬壽聖節에 外部에서 빈객을 초대하여 연회를 베풀고 경축하려 하는데 **軍樂隊**를 이 날 오후 7시에 보내 달라는 通牒"『宮內府案』, 1901년 9월 5일.
     "昨日은 萬壽聖節이라 各府部院廳에 宴會費를 內下하셧난디 外部에셔난 **妓生과 軍樂**을 盛備하야 各公領事와 各大官을 請邀하야 慶祝宴을 設하얏고 …(下略)…"『皇城新聞』, 1903년 9월 17일, 2면.

52   군악대 초연이 1901년 9월 7일(음력 7월 25일) 고종황제 만수성절에서 이루어졌다. 초연에서 연주된 곡은 이태리가곡 중 제일 간단한 것 1곡, 독일행진곡 중 1곡, 이상 2곡이었다. 「朝鮮洋樂의 夢幻的 來歷(2)」,『東明』, 대정 11년 12월 3일, 12면. 그리고 대한제국 애국가도 1902년 고종황제 만수성절에서 연주되었다.

53   이정희,『근대식 연회의 탄생』, 민속원, 2014.

민간에서도 대안문大安門 앞에서 '만세'를 외치며 황제를 찬양하고 황제 생신 경축의 의미를 적극적으로 표현하거나[54] 국기를 게양하거나 등불을 밝히거나[55] 경축식을 행하는 등의 방식으로 기쁨을 표출함으로써 축제분위기를 형성하였다.[56] 공연문화와 관련하여 흥미로운 내용은 선교사 및 한국 교인들이 찬송가·경축가·애국가를 불렀던 행위,[57] 학교의 학생들이 경축가慶祝歌를 불렀던 것[58] 등이 있다.

찬송가·경축가·애국가는 서양음악에 기반한 가창歌唱문화로, 서양의 종교와 신식 교육에 노출된 이들의 축하 양식으로 활용되어,[59] 양악 어법에 의한 대중의 합

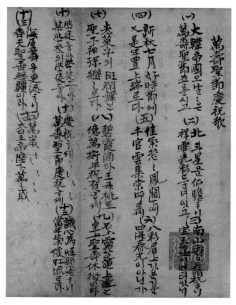

漢城英語學校의 萬壽聖節 慶祝歌
『隨聞見錄』독립기념관 소장.

---

54 "漢城內外二十四公立小學校學徒一千五百餘名이 大安門前에 齊會ᄒ야 嵩呼ᄒ고"『皇城新聞』, 1900년 8월 20일, 4면, "小學校學徒들은 學部에 齊會慶祝ᄒ고 大安門前에 進ᄒ야 萬歲를 嵩呼ᄒ고"『皇城新聞』, 1902년 8월 29일, 2면.

55 "상인들 各商民들은 各其 門前에 太極國旗를 高懸하고 聖壽萬歲를 爭呼하더라"『皇城新聞』, 1903년 9월 17일, 2면.

56 독립협회의 만수성절기념식의 의미는 다음 논문에 소개되어 있다. 임선화,「선교사의 독립협회와 대한제국 인식」,『전남사학』제14집, 전남사학회, 2000, 85~87쪽.

57 한규무,「초기 한국교회의 만수성절 기념식 자료」,『한국기독교역사연구소소식』제27호, 한국기독교역사학회, 1997; 1896년 9월, 고종황제 탄신일 서울 새문안교회에서 축하예배를 올렸으며, '황제탄신경축가'를 불렀다. 선율은 영국 국가(God Save Our King)를 따서 만든 찬송가 곡조('피난처 있으니')를 차용하였다. 가사는 다음과 같다. "1. 놉흐신 샹쥬님 ᄌ비론 ᄒ쥬님 궁휼히 보쇼셔 이 ᄂ러 이쟝을 지켜 주옵시고 오 쥬여 이 ᄂ러 보우ᄒ쇼셔 2. 우리의 ᄃᆡ군쥬폐하만세 만만세로다 복되신 오늘놀 은혜를 ᄂᆡ리스 만수무강케 ᄒ야 주쇼셔"『한국민족문화대백과』'황제탄신경축가(皇帝誕辰慶祝歌)'

58 『皇城新聞』, 1899년 8월 31일, 4면.

59 신식 문화에 노출된 仁川의 魚商들이 국내의 손님들을 초청하여 경축가를 부르기도 했다. "日昨 萬壽聖節에 仁港魚商들이 其會社前街에 松門을 建ᄒ고 國旗와 色燈을 飾掛ᄒ고 內外國賓客을 請ᄒ야 演說로써 勸勉ᄒ고 盃酌과 慶祝歌로 萬歲를 歡呼흠이 當日 參席흔 者ㅣ 數百人에 不下ᄒ더라"『皇城

창 문화가 보편화 되는 과정의 일면을 보여준다.

반면 보부상들은 신식교육에 노출되지 않았기 때문에 민간의 전통 문화를 간직하고 있었다. 때문에 길에서 호적胡笛을 불고 소고小皷를 치고, 생황을 불고, 무동舞童을 동원하여 길놀이를 펼치는 방식으로 기쁨을 표출하였다.[60] 보부상의 축하 공연에는 호적, 소고, 생황, 무동 같은 전통 공연 요소가 지속되고 있었다. 만수성절을 경축하는 마음은 한결같았지만, 계층별 경축 공연 문화는 전환기라는 시기에서 드러나는 다양한 형태의 문화 현장을 비춰준다.

4. 황제권 추락과 만수성절

1) 위축된 만수성절 축하 양상

러일전쟁 발발 이후(1904)부터는 만수성절 축하 분위기가 하강곡선으로 내달린다. 비록 포병대에서 만수성절 기념 예포禮砲를 1906년까지는 발포하며 외양상 달라진 점이 없는 듯 연출하기는 했지만[61] 갑자기 일진회, 일본 승려, 일본 은행 등 일본인들이 적극적으로 고종황제 탄신 축하 태도를 취하는 이상한 기류가 형성되더니[62] 통감부가

新聞』, 1899년 9월 2일, 4면.

60 『皇城新聞』, 1899년 8월 31일, 4면;『皇城新聞』, 1902년 8월 29일, 2면;『皇城新聞』, 1903년 9월 17일, 2면.

61 『軍部來去文』, 1902년 10월 6일. '元帥府 軍務局摠長 照會內 "**萬壽聖節**과 其他臨時祝禮日에 **砲兵隊에서 禮砲를 거행**하겠는 바 外部에 轉照하여 各公館에 聲明케 해달라"고 한다는 照會 제14호'
   『各府郡來牒』奎19146 1902년 10월 5일 '紀元節과 **萬壽聖節**과 기타 임시 축례일에 **포병대가 禮砲를 거행**할 것이라는 照會 제7호'
   "저작일 만슈성졀에 계동포딕영에서 **례포**를 노앗고 당일 하오 삼시량에 대포ᄉ문을 궐ᄂᆡ로 드려갓다더라"『대한매일신보』, 1904년 9월 6일, 2면.
   "軍部에서 今番萬壽聖節 에 禮砲를 依例設行ᄒᆞᆯ터인 故로 統監府에 照會ᄒᆞ야 各舘에 聲明케ᄒᆞ얏더라"『皇城新聞』, 1906년 9월 3일, 2면.

62 『皇城新聞』, 1905년 8월 26일, 2면;『大韓每日申報』, 1905년 8월 27일.

설치된 1906년에는 한층 더 굴절되어 백관 하례를 권정례權停例로 시행하게 함으로써 고종황제와 대한제국의 관료들이 한 장소에 모일 수 없는 상황으로 내몰린다. 게다가 궁금령宮禁令을 시행하고 궁문표宮門票가 없는 관리의 궁궐 출입 조차 제한했기 때문에 권정례 참석을 하려는 관료들은 연령과 거주지의 통호統戶를 작성해 미리 입궐 허락을 구하는 번거로움을 겪어야만 했다.[63] 이 때 직접 황제를 폐현한 관료는 원임 의정대신 原任議政大臣, 의정부 참정 대신議政府參政大臣, 각 부 대신, 궁내부 대신宮內府大臣, 의장議長, 승죠, 사관史官, 규장각奎章閣 관리, 세자시강원世子侍講院, 세자익위사世子翊衛司 정도에 그쳤고, 경운궁의 정전正殿도 아닌 양관洋館 수옥헌漱玉軒에서 폐현하였다.[64] 아울러 대한제국에 남아있던 고용 외국인들에게도 관직과 성명을 소속 기관으로 보내야 청첩을 발송하겠다며[65] 외국인들의 황제 폐현도 통제하였다. 황제와의 만남의 폭을 좁혀버린 처사였다.

헤이그 밀사 사건을 빌미로 강제 폐위한 1907년에는 태황제의 만수성절을 맞이하였다. 존호와 표리를 올리라고 했다가[66] 백관 문안을 완전 폐지한 채, 책자 진상으로 대신한다며 관원의 성명이 기입된 책자에 도장을 찍고 가라고 공지하여, 대한제국 관원으로부터 태황제를 철저하게 고립시키려 했다.[67] 1907년 태황제의 탄신일에 폐현한 이들은 친일내각으로 구성된 총리대신 이완용 이하 각부 대신, 장곡천대장, 각국 총령사 정도였을 뿐이었다.[68] 1908년에도 친일 관리와 일본 관료의 고종태황제 폐현이 이

---

63 『各府郡來牒』 奎19146 1906년 9월 2일.
64 『高宗實錄』 권47, 고종 43년(광무 10) 9월 13일 양력.
65 "禮式院에셔 各府郡院으로 輪牒ᄒ기를 陰七月卅五日은 萬壽聖節이온 則外國人雇傭中에 有勅奏任待遇와 陞見資格員에게 請牒을 七日前期發送이기 玆以仰佈ᄒ오니 貴屬雇傭人의 官職과 姓名을 本月三日 內로 錄送ᄒ라ᄒ얏더라" 『皇城新聞』, 1906년 9월 3일, 2면.
66 『通牒』 奎17822 1907년 8월 14일, 『대한매일신보』, 1907년 7월 30일, 2면 1단.
67 "內閣에셔 各府部院廳에 電話ᄒ되 今日 萬壽聖節에 公故ᄂᆞᆫ 廢止ᄒ고 但 奏任官以上이 當日上午六時로 至十二時ᄭ지 爲限ᄒ고 惇德殿에 齊進ᄒ야 各其官姓名을 名簿錄에 塡書ᄒ고 退出ᄒ라 ᄒ얏더라"『皇城新聞』, 1907년 9월 2일, 2면. "문안폐지 궐너 공고셔에 빅관문안은 폐지ᄒ고 어람칙ᄌ 흔권을 돈덕뎐에 쑤며두고 공고셔면 빅관이 돈덕뎐으로 곳 드러가셔 그 칙에 성명을 렬독ᄒ고 도쟝을 씩고 나오면 그 칙ᄌ만 입금ᄒ기로 올닌다더라"『대한매일신보』, 1907년 9월 4일, 2면.
68 『대한매일신보』, 1907년 9월 4일, 2면, 『純宗實錄』 권1, 순종 즉위년(융희 1) 9월 2일.

어졌다.[69] 창덕궁 이어(1907년 11월 13일)로 인해 순종황제 내외가 덕수궁으로 와서 문안 인사를 드리는 방식이 생겨났고 일정이 종료되면 다시 창덕궁으로 환궁하는 방식으로 운영되었으며,[70] 관료들에게는 '서명규례제정署名規例制定' 공표를 통해 서명부署名簿 문안을 제도화했고, 주임관 이하의 태황제 폐현 기회를 원천적으로 규제했다.[71] 이러한 변화로 인해 고종의 황제권 절정기에 황태자가 백관을 거느리고 전통방식으로 하례를 올리던 황제국의 위의는 다시 찾아볼 수 없게 되었다. 1909년에는 순종황제 내외 문안,[72] 친임관과 칙임관은 권정례 하례,[73] 주임관 이하는 서명 문안[74]으로 방식으로 운영하여, 만수성절 하례 문화는 형식화 되어 갔다. 이처럼 러일전쟁 발발 이후 통감부 시기의 만수성절 기념 백관 하례는 위축되고, 서명 문안이라는 전례 없는 문화가 침투하는 상황으로 변질되어, 고종과 관료들이 공식적으로 함께 대면조차 불가능한 상황으로 악화되었고, 고위 친일 관료와 일본인에 의해 황제 폐현이 장악되는 상황으로 바뀌었다.

또한 1902년 11월 연향을 마지막으로 성대하게 치러졌던 궁중 전통 연향에 관한 기록도 잘 드러나지 않는다. 1902년 11월 연향을 기록한 『임인진연의궤』가 마지막 연향의궤이다. 그런데 1908년에는 가무歌舞를 거행하기 위해 기생 10명이 가곡歌曲 연습을 했다는 기록,[75] 1909년에 고종황제 만수성절에 정재한 기생들에게 각각 '면주綿紬

---

69 "太皇帝陛下萬壽聖節에 各大臣次官과 曾彌副統監이 德壽宮에서 陛見ᄒᆞ얏ᄂᆞᆫᄃᆡ 酒饌을 下賜ᄒᆞ셧다더라" 『皇城新聞』, 1908년 9월 10일, 2면.

70 "今日은 即太皇帝陛下萬壽聖節이신 故로 大皇帝 皇后兩陛下의ᄋᆞ오셔 德壽宮에 問安ᄒᆞ오시ᄂᆞᆫᄃᆡ 出御時間은 上午八時三十分이오 還御時間은 下午五時三十分인ᄃᆡ 儀節은 第一公式이라더라" 『皇城新聞』, 1908년 9월 8일, 2면.

71 '署名規例制定'『大韓每日申報』, 1908년 8월 20일, 2면.

72 "來八日 萬壽聖節에 大皇帝 皇后 兩陛下의ᄋᆞ오셔 德壽宮에 問安ᄒᆞ오신다ᄂᆞᆫ대 出宮時刻과 御路次ᄂᆞᆫ 左와 如ᄒᆞ니 午前八時三십分에 敦化門으로 出御ᄒᆞ샤 罷朝橋, 鐵橋, 鍾路, 黃土峴, 布德門前路를 從ᄒᆞ샤 大漢門으로 入ᄒᆞ샤 問安ᄒᆞ오시고 下午五時三십分에 還御ᄒᆞ오신다더라"『大韓每日申報』, 1909년 9월 5일, 2면.

73 『大韓每日申報』, 1909년 9월 2일, 2면; 『皇城新聞』, 1909년 9월 2일, 2면.

74 "來八日은 萬壽聖節인 故로 各府部院廳奏任官들이 惇德殿에 詣ᄒᆞ야 署名問安ᄒᆞᆫ다더라"『大韓每日申報』, 1909년 9월 5일, 2면.

75 歌舞鍊習 "來月八日 萬壽聖節에 德壽宮에 歌舞를 擧行ᄒᆞᆯ 妓生幾拾名을 日間選擇ᄒᆞ야 歌曲을 鍊習ᄒᆞᆯ 터이라더라"『大韓每日申報』, 1908년 8월 26일, 2면.

1필疋과 금화金貨 10원'을 시상했다는 신문기사[76]가 있어서, 연향 형태에 대해서는 알수 없지만 1909년까지는 만수성절에 고종황제가 정재를 감상할 수는 있었던 것으로 짐작된다. 즉 통감부 시기에는 궁중의 전통 연향 스타일은 와해된 채[77] 정재라는 궁중 연향의 대표 공연물만 궁 밖의 기생들을 동원하여 종목과 인원수를 축소하여 공연하는 방식으로 재구성 되는 방식으로 이어질 수밖에 없었다. 고종황제의 권위가 위축되고 태황제로 물러나는 상황과 맞물려 궁중 전통 연향 문화도 해체되어 갔고, 정재의 존속 원인은 궁중의 통제와 수요 보다는 제도적인 면천과 민간 극장 문화의 번성으로 인한 공연 상품[78]으로써의 시장성 획득으로 생존 방향이 바뀌어 갔다.

만수성절 행사 후원금도 러일전쟁 이후 차츰 줄어들다가 거의 없어지다시피 했다. 이는 일제가 황실재정을 정리하여 황실회계규칙을 공포하면서 황제의 명에 따라 재정을 운영하지 못하도록 구조 조정했던 상황에 기인한다. 일제에 의해 황실의 재정까지 규제됨으로 인해 1906년에는 일제의 신궁神宮을 대한제국에 설치하기 위해 준비하던 단체에 만수성절 후원금이 지급되는 황당 사건이 일어나고[79] 1907년에는 만수성절을 기념하여 하사했던 금액마저 백관들의 봉급에서 차감하는 방식으로 회수해 버리는 상황도 발생되었다.[80] 황실의 재정적 후원이 어려워지자 각계각층의 만수성절 기념 행사도 차츰 축소된다. 어려운 중에도 지방의 사림士林[81]과 상인[82]들이 힘을 합쳐 만수성절

---

76 "萬壽聖節에 太皇帝陛下게옵셔 各呈才흔 妓生等에게 綿紬 一疋 金貨 十圜式을 下賜ㅎ옵셧다더라"『皇城新聞』, 1909년 9월 11일, 2면 3단, "萬壽聖節日에 太皇帝陛下끠옵셔 各呈才妓生의게 金貨拾圓及綿紬 壹疋式 下賜ㅎ옵셧다더라"『大韓每日申報』, 1909년 9월 11일, 2면.

77 백관 하례 문화를 서명 문안으로 바꾼 과정으로 알 수 있듯이, 고종황제가 참석하는 만수성절 축하연도 친일 관료와 일본인이 대거 참석하는 상황으로 바뀌었기 때문에 일제에 의해 궁중의 전통 연향 형식 그대로 설행되지는 않았다고 본다(聖節後祝賀宴 "再昨日 德壽宮에서 萬壽聖節後祝賀宴이 有ㅎ얏는딕 各皇族, 小宮宮內次官, 多田宮內府秘書宮, 鈴木典醫夫人, 渡邊緯譯官夫人이더라"『皇城新聞』, 1908년 9월 12일, 2면).

78 권도희, 「20세기 기생의 가무와 조직」, 『한국음악연구』 45집, 한국국악학회, 2009.6.

79 "再昨日 萬壽聖節에 大皇帝陛下게옵셔 神宮奉敬會中으로 金二十元을 恩賜ㅎ옵시고 兼ㅎ야 贊成員中李根培朴元根嚴仁永金宅宗諸氏도 幾十元式贊助ㅎ야 自本日上午八時로 下午十二時신지 懸燈奏樂ㅎ고 會員千餘名이 齊集ㅎ야 三呼萬歲ㅎ얏다더라"『皇城新聞』, 1906년 9월 15일, 2면.

80 『起案』 奎17746 1907년 10월 7일.

81 『皇城新聞』, 1906년 9월 24일, 2면.

예식도 거행하고, 국기도 게양하였으며,[83] 평양에서 태극기와 만국기를 내걸고 경축행사를 성대히 하였다.[84] 특히 중앙과 지방의 학생들을 중심으로 애국가와 경축가를 부르며 만세 삼창하던 행사가 면면히 지속되었으며[85] 엄비가 지원했던 진명여학교의 학도들은 예궐詣闕하여 경축하고 만세 부르는 행사를 거행하였다.[86] 1906년 신문에 게재된 학도 일체가 가창했던 경축가의 가사는 다음과 같다.

各學徒一切慶祝歌[87]

扶桑日輪히도드니 / 우리 大韓文明ᄒ다

上天明命싀롭도다 / 中興基業이아닌가

聖神ᄒ신우리 皇上 / 日聽萬機ᄒ시도다

五十五度秋七月에 / 萬壽聖節도라왓네

無疆ᄒ신 景福이야 / 仁者必壽아니신가

어화우리 學徒덜아 / 敎化中에 作成일세

終南山杯놉히들어 / 萬壽聖節비러보세

日月갓치 光明ᄒ사 / 天長地久ᄒ압소셔

松柏갓치 盛茂ᄒ사 / 如山如皁ᄒ옵소셔

壽와 富와 多男子로 / 우리 聖人請祝ᄒ세

乾坤坎离太極旗를 / 雲霄中에놉히달고

---

82 『皇城新聞』, 1905년 8월 26일, 2면; 『皇城新聞』, 1906년 9월 27일, 3면.
83 『皇城新聞』, 1905년 8월 26일, 2면.
84 『大韓每日申報』, 1907년 9월 7일, 2면.
85 『大韓每日申報』, 1906년 9월 16일, 3면; 『大韓每日申報』, 1906년 9월 18일, 3면; 『皇城新聞』, 1906년 9월 21일, 2면; 『皇城新聞』, 1906년 9월 24일, 2면, 『皇城新聞』, 1906년 9월 25일, 3면; 『大韓每日申報』, 1906년 9월 27일, 3면; 『대한매일신보』, 1907년 9월 4일, 2면; 『大韓每日申報』, 1907년 9월 7일, 2면.
86 학교경축 "직작일 태황뎨폐하 탄신에 각 관립학교와 스립학교에서 경축연을 셩설ᄒ엿ᄂᆞᄃᆡ 북장동 진명녀학교에셔ᄂᆞᆫ 학도들이 황귀비뎐하의 부르심을 집어 예궐ᄒ여 경축ᄒ고 만셰를 불넛스며 양규의슉 학도들의게ᄂᆞᆫ 슈찬를 나리셧다더라" 『대한매일신보』, 1907년 9월 4일, 2면.
87 『皇城新聞』, 1906년 9월 14일, 2면.

우리 同胞兄弟덜아 / 慶祝歌를불너보세

질겁도다깃부도다 / 萬壽聖節깃부도다

우리 臣民깃분 慶事 / 聖節에셔또닌는가

어화좃타이놀이야 / 千歲萬歲도라오소

萬歲萬歲萬萬歲ㅣ / 大皇帝陛下萬萬歲ㅣ

千歲千歲千千歲ㅣ / 皇太子殿下千千歲ㅣ

그러나 1907년, 삼화항三和港에서 삼화부윤三和府尹과 총순總巡이 만수성절 경축을 금지시켜 일본 순사巡査와 순검巡檢의 단속이 시작되었고,[88] 1908년부터는 민간의 경축행사가 거의 자취를 감추어, 오히려 고종태황제의 탄신을 기린 이를 가상히 여기고,[89] 고종태황제는 대한문 앞에서 만세 부른 자들의 인원수를 보고하라 지시한 후 어람御覽하는 상황으로 분위기가 급전환 될 정도로, 만수성절 축하행사는 드물어졌다.[90] 성행했던 만수성절 행사는 황제권 절정기에 정점을 찍었지만 일제에 의한 지원금 단절, 황제권 추락, 공권력 투입으로 인해 위축되다가 사라져 갔으니, 황제 탄신을 계기로 사람들이 운집하여 일제에 항거하는 집단 행동으로 치환될 위험성이 내재되어 있었기 때문에 계획적으로 행사를 규제했던 것으로 정리된다. 일제는 돈줄을 조이고, 경찰력을 동원하면서까지 민중들을 억압하여 만수성절 행사를 철저히 봉쇄하려 했다.[91]

---

88 『대한매일신보』, 1907년 9월 6일, 2면.

89 其志嘉尙 "西門外冷동居ᄒᆞᄂᆞᆫ 李壽福이가 年今拾二歲인대 학校工夫도 熱心ᄒᆞ며 餘暇를 乘ᄒᆞ야 採薪補家ᄒᆞ더니 今番陰七月二拾◈日 太皇帝陛下誕辰日에 松枝로 虹繞門을 作ᄒᆞ고 万壽聖節이라 書ᄒᆞᆫ 燈을 門上에 懸ᄒᆞ고 該동諸兒를 招集ᄒᆞ야 愛國歌도 唱ᄒᆞ며 嵩呼萬歲하얏ᄂᆞᆫ대 該兒의 幼年壯志를 人皆稱奇ᄒᆞᆫ다더라" 『大韓每日申報』, 1908년 8월 25일, 2면.

90 "再昨日 太皇帝陛下萬壽聖節에 進明女學校와 其他女學校가 聯合ᄒᆞ야 西闕內에셔 慶祝式을 設行ᄒᆞᄂᆞᆫᄃᆡ 學務局長尹致旿氏가 慶祝의 趣旨를 說明ᄒᆞ고 下午一時頃에 諸學徒가 大漢門前에 齊進ᄒᆞ야 太皇帝陛下萬歲를 三呼ᄒᆞ얏다ᄂᆞᆫᄃᆡ 太皇帝陛下게옵셔 侍從을 命送慰問ᄒᆞ옵시고 職員及學徒數를 錄入御覽ᄒᆞ셧다더라" 『皇城新聞』, 1908년 9월 10일, 2면.

91 대중들의 황제 경축 문화는 1908년에 만수성절을 대신하여 순종황제 탄신(건원절) 기념 행사로 이어지는데, 이는 친일관료들에 의해 계획되고 통제되었다(한성부윤 장헌식과 사회 중요인사들이 함께 의논하였다고 함. 『대한매일신보』, 1908년 2월 29일, 2면).

이처럼 러일전쟁 발발 이후 통감부가 설치되고 1907년 고종이 태황제로 격하되는 일련의 과정을 거치며 더 이상 만수성절을 통해 황권 고양이나 국위 선양의 효과는 발생되기 어려운 상황에 처했고, 일제에 의해 계획된 궁중 일정만 실행하는 방식으로 형식화 되어 갔다. 이를 무마하려는 듯 이완용은 만수성절에 "二千圓 價値되ᄂᆫ 銀製 盤床 二件"을 봉정하여 충신인 듯 행세하였고[92] 일본 명치 황제도 축전을 보내, 외양 상 고종황제를 배려하는 듯한 분위기를 연출하였으며[93] 송병준, 일진회원 같은 친일 인사들은 만수성절을 빙자하여 기악妓樂을 동원하며 질탕하게 놀아[94] 이율배반적인 모 습을 드러내기도 하였다.

2) 변질된 만수성절 기념 연회

백관들이 하례 후 연회와 각국 외교관을 대상으로 설행된 근대식 연회도 러일전쟁 발발 이후부터는 변질되기 시작하여 통감부가 설치된 1906에는 원유회園遊會 형태로 등장한다. 경복궁으로 정했다가[95] 창덕궁 비원으로 변경하면서[96] 2천명을 초대하였고[97] 임시 문표門標 3천여장을 발급[98]할 정도로 대규모로 인원을 궁궐 후원에 밀집시켰다. 초청 범위는 내외국 친임관, 칙임관, 주임관, 신문기자, 일개 순사巡査까지 포함된 모 든 일본인이었고, 대한제국의 판임관은 제외시켰기 때문에, 2천명의 연회 참석자는 사실상 일본인 일색이었다.[99] 즉 만수성절을 빙자한 일본인들의 향락을 위한 장으로 바뀌어 버린 것이다. 만수성절 원유회에 관한 상세한 일정과 내용이 게재된 신문기사

92　『皇城新聞』, 1909년 9월 7일, 2면; 『大韓每日申報』, 1909년 9월 7일, 2면.
93　『大韓每日申報』, 1909년 9월 10일, 2면.
94　『大韓每日申報』, 1907년 9월 4일, 2면.
95　『皇城新聞』, 1906년 9월 3일, 2면.
96　『皇城新聞』, 1906년 9월 5일, 2면.
97　『大韓每日申報』, 1906년 9월 6일, 2면.
98　『大韓每日申報』, 1906년 9월 9일, 2면.
99　『大韓每日申報』, 1906년 9월 11일, 2면; 『皇城新聞』, 1906년 9월 12일, 2면; 1906년 9월 14일, 2면.

를 소개해 보겠다.

今日 東闕內 園遊會 次序

一 午后 三時　　映花堂 本會 開始

一 仝　　三時半　宙合樓 以軍樂隊 奏樂 開食堂

一 宴會 後　以樂工催樂 遊覽及演戲

映花堂庭 項莊舞

演慶堂　　茶果

勝在亭　　烟草 平野水

尊德亭　　酒

翠寒亭　　僧舞及舞鼓

逍遙亭　　煙草

太極亭　　茶果

淸漪亭　　酒

一 午後 六時 散會[100]

昨日은 即我皇上陞下萬壽聖節이신딕 各處에서 慶祝흔 盛況이 如左ᄒ더라

△園遊會節次 東闕昌德宮內秘苑 에 各部大臣과 內外國各官人紳士 及各新聞記者를 請邀宴待ᄒᄂ딕 午後三時에 映花堂에 遠遊會를 開始ᄒ야 同三時半에 宙合樓에셔 軍樂을 吹奏ᄒ고 食堂에 入ᄒ야 叅政의 先唱으로 萬歲를 三唱ᄒ고 宴會 立食흔 後管絃을 連催ᄒ며 遊覽及演戲로 映花堂前庭에셔 妓女의 項莊舞를 觀ᄒ고 翠寒亭에셔 僧舞及 舞鼓를 連演ᄒ고 外他各處所에 酒果茶草을 宏設ᄒ야 一大盛況으로 慶祝ᄒ얏고[101]

---

100 『大韓每日申報』, 1906년 9월 13일, 2면.
101 『皇城新聞』, 1906년 9월 14일, 2면.

『대한매일신보』와『황성신문』의 기사를 종합하면 1906년 만수성절 기념 원유회는 오후 3시 영화당映花堂에서 시작되었다. 3시 반에는 주합루에서 군악대軍樂隊 취주吹奏를 감상한 후 만세 삼창하고, 입식立食 형태로 식사하였다. 그 후 악공들의 연주를 듣고 유람하듯 즐기며 영화당 뜰에서 항장무를 관람하였다. 이어 연경당에서는 다과를, 승재정에서는 담배烟草와 물을, 존덕정에서는 술을 섭취했다. 취한정에서는 기생들의 승무와 무고를 감상하였고, 소요정에서는 담배를 피우고, 태극정에서는 다과를 먹고, 청의정에서는 술을 마신 후 6시에 흩어졌다. 재일 일본인 중심으로 구성된 2천여명이 오후 3시부터 6시까지 세 시간 동안 '영화당 – 주합루 – 영화당 – 연경당 – 승재정 – 존덕정 – 취한정 – 소요정 – 태극정 – 청의정'의 순서로 비원 일대를 돌아다니며 창덕궁 후원 일대에서 노닐었던 것이다. 이 때 세 시간 향략 때문에 소요된 총 비용은 2306원 47전 5리나 되었다.[102]

이러한 형식은 원유회, 즉 가든파티라는 명목으로 자행된 궁궐 후원 파괴 행태였다.[103] 전통 연향과는 무관했고, 궁중 문화를 해체하려는 의도로 일제가 계획한 궁궐 후원 완상용 파티였다. 연회 참석자의 성격상 외부 주최로 설행되어야 할 연회임에도 불구하고 이토 히로부미伊藤博文가 악수로 손님들을 맞이한 후 마루야마 시게토시丸山重俊 경찰고문警察顧問이 영접하는 방식으로 진행되어 '회빈작주回賓作主'라는 비난 여론이 쏟아졌다.[104]

공연은 군악대 취주, 악공 연주, 항장무, 승무, 무고로 구성되었다. 군악대 취주는 에케르트가 육성한 서양식 군악대 연주를 의미하며, 악공 연주는 장악과掌樂課에 소속된 궁중 악인들의 관현합주였다. 춤은 기생의 영역인데, 무고와 항장무는 궁중 연향에서 공연된 종목이어서 관기들이 춤추었던 맥락이 있지만 승무는 갑자기 등장한다. 승

---

102 『高宗實錄』 권47, 고종 43년(광무 10, 1906) 10월 16일; 『皇城新聞』, 1906년 10월 22일, 1면.
103 원유회가 처음 설행될 당시에는 자주적인 근대화의 맥락에서 설행된 의미있는 파티형식이었지만, 러일 전쟁 발발 이후부터는 궁궐 후원을 파괴하고 궁중 문화를 해체시키려는 방식으로 악용되었다. 이정희, 「대한제국기 원유회 설행과 의미」, 『한국음악연구』 제45집, 한국국악학회, 2009.6.
104 『大韓每日申報』, 1906년 9월 15일, 2면.

무는 민간과 극장에서 활동하기 시작한 기생들이 민속춤을 레퍼토리로 적극 수용했던 결과물이라는 해석이 있다.[105] 즉 1902년 협률사 모집 때 관기, 삼패, 무명색, 예기預妓 등 다양한 여성 예능인이 포함되어 있었고[106] 면천 이후 궁 안팎을 드나들며 활동했던 상황이라든지 광무대, 단성사, 원각사 등 극장 설립 이후 기생들이 공연했던 맥락 등을 고려하건대 민간 공연 문화와의 교섭 현상이 발생되면서 승무가 관기들의 춤 종목으로 안착했을 가능성을 염두에 두어야 한다는 것이다. 고종대 항장무, 사자무가 지방에서 유입된 것처럼 대한제국 시기 궁중 안팎의 공연자들이 빈번하게 교류하면서 빚어진 현상이라고 설명할 수는 있겠지만, 왜 하필 이 시점에 승무가 선택되었는지 의심스럽다.

승무의 공연 사례는 1906년 만수성절 원유회에 등장한 이후에도 지속적으로 나타난다. 1907년 12월에 관기 100여명이 경성고아원 경비 모집을 위해 펼친 자선 공연 종목에서 검무, 가인전목단, 선유락, 항장무, 포구락, 무고, 향응영무, 북춤, 사자춤, 학무 같은 정재와 함께 나란히 등장하며, 경복궁 후원에서 설행된 1908년 8월 27일에 순종황제즉위기념 원유회에 포구락, 무고, 검무, 성진무와 함께 공연되었다. 이를 통해 승무는 궁중의 전통적인 정재의 범주에 들어가지 않았지만 1900년대 중반에 전통적인 정재와 동등한 위상으로 관기의 춤종목에 정착한 것으로 보인다. 그 후 1913년 고종 진갑연에서도 항장무, 검무, 포구락, 가인전목단, 선유락, 헌선도, 무고, 수연장, 장생보연지무, 향령, 춘앵전과 함께 공연되었고,[107] 1915년 시정 오년 기념 조선물산공진회에서도 광교기생조합과 다동기생조합들에 의해 매일 연행될 정도로 지속적으로 인기를 끌었다.[108]

---

105 김영희, 「시정오년기념조선물산공진회의 기생의 춤 공연에 대한 연구」, 『국악원논문집』 제29집, 국립국악원, 2014.

106 妓司新規 "傳說을 聞ㅎ 則近日協律司에셔 各色娼妓를 組織ㅎ눈되 太醫院所屬醫女와 尙衣司針線婢等을 移屬ㅎ야 名曰官妓라 ㅎ고 無名色三牌等을 幷付ㅎ야 名曰藝妓라ㅎ고 新音律을 敎習ㅎ눈되 또 近日官妓로 自願新入者가 有ㅎ면 名曰預妓라 ㅎ고 官妓藝妓之間에 處ㅎ야 無夫治女을 許付ㅎ눈되 勿論某人ㅎ고 十八二十人이 結社ㅎ고 預妓에 願入홀 女子를 請願ㅎ면 該司에셔 依願許付홀 次로定規ㅎ얏다더라" 『皇城新聞』, 1902년 8월 25일, 2면.

107 『朝鮮雅樂』. 김영운, 「1913년 高宗 誕辰日 祝賀宴 樂舞 硏究」, 『藏書閣』 제18집, 43~44쪽; 이수정, 「이왕직아악부의 조직과 활동」, 한국학중앙연구원 박사학위논문, 2016, 108~115쪽.

아무튼 1906년 만수성절 원유회의 공연에서 승무가 포함된 사실은 여전히 의문스럽지만, 공연의 큰 틀이 군악대의 양악, 장악과 소속 악인들의 궁중음악, 기생의 정재로 구성된 점은 대한제국 전성기의 것과 크게 다르지 않다. 대한제국 시기의 근대식 연회에 참석했던 서양인들의 관람기를 보면 양악, 궁중음악, 정재, 선소리 등이 등장하기 때문이다. 공연 종목과 공연자의 문제라기보다는 궁궐 후원 곳곳을 누비며 담배 피고 술 마시고 다과를 먹는 향락적인 일본인 파티에 대한제국 최고의 공연자들이 동원되어 일개 유희물로 전락했다는 공연 환경 변화에 원인이 있다. 궁중 연회에 악가무樂歌舞를 제공했던 이들은 당대를 대표하는 일류 예인藝人이다. 친일 관료와 재한 일본인들로 구성된 궁궐 후원 파괴 연회에 강제 동원됨으로 인해 그들의 품위와 위상은 손상되고 격하되었다. 즉 불명예스럽고 불편한 시공간에 공연상품, 관람 거리 정도로 취급되었고, 갇힌 존재로 폄하되었다. 품격있던 궁중 전통 연향에서 고종황제에게 최고의 재예才藝를 헌신적으로 올렸던 분위기는 사라졌으며, 일제에 의해 변질된 연회장에서 한낱 볼거리로 전락해 버린 것이다.[109] 그리고 변질된 궁중 연회 문화는 이후에도 지속되었다.

5. 맺음말

19세기 말, 서양의 문물과 문화가 유입되어 문명의 기준점이 전환되는 혼란을 겪던 당대인들은 호기심과 두려움의 표정을 품은 채 동서양의 문명 교차 지점에 자신의 의지와 상관없이 놓였다. 기존 문화와 세계관의 질서 안에 머물고 싶은 이들도 있었고,

---

108 김영희, 「시정오년기념조선물산공진회의 기생의 춤 공연에 대한 연구」, 『국악원논문집』 제29집.
109 1908년에도 창덕궁에서 140명이 모여 만수성절 축하연을 설행했다는 신문기사가 있지만, 상세한 기록이 부족하여 논의하지 않겠다. "聖節叅內人數. 昌德宮에셔 本月十一日에 萬壽聖節後祝賀宴을 設홈은 前報에 已記ㅎ얏거니와 伊日에 各皇族各大臣과 其他百四十名이 叅內ㅎ얏더라"『皇城新聞』, 1908년 9월 13일, 2면.

변화를 서두르고 재촉하는 개혁자도 존재했다. 혼돈의 상황에서 변화를 감지하는 체감 온도는 각각 달랐지만, 그 시대에서 요청되는 것을 선택하고 방향성을 결단해야만 하는 책무의 깊이와 고뇌는 한 나라의 최고권력자가 반드시 짊어져야 할 무게였다. 고종은 그런 혼란기에 왕위에 올라 황제로 즉위함으로써 세계적인 추세에 부합되는 근대국가를 만들려고 노력하였다. 고종이 계획한 근대화 프로젝트의 전범은 서구의 전제군주가 이끄는 제국이었다.

서구의 제도를 참작한 이유는 만국공법의 체재로 이룩된 세계 질서에 편입함으로써 대한제국의 위기 탈출을 도모하려는 전략이었다. 그 과정에서 자신의 황권을 한층 다지고, 제국으로써의 모습을 갖춰 나가며, 자주독립국가로써의 대한제국을 국제사회에 광고하기 위한 장치들을 고안하였는데, 바로 이런 상황에서 부각된 행사가 고종황제의 만수성절이었다. 각국의 황제 탄신 축하 행사는 전 세계에서 보편적으로 이행되고 있었으므로 국제적인 표준에 부합하도록 시행한 조치였다. 즉 만수성절 경축은 황제에 대한 존경심과 애국심으로 확장되었기 때문에 황제권 강화와 내국인의 민심 결속에 크게 기여하였고, 그런 모습이 국내에 상주하는 각국 외교관과 취재기자를 통해 세계에 보도되어 국권 신장에도 영향을 끼쳤다.

고종황제의 탄신일을 의미하는 맥락으로 사용된 만수성절의 용례는 서양권에 최초로 설치한 최초의 해외 공사관이었던 미국공사관이 건립된 해(1888년)부터 등장한다. 만수성절 칭호를 황제 즉위 이전부터 사용한 이유는 자주외교를 지향했던 대외 관계 때문이었다. 그 후 갑오개혁을 거치며 1895년부터는 만수성절이란 용어 사용이 보편화 되었고, 이를 기념한 경축 행사는 고종의 칭제 이후 1900~1902년에 성대하게 설행되었다. 대한제국 전성기의 만수성절 축하 행사는 각계각층에서 일어났다는 점이 특징이었다. 국내 관원, 외국인, 학생, 종교인, 언론인, 상인, 민간단체, 전국의 개항장 등 다양한 지역과 계층에서 고종황제 탄신을 기념함으로써 축하 계층이 두텁고 넓어졌다. 즉 계층·지역·인종에서 보편성·전국성·국제성을 띤다는 점에서 차별화 되었다. 그리고 이러한 특성으로 인해 축하 문화 역시 다양하게 전개되었다.

궁중에서는 조선시대로부터 전승된 전통 문화에 기반하여 황제에 대한 하례와 황제가 즐기는 전통 연향이 마련되었다. 그리하여 전례의 틀에서 황제의 위격에 부합되도록 격상했던 부분들이 포착된다. 이는 황제국의 위의에 맞는 조치였고, 전무후무한 '황실 문화'라는 결과물을 후세에 남겼다. 전통식과 별도로 진행되었던 지점도 등장했으니, 서양인들을 배려하려 조처한 서양예법을 고려한 폐현례와 근대식 연회였다. 각국 외교관은 바닥에 엎드려 절을 하는 대신 서구식 인사법으로 예를 표출할 수 있었고 서양식 테이블 매너, 양식, 양악이 동양식과 적절히 가미된 연회에서 동서양의 진미를 맛보고 동서양 공연을 감상하였다. 서양인들의 견문록에는 군악대의 양악, 악인의 음악 연주, 기생의 정재, 선소리 등을 관람했던 경험이 반영되어 있다. 이를 통해 동서양의 문화를 적절히 결합했던 당대인들의 연출력을 엿볼 수 있으니, 기존의 것과 새로운 것을 어떻게 조화시켜야 하는가 하는 공연 문화 조화의 좋은 사례라는 측면에서 돋보인다.

민간에서도 종교나 교육적 기반에 따라 경축 문화가 다르게 표현되는 지점이 주목된다. 교회에서는 기도와 찬송가로 경축하고, 학교에서는 애국가와 경축가를 부르고, 신식 교육을 받지 못했던 보부상들은 민간의 전통 음악으로 기쁨을 드러냈다. 서양음악 어법에 기반한 가창 문화와 민간에 남아 있던 전통 음악 문화가 공존하던 대한제국 시기의 특징이 자연스럽게 노출되는 지점이다. 이러한 경축 문화는 시민 문화 형성, 대중 문화 형성의 토대 구축에 일조한 측면이 있다. 그리고 지방 각처에서도 만수성절 경축연이 잇따랐으며 개항지의 연향도 상설화 되었다.

이렇게 궁중, 민간, 중앙, 지방을 막론하고 단 시간 내에 만수성절이 전파될 수 있었던 배경에는 사실 황실의 재정적 지원이 든든하게 자리하고 있었다. 황실의 경제적 지원에 힘입어, 황제권이 절정을 이루던 시기의 만수성절 기념 행사가 성대하게 거행될 수 있었던 것이다.

그러나 러일전쟁 발발 이후 일제가 대한제국의 황실 재정을 장악하고 황권을 위축시키면서 만수성절 행사도 축소되었다. 이어 황실지원금의 단절, 일제의 단속, 고종황제 강제 퇴위로 인해 만수성절 기념 행사도 사라지고 궁중에서만 친일관료와 일본인을 중심으로 형식적인 경축연을 이어갔다. 고종황제의 실축과 대한제국의 멸망은 한

몸이었고, 만수성절 경축도 동반 추락하였다. 그런 가운데 궁중 전통 연향 문화는 해체되고, 일제에 의한 공연 환경의 변화에 의해 대한제국 최고의 공연자들은 일개 유희물로 전락해 버렸다. 궁중 연회에 악가무樂歌舞를 제공했던 이들은 당대를 대표하는 일류 예인藝人이었음에도 불구하고 친일 관료와 재한 일본인들로 구성된 궁궐 후원 파괴 연회에 강제 동원됨으로 인해 품위가 손상되었고 그저 공연상품, 관람 거리 정도로 폄하되었다. 품격있던 궁중 전통 연향 무대에서 고종황제에게 최고의 재예才藝를 헌신적으로 올렸던 명예로운 순간은 사라지고, 일제에 의해 변질된 연회장에서 한낱 구경거리로 전락해 버렸던 것이다.

비록 황제를 향한 존경심과 애국심의 표출 창구였던 만수성절은 러일전쟁 이후 굴절되었지만, 황실 자본력에 힘입어 구축된 행사 과정에서 창출된 문화적 성취들은 한국근현대문화사가 전개되는 내적 동력으로 작동하였다는 점에서 의미가 있다. 만수성절 행사가 계층과 지역에서 광범위한 영역을 보유한 만큼 다양한 공연 문화를 일구어 냈기 때문이다. 즉 황실 문화는 일제강점기에 해체된 궁중 문화를 고품격으로 복원하는 근거로 활용 가능하며, 근대식 연회는 동서양 문화의 조화 사례로 참작 가능하고, 찬송가·애국가·경축가 같은 노래들은 양악어법에 기반한 가창문화가 우리 사회에 어떻게 수용·정착·공유되었던 일면을 보여주며, 신식교육을 받지 못했던 계층에서 유지되던 전통 음악도 전통 문화 연구에 유용하다. 만수성절 경축 문화는 황실과 민간, 전통과 근대가 교차하던 지점의 문화 자원으로, 한국근대문화사가 형성되는 토양으로 기능하였다.

「고종황제 만수성절 경축 문화」,『공연문화연구』제34집, 2017.2.

순종황제 건원절 경축 공연

1. 머리말

건원절은 순종황제의 탄신일을 의미한다. 이는 순종이 황태자의 신분이었을 때 그의 생신을 천수성절天壽聖節, 천수경절千壽慶節 등으로 불렀던 것과 차별된다. 즉 순종의 탄신일을 가리키는 명칭이 황제 즉위를 전후로 천수성절또는 천수경절에서 건원절로 바뀌었는데, 이는 경절慶節이라는 근대식 기념일이 도입되어 정착하는 과정에서 제정된 것이다.[1]

대한제국 이전에도 왕의 탄신일을 축하하는 의례와 연향이 설행되곤 했지만, 주로 궁중을 중심으로 진행되어, 관민이 일제히 성대한 축제로써 황제의 생신을 경축하는 대한제국기의 축하 분위기와는 사뭇 달랐다. 대한제국기에는 황제의 탄신일이 되면

---

[1] 경절은 현행 국경일과 유사한 개념을 띠며, 국가 전례의 새로운 항목으로 영입되는 과정에 있었음을 『大韓禮典』「嘉禮」 항목을 통해 짐작할 수 있다. 경절의 종류는 졸고, 「개항기 근대식 궁정연회의 성립과 공연문화사적 의의」, 서울대학교 박사학위논문, 2010, 28~32쪽 참조.

해마다 이를 기념하는 각종 예식과 연회가 국내외에서 설행되어 궁중, 민간, 지방, 해외 각처는 경축하는 환호성으로 가득 찼다.

이러한 양상은 대한제국기에 국가 차원의 경축일이 되었을 때 전통적인 하례 방법과 근대적인 축하 방식이 궁중과 민간에서 각각 어떻게 자리하였는지를 보여주며, 궁중 연회宴會 문화가 어떻게 변모하였는지도 알 수 있게 해준다는 측면에서 주목된다. 이는 결국 국가 전례의 틀이 근대적인 경축일과 맞닿아 변모하던 교차지점을 보여주는 것이다. 따라서 건원절 등 각종 경절에 대한 연구는 궁중 오례의 범주 변화, 궁중 연회의 변모 양상, 민간의 경축 문화 등을 살펴보기 위해 반드시 필요하다. 본고는 경절 연구의 출발점으로써, 순종이 황제로 즉위한 후 첫 번째로 맞는 1908년 건원절 기념 경축행사에 대해 정리해 보려 한다. 즉 제1회 건원절 행사가 궁중과 민간에서 어떻게 펼쳐졌는지를 고찰함으로써, 대한제국기에 설행된 경절 기념 경축 행사의 단면을 조명해 보겠다.

궁중의 제1회 건원절 기념행사 일정은 순종 황제의 음력 생일 당일부터 시작되었다. 이에 대해 『순종실록』에는 3월 10일과 11일 이틀에 걸쳐 '폐현례陛見禮 – 연회宴會 – 원유회園遊會'가 실행되었다고 약술되어 있다.[2] 그러나 제1회 건원절 기념회의 일정을 상세히 살펴보면 양력 3월 10일, 11일, 13일, 28일 이상 나흘에 '폐현례 – 덕수궁 문안 – 함녕전 사찬賜饌 – 돈덕전 사연賜宴 – 제등회 – 내연內宴 – 원유회園遊會'의 순서로 여러 행사가 진행되었다. 이 중 고종태황제가 덕수궁에 계신 상황이었기 때문에 순종 황제 내외가 덕수궁으로 행차를 한다든지 민간에서 제등회(제등행렬)를 마련한 것이 주

---

2 『순종실록』 융희 2년(1908) 3월 10일 "궁내부(宮內府)의 친임관(親任官), 칙임관(勅任官), 주임관(奏任官)과 내각(內閣)과 부(部)의 친임관, 칙임관, 주임관 이상을 인견(引見)하였다. 이어서 통감부(統監府), 군사령부의 관원, 각국 영사(領事) 이하와 초빙 외국인으로서 주임관의 대우를 받는 관원들을 접견하고 돈덕전(惇德殿)에서 연회를 베풀어 주었다. 우리나라와 외국의 고등관 이상을 함께 참가시켰다. 건원절(乾元節)이기 때문이었다."
  『순종실록』 융희 2년(1908) 3월 11일 "후원(後苑)에 원유회(園遊會)를 마련하도록 명하였다. 칙임관(勅任官) 이상을 불러다가 놀이를 하고 그 자리에서 내각(內閣)과 궁내부(宮內府)와 각 부의 대신들에게 연회를 베풀어 주었다. 어제가 건원절(乾元節)이었기 때문이었다."

목된다. 일련의 행사들은 궁궐 안팎에서 행해졌는데 본고에서는 행사가 실행된 차례대로 살펴볼 것이다. 단, 일련의 행사 중 사찬, 사연, 내연에 대한 자료가 소략하므로 이는 '덕수궁 문안'에 포함시키겠다.

따라서 본고에서는 먼저 건원절 제정과 국내외 경축 양상에 대한 간략히 소개한 후 창덕궁 폐현례, 덕수궁 문안의(사찬, 사연, 내연), 민간의 제등회, 비원의 원유회라는 항목으로 나누어 창덕궁, 덕수궁, 민간에서 거행된 제1회 건원절 기념행사를 살펴보겠다.

2. 건원절 제정과 경축 개요

건원절 제정은 1907년 8월 7일, 순종의 황제 즉위 직전에 거론되었다. 당시 궁내부 대신宮內府大臣을 역임했던 이윤용李允用이 "황제 즉위식을 거행한 후 그 탄신일을 건원절로 고쳐 부르자"고 한 것이 바로 그것이다. 이 때 건원절의 구체적인 날짜는 순종 황제의 음력탄신일인 2월 8일을 기준으로 삼았다. 궁중의 각종 의례와 기념일이 음력 날짜에 맞추어 실행되던 당시 규례를 따른 것이다.

> 궁내부 대신(宮內府大臣) 이윤용(李允用)이, '이번에 황제의 자리에 오르는 큰 예를 거행한 뒤에 황제 폐하의 탄신 경절(慶節)을 **'건원절(乾元節)'**로 고쳐 부르고, 황후 폐하의 탄신일도 신력(新曆)에 인대하여 밝히는 안건입니다. 이를 개록(開錄)하여 【**건원절(乾元節)은 음력 2월 8일**, 황후의 탄일경절은 8월 20일이다.】 상주(上奏)합니다.'라고 아뢰니, 윤허하였다.[3]

음력 2월 8일에 해당되는 순종황제의 탄신일을 '건원절'이라는 명칭으로 바꾸고자 한 까닭은 표면상 그 신분이 달라졌기 때문이라고 할 수 있다. 황태자에서 황제로 격상되었음에도 불구하고 생신날을 동일한 호칭으로 일관한다는 것은 격에 맞지 않는

---

3   『순종실록』 융희 1년(1907) 8월 7일.

다. 그렇다면 황제의 생신을 의미하는 '만수성절萬壽聖節'이라는 용어를 순종황제에게 왜 사용시키지 않았을까? 순종의 황제 즉위로 인해 태황제가 되어 버린 고종의 생신날을 지속적으로 '만수성절'이라고 칭했기 때문이다.

사실 순종이 황제로 즉위함과 동시에 고종도 태황제로 그 위격이 변했기 때문에, 순종황제의 탄신일을 만수성절이라 하고 고종태황제의 생신날을 만수성절 보다 한 단계 더 높은 의미를 지닌 용어로 대치했어야 훨씬 더 적합했을 것이다. 그러나 고종이 강제로 퇴위한 채 덕수궁에 갇혀 지냈던 특수 상황을 고려해야 한다. 고종이 황제의 지위에 있든 태황제의 지위에 있든 그 탄신일을 만수성절로 일관되게 칭하는 분위기 속에서, 만수성절과 천수성절 사이에 놓여야 할 순종황제의 생일을 의미하는 명칭을 찾는 과정에서, 결국 낙찰된 용어가 바로 건원절이었던 셈이다.

건원절이란 명칭은 어떤 문헌의 문구에 근거를 두었는지는 확실하지 않다. 아무튼 건원절에서 '건乾'은 하늘을 의미하는 단어이고 '원元'은 으뜸이라는 뜻을 지니고 있음을 감안해 보건대, 건원절이라는 용어에는 황제를 상징하는 분위기가 직간접적으로 투영되어 있는 것으로 보이기는 한다. 그러나 순종황제의 생신을 만수성절로 개칭하고 고종태황제 탄신일을 만수성절 보다 격이 높은 용어로 새로 제정하는 것이 원칙이었음을 거듭 상기해야 하며, 건원절은 변칙적인 차원에서 등장했음을 인식하여야 한다.

그런데 건원절이 제정된 날로부터 거의 1년 후인 1908년 7월 22일, 갑자기 건원절의 날짜를 순종 황제의 양력 탄신일로 변경한다는 안건이 반포되었다. 즉 포달 제178호의 내용에 건원절 뿐 아니라 고종태황제의 생신인 만수성절, 황후의 생일인 곤원절坤元節 등의 기념일을 더 이상 음력 날짜에 맞추어 행례하지 않겠다고 하였다. 이러한 변화로 인해 1908년에는 음력 2월 8일에 해당되는 날짜인 양력 3월 10일에 건원절 경축 행사가 진행되었으며, 1909년과 1910년에는 순종황제의 양력탄신일인 3월 25일에 탄신 축하 행사가 행해진다. 다시 정리해 보면 순종황제의 즉위 후 첫 번째로 맞는 1908년에는 음력생신 날짜를 기준으로 삼아 각종 행사가 펼쳐졌고, 1909년과 1910년에는 양력생신 날짜에 맞추어 여러 이벤트가 마련되었던 것이다.

포달 제178호 〈**탄신** 및 기념경절 날짜를 **양력으로 정하는 안건**[誕辰及紀念慶節月日定以陽曆件]〉을 모두 반포하였다. 【**건원절(乾元節)은 3월 25일**, 만수성절(萬壽聖節)은 9월 8일, 곤원절(坤元節)은 9월 19일, 천추경절(千秋慶節) 10월 20일, 개국기원절(開國紀元節)은 8월 14일, 계천기원절(繼天紀元節)은 10월 12일, 즉위예식일(卽位禮式日)은 8월 27일, 묘사서고일(廟社誓告日) 11월 18일이다.】[4]

황실 구성원의 탄신일과 각종 기념일의 기준점이 음력에서 양력으로 바뀐 바로 다음 날에는 국가의 제사祭祀를 대폭 축소시킨 향사이정법享祀釐正法도 발표되었으며[5] 이어 군대가 해산되는[6] 등 일련의 중요한 사건들이 연속적으로 일어났다. 이런 맥락 속에서 건원절 기념 날짜가 음력탄신일에서 양력탄신일로 바뀐 것을 다시 생각해 보건대, 이는 우연히 발생한 일이 아니며, 국가 전례의 틀을 무너뜨리겠다는 큰 맥락에 계산되어 있었던 것이다.

이러한 상황에서도 건원절 기념행사는 1908년부터 1910년까지 3년 동안 궁중, 민간, 지방 등지에서 이루어졌다. 고종태황제가 덕수궁에 계신 상황이었기 때문에 순종황제가 덕수궁에 행차하여 고종황제에게 문안드리는 절차가 궁중에서의 건원절 경축회 행사에 추가되었다(4장 참조). 한편 민간에서는 1908년 제1회 건원절 기념 행사로 특별히 제등회(제등행렬)을 마련하여 고종태황제와 순종황제가 어람御覽하는 광경이 연출되기도 하였다(5장 참조). 지방에서는 경축회와 경축 연회가 설행된 자리에서 만세삼창을 하고 국기國旗와 축수등祝壽燈을 지닌 채 거리를 활보하며 애국가愛國歌를 부르는 등 일련의 행사가 벌어졌다.[7] 그리고 일본에서는 유학생들이 감독부監督部에 모여

---

4   『순종실록』 융희 2년(1908) 7월 22일.
5   『韓末近代法令資料集』 Ⅶ, 76~77쪽.
6   『純宗實錄』 권1, 융희 2년(1908) 7월 31일.
7   『대한매일신보』, 1908년 3월 3일, 3면. "경축비격정 각관날도에서 내부운령을 인하야 각군에 훈령하된 이번 건원절에 크게 연회하고 경축하라하엿는데 각관찰도 연회비는 예산에 잇거니와 각군에는 예산이 업는고로 적은월봉으로 지출하기가 어렵다고 걱정한다더라"
    『황성신문』, 1908년 3월 25일, 3면 "江界郡에서 乾元節慶祝時에 本校長金用來氏 副校長金鳳□氏 監督

국기國旗를 고양하고 만세 삼창을 하는 등 경축예식을 거행하였는데, 이 때 일본에 유학하고 있던 황태자에게 다과비 명목으로 금화金貨 50환을 찬조받기도 하였다.[8]

국내외 각지에서 경축회가 실행되었던 건원절은 다른 경절들처럼 휴교일,[9] 관공서 휴가일[10] 등으로 지정되어 현재의 국경일처럼 공식적인 휴일로 자리하였다.

3. 창덕궁 폐현례

창덕궁 폐현례는 3월 10일 순종황제의 생신 당일에 행해졌다. 유학이라는 명목으로 일본에 억류되어 있었던 황태자는 건원절 기념 행사에 참석할 수 없었기 때문에 고종황제와 순종황제에게 축하 전보를 보냈다.[11] 비록 황태자가 참석할 수 없는 상황이었지만 기념행사는 치러야 했기 때문에 행사의 원활한 진행을 위해서 예식관禮式官 현백운玄百運은 내각비서관內閣秘書官 고원식高源植에게 내각 및 소속관청 칙임관·주임관의

田虎一氏 教師鄭奉救氏가 一齊出席ᄒᆞ야 與生徒金商壎等五十餘名으로 三呼萬歲後에 因行茶菓禮ᄒᆞ야 終日宴樂ᄒᆞ고 是夜에 本校室周圍에 懸燈이 如星如花ᄒᆞ고 生徒等이 各持國旗ᄒᆞ고 又執祝壽燈ᄒᆞ야 周行南北街路ᄒᆞ며 愛國歌를 □□齊唱ᄒᆞ오니 生徒之愛國血誠이 此校之興旺進緒은 鑑此可知故로 玆廣佈喜 郡主學金南杰 前叅尉金禮 前主事金宗洽"
『해조신문』, 1908년 4월 22일, 2면. "황해도 재령군에서 각 학교가 회동하여 건원절을 경축한 후 동자 배돈선(裵敦善) 등 十一인이 단에 올라 목동학도들을 향하여 일장 연설하고 다수 연조하였다더라."

8 『태극학보』제19호, 1908년 03월 24일 56~57쪽. "乾元節 慶祝 本月 十日(陰 二月 初八日) 大皇帝陛下 第一回 乾元節에 一般 留學生이 監督部에 齊會ᄒᆞ야 慶祝禮式을 擧行ᄒᆞ고 留學生 監督 申海永氏ᄂᆞᆫ 一般 留學生을 代表ᄒᆞ야 皇太子 殿下ᄭᆡ 進謁祝賀ᄒᆞ엿ᄂᆞᆫᄃᆡ 皇太子 殿下ᄭᆡᄋᆞᆸ셔ᄂᆞᆫ 茶菓費로 金貨 五拾圓을 下賜ᄒᆞᄋᆞᆸ셧더라."
『대한학회월보』제2호, 1908년 3월 25일 '彙報' 58쪽. "乾元祝賀 本月初 十日은 我大皇帝陛下 乾元節인바 我一般學生이 監督部에 齊會ᄒᆞ야 國旗를 高揭ᄒᆞ고 祝賀의 式을 行홀식 萬歲를 三唱ᄒᆞ야 南山의 壽를 祝ᄒᆞ고 立食禮를 行ᄒᆞᆫ 後에 監督 申海永氏가 餘興으로 學生에게 勸勉ᄒᆞᄂᆞᆫ 意로 長時間 演說ᄒᆞ다."

9 『기호흥학회월보』제7호, 1909년 2월 25일 私立學校規則
『官報』제4313호, 융희 3년 3월 2일 火曜 '彙報' 法官養成所學則
『官報』제4468호, 융희 3년 9월 1일 水曜 '告示' 官立仁川實業學校學則

10 『官報』제4117호, 융희 2년 7월 4일 土曜 '閣令' 官廳執務時限改正件

11 『대한매일신보』, 1908년 3월 12일, 2면. "동궁뎐보 황태자뎐하께서 태황뎨폐하께와 대황뎨폐하께 축하하시는 뜻으로 뎐보하셧다더라"

성명・직책・관등을 보내달라고 통첩通牒하였고[12] 중추원의 월요일예회에서 찬의・부찬의가 회동하여 경축할 일을 협의하기도 하였다.[13]

이렇게 여러 부서에서 협조하여 준비한 건원절 행사 내용 중 폐현례는 여러 관원들이 순종황제에게 생신을 축하드리기 위해 알현하는 것을 의미한다. 1908년의 건원절 기념 폐현례는 순종황제가 계신 창덕궁에서 거행되었다. 구체적인 장소가 밝혀져 있지는 않지만 아마도 창덕궁의 정전正殿인 인정전仁政殿에서 설행되었을 것으로 짐작된다. 그 자세한 내용은 『관보官報』에 게재된 폐현 일정 기사를 통해 윤곽을 그릴 수 있다. 즉 "明十日 乾元節 節次 左와 如훔 陛見 上午九時에 宮內府親勅奏任官 上午九時半에 閣部親勅任官 上午十時에 統監府官員 上午十時半에 軍司令部官員 上午十一時에 各國領事同館員及雇聘外國人奏任待遇 陛見事"[14]라고 기록되어 있으니, 시간을 달리하여 관원들이 소속된 부서와 신분별로 그룹지어 폐현했음을 알 수 있다.

1908년 3월 10일 건원절 기념 폐현례 일정[15]

폐현 시각	폐현 대상
오전 9시	궁내부의 친임관, 칙임관, 주임관
오전 9시 반	내각과 여러 부서[閣部]의 친임관, 칙임관[16]
오전 10시	통감부 관원
오전 10시 반	군사령부(軍司令部) 관원
오전 11시	각국 영사, 同 館員, 주임관 대우를 받는 雇聘 外國人

---

12 『內閣往復文』奎17755 제1책 12ab.
13 "경축협의 작일은 즁츄원의 월요일례회인고로 찬의 부찬의가 회동하야 건원절에 경축할 사건을 협의하엿다더라"『대한매일신보』, 1908년 2월 23일, 2면.
14 『官報』號外 융희 2년 3월 9일 '宮廷錄事'
15 『官報』號外 융희 2년 3월 9일 '宮廷錄事'
16 『內閣往復文』 제1책 20a-21b 禮式官 李弼均(1908년 3월 7일) → 內閣秘書課長 高源植 '乾元節 상오 9시 반에 친히 勅任官을 陛見하신다는 通牒'

『관보』에 의하면 폐현례는 다섯 차례에 걸쳐 그룹지어 30분 간격으로 행해졌다. 폐현례는 오전 9시부터 시작되었는데 11시 반 정도에는 마무리 했을 것으로 생각된다. 폐현례를 마친 후 잇달아 덕수궁으로 문안을 가는 행차가 12시부터 진행되었기 때문이다. 구체적으로 오전 9시에는 궁내부의 관원이, 9시 반에는 각 부의 친임관과 칙임관이, 10시에는 통감부 관원들이, 10시 반에는 군사령부 관원이, 11시에는 각국 영사·영사관 관원·주임관 대우를 받는 고빙 외국인들이 각각 폐현례를 행하였다. 그런데 신문에는 각국 영사가 폐현한 시각을 『관보』의 내용과 달리 오전 10시로 서술하여 기록의 차이가 나타나기도 한다.[17] 아무튼 건원절 당일에 창덕궁에서 폐현례를 행한 이들은 대한제국의 관리에서부터 통감부와 군사령부에 소속된 관리와 여러 외국인들에 이르기까지 다양하게 구성되어 있었으니, 공직에 몸담은 내외국인 모두 일제히 순종황제를 알현하면서 생신 축하의 뜻을 전했던 것이다. 이들을 표면적으로 서열화해 보면 대한제국의 관리가 우선순위를 차지하며 일본인 관리가 그 다음이고 외국인들은 마지막 차례이니, 일본인들의 세력이 커지고 1905년에 대한제국의 외교권이 박탈되면서 각국 공사관이 강제 철수된 상황 하에서 외국인들의 비중이 약화된 당시의 현실이 폐현 순서에 반영된 것이 아닌가 한다.

이들의 행례 절차에 대한 자세한 기록은 없지만 대한제국의 관원은 전통식으로 진행되었을 것이며, 외국인들의 폐현례는 개항 이후 서양식 인사법을 절충하여 실행했던 외빈접견의식外賓接見儀式의 형태로 행례되었으리라고 추측된다. 즉 내국인들은 전통식으로 국궁례鞠躬禮를 올리고 외국인들은 타공례打恭禮를 행하여, 내국인들은 무릎을 굽히고 땅에 머리를 조아리는 동양식 예법에 의거한 반면 외국인들은 상반신만 공손하게 굽혀 인사하는 서양식 예법에 준하여 행해졌을 것 같다.[18] 두 형태의 예법은 개항 이후부터 내외국인에게 구별하여 자연스럽게 적용되던 방식이기도 하다. 실제로

17 『대한매일신보』, 1908년 3월 12일, 2면. "령사진하 재작일 샹오십시에 각국령사들이 챵덕궁에 드러가서 건원절 진하식을 거행하엿다더라"
18 외빈접견의식과 타공례에 대한 자세한 내용은 졸고, 「개항기 근대식 궁정연회의 성립과 공연문화사적 의의」, 서울대학교 박사학위논문, 2010, 72~81쪽 참조.

건원절 당일 폐현례를 마친 후 황제와 황후가 창덕궁의 돈화문敦化門을 거쳐 출궁出宮할 때 종친과 문무백관이 인정전仁政殿 동월랑東月廊에 대기하였다가[19] 돈화문 밖에서 동서로 서립序立하고 국궁鞠躬하였는데, 이 때 종친과 문무백관들이 착용했던 옷이 바로 전통 복식인 공복公服이었다는[20] 점을 고려해야 한다. 즉 대한제국의 관원들은 폐현례를 거행할 때부터 전통복식을 입은 채 국궁례를 거행하였고, 황제의 돈화문 출궁 시에도 역시 같은 방법으로 예를 표시했던 것이다.

또한 순종의 지위가 황태자에서 황제로 격상된 상황이었기 때문에 전통 행사의 경우 표리를 올리는進表裏 의식이 수반되었는데, 이는 고종황제의 생신 때 표리를 올리던進表裏 전례를 준수한 것이었다. 표리를 올리는 의식이 실행된 시각에 대한 별도의 기록이 보이지 않지만 표리를 올릴 때 종친, 문무백관, 내각의 관원이 참석하라는 공문서의 내용으로 유추해 보건대[21] 오전 9시에서 10시 사이에 실행되었으리라고 추측될 뿐이다. 결국 대한제국 관원의 폐현례는 공복을 착용한 채 표리를 올리는 의식으로 행해졌던 것으로 압축된다.

의례에는 늘 드레스 코드가 정해졌는데, 건원절의 복색 관련 기록 중에는 일본인 관리의 복장에 대한 규정사항만 눈에 띈다. 즉 일본에서 작爵·위位를 받은 이력이 있는 일본인 관리는 그에 상당하는 대례복을 착용하고, 대례복이 없는 경우 연미복 또는 후록코트를 착용하라고 하였다.[22] 연미복과 후록코트는 소례복을 의미하는 것이므

---

19 『起案』 제21책, 62a-63a.

20 『內閣往復文』 제1책, 20a-21b "皇帝具大禮裝 皇后具禮服 出宮時에 宗親文武百官이 俱以**公服**으로 敦化門外分東西序立하옵다가 大駕至하옵시면 **鞠躬**祗迎하옵고"
   『대한매일신보』, 1908년 3월 6일, 2면. "동가습의 대황뎨폐하께서 음력본월팔일로 덕슈궁으로 동가하실터인데 그날을 배종문무백관이 **구례복으로 참례**하기로 명일에 졀차를 습의한다더라"

21 『內閣往復文』 제1책, 23ab "陰曆 二月 初八日 乾元節에 只進表裏事로 奏下ㅎ온 單子左開仰佈ㅎ오니 照亮欽遵ㅎ심을 爲要. 左開 陰曆 二月 初八日 乾元節陳賀權停事命下矣 同日宗親文武百官所進表裏 內閣官員躬親進排事 知委何如. 掌禮院主事 金永來 內閣主事 張鴻植 座下 隆熙 二年 三月 九日"

22 『起案』 奎17746 제21책 1908년 3월 9일 "左開案을 處辦ㅎ심을 望홈. 現接掌禮院式官 李弼均 通牒內 開에 今此乾元節上午九時半에 親勅任官이 陛見ㅎ실 事로 本府大臣勻敎를 承ㅎ와 玆에 通牒ㅎ오니 照亮爲要. 再 日本人이 我國官吏로서 日本國의 爵或位가 有ㅎ 者나 或日本國官職을 有ㅎ 者는 其相當ㅎ **大禮服**을 着用홈을 得ㅎ고 大禮服이 無ㅎ 日本官吏는 **燕尾服** 又는 **厚祿古套**를 着用홈을 得홈等因이기

로 대례복이 없으면 소례복이라고 입으라는 의미이다. '대례복 → 소례복(연미복 or 후록
코트)'의 순으로 매겨진 복장의 서열은 일본 관리 뿐 아니라 순종황제를 폐현한 다른
외국인 관리들에게도 동일하게 적용되었으리라고 본다.

이처럼 폐현례는 여러 관리들이 시차를 둔 채 방문하여 하례를 올리는 형태로 행해
졌으며, 전통적 의례와 근대적 예식의 두 가지 형태로 행례되었던 행사였다.

4. 덕수궁 문안의

덕수궁에 문안을 드리러 가는 순종의 행차의 의주가 『의주등록』에 기록되어 있으
므로[23] 이를 먼저 소개한 후 덕수궁으로 행차하는 과정을 정리해 보겠다.

그 날 주마과에서 합외(閤外)에 어차(御車)를 둔다. 호위(護衛)하는 관원들은 각각 복식을
갖추고 합외에서 기다린다. 출궁 때 황제가 대례장(大禮裝)을 착용한 채 어차에 타는데 시종
원경이 배승한다. 황후가 예복을 입고 어차에 타되, 여관(女官)이 배승한다. 장전관(掌典官)
이 앞에서 인도한다. (어차가) 돈화문에 이르니 종친·문무백관이 공복을 입고서 국궁(鞠躬)
하고, (어차가) 지나가자 평신(平身)한 후 차례로 배종(陪從)한다.

덕수궁에 도착하니 황제가 차에서 내려 안으로 들어가고 황후도 차에서 내려 안으로 들어
간다. 백관들이 각각 나아가 차례대로 문안을 올린다. 환궁할 때도 이와 같다.[24]

로 玆에 仰佈ㅎ오니 照亮ㅎ심을 爲要(着大禮服 佩大綬章)"
『起案』제21책, 60a-61a "乾元節에 親勅任官이 陛見할 것과 日本人의 服裝에 관한 건으로 掌禮院禮式
官 李弼均의 通牒을 접하였던 바 이를 仰佈한다는 내용의 通牒"
23   『內閣往復文』제1책, 20a-21b에도 같은 의주가 실려 있다.
24   『儀注謄錄』(장서각 소장. 도서번호 K2-2134) 권11, 52ab "皇帝皇后詣德壽宮觀行出還宮儀 戊申二月初
八日 隆熙二年三月十日 其日 主馬課進御車於閤外 諸護衛之官 各服其服俱詣閤外伺候 出宮時 至皇帝具
大禮裝乘御車 侍從院卿陪乘 皇后具禮服乘御車 女官陪乘以出 掌典官導前 至敦化門外 宗親文武百官俱以
公服 鞠躬 過則平身 以次陪從 至德壽宮 皇帝降車入內 皇后降車入內 百官各就次 問安後 還宮時 至還宮
並如來儀"

폐현례를 마친 후 오전 12시부터는 순종황제의 덕수궁 행차가 시작되었다. 덕수궁 거둥에 대비하여 문무백관은 습의習儀를 해놓은 상태였다.[25] 종친, 문무백관들은 공복을 입은 채 돈화문 밖에서 대기하고 있다가[26] 순종황제가 지나가자 국궁례를 올렸다.[27] 덕수궁 문안에는 순종황제 뿐 아니라 황후도 참석하였다. 이 때 순종황제는 대례장大禮裝을, 황후는 예복禮服을 착용하였다. 대례장은 군복軍服으로, 순종황제가 군대의 수장이라는 위용을 드러내는 서양식 복식이었다.[28] 반면 황후의 예복은 전통식이었다. 따라서 황제 내외가 착용한 복식의 스타일은 서로 달랐다.

그렇다면 각각 서양식 군복과 전통복식을 착용한 순종 황제와 황후는 어떤 교통수단을 이용하여 창덕궁에서 덕수궁으로 이동하였을까? 연輦이나 여輿를 타고 갔을까? 순종황제 내외는 주마과主馬課에서 준비한 어차御車에 몸을 실었다. 즉 자동차를 탄 채 고종태황제가 머무는 덕수궁으로 향했다. 순종 황제 내외는 한 대의 자동차에 합석하지 않았고 각각의 어차에 탔는데, 황제의 어차에는 시종원경侍從院卿이 배승陪乘하였고, 황후의 어차에는 여관女官이 배승하였다.[29]

25 『대한매일신보』, 1908년 3월 6일, 2면. "동가습의 대황뎨폐하께서 음력본월팔일에 덕슈궁으로 동가하실터인데 그날을 배종문무백관이 구례복으로 참례하기로 명일에 졀차를 **습의**한다더라"

26 『起案』(奎17746) 제21책, 62a-63a 1908년 3월 9일.
"左開案을 處辦ᄒ심을 望홈. 陰曆二月初八日 乾元節**上午十二時 大皇帝陛下皇后陛下 德壽宮問安時에 宗親文武百官이 以公服으로 敦化門外祗迎**ᄒ고 仍爲陪從ᄒ야 至德壽宮門外ᄒ고 同日下午五時 還宮時에 德壽宮門外에서 祗迎陪從ᄒᆯ 事로 現有掌禮院通牒故로 玆에 仰佈ᄒᄋ니 照亮ᄒ심을 爲要."

27 『內閣往復文』 제1책, 20a-21b "皇帝具大禮裝 皇后具禮服 出宮時에 宗親文武百官이 俱以公服으로 敦化門外分東西序立ᄒᄋᆸ다가 大駕至하ᄋᆸ시면 **鞠躬**祗迎하ᄋᆸ고"

28 이경미, 「사진에 나타난 대한제국기 황제의 군복형 양복에 대한 연구」, 『한국문화』 50, 서울대학교 규장각 한국학연구원, 2010.6.

29 『內閣往復文』 제1책, 20a-21b.
陰曆 二月 初八日 乾元節에 皇帝皇后詣德壽宮問安時 應行節目 參酌磨鍊하ᄋ니 依此擧行何如
一. 皇帝具大禮裝 皇后具禮服 出宮時에 宗親文武百官이 俱以公服으로 敦化門外分東西序立하ᄋᆸ다가 大駕至하ᄋᆸ시면 鞠躬祗迎하ᄋᆸ고 以次陪從 至德壽宮하야 皇帝皇后入內하ᄋᆸ시면 百官이 各就次하ᄋ며
一. 皇帝皇后問安後 還宮하ᄋᆸᆯ 時에 百官이 德壽宮 門外에서 祗迎陪從을 出宮時와 同하ᄋ며
一. 未盡條件 追乎磨鍊하겟삽나이다
皇帝皇后詣德壽宮問安出還儀
其日 主馬課進御車於閤外 諸護衛之官 各服其服 俱詣閤外伺候 出宮時 至皇帝具大禮裝乘御車 侍從院卿陪乘 皇后具禮服乘御車 女官陪乘以出 掌典官導前至敦化門外 宗親文武百官俱以公服 鞠躬 過則擧身以次

출궁 통로는 창덕궁의 정문인 돈화문敦化門이었다.[30] 황제와 황후가 돈화문을 거쳐 출궁할 때 종친과 문무백관은 모두 전통 복식인 공복公服을 입은 채 돈화문 밖에 동서로 서립序立하였다가 국궁鞠躬하였다.[31] 황제와 황후의 시위는 일본 기병 대신 대한제국의 근위대 기병이 맡았는데, 그 복장은 신식이었으며 매우 화려했다.[32] 호위대가 종로 길 좌우에 시립侍立하였고 겸내취兼內吹가 대취타大吹打를 연주하였다.[33] 황제의 의상, 교통수단 등은 서양식이었지만 음악은 전통식이었다는 점이 주목된다. 이렇듯 덕수궁 행차는 전통과 근대의 문물이 공존하는 양상으로 짜여 있었다.

덕수궁에 도착한 순종황제 내외는 자동차에서 내린 후 고종태황제에게 문안 인사를 올렸다. 고종태황제에게 문안을 올렸던 의식 절차를 알 수는 없지만, 아마도 전통식으로 행하지 않았을까 한다. 그러면 순종황제가 전통적인 방법으로 문안인사를 행할 때 착용했던 복식은 무엇이었을까? 서양식 옷인 대례장大禮裝을 지속적으로 입고 있었을까, 아니면 덕수궁 입궐 후 전통 복식으로 갈아입고서 문안을 드렸을까? 서양식 옷을 입은 채 전통적인 예법을 준수해야 했다면 행례行禮 과정에서 다소 불편한 점이 있었을 텐데 당시에 어떻게 행했는지 자세하지 않다. 아마도 창덕궁에서 덕수궁으로 향하는 노정에서만 순종황제가 대례장을 착용했던 것이 아닌가 한다. 고종태황제에게 문안을 올리는 순간은 황후와 함께 순종황제도 전통복식을 갖추지 않았을까 추측될 뿐이다.

고종태황제는 문안에 대한 답례의 일환으로 사찬賜饌을 베풀었다. 사찬은 함녕전咸

陪從 至德壽宮 皇帝降車入內 皇后降車入內 百官各就次 問安後 還宮時 至還宮並如來儀
30 『內閣往復文』 제1책, 20a-21b.
31 『內閣往復文』 제1책, 20a-21b.
32 『대한매일신보』, 1908년 3월 8일, 2면. "한병으로시위 대황뎨폐하께서 건원절에 덕슈궁에 거동 실 때에 일본긔병은 폐지하고 **본국 근위대 긔병이 시위**한다는데 그 긔병의 복장은 신식으로 극히 화려하게 한다더라"
33 『대한매일신보』, 1908년 3월 12일, 2면. "거동시셩황 재작일 대황뎨폐하게셔 덕슈궁에 거동하실때에 의졀은 젼과갓고 긔병은 한국신셜 긔병이오 호위대는 종로 연거회샤압헤 길좌우에 홍령긔와 쳥령긔와 곤쟝 쥬쟝을 가지고 셧스며 겸내취는 뱃군악으로 대가 지나실때에 집사가 뱃군복에 견립을 쓰고 환도와 등채를 가지고 □□ 거동하실때와갓치 거행하여 명금이하에 대취타를 하엿다더라"

寧殿에서 오후 2시부터 행해졌으며 칙임관 이상과 순종황제를 배종한 관리들을 대상[34]으로 이루어졌다.[35] 오후 5시가 되자 순종황제는 창덕궁으로 환궁하였다.[36] 환궁할 때의 절차는 출궁할 때와 동일했다.

오후 8시 반[37]에는 건원절 기념 연회가 덕수궁 돈덕전敦德殿에서 설행되었다. 참연대상은 내외국 고등관高等官 이상이었다. 구체적으로 내각·부府·부部에 주임관 4등 이상, 통감부에 고등관 8등 이상, 군사령부에 육군 소위 이상, 각국 영사, 주임관 대우를 받는 초빙雇聘 외국인이었다.[38] 대한제국의 관리 중 문관은 연미복을, 무관은 소례복을 착용하였다고 하니[39] 서양식 복식을 갖추었음을 알 수 있다. 연회에서 내국인이 서양식 복식을 갖추는 경우는 외국인과 함께 어울리는 근대식 파티석상에서 구현되는 것이므로, 건원절을 기념하여 내외국인이 돈덕전에서 회합한 연회는 전통적인 궁정연향

---

34 『대한매일신보』, 1908년 3월 12일, 2면. "함녕뎐사찬 재작일 하오 이뎜종에 태황뎨폐하께서 칙임관 이상과 대황뎨폐하를 배죵한 관인들을 함녕뎐에서 사찬하옵셧다더라"
순종황제도 궁내부에 사찬을 내린 기록이 있다. "궁내부사찬 재작일에 대황뎨폐하께옵서 궁내부와 소속 각원사에 교자한상식 하사하셧다더라"『대한매일신보』, 1908년 3월 12일, 2면.

35 한편 『황성신문』, 1908년 3월 6일, 2면에는 "乾元節賜饌 大皇帝陛下乾元節日에 惇德殿에서 內外國官吏親勅奏任官을 會同ᄒ야 賜饌ᄒᆞᆸ신다더라"라고 게재하여 사찬을 베푸는 장소와 대상을 달리 기록하기도 하였다. 그러나 『황성신문』의 기사는 건원절 이전에 보도되었고 『대한매일신보』는 건원절 행사 이후에 보도된 자료이므로 필자는 『대한매일신보』의 기사가 신빙성이 높다고 본다. 한편 돈덕전에서는 연회가 있었으므로 혹 돈덕전 사연을 의미하는 기사일 가능성도 있다고 본다.

36 『대한매일신보』, 1908년 3월 7일, 2면. "동가시간 음력이월팔일에 대황뎨폐하께옵셔 덕수궁에 동가하실 때에 황후폐하께서도 갓치동가하실터인데 그날 샹오십이시에 출궁하시고 하오 오시에 환궁하신다더라"

37 건원절 기념 사연 시각이 8시 혹 상오로 예정되었다는 신문 보도 자료도 있다. 그러나 『官報』에 8시 반으로 기록되어 있으므로 8시 반으로 보아야 하지 않을까 한다.
『대한매일신보』, 1908년 3월 6일, 2면. "건원절사연 대황뎨혜하게옵셔 건원절 하오팔시에 돈덕뎐으로 각부부원청 주임관 이상의게 사찬하실터인데 문관은 연미복이오 무관은 쇼례복으로 진참한다더라"
『해조신문』, 1908년 3월 6일. "乾元節慶祝筵 궁내대신 이윤용은 양력 三월 十일 대황뎨 폐하의 탄신일에 경축하기 위하야 그날 샹오에 돈덕뎐(敦德殿)에서 중미부통감 장곡천대쟝 각대신 각국령사 각리사관 각민당 각신문긔쟈들을 청하야 경축연을 한다더라"

38 『官報』號外 융희 2년 3월 9일 '宮廷錄事' "(前略) 下午八時半에 惇德殿 賜宴時에 內外國高等官以上이 晉參事 閣府部에 奏任四等以上 統監府에 高等官八等以上 軍司令部에 陸軍少尉以上 各國領事同館員及 雇聘外國人奏任待遇"

39 『대한매일신보』, 1908년 3월 6일, 2면. "건원절사연 대황뎨혜하게옵셔 건원절 하오팔시에 돈덕뎐으로 각부부원청 주임관 이상의게 사찬하실터인데 **문관은 연미복이오 무관은 쇼례복으로 진참**한다더라"

의 모습인 진찬進宴, 진찬進饌이 아니며, 함께 와인을 마시고 각종 음식을 먹으면서 군악대의 연주를 감상하는 식으로 구성된 근대식 파티였을 것이다. 한편 각 대관大官의 명부命婦들이 참례參禮한 내연內宴이 덕수궁에서 3월 13일에 별도로 설행되었다는 신문기사를 통해[40] 돈덕전 사연과는 별도로 내연이 설행되었음을 알 수 있다. 즉 내외內外를 구별하여 연향을 하는 전통의 맥도 남아있었음을 짐작해 볼 수 있다.

1908년 건원절 기념 행사 일정(궁중)

날짜	3월 10일						3월 11일	3월 13일	3월 28일
내용	폐현	출궁	문안	사찬	환궁	사연	원유회	內宴	원유회
시각	오전 9~11시	오전 12시	12시 이후	오후 2시	오후 5시	오후 8시 반	오후 1시	?	오후 1시
장소	창덕궁 인정전	창덕궁 돈화문	덕수궁	덕수궁	창덕궁	덕수궁 돈덕전	비원	덕수궁	비원

5. 민간의 제등회

민간의 제1회 건원절 기념행사는 제등행렬을 했다는 점에서 주목된다.[41] 일반 관민

---

40 『대한매일신보』, 1908년 3월 13일, 2면. "명부사연 작일에 덕슈궁에 내연을 하사하셧는데 각대관의 명부들이 예궐하야 참례하엿다더라"

41 제등행렬이라는 행사 한 가지만 한 것은 아니었다. 제등행렬 참석 여부가 정확하지는 않지만 청년회에서는 종로 청년회관에서 경축예식을 거행하였고, 상량공립협회의 회원들이 모여 경축하였고, 한성부민단에서도 경축회를 열었다는 기록이 있다(『대한매일신보』, 1908년 3월 10일, 3면. '청년회경축'; 『공립신보』, 1908년 3월 11일, 2면. '경축성절'; 『해조신문』, 1908년 3월 17일, 2면. '第一回 乾元節 慶祝'). 한편 제등행렬 행사에 불참하는 이들도 있었다. 불참하는 이들 중 학생의 경우 국기를 지니고서 덕수궁 문안을 위해 행차하는 순종을 위해 돈화문 앞에서 만세를 외쳤다(『대한매일신보』, 1908년 3월 10일, 3면. "학도경축절차 작일에 학부에서 각 관사립학교에 통지하되 금번 건원절에 경축하는 정성을 표하기위하야 그날 하오 오뎜죵브터 뎨등행렬을 거행할사로 임의공합하엿스나 사람은 만히 모히고 일긔는 부됴한데 어린학도의 위생에 관계가 불무하니 **뎨등행렬은 치지하고 그날 샹오 십이뎜죵에 대황뎨폐하께옵셔 덕슈궁에 거동하실때에 교장이하 각 임원이 학도를 령솔하고 돈화문압헤 가셔 대가 지**

의 경축하는 절차는 한성부윤 장헌식이 사회 중요 인사들과 함께 의논하였다고 하니[42] 아마도 제등행렬에 대한 논의도 포함되었을 것으로 추측된다. 그리고 통감들도 회동하여 제등행렬에 관련된 일을 협의하기도 하였다.[43] 이 날 백성들에게는 국기國旗를 게양하도록 권면하였으며[44] 각 신문사에는 앞 다투어 경축사를 게재하였다.

論 說

乾元節慶祝

今日은 我大皇帝陛下誕降ᄒᆞᆸ신 三十四度오 踐祚ᄒᆞᆸ신 第一回乾元節이라 盈廷百官과 匜域臣民이 慶祝의 禮式을 擧行홈이 本記者ㅣ 慶賀의 微忱을 不勝ᄒᆞ야 彩毫를 高擧ᄒᆞ고 拜手稽首献祝曰

維我大韓 高皇啓祚

基萬億年 聖神相傳

廿五一統 河淸晟運

乃誕吾皇 日宣重光

孝隆貳極 太皇有詔

德溢萬方 杏爾元良

固我邦本 乃承寶位

受此傳禪 受祿于天

나실때에 만세를 부르고 환궁하실때에는 대한문 압혜셔 지송한데 학도매명이 국긔를 가지라하엿다더라").

42 『대한매일신보』, 1908년 2월 29일, 2면. "경축절차의뎡 금년 대황뎨폐하의 탄신은 등극하신후에 처음 건원절인고로 일반 관민의 경축하는절차를 셩설하기로 한성부윤 장헌식씨가 각샤회에 쳥텹하고 신사들을 쳥하야 경축할 졀차준비를 란만히 의론하엿다더라"

43 『皇城新聞』, 1908년 3월 5일, 3면. "통감회동 샹업회의소에셔 발긔하고 이번 건원졀에 한성인민의 뎨등경축회를 셜행할터인데 작일에 한성부에셔 오후내 각동 통감을 회동하야 그날 거행할 졀차를 협의하엿다더라"

44 『대한매일신보』, 1908년 3월 6일, 3면. "홍씨개명 양쳔군슈 홍재긔씨가 도입한후에 백셩에게 국가와 백셩사이에 엇더케 관계됨을 연셜하고 이번 건원졀에 국긔를 달고 경축함을 권면하매 백셩들이 락죵하야 국긔를 졔조하는즁이라더라"

自天申之　于此節兮

邦籙綿綿　第一乾元

雲呈五彩　匝域臣庶

春滿九門　共獻賀儀

星球其燈　歌舞其容

太極其旗　管絃其音

南山其祝　小臣短筆

北海其斟　敢效微忱

康衢一物　掇此蕪辭

華封一民　以獻北宸

無疆萬壽

是祝慶辰[45]

건원절(乾元節) 경축

오늘은 어떠한 날인고. 집집마다 태극국기를 높이 달고 만세 부르는 소리 우뢰같이 천지를 진동하니 어떠한 날인고. 우리 대황제폐하 탄생하신 건원절이로다. 우리 대황제폐하께서 갑술(甲戌)년 이월 초팔일에 탄생하셨는데 기명년 을해에 왕세자를 책봉하시고 구세에 입학하시고 가례를 행하셨고 광무 원년 정유에 황태자를 책봉하시고 광무 십일년에 즉위하셨으니 지금 춘추가 삼십오세시라.

오늘은 우리 대황제폐하 즉위하신 처음으로 돌아오는 건원절이라. 우리 신민된 자가 경축하는 마음이 어떠하리오. 남의 나라 사람을 볼 지경이면 자기 나라 임금의 탄생하신 성절을 당하면 사람마다 경축하는 열심히 곁에 보는 사람까지 용동하게 하나니 우리들은 몇 천리 외국 지방에 와서 제나라 성절이 무엇인지 모르는 동포도 많은지라. 우리가 오늘 같은 경절을 당하여 경축하는 열성을 표하지 아니하면 남의 나라 사람이 보기에 부끄러움을 가칠지라.

45　『皇城新聞』, 1908년 3월 10일, 2면.

오늘은 여러 동포들이 나라 위하는 정신으로 만세만세 만만세로 경축가나 불러보세.[46]

　제등행렬에 참석할 인원은 만 명으로 제한하였고[47] 만 개의 등을 준비하였다.[48] 참석자 중에는 각 학교의 직원과 12세 이상의 학생들이 포함되어 있었다.[49] 이들은 학교별로 무리지어 있었으니 성균관, 사범학교 → 고등학교, 외국어학교, 보통학교(교동 – 재동 – 어의동 – 인현 – 수하동 – 전동 – 매동 – 경교)의 순이었다.

　만 명의 제등 인원은 동, 서, 남, 북, 중앙 이상 5개 구역으로 나뉘어 오후 6시에 모였다. 5개 구역의 구체적으로 지역은 다음과 같다. 동쪽은 파조교[50]로부터 동문, 중앙에는 종로로부터 철물교,[51] 남쪽은 종로로부터 남문, 북쪽은 종로에 위치한 순검 지소에서부터 황토현,[52] 서쪽은 황토현으로부터 광화문에 이르는 곳이었다. 각 지역에는 2천명씩 운집하였는데, 이들은 500백명씩 4대로 나누어 행진하였다. 이들이 손에 든 등의 종류는 구등球燈이었고 1인당 밀초蠟燭 3개씩 지급되었으며 촛불을 점화할 성냥은 각자 준비하였다. 당시 신문에 게재된 제등행렬에 대한 자세한 내용은 다음과 같다.

46　『해조신문』, 1908년 3월 10일, 1면.
47　『대한매일신보』, 1908년 3월 6일, 3면. "경축회조직 본월십일 건원절에 샹업회의소에서 뎨등경축회를 조직하되 회원은 만명가령이오 회비는 셩내에서 실업하는사람과 부쟈들이 마음대로 연조한다더라"
48　『대한매일신보』, 1908년 3월 7일, 2면. "뎨등수효 이번 건원절에 한셩인민의 뎨등할 등수효를 일만개 위한하고 졔조한다더라"
49　『대한매일신보』, 1908년 2월 29일, 2면. "경축예뎡 **각학교학도들**이 경졀이면 각각그학교에서 경축하더니 이번 건월졀에는 특별히 학부로 모혓다가 돈화문밧게 가서 경축한다더라"
　　『대한매일신보』, 1908년 3월 8일, 3면. "학도뎨등졀차 학부셔 긔관민건식씨가 각관사립학교에 공합하야 음력본월팔일 대황뎨폐하 건원졀에 경축하기위하야 **한셩내 각관사립학교 직원과 학도가 련합하야 뎨등항렬을 거행하라하엿는데** 그날 하오 오뎜종젼에 학부문압헤 차례로 버려셔대 그차례는 셩균관과 사범학교와 고등학교와 외국어학교와 교동 재동 어의동 인현 슈하동 전동 매동 경교 각 보통학교 ㅣ오 학도의 나히 열두살 이샹으로만 참례케 한다더라"
50　단성사 앞쪽에 있던 다리.
51　탑골공원 부근에 있던 다리.
52　광화문 네거리.

乾元節慶祝提燈進行順序

一 提燈行列을 擧行홀 事

二 提燈員은 每署에 少ㅎ야도 二千 人式來會홀 事

三 會集地点의 區域은 左와 如홈

　　一東署提燈員은 自罷朝橋로 至東 門內道路南邊

　　二中署提燈員은 自鍾路로 至鐵物 橋道路南邊

　　三南署提燈員은 自鍾路로 至南門 에 向홀 道路西邊

　　四北署提燈員은 自鍾路巡查支所 前으로 黃土峴을 向홀 道路南邊

　　五西署提燈員은 自黃土峴으로 至 光化門道路西邊

四 會集時間은 本月十日 (陰曆二 月八日) 下午六時에 以上各指 定혼 地点으로 無違會集홀 事

五 進行開始時間은 同日下午七時

六 進行道路ᄂ 左와 如홈 鍾路에서 鐵物橋를 經ㅎ야 罷朝 橋에 至ㅎ야 左折로 敦化門前에 至ㅎ야 大皇帝陛下萬歲를 奉呼三次ㅎ고 又 左折로 新營門前에 至ㅎ야 觀峴 及安峴安洞碧洞東十字閣을 經 ㅎ야 光化門前에 至ㅎ야 南向直 線으로 大漢門前에 至ㅎ야 太皇帝陛下萬歲를 奉呼三次ㅎ고 養洞을 經ㅎ야 南大門通街에서 左折ㅎ야 鍾路에 至ㅎ야 大韓國民 萬歲를 唱홈

七 行進홀 時刻에ᄂ 目中央事務所 로 指揮員을 各派ㅎ야 行進홈을 指揮키 前에ᄂ 切勿行動홀 事

八 當日若雨則翌日同時로 翌日又 若雨則又翌日同時로 順延홀 事

九 行伍ᄂ 四列로 行홀 事

十 五百人式一隊를 作ㅎ야 每署에 四隊□니 甲隊와 乙隊에 間隔은 十步以上으로 進行케 홀 事

十一 球燈은 每人에 一箇式蠟燭은 每燈三個式本會事務所에서 供給홈

十二 各署內各洞所任或各團體代 表人은 各該洞或團體中에 叅列 홀 人員에 實數를 預定ㅎ야 各其 所用홀 燈與燭에 領受証을 本月 八日九日十日(陰二月六日七 日八日) 以內로 本

事務所에 提 出ᄒ고 即其時로 領受持去홀 事

　十三 各該洞及各團體의 代表旗와 代表燈은 各其目擔持來홀 事

　十四 点火具(셩양)은 每人이 各其 自擔準備홀 事

　十五 各其持來ᄒ흔 球燈數ᄂ 當日本 會委員의 檢査를 受홀 事

　　　慶祝會 廣告[53]

　제등행렬은 단순히 민간의 행사로만 그친 것이 아니었다. 순종황제와 황후는 오후 6시에 돈화문에 친림하였고[54] 고종태황제는 대한문에서 7시부터 10시까지 관람하였다.[55] 황제와 백성이 하나가 되는 순간이었다. 당시 행렬 순서는 '호위대 기수－겸내취－군악대－제등하는 이들－무동과 기생'[56]이었다. 겸내취는 대취타를 장쾌하게 울리고 군악대는 양악을 연주하였으며 무동과 기생은 지화자를 불렀다.[57] 그리고 일제히 '대황제폐하만세', '태황제폐하만세'를 외쳐 순종황제와 고종황제에게 만세萬歲 하의賀儀를 올렸다.[58] 그리고 경축가를 부르기도 하였다.[59] 이렇게 건원절 기념 제등행렬을

53　『皇城新聞』, 1908년 3월 7일, 3면; 1908년 3월 8일, 3면; 1908년 3월 10일, 3면.

54　『대한매일신보』, 1908년 3월 7일, 2면. "뎨등회라람 본월십일 건원졀에 인민들이 뎨등경츅할때에 대황뎨폐하께서 돈화문에 림어하오셔 뎨등회를 어람하신다더라"
　　『대한매일신보』, 1908년 3월 12일, 2면. "뎨등람 재작일 건원졀 하오류시에 대황뎨폐하께서와 황후폐하께서 돈화문에 친림하샤 여러인민들의 뎨등하고 경츅함을 어람하시는데 전일에 쓰던 어젼풍악이 잇셧다더라"

55　『대한매일신보』, 1908년 3월 12일, 2면. "태황뎨라람 재작일밤에 뎨등회에서 대한문 압헤와셔 경츅할때에 태황뎨폐하께서 대한문 밧긔 하오칠뎜죵에 림어하오셔 보시고 십뎜죵에 환어하오셧다더라"

56　『대한매일신보』, 1908년 3월 12일, 2면. "경츅졀차 재작일 하오 육뎜죵에 뎨등회에서 돈화문밧그로 가는데 호위대 긔슈가 청홍령긔와 곤쟝 쥬쟝을 가지고 압셔 행하엿고 그뒤에는 겸내취가 빗균악으로 대츄ㅣ타를 하엿스며 군악대가 군악을 치고 그뒤에는 뎨등한 인민들이 작대하야 나아가고 무동과 기생은 지화자를 부르고 돈화문과 대한문밧□셔 경츅하엿다더라"

57　경시청에서 행수기생을 불러 지휘했다는 신문기사는 바로 기생이 지화자를 부르는 일에 참여했기 때문이었던 것으로 보인다. 『대한매일신보』, 1908년 3월 6일, 3면. "기생지휘 본월십일 건월졀에 한셩인민이 뎨등경츅하는일에 대하야 작일에 경시청에서 행슈기생을 불너다가 지휘하엿다더라"

58　『고종시대사』 6집 1908년 3月 10日(火) "乾元節이므로 敦化門 밖에 나아가 各 學校生徒 및 一般人民들의 提燈行列을 觀覽하고 萬歲賀儀를 받다."

59　1909년에 신문에 실린 경축가 가사는 다음과 같다. 아마도 이러한 류의 경축가가 1908년에도 불렸으리라고 추측된다. 『대한매일신보』, 1909년 3월 25일, 1면. "건월졀경츅가 '텬디대일월병□신 대한뎨국

지켜보며 만세 하의를 받은 고종황제와 순종황제는 흡족스러웠는지, 날씨가 춥고 눈이 내렸임에도 불구하고 경축행사를 정성스럽게 치렀다며 그 노고를 치하하였다.[60] 원활한 제등행렬의 진행을 위해 상인과 부자들의 기부,[61] 고종황제와 엄비의 하사금,[62] 각 부의 보조금[63] 등이 잇달았지만[64] 그럼에도 불구하고 수천원의 적자를 보아 각부 관리들에게 보조를 거듭 요청하기도 하였다.[65] 이렇듯 제등행렬 자체는 민간 중심의 행사였지만 실제로 재정적인 측면에서는 궁궐의 후원을 받았다. 또한 황제가 임어한 가운데 궁중과 민간의 악인이 함께 자리하였던 축제의 한마당이기도 하였다.

6. 비원의 원유회

건원절 기념 원유회는 3월 11일과 3월 28일에 행한 기록이 보인다. 『순종실록』에 기록된 3월 11일의 원유회 관련 내용은 다음과 같다.

성슈시라 태극국긔놉흔곳에 건원절을 경축일세 비나이다 만년배에 문명슈로 성슈만세'"

60 『대한매일신보』, 1908년 3월 13일, 2면. "부쟝을로문 건원절에 인민이 뎨등경축할때에 태황뎨폐하께서와 대황뎨폐하께서 친림 어람하시고 날이차고 눈이날니는데 인민의 즐겨 경축함을 특별히 가샹케 넉이시고 □셔 뎨등회 부쟝을 부르샤 로문하셧다더라"

61 『대한매일신보』, 1908년 3월 6일, 3면. "경축회조직 본월십일 건원절에 샹업회의소에서 뎨등경축회를 조직하되 회원은 만명가량이오 회비는 성내에서 실업하는사람과 부쟈들이 마음대로 연조한다더라"

62 『대한매일신보』, 1908년 3월 8일, 2면. "태황뎨은사 태황뎨폐하께서 일천환과 황귀비뎐하께서 오백환을 뎨등회에 하사하신다더라"

63 법부에서는 하인들까지도 월급을 쪼개어 제등행렬에 기금을 보냈다. 『대한매일신보』, 1908년 3월 8일, 3면. "연보뎨등 법부에서는 해부대신이하 여러관리와 하인까지 한달월봉이 백환이면 일원이십견식으로 차차등분하여 뎨등회에 보내기로 결정하엿다더라"

64 『皇城新聞』, 1908년 4월 7일, 3면. "乾元節慶祝會寄附人氏名如左 德壽宮 下賜金 一千五百圜 慶善宮五百圜 承寧府総管趙民熙氏寄附二百圜 內閣五百圜 法部一百圜 內部韓日人並一百五十圜韓一銀行 手形組合 東洋用達會社各十圜 千兢植李根培張容沒崔文植 金相离 李鴻模 張斗鉉 金用集 洪肯燮 趙秉澤 趙鑌泰 鄭永斗 芮宗錫 朴基元 李敏卿 韓相龍 白寅基 尹晶錫各五圜"

65 『대한매일신보』, 1908년 5월 23일, 2면. "뎨등비보조 대황뎨폐하 건원절에 뎨등경축한 부비를 회계하는데 부족액이 수천원이라 각부관리에게 보조를 청하엿더니 농상공부에서는 백원을 보조하기로 마련 즁이라더라"

후원(後苑)에 원유회(園遊會)를 마련하도록 명하였다. 칙임관(勅任官) 이상을 불러다가 놀이를 하고 그 자리에서 내각(內閣)과 궁내부(宮內府)와 각 부의 대신들에게 연회를 베풀어 주었다. 어제가 건원절(乾元節)이었기 때문이었다.[66]

본래 3월 11일에 원유회를 설행하기로 하였다가 3월 28일로 연기한 것으로도 생각되지만, 위에 인용한 것처럼 3월 11일에 원유회를 행한 내용이 『순종실록』에 밝혀져 있다. 따라서 3월 11일에 소규모의 원유회를 1차적으로 행한 후 3월 28일에 대규모의 원유회를 열었던 것이 아닌가 한다. 전자의 경우 궁내부대신 이윤용이 주석主席을 차지하였고[67] 후자의 경우에는 순종 황제 내외가 주인공이었다는 점에서도 차별된다. 그러므로 본고에서는 3월 28일에 설행된 원유회를 중심으로 논의하겠다.

3월 28일 오후 1시, 창덕궁 후원에서 설행된 건원절 기념 원유회는 조직적으로 준비되었다. 원유회의 위원장委員長은 내각서기관장內閣書記官長 한창수韓昌洙가 맡았고, 위원은 각 부府·부部의 칙임관·주임관 70-80여 명으로 구성되었다고 신문에 보도되었지만[68] 실제로 100여명 정도 되는 인원이 차출되었다〈표 3〉 참조).[69] 이들은 청첩, 회계, 요리, 주초, 다과, 설비, 음악, 영접 등으로 사무를 나누어 원유회를 준비하였다. 전통적인 궁중 연향을 설행할 때 임시기관인 진연청, 진연도감을 설치하여 준비하던 모습이 근대적인 형태로 재편된 듯하다.

66　『순종실록』 융희 2년(1908) 3월 11일.
67　"원유회예뎡 대황뎨폐하 건원절에 원유회를 거행한다함은 전보에 게재하엿거니와 일자는 음력 이월초구일이오 쳐소는 비원으로 뎡하고 **궁내부대신 리윤용씨가 쥬셕이 된다더라**"『대한매일신보』, 1908년 3월 1일, 2면.
68　"園遊會委員 秘苑園遊會를 設ᄒ다홈은 別項과 如ᄒ거니와 該會委員長은 內閣書記官長韓昌洙氏로 選定ᄒ고 委員은 各府部勅奏任官으로 七八十名을 定ᄒ얏다더라"『皇城新聞』, 1908년 3월 12일, 2면.
69　"園遊會委員 來二十八日園遊會에 委員을 選定ᄒ얏ᄂᆫ딕 請帖委員은 高源植氏等八人이오 會計委員은 元應常氏等五人이오 料理委員은 李建春氏等八人이오 酒草委員은 洪運杓氏等九人이오 茶果委員은 魚鎔善氏等九人이오 設備委員은 趙齊桓氏等二十人이오 音樂委員은 白禹鏞氏等四人이오 迎接委員은 張憲植氏等三十八人이라더라"『皇城新聞』, 1908년 3월 13일, 2면.

1908년 3월 28일 건원절 기념 원유회의 위원장과 위원

직책	이름 및 인원
위원장(委員長)	내각서기관장(內閣書記官長) 한창수(韓昌洙)
청첩위원(請帖委員)	고원식(高源植) 등 8인
회계위원(會計委員)	원응상(元應常) 등 5인
요리위원(料理委員)	이건춘(李建春) 등 8인
주초위원(酒草委員)	홍운표(洪運杓) 등 9인
다과위원(茶果委員)	어용선(魚鎔善) 등 9인
설비위원(設備委員)	조제환(趙齊桓) 등 20인
음악위원(音樂委員)	백우용(白禹鏞) 등 4인
영접위원(迎接委員)	장헌식(張憲植) 등 38인
부인영접위원(夫人迎接委員)	인천부윤(仁川府尹) 김윤정(金潤晶)의 부인 학무국장(學務局長) 윤치오(尹致旿)의 부인

※『皇城新聞』1908년 3월 12일 2면, 1908년 3월 13일 2면, 1908년 3월 26일 2면을 참조하여 작성함.

원유회에 순종황제와 황후가 참석하기로 예정되어 있었는데[70] 순종 황제 내외의 이동수단이 마차라는 명분으로 창덕궁 후원까지 마차가 통과할 수 있도록 도로공사를 단행하였다. 창경궁 홍화문 – 창덕궁 건양문 – 창덕궁 비원에 이르는 도로 수축 공사였다.[71] 그러나 순종황제는 마차보다 옥련을 타기를 원했고[72] 조선으로부터 내려오는 전통 문화를 최대한 살리려고 노력하였다.[73] 연행할 공연예술을 비롯한 원유회의 여러

---

70 『대한매일신보』, 1908년 3월 15일, 2면. "이둘 십팔일에 비원에서 원유회를 성설ᄒ다홈은 이왕 게재ᄒ
    엿거니와 **대황뎨폐하께셔와 황후폐하께셔 친림ᄒ실터인데** 황후폐하께셔ᄂᆞᆫ 종쳑부인과 각대신 부인으
    로 쳐소를 특별히 셜치ᄒ실터이오 …(하략)…"

71 "어로슈츅 음력이월팔일은 대황뎨폐하 건원절이신고로 챵덕궁안 비원에서 원유회를 배셜할터인데 대
    황뎨폐하께옵셔ᄂᆞᆫ 그날에 마챠로 동가하시기 위하야 건양문으로브터 홍화문으로 비원까지 치도할터인
    데 작일브터 시역하엿다더라"『대한매일신보』, 1908년 2월 18일, 2면.
    "乾元節園遊會 來月八日乾兀節에 昌德宮內秘苑에 園遊會를 設行ᄒ터인 故로 昌德宮에서 秘苑에 至ᄒ
    ᄂᆞᆫ 道路를 修築ᄒ다더라"『皇城新聞』, 1908년 2월 20일, 4면.

72 『대한매일신보』, 1908년 3월 29일, 2면. "구식거행 작일 원유회ᄂᆞᆫ 구식으로 거행ᄒᄂᆞᆫ데 대황뎨폐하께
    셔도 동가ᄒ실때에 마챠를 폐지ᄒ고 옥련을 타셧스며 풍악도 젼일과 ᄀᆞ치ᄒ고 각색음식도 한국료리로
    만 셜행ᄒ엿다더라"

사무를 조중응이 총괄하였다.[74] 예상비용은 3000여환으로 신문에 보도되었지만[75] 실제 총예산은 총예산도 4592원 96전으로 잡았다.[76] 대한제국 황실 구성원,[77] 경성에 있는 모든 관원官員과 내외국인內外國人을 초빙하여[78] 초대인원이 1400여명[79]에 달하였고 1500장의 청첩장을 발간하였다.[80] 많은 손님들이 교통수단으로 마차와 인력거를 타고 왔기 때문에 편의성을 위해 선인문宣人門 문짝을 떼어 놓고 문 앞에 보토補土를 깔았고[81] 부족한 의자도 빌려왔다.[82] 왕림하시기로 예정되었던 고종황제는 몸이 불편하다는 명분을 내세워 참석하지 않으셨다.[83]

원유회 당일의 공연은 매우 잡다했다. 검무, 잡가, 줄타기, 무동舞童, 수품手品, 광대 유희,[84] 산대 잡상,[85] 양악 연주, 데오도리手踊 등이 바로 그것이다. 정재에서부터 양악

73　『대한매일신보』, 1908년 3월 22일, 2면. "구식설행 오는 이십팔일 원유회에 계반절츠는 구식으로 배설ᄒ다ᄒ며 대황뎨폐하께옵셔도 당일에 친림ᄒ실 예뎡인데 시위긔병대가 응용홀 각색 빗날 군물을 작일에 군부에셔 포쇄ᄒ엿다더라"

74　"법대담임 건원졀에 원유회를 셩셜ᄒᆫ다□은 젼보에 게재ᄒ엿거니와 셜희ᄒᄂᆫ각항 사무는 법대 됴즁응씨가 담임ᄒ엿다더라"『대한매일신보』, 1908년 2월 23일, 2면.

75　"경츅경비 법부대신 됴즁응씨가 이번 대황뎨폐하 건원졀에 경츅회를 조직ᄒᄂᆫ데 그 경비는 **삼천여환**가량이라더라"『대한매일신보』, 1908년 3월 3일, 2면.

76　『起案』 제18책, 53ab.

77　『대한매일신보』, 1908년 3월 25일, 2면. "태황뎨폐하께셔와 황귀비뎐하께셔 오는 이십팔일 원유회에 림어ᄒ실 예뎡인데 의친왕뎐하께셔와 의친왕비뎐하께옵셔 배종ᄒ신다더라"

78　『內閣往復文』(奎 17755) 제1책, 33a.

79　『대한매일신보』, 1908년 3월 15일, 2면.

80　『대한매일신보』, 1908년 3월 21일, 2면. "청뎝수효 오는 이십팔일에 원유회에 청ᄒᄂᆫ 사름을 구별ᄒ야 청텹 일쳔오백쟝을 발간ᄒ엿ᄂᆫ데 각부부원쳥에ᄂᆫ 주임관이샹이오 부통감이하로 주임대우까지오 군수령부도 이와 ᄀᆺ치 ᄒ엿다더라"; 한편 청첩 수정에 대한 기사도 보인다. 『內閣往復文』 제1책, 35a-38a, 40a-41a.

81　『대한매일신보』, 1908년 3월 29일, 2면. "문젼보토 작일 원유회에 마챠와 인력거ᄃᆞ니기에 편ᄒ기를 위ᄒ야 선인문 문즁방을 쎄여ᄇᆞ리고 문압해 보토를 만히ᄒ엿다더라"

82　『起案』 제18책, 55ab.

83　『대한매일신보』, 1908년 3월 29일, 2면. "옥톄미녕 태황뎨폐하께옵셔 옥톄가 미녕ᄒ심으로 작일 원유회에 동가치 못ᄒ셧다더라"

84　"爲悅外人 이번 원유회에서 법대 됴즁응이가 외인에게 아텸ᄒ기를 위흠인지 아지못ᄒ거니와 막즁 **어복[御服]으로 광대히 유회를 행ᄒ얏ᄂᆫ데** 보ᄂᆫ 사름이 다 개탄ᄒ더라더라"『해조신문』, 1908년 4월 12일, 2면.

85　"갑주구경거리 작일 원유회에 구경ᄒ기 위ᄒ야 **챵덕궁안 쥬합루 우ㅅ층에 구갑쥬ᄒᆫ 사름모양으로 아홉 개를 믄드러 세웟다더라**"『대한매일신보』, 1908년 3월 29일, 2면.

대의 연주, 민간의 연희와 성악, 일본 기생의 춤 등으로 구성되었다.[86]

園遊會節次　一餘興開始順序

手品(奇術)　第一回午後一時卅分開始(食堂開始선지)

第二回午後三時四十分開始

倡夫繩渡(광딕)　午後一時卅分開始(食堂開始선지)

舞童　第一回午後一時十分　開始(食堂開始선지)

第二回午後四時開始

擊劍　午後二時四十分開始

柔術　午後三時開始

藝者手踊　午後　時三十分開始

模擬店開始後隨時

妓生演舞　午後二時三十分開始

模擬店開始後隨時(**劍舞**)

雜歌團　午後三時開始

儀仗軍陣行列第一回午後二時三十分開始

第二回午後四時開始

行列順序左開

舊軍樂隊｜議仗行列｜(此間二十間距離)｜軍陣行列

行列進路左開

食堂側에서　映花堂前으로　金馬門으로　入ᄒ야　左折ᄒ고　演慶堂前으로

六角亭前에서　右折ᄒ야　食堂後에　終홈

一大行進順序

86　이에 대한 자세한 내용은 졸고, 「개항기 근대식 궁정연회의 성립과 공연문화사적 의의」, 서울대학교 박사학위논문, 2010, 제4장 참조.

音樂隊 ┃ 來賓妓生 ┃ 來賓 藝者、來賓 ┃ 舊音樂隊[87]

秘苑盛況 昨日大皇帝陛下乾元節慶祝園遊會를 秘苑에 開ᄒ얏ᄂ디 其陳列舘은 古武器와 古
書畵와 盆栽와 揷花요 午後一時에 餘興으로 **倡夫의 繩渡와 舞童의 翫戱**요 同二時에 食堂을
開ᄒ얏ᄂ디 韓國料理, 西洋料理, 淸國料理, 日本料理, 茶店等品인디 其中에 明月舘에서 料理
店을 盛開ᄒ고 內外賓을 接待ᄒᄂ디 其新鮮ᄒ 料理가 可히 內外賓의 甘味를 供ᄒ만ᄒ고 同
二時三十分에 古代儀仗陳列과 古代軍陣行列과 **古代軍樂**과 擊釰, 柔術, **藝者手踊**과 **妓生演舞**
와 雜歌團으로 組織ᄒ고 同三時三十分에 模擬店을 開始ᄒ얏ᄂ디 內外國人이 散步登臨ᄒ야
談笑相樂ᄒ야 竟日忘歸ᄒ다가 同五時에 **音樂隊**가 先導ᄒ야 來賓의 大行進行의 例를 行ᄒ야
隨意散會ᄒ얏ᄂ디 同日叅會人員은 內外國高等官各社會任員의 同夫人이더라.[88]

위에 인용된 『황성신문』의 내용을 바탕으로 원유회의 일정과 공연종목을 보기 쉽
게 정리하면 다음과 같다.

1908년 3월 28일 건원절 기념 원유회의 일정

시각	내용
1시	倡夫의 繩渡, 舞童의 翫戱, 手品(奇術)
2시	食堂(韓國料理, 西洋料理, 淸國料理, 日本料理, 茶店 等)
2시 30분	古代儀仗陳列, 古代軍陣行列, 古代軍樂, 擊釰, 柔術, 藝者手踊, 妓生演舞, 雜歌團
3시 30분	模擬店 開始
5시	音樂隊가 先導ᄒ야 來賓의 大行進行의 例를 行하여 隨意散會

※ 『皇城新聞』 1908년 3월 29일 2면 '秘苑盛況'을 참조하여 작성함

그렇다면 원유회의 공연종목이 이렇게 산만해진 원인은 어디에 있을까. 준비 위원
명단에는 드러나지 않지만 조중응趙重應이 연회의 공연종목을 결정하는 과정에서 잡기

---

87 『皇城新聞』, 1908년 3월 28일, 2면.
88 『皇城新聞』, 1908년 3월 29일, 2면.

雜技 위주로 편성하는 전횡을 휘둘렀기 때문이다. 조중응은 이토 히로부미의 수족과 같은 역할을 했던 대표적인 친일인사로, 명성황후 시해 사건 때 일본으로 도망갔다가 이완용 내각이 들어서면서 한국에 다시 입성한 인물이었다.[89] 즉 조중응은 고의적으로 제1회 건원절 기념 원유회를 잡기雜技가 판을 치는 난장으로 만들었던 것이다.

그리하여 세인들은 "법대죠즁응씨가 외국사롬의 이목을 깃부게 ㅎ기 위흠인지 모르거니와 막즁흔 어젼의장을 챵시노름과 ㄳ치 꾸며 연희ㅎ엿다ᄂᆞᆫ데 보ᄂᆞᆫ쟈들이 모다 분히 넉이고 개탄ㅎ엿다고 소문이 쟈쟈ㅎ더라"라고 하면서 비난하였고[90] 어떤 관리는 "이ㄳ치 즁대흔 일을 내각회의에 데출치 아니ㅎ고 경솔이 셜행ㅎ엿다ㅎ야 맥맥히 서로 보기만"할 정도로 맹렬히 비판하기도 하였다.[91] 제1회 건원절 기념 원유회는 조중응이 호가호위狐假虎威하며[92] 정조대왕의 정치 구상과 역대 왕의 숨결이 담겨 있는 주합루가 파괴[93]되는 장으로 변해버렸다.

원유회를 설행한 후에는 이를 기념한 사진첩을 제작하였던 것으로 보인다. 기념사진첩 예약 광고가 『관보』에 게재되었기 때문이다. 광고에 의하면 사진첩에는 황제의 사진御眞影을 시작으로 관리들의 모습, 역대 어제御製, 무기武器, 식당食堂, 온갖 기예(줄타기, 항장무, 학무 등) 등 여러 광경이 두루 담겨 있어 건원절 경축 원유회장의 모습 전체를 한눈에 꿰뚫게 한다.

---

89 조중응은 명성황후 시해사건에 가담했던 인물이다, 명성황후 시해 사건이 일어난 후 면직되었고 역적 처벌에 대한 상소가 끊이지 않자 일본으로 도피하였다. 그 후 이완용 친일 내각이 들어서면서 법부대신으로 다시 등장하였다. 『고종실록』 권34, 건양 1년(1896) 2월 24일; 『고종실록』 권34, 건양 1년(1896) 6월 27일; 『고종실록』 권35, 건양 2년(1897) 4월 21일; 『고종실록』 권48, 광무 11년(1907) 5월 25일 참조.

90 『대한매일신보』, 1908년 3월 31일, 2면. '원유회연희'

91 『대한매일신보』, 1908년 3월 31일, 2면. '원유회챵시'

92 『대한매일신보』, 1908년 3월 31일, 2면. "론박도불관 원유회에 챵시노름흔 일은 별항과 ㄳ거니와 의장 결츠를 버려세우고 시위흘때에 법대 죠즁응씨가 젼도ㅎ야 도라ᄃᆞ니며 관광ㅎᄂᆞ 사롬드려 모조를 벗고 경례ㅎ라ㅎ니 군인 ㅎ나이 죠법대를 일쟝론박ㅎᄃᆡ 죠씨ᄂᆞ 드른톄도 아니ㅎ고 양양흔 의긔ᄂᆞ 눈으로 볼 수 없더라더라"

93 『대한매일신보』, 1908년 3월 31일, 2면. "고젹셜치 일젼 비원 원유회흘때에 쥬합루 란간에 명태조의 글ㅅ시와 명나라 숭졍황뎨의 글ㅅ시와 그 외에 녯그림과 녯글ㅅ시를 걸고 각색 화초ㅅ분과 고긔 등물을 만히 버려노홧다더라"

乾元節園遊會紀念寫眞帖豫約發賣公告

精巧ㅎ게「고로다이푸」版體裁縱九寸橫一尺二寸表紙表裝 製本皆美麗堅牢를 盡홈

三月二十八日 昌德宮 秘園에 開ㅎ얏던 大韓大皇帝陛下登極 第一回 乾元節奉祝園遊會의
盛觀을撮影홀것인데 其內容槪略이 左와 如홈

　一. 最近御眞影

　二. 園遊會主人各大臣

　三. 松林中에 御臨所(內外貴婦人에 休憩所ㅎ얏든 暎花堂을 含ㅎ야 花顏溫容이 一一分明
　　　홈이 能欲自語)

　四. 歷朝御製

　五. 古代武器

　六. 大食堂(開始前及內景)

　七. **天覽餘興(古代行列. 萬歲 樂倡夫繩渡. 鴻門宴(官妓). 鶴舞. 欵乃一聲. 手踊(花月 藝**
　　　妓). (舞妓舞童의 樂部).

　八. 逍遙亭畔에 貴人. 御溝에 船等

其他各種

豫約申託期限 四月二十日

豫約代價 壹部 貳圜

製本期限 四月三十日

京城龍山는 本局에서 直接送付 京城龍山以外는 別히 郵稅拾錢를 要홈 豫約에 申託도 京
城龍山內는 端書 又는 電話로 ㅎ미 宜홈 京城龍山以外는 豫約金 壹圜을 封入ㅎ야 申託홀
事 豫約申託所 龍山 印刷局 隆熙二年 四月 九日[94]

　　이상과 같이 궁중에서 설행한 제1회 건원절 기념행사는 창덕궁을 중심으로 하되 덕
수궁에서도 행해졌다. 덕수궁 문안을 위한 순종황제의 행차는 그 자체가 볼거리를 제

94　『官報』제4047호, 융희 2년 4월 14일 火曜.

공하는 하나의 행사가 되기도 하였다. 그리고 전통과 근대가 어울리는 지점이 여러 장면에서 포착되었다. 그러나 잡기가 공연된 3월 28일 원유회의 경우 많은 물력이 탕감되어 그 여파가 각 부와 관리들에게까지 미쳤다. 즉 각 부에 책정되어 있는 연회비 항목을 헐어 보내라고 통보하여 내부 200원, 탁지부 200원, 군부 100원, 법부 200원, 학부 100원, 농상공부 200원[95] 합계 1000원을 수합하였다. 또한 관리들에게까지 부담을 가중시켜 칙임관은 3원, 주임관은 1원 50전, 판임관은 30전씩을 내야만 했다.[96] 이렇듯 제1회 건원절 기념행사는 관리들에게 재정적인 부담을 주었고 친일사들의 로비장으로 악용된 측면도 있다.

7. 맺음말

1908년 순종이 황제로 즉위한 이후 처음으로 맞는 생신날에는 궁중과 민간에서 여러 행사가 설행되었다. 이는 조선시대에 볼 수 없었던 것이었다. 1902년까지 설행되었던 전통적인 진연進宴, 진찬進饌은 더이상 궁중 파티의 중심에 있지 않았다. 친일 인

---

95 "乾元節 園遊會費를 내각 예산으로 썼는데 부족액 1,000圜을 청산해야 하니, 各部 宴費 중에서 1주일 안으로 左開 금액을 보내달라는 輪牒 左開案을 處辦ᄒ심을 望홈. 乾元節園遊會費를 本閣預算으로 支用이온바 不足額一千圜을 淸勘無算이옵기 貴各部宴費中으로 一週日內收勘ᄒ올 事로 各部大臣끠敎를 承ᄒ와 玆에 左開仰佈ᄒ오니 照亮稟明ᄒ시고 週限內送交淸勘케ᄒ심을 爲要. 左開 內部 二百圜 度支部 二百圜 軍部 一百圜 法部 二百圜 學部 一百圜 農商工部 二百圜 合計金一千圜 一週日內收合事 內閣會計課長 趙源誠 內部 度支部 軍部 法部 學部 農商工部會計課長 僉座下 蓋印 秘書課長發送 文書課長主任 局長 會計課長 課員總理大臣 書記官長 隆熙 二年 四月十一日 起案"『起案』 제18책, 69a-72a.
"內閣會計課長 趙源誠(1908년 4월 21일) → 法部會計課長 松村新太郎. 법부 제103호 조회를 받았는데 乾元節 園遊會費 부족액의 분배 금액 100圜을 제395호 출급명령서 1장으로 보내왔기에 영수증을 보낸다는 照覆."『起案』 제18책, 76ab.
96 『대한매일신보』, 1908년 4월 10일, 3면. "연회비 슈렴 거월 건원절 원유회의 경비로 슈렴ᄒ되 칙임관의게는 삼원이오 주임관의게ᄂᆞᆫ 일원오십젼이오 판임관의게ᄂᆞᆫ 삼십젼식이라더라"
『대한매일신보』, 1908년 4월 16일, 2면. "관리탄식 각부관리들이 박ᄒᆞᆫ 월봉에서 피해ᄒᆞᆯ 관인가족 구휼금이니 피샹ᄒᆞᆫ 관인 치료비니 원유회니 근친회비니 구락부 연회비니 각항슈렴을 졔ᄒᆞ면 ᄂᆞᆷᄂᆞᆫ거시 업다고 셔로 맛나면 탄식ᄒᆞᆫ다더라"

사에 의해 궁중연향의 전통과 품격은 순식간에 자리를 잃어버렸다. 고종황제가 강제로 퇴위되고 순종이 그 뒤를 잇던 대한제국말기의 역사에서 황제의 생신 잔치도 그렇게 달라져 가고 있었다.

「대한제국기 건원절 경축 행사의 설행 양상」, 『한국음악사학보』 제45집, 2010.12.

제4부

부국강병과 개국기원의 염원

1. 부국강병과 숭의묘 제례악
2. 개국기원절 기념 행사와 음악

부국강병과 숭의묘 제례악

1. 머리말

숭의묘崇義廟는 유비劉備를 주향으로 하고 관우關羽, 장비張飛 등을 모신 사당이다. 배향 인물 중 관우가 포함되어 있어 관왕묘의 하나로 인식되고 논의되었다. 이는 기존에 있던 관왕묘인 동묘東廟, 남묘南廟, 북묘北廟에 이어 '서묘西廟'라고 불린 명칭에서도 확인된다. 물론 관우라는 인물을 모셨다는 공통분모 때문에 관왕묘와 숭의묘의 관련성을 배제할 수는 없다. 그렇지만 숭의묘는 관왕묘와 차별되는 면모가 있다. 관왕묘는 관우를 주향으로 삼았지만 숭의묘는 유비를 주향으로 삼았고, 관왕묘 제례악은 정대업 중 군중軍中에서 쓰이는 악기인 태평소가 사용되는 소무昭武·분웅奮雄·영관靈觀 이상 세 곡의 선율을 빌려와 군악軍樂의 성격을 띠지만[1] 숭의묘제례에서는 아악雅樂이 연주되었다. 이처럼 관왕묘와 숭의묘의 차별성은 배향인물, 음악 등에서 두드러지는

---

1   송지원, 「關王廟 祭禮樂 연구」, 『韶巖權五聖博士華甲紀念 音樂學論叢』, 韶巖權五聖博士華甲紀念論文集 刊行委員會, 2000, 409쪽.

데 배향인물이 달라지는 점에 대해서는 기존 연구성과에서 지적된 바 있지만[2] 용악用樂의 상이점에 대해서는 연구된 적이 없다. 따라서 본고에서는 관왕묘 제례악에 대한 기존 연구성과를 참고하면서 숭의묘에 대해 정리해 보겠다. 먼저 숭의묘가 건립되었다가 철폐되는 상황을 살펴보겠으며 다음으로 숭의묘 제례악에 대해 고찰하겠다.

2. 숭의묘 건립과 철폐

숭의묘 건립은 궁내부 특진관 조병식趙秉式의 상소가 발단이 되었다. 조병식은 관우에게는 황제의 칭호도 올렸으면서 함께 맹약을 다졌던 유비와 장비를 모시지 못해 시대의 흠이 된다며 유비를 주향으로 하고 관우, 장비를 배향한 삼의사三義祠를 세워 제사 지낼 것을 건의하였다. 고종은 조병식의 견해가 매우 타당하다며 긍정적으로 평가하였고 곧장 유비, 관우, 장비를 모실 사당을 세우라고 명하였다.

> 궁내부 특진관(特進官) 조병식(趙秉式)이 상소를 올린 대략에,
> "옛날 한(漢) 나라 소열 황제(昭烈皇帝)는 왕위에 오르기 전에 마침 나라가 위험한 국면에 처하자 관우(關羽), 장비(張飛) 두 사람과 힘과 마음을 합쳐 한 나라를 도와 적들을 쳤습니다. 충성과 의리가 해와 별처럼 환히 빛나 후세 사람들이 충의를 가진 선비를 말할 때에는 반드시 유비(劉備), 관우, 장비, 세 사람을 꼽았습니다. 그래서 삼의사(三義祠)를 세우고 제사를 지내는 것입니다.
> 우리나라에는 일찍이 동묘(東廟)와 남묘(南廟)에서 떠받들었는데, 폐하께서는 다시 북묘(北廟)를 세우고 황제의 칭호를 존숭하였으며 제사 등의 절차까지도 모두 할 수 있는 만큼 다하였습니다. 그런데 유독 함께 맹약을 다진 한 나라 소열 황제와 장 환후(張桓侯)에 대해서는 아직 신령을 모시는 곳이 없으니 이야말로 훌륭한 시대의 흠이 됩니다. 특별히 삼의사를

---

2   위의 글, 396~397쪽.

세워 한 나라 소열 황제에게 주향(主享)하고 관제(關帝)와 장 환후를 배향함으로써 청(淸)나라에서 이미 시행하는 규례를 본받는 것이 의리를 내세우는 일단으로 될 듯합니다. 의정부(議政府)와 장례원(掌禮院)으로 하여금 품처(稟處)하게 해 주소서."

하니, 비답하기를,

"지금 경의 진술을 보니 참으로 평상시에 우러르는 뜻에 부합된다. 마땅한 처분이 있을 것이다."하였다.[3]

조령(詔令)을 내리기를,

"옛날 한(漢) 나라 소열 황제(昭烈皇帝)가 관우, 장비와 함께 바람과 구름이 어울리듯이 형제와 같은 의리를 맺는데 대하여 짐은 일찍부터 공경하고 감탄하였다. 지금 이 중신(重臣)이 아뢴 것은 실로 타당하다. 사당을 세우고 신주(神主)를 모시는 절차를 장례원(掌禮院)에서 마련하여 거행하게 하라."하였다.[4]

그런데 『제국신문帝國新聞』 10월 27일자에 실린 '서묘갱설西廟更設'이란 기사에는 처음부터 3인(유비, 관우, 장비)을 위한 새로운 사당을 조성하려 했던 것이 아니었음을 의미하는 내용이 기록되어 있다. 즉 "고한 소렬황뎨와 쟝군쟝비의 화상을 동남북 관뎨묘에 합셜흔다 흐더니 소렬황뎨와 쟝쟝군묘를 셔묘로 봉안흘츠로 건츅흘 그디를 뎐연뎡 근디에 작뎡흐엿다더라"[5]는 것이다. '유비와 장비의 화상을 동관왕묘와 남관왕묘에 합설한다'는 문구가 기자의 추측성 발언이었는지 아니면 사실이었는지 확인할 수 없지만 유비와 장비까지 사당에 모셔 치제하려는 과정에서 기존에 있던 관우 사당을 활용하는 방안도 모색되었음을 짐작해 볼 수 있다. 실제로 강화도의 남관운묘南關雲廟(1884년 건립)와 북관운묘(1892년 건립)에는 유비, 관우, 장비의 화상이 함께 봉안되어 있

---

3   『고종실록』 권42, 광무 6년 10월 4일.
4   『고종실록』 권42, 광무 6년 10월 4일.
5   『帝國新聞』, 1902년 10월 27일, 2면. "고 한 소렬황뎨와 쟝군쟝비의 화샹을 동남북 관뎨묘에 합셜흔다 흐더니 소렬황뎨와 쟝쟝군묘를 셔묘로 봉안흘츠로 건츅흘 그디를 뎐연뎡근디에 작뎡흐엿다더라"

었기 때문에[6] 비록 지방이지만 선례가 있는 상황에서 유비·장비의 화상을 동·남관왕묘에 합설하자는 논의가 있었을 가능성도 배제할 수는 없다. 그럼에도 불구하고 별도의 사당을 마련하기로 결정한 까닭은 위격 문제 때문이 아닌가 한다.

먼저 유비, 관우, 장비 삼인의 위격을 보면 유비는 한나라의 황제로 등극했기 때문에 관우, 장비보다 격이 높다. 소열황제 유비를 그보다 지위가 낮은 관우에게 합사함이 격에 맞지 않는다고 판단했던 것은 아닐까. 비록 관우가 고종의 황제 등극 이후 관왕關王에서 관제關帝로 격상되기는 하였지만 이건 후대의 일이며 유비, 관우, 장비 삼인이 생존했던 당대의 상황을 되돌아 볼 때 유비를 중심으로 관우, 장비를 배향함이 맞다. 그런데 관우를 모셨던 관왕묘에 갑자기 주향을 유비로 바꾸는 일은 쉽지 않으며 그렇다고 관우를 주향으로 그대로 둔 채 유비, 장비를 모시는 일은 격에 맞지 않는다. 더군다나 숭의묘 건립이 논의된 시기는 고종이 황제로 등극한 이후이기 때문에 국가의 모든 전례를 제후국에서 황제국으로 격상시키는 과정에서 위격에 맞게 행례함을 중요시하는 분위기였다. 이런 맥락에서 유비를 주향으로 관우와 장비를 모시는 새로운 사당을 조성해야 한다는 조병식의 상소는 사당 신축에 더욱 힘을 싣는 발언이 되었을 것이다. 한편 북묘 건립에 명성황후와 진령군眞靈君이라는 무당 이씨가 관련되었다는 견해가 있듯이[7] 숭의묘는 엄비嚴妃와 현령군賢靈君 무녀巫女 윤씨가 청하여 세웠다는 설도 있다.[8]

유비, 관우, 장비를 모시기 위한 사당 신축이 결정된 후[9] 장례원 경掌禮院卿 이원일李源逸은 현판 이름을 짓자고 건의하였다.[10] 이에 궁내부에서 새 사당의 현판 이름으로

---

6 김탁, 『한국의 관제신앙』, 선학사, 2004, 52쪽.
7 송지원, 앞의 글, 2000, 396쪽.
8 『서울六百年史』 제4권, 서울특별시사편찬위원회, 1981, 960쪽;『서울六百年史(文化史蹟篇)』, 1987, 272쪽.
9 국가에서 관왕묘를 건립하는 것 외에도 개인적으로 관왕을 모신 예가 많다고 하는데 이와 관련된 기사가 있어 소개한다.『帝國新聞』, 1902년 11월 10일, 2면. "關廟又設 뎐연명 근디에 한례묘를 건축ᄒᆞ는말은 이왕긔재ᄒᆞ엿거니와 아현거ᄒᆞ는 리태경씨집에 관뎨묘를 또 설시츤다더라"
10 『고종실록』 권42, 광무 6년 10월 8일.
    장례원 경(掌禮院卿) 이원일(李源逸)이 아뢰기를, "한(漢) 나라 소열 황제(昭烈皇帝)의 신주(神主)를 사당을 세우고 모시는 절차를 마련하여 거행하도록 명령을 내렸습니다. 사당은 궁내부(宮內府) 영선사

숭의崇義와 명의明義 두 가지를 올렸고 고종은 '숭의'로 결정하였다.[11] 숭의묘 터는 영선사 장營繕司長 이근교李根教가 상지관相地官을 거느리고 가서 살핀 후 돈의문敦義門 밖 서부西部 반송방盤松坊 전前 기보畿輔 중영中營 뒷산 기슭 유좌酉坐의 땅으로 정하였다.[12] 이곳에는 천연정天然亭이라는 정자가 있어 흔히 천연정 근처라고 불렸다.[13] 이어 숭의묘 영건營建 길일吉日을 일관日官 김동표金東杓로 하여금 추택推擇하도록 하여 시역始役 음력 10월 4일 미시未時, 정초定礎(주춧돌 설치) 음력 10월 13일 미시 등으로 정하였다.[14] 이 일정대로 실행하였다면 숭의묘 영건 시역일은 음력 10월 4일에 해당되는 양력 1902년 11월 3일로 보아야 한다.[15] 이어 순조로운 공사를 위해 방한칠方漢七을 내부 참서관內部參書官으로, 장호진張浩鎭과 한정진韓鼎鎭을 숭의묘 영건시營建時 감동監董으로 임명하였다.[16] 그리고 상량문 제술관上樑文製述官에 군부대신軍部大臣 신기선申箕善,[17] 상량문

(營繕司)에서 빨리 짓게 하고 현판 이름은 홍문관(弘文館)으로 하여금 지어 올리게 하는 것이 어떻겠습니까?'하니, 윤허하였다.

11 『고종실록』 권42, 광무 6년 10월 22일.
    궁내부(宮內府)에서 '한(漢) 나라 소열 황제(昭烈皇帝)의 묘호망(廟號望)을 「숭의(崇義)」와 「명의(明義)」로 의정(議定)하였습니다.'라고 상주(上奏)니, 제칙(制勅)을 내리기를, "수망(首望)으로 하라."하였다.

12 『國朝祀典』(장서각 소장. 도서번호 K2-2529), 27쪽;『고종실록』 권42, 광무 6년 10월 23일;『승정원일기』 광무 6년 9월 22일(음력).

13 『帝國新聞』, 1902년 10월 29일, 2면. 崇義廟建期 소렬황데 사당집을 **텬연명근디에 명호엿단**말은 이왕긔재ㅎ엿거니와 궁내부에서 상쥬ㅎ고 시역홀일ㅈ는 음력십월 초ᄉ일로 작명ㅎ엿는데 묘호는 숭의(崇義)묘로 명ㅎ엿다러라; 현재 천연정 터는 서대문구 천연동에 위치한 금화초등학교 정문의 오른쪽에 해당된다고 한다. 따라서 숭의묘 터도 대략 이 부근으로 추정된다.
    참고로 현재 서울특별시 서대문구에 있는 법정동이자 행정동으로 남아 있는 천연동은 천연정에서 유래된 지명이다. 천연동의 지명 변천사를 정리해 보면 다음과 같다. 한성부 서부 반송방 지하계(池下契)(조선시대) → 서서 반송방 지하계와 석교동(石橋洞) 각 일부(1894년) → 경성부 천연동(1914년) → 경성부 천연정(1936년) → 서대문구 천연정(1943년) → 서대문구 천연동(1946년~). 송호열, 『한국의 지명변천』, 성지문화사, 2006, 785쪽.

14 『日省錄』 광무 6년 9월 24일(음력).

15 『고종실록』 권42, 광무 6년 10월 23일자 기록과 『승정원일기』 광무 6년 9월 22일(음력)자 기록을 보면 이날부터 건축이 시행된 것처럼 보인다. 그러나 『國朝祀典』(27쪽), 조광 편(정교 저), 『대한계년사』 6(서울 : 소명출판, 2004, 85쪽), 『帝國新聞』(1902년 10월 29일, 2면)에도 음력 10월 4일에 시역하였다고 기록되어 있어 숭의묘 시역일은 1902년 음력 10월 4일, 양력으로는 1902년 11월 3일로 판단된다.

16 『승정원일기』 광무 6년 10월 3일(음력);『官報』 제2348호, 광무 6년 11월 4일 火曜 '敍任及辭令';『官報』 제2355호, 광무 6년 11월 12일 水曜 '正誤(大)'

17 숭의묘의 상량문이 신기선의 개인문집인 『陽園遺集』 권5에 남아 있다.

숭의묘 전경 『京城府史』 제2권, 京城: 京城府, 1934, 237쪽

서사관書寫官에 궁내부 특진관 이근수李根秀, 현판 서사관懸板書寫官에 협판 조정구趙鼎九를 임명하였다.[18]

숭의묘 건축에 들어간 지 1년 정도 지난 1903년 11월 27일, 궁내부 대신서리大臣署理 성기운成岐運은 숭의묘 영건 공사가 끝났으니 길일을 받아 봉안奉安하는 의식을 거행하자고 건의하였고 윤허도 받았다.[19] 그러나 숭의묘 봉안 길일 추택은 해를 넘긴 1904년 4월 24일에야 실행되었고 음력 3월 12일 묘시卯時로 정해졌다.[20] 그리하여

18 『고종실록』 권42, 광무 6년 11월 23일;『승정원일기』 광무 6년 10월 24일(음력);『官報』 제2366호, 광무 6년 11월 25일 火曜 '敍任及辭令'
19 『고종실록』 권43, 광무 7년 11월 27일;『승정원일기』 광무 7년 10월 9일(음력);『官報』 제2683호, 光武 七年 十一月 三十日 月曜 '宮廷錄事';『日省錄』 1903년 10월 9일(음력).
20 『승정원일기』 광무 8년 3월 9일(음력);『日省錄』 1904년 3월 9일(음력);『官報』 제2810호, 光武 8年 4月 26日 火曜 '宮廷錄事'

1904년 음력 3월 12일, 양력으로는 1904년 4월 27일, 숭의묘에 한나라 소열황제昭烈皇帝·관제關帝·장환후張桓侯 이상 3인의 초상이 봉안되었는데[21] 소열황제는 정위正位에, 관제는 동배위東配位에, 장환후는 서배위西配位에 자리하였다.[22] 봉안된 초상 중 소열황제와 장환후의 것은 외부外部 번역관보繙譯官補 방대영方大榮이 청나라 북경에 가서 모사하여 가져온 것이다.[23] 숭의묘 화상 봉안은 소상塑像(남묘와 북묘에 봉안)이나 동상銅像(동묘에 봉안)이 봉안된 타 관왕묘와 차별되는 모습이기도 하다. 숭의묘에 유비를 주향으로 하고 관우와 장비를 배향한 것 외에도 제갈량諸葛亮·조운趙雲·마초馬超·황충黃忠·왕보王甫·주창周倉·조루趙累·관평關平 이상 8인을 종향從享하였는데[24] 1902년 4월 24일에 3인의 초상을 봉안하면서 함께 모신 것인지 이후에 모신 것인지에 대한 의구심이 남는다. 단, "昭烈皇帝影幀과 五虎大將影幀을 奉安하엿더라"[25]는 신문 기사를 통해 8인 중 오호대장五虎大將[26]에 속하는 조운·마초·황충의 경우 유비·관우·장비를 모실 때 함께 배향되었음을 추측해 볼 수 있을 뿐 조운·마초·황충을 제외한 나머지 5인의 배향 시기는 확실하지 않다. 한편 배향인물의 측면에서 볼 때 타 관왕묘 제례보다 오히려 격이 높았다.[27]

21　『고종실록』권44, 광무 8년 4월 27일;『승정원일기』광무 8년 3월 12일(음력);『日省錄』1904년 3월 12일(음력);『國朝祀典』, 27쪽.
22　『珠淵集』권6(장서각소장, 도서번호 K4-5682), 61ab.
23　조광 편(정교 저),『대한계년사』6, 85쪽. "외부 번역관보 방대영을 청나라 북경에 보내어 소열제 및 장환후의 영정을 본떠서 오도록 했다."; 임형택 외 옮김(황현 지음),『역주 매천야록』하, 문학과지성사, 2005, 122쪽. "조병식(趙秉式)이 소열묘(昭烈廟)를 세우고 장비(張飛)도 함께 배향할 것을 청하여 받아들였다. 이에 **청국에 사람을 파견하여 초상을 모사해 오도록 하고** 그 사당을 숭의묘(崇義廟)라 하였다."
24　『國朝祀典』, 27쪽.
25　『皇城新聞』, 1904년 4월 28일, 2면. "崇義廟奉安　新門外 天然亭 附近에 崇義廟를 建築하야 今已竣工한 故로 昨日卯時에 掌禮院에서 官人을 特派하야 昭烈皇帝影幀과 五虎大將影幀을 奉安하엿더라"
26　촉한의 명장인 관우, 장비, 조운, 마초, 황충을 가리킴.
27　송지원, 앞의 글, 2000, 397쪽.

숭의묘 영건 일정표

날짜(양력)	내용
1902년 10월 4일	조병식 상소
1902년 10월 22일	현판이름 '숭의'로 결정
1902년 10월 23일	건축부지 결정
1902년 10월 25일	영건 길일 추택
1902년 11월 3일	시역
1903년 11월 27일	영건 공사 종결
1904년 4월 24일	봉건의식 거행일 추택
1904년 4월 27일	초상 봉안

아쉽게도 숭의묘에 초상을 봉안하는 의식 절차는 자세히 알 수 없다. 대략 중사中祀 정도의 격으로 진행되었으리라고 추측될 뿐이다(3장 참조). 그러나 숭의묘에 대한 고종의 관심이 컸기 때문에 숭의묘 봉안奉安 제문祭文이 『주연집』[28]에 전한다. 그리고 축식祝式은 『종묘오향대제宗廟五享大祭』[29]와 『숭의묘의궤崇義廟儀軌』[30]에 기록되어 있다. 초상을 봉안한 후 궁내부 특진관 이근명李根命, 장례원 경掌禮院卿 이근수李根秀, 비서원 경祕書院卿 이용직李容稙은 고종에게 보고를 올렸다. 고종은 이들을 만난 자리에서 묘우廟宇, 화상畵像, 사당 건립 의미 세 가지 점을 거론하였다.

숭의묘(崇義廟)를 봉심(奉審)한 대신(大臣) 이하를 소견(召見)하였다.【궁내부 특진관(宮內府特進官) 이근명(李根命), 장례원 경(掌禮院卿) 이근수(李根秀), 비서원 경(祕書院卿) 이용직(李容稙)이다.】숭의묘(崇義廟)를 봉심한 뒤 복명(復命)하였기 때문이었다. 상이 이르기를,

---

28 『珠淵集』 권6, 61ab.
29 『宗廟五享大祭』(장서각소장. 도서번호 K2-2191), 54a.
30 장서각 소장. 도서번호 K2-2461.

"사당 건물이 남관왕묘(南關王廟)에 비해 어떻던가?"

하니, 이근명(李根命)이 아뢰기를,

"넓게 트인 것이 남관왕묘보다 못하지 않습니다."

하였다. 상이 이르기를,

"세 사람의 결의가 천 년 변치 않을 큰 의리여서 짐(朕)이 흠모하는 것이다. 그래서 이 사당을 새로 세웠다."

하니, 이근명이 아뢰기를,

"화본(畵本)을 보았는데 영웅호걸의 기품이 늠름한 것이 살아있는 듯하였습니다."

하였다. 상이 이르기를,

"청(淸) 나라에서는 상(象)을 만들어 금번에 화상(畵像)을 보내왔다. 소상(塑像)이나 화상 이 모두 어느 시대에 시작되었는가?"

하니, 이근명이 아뢰기를,

"자세히는 모르겠습니다만, 문묘(文廟)에도 소상을 모셨었는데, 명(明) 나라 재상 계악(桂萼)이 주달(奏達)하여 소상을 없애고 신위를 만들었습니다. 화상은 경전(經傳)에 은(殷) 나라 부열(傅說)이 똑같은 모습이었다고 씌어 있습니다." 하였다.[31]

해시(亥時). 상이 수옥헌(漱玉軒)에 나아갔다. 봉심한 대신 이하가 입시하였다. 이때 입시한 비서원 경 윤용식(尹容植), 비서원 낭 김재사(金在司)·신영학(辛泳學), 궁내부 특진관 이근명(李根命), 장례원 경 이근수(李根秀)가 차례로 나와 엎드렸다. …(중략)…

이근명이 아뢰기를,

"신이 명을 받들고 숭의묘(崇義廟)로 달려가서 봉안하고 제사를 받든 후에 화상(畵像)을 봉심하니 안녕(安寧)하였고, 여러 종향위(從享位)를 간심(看審)하니 탈이 없었습니다. 이에 감히 이렇게 우러러 아룁니다."

하였다. 상이 이르기를,

---

31 『고종실록』 권44, 광무 8년 4월 27일.

"묘우(廟宇)는 남관왕묘(南關王廟)와 비교하면 어떠한가?"

하니, 이근명이 아뢰기를,

"그 넓고 탁 틔인 것이 남관왕묘에 뒤지지 않습니다."

하였다. 상이 이르기를,

"세 사람의 도원결의(桃園結義)는 천년의 대의(大義)로 짐이 우러러 사모하는 바이다. 그러므로 이 묘우를 창건하였다."

하니, 이근명이 아뢰기를,

"화본(畫本)을 살펴보니, 영웅의 기상이 마치 살아 있는 듯이 늠름하였습니다."

하였다. 상이 이르기를,

"청국(淸國)은 소상(塑像)인데 **이번에는 화상(畫像)으로 모사(摹寫)하여 왔다.** 소상과 화상 모두 어느 시대에 시작되었는가?"

하니, 이근명이 아뢰기를,

"자세히 알지는 못하지만, 문묘(文廟)도 본래 소상이었는데 명(明) 나라 재신(宰臣) 계악(桂蕚)이 그 소상을 철거하기를 아뢰고 이어 위판(位版)을 조성하였습니다. 그리고 화상의 경우는 경전(經傳)에 보이는 것은 은(殷) 나라 부열(傳說)을 그린 화상입니다."

하였다. 상이 이르기를,

"이모(移摹)한 원본도 봉심하였는가?"

하니, 이근명이 아뢰기를,

"함속에 보관되어 있어 미처 봉심하지 못하였습니다." 하였다. ···(下略)··· [32]

먼저 묘우, 즉 신축한 숭의묘 건물이 남관왕묘에 비해 어떠냐고 고종이 질문하자 남관왕묘 보다 못하지 않았다고 이근명이 답하였다. 비교 대상으로 남관왕묘를 논한 까닭은 숭의묘 신축 당시 가장 최근에 건축된 관왕묘가 바로 남관왕묘였기 때문이다. 남관왕묘 중건은 화재로 인한 것이었다. 1899년 2월 14일, 남관왕묘에 화재가 발생하

---

[32] 『승정원일기』 광무 8년 3월 12일.

였는데 시민들도 화재 진압을 도왔지만[33] 사당 건물 뿐 아니라 비각碑閣과 관왕묘상의 일부까지 훼손되어 버렸다.[34] 남관왕묘 중건은 1899년 2월 23일부터 시작되었고[35] 공사가 끝나자 1899년 5월 28일에 전작례奠酌禮를 올린 후 수고한 이들에게 시상하였다.[36] 남관왕묘의 비석은 해를 넘겨 1900년에 조성되었다. 사조어제四朝御製(숙종·영조·장조·정조의 어제)가 담긴 비석[37]이었기 때문에 고종은 비석 공사를 중요하게 여겼다.[38] 남관왕묘 중건 비용으로는 2만원이 책정되었다가[39] 증액 비용 1만 9,351원이 추가되었다.[40] 그리고 비석조성비碑石造成費 1만원,[41] 비석을 바꾸어 세우고 다듬는 비용 1,236원이 투입되었다.[42] 따라서 남관왕묘 중건비 총액은 5만 587원에 달했다.[43] 이처럼 숭의묘 건축 바로 전에 남관왕묘의 건물과 비석을 새로 조성한 이력이 있었기 때문에 비교대상으로 남관왕묘를 논했던 것이다.

두 번째로 화상畵像에 대한 논의를 통해 모사한 원본은 함속에 보관해둔 채 이모본移模本을 봉안했음을 알 수 있다.

---

33   『帝國新聞』, 1901년 3월 8일, 3면. "년전에 남관왕묘 실화ᄒ엿슬때에 그동민들이 회동ᄒ야 구화ᄒ쟈가 삼백여호인데 매호에 포목한필과 백미 반셤식 내하ᄒ셧고 동북관왕묘 동리에도 매호에 포목과 백미를 내하ᄒᆞᆸ셧다더라"

34   『고종실록』권39, 광무 3년 2월 14일;『帝國新聞』, 1899년 2월 15일, 4면;『고종시대사』제4집, 1899년 2월 13일; 임형택 외 옮김(황현 지음),『역주 매천야록』상, 565쪽. 關王塑像의 훼손에 대해서는 臂가 손상되었다는 기록(『고종시대사』), 頭像이 떨어져 나갔다는 기록(『매천야록』)이 있다.

35   『帝國新聞』, 1899년 2월 22일, 3면;『帝國新聞』, 2월 23일, 1면.

36   『고종실록』권39, 광무 3년 5월 28일.

37   송지원, 앞의 글, 2000, 402쪽.

38   『고종실록』권39, 광무 3년 10월 18일 "또 남관왕묘 역시 비석에 관한 공사가 있어야 하겠는데, 숙종·영조·장종·정종의 어필(御筆)이 있으므로 특별히 소중하다. 그러나 이것 역시 추운 때에 다듬고 새기는 것을 완전하게 하기는 어려우니 전례를 상고하여 내년 봄으로 물려 시행하는 것이 사리에 맞을 듯하다."

39   『고종실록』권39, 광무 3년 3월 14일.

40   『고종실록』권39, 광무 3년 5월 12일.

41   『고종실록』권39, 광무 3년 4월 8일.

42   『고종실록』권40, 광무 4년 6월 30일.

43   제국신문에는 4만 9351원 40전으로 기록되어 있다. "관왕묘부비 관왕묘짓ᄂ 부비를 처음에 이만원을 지출ᄒ고 비석부비 일만원을 지출ᄒ고 또 부족ᄒ야 일만 구천 삼백 오십일원 ᄉ십젼을 지출ᄒᆞ엿ᄂ지라 도합이 ᄉᆞ만 구천 삼백 오십일원 ᄉ십젼이더라"(『帝國新聞』, 1899년 5월 18일, 4면)

마지막으로 사당 건립 의미는 "세 사람의 결의가 천 년 변치 않을 큰 의리여서 짐이 흠모하는 것이다. 그래서 이 사당을 새로 세웠다."는 문구를 통해 추측해 볼 수 있다. 즉 유비·관우·장비가 어려운 시기에 도원결의桃園結義로 힘을 합쳐 촉한을 세웠던 것처럼 고종도 지혜로운 신하와 함께 당대의 어려운 정국을 타파하여 결국 난국亂國을 평정한 끝에 촉한의 소열황제로 오른 유비처럼 되고 싶었던 것은 아니었을까.[44] 이는 곧 충절을 불러일으키는 기제로 기능하였다.[45] 더 나아가 숭의묘 건립은 선무사·정무사·장충단 등과 함께 전쟁 관련 제향이 강조되는 대한제국기 사전의 성격을 드러내는 것이기도 하며[46] 전쟁 관련 제향의 강조는 결국 국가의 군사력을 강화하려는 맥락과 닿아있다.[47] 따라서 숭의묘 건립 의미는 겉으로는 도원결의 의로움을 본받자는 단순한 충절 고양으로 보이지만 그 이면에는 대한제국의 군력軍力을 신장·강화하여 부국강병하려는 목적이 내재되어 있는 것으로 해석된다.

고종은 숭의묘를 영건하고 영정을 봉안奉安하는 등 일련의 과정에서 수고한 이들에게 차등을 두어 시상施賞하였다.[48] 또한 숭의묘 건축비에 대해서는 『고종실록』의 경우

---

44 고종은 집권 초기부터 소열제가 삼고초려(三顧草廬)하여 제갈량(諸葛亮)을 얻은 일을 언급하곤 하였다. 또한 『통감(通鑑)』을 진강하며 소열제에 대해 신하들과 논하는 내용이 『승정원일기』 곳곳에 수록되어 있다. 한편 명종대에 전래된 『삼국지연의』가 점점 널리 전파되어 서민층에서도 인기를 얻어 애독되는 가운데 고사(故事)의 절정이 되는 부분이나 중요인물을 중심으로 하여 파생된 소설들이 나오고, 시조에 삽입되고, 판소리 적벽가 작창(作唱)되기도 하였다(Thamcharonkij, Tientida, 「韓·泰 양국의 『삼국지연의』 수용 비교를 통한 한국문화교육 연구」, 서울대학원 박사학위논문, 2006, 26~33쪽). 특히 판소리 적벽가에서 유비는 자기의 이익이 아니라 나라를 구할 큰 뜻을 품고 부모를 공양할 줄 하는 품성을 지니고 나아가 호걸들을 알아보고 그들과 사귀는 훌륭한 지도자로 묘사되어 있어, 유비는 바로 당대의 백성들이 바란 참 지도자상의 하나로 흠모의 대상이었다(설중환, 「적벽가의 인물구조와 의미」, 『적벽가 연구』, 신아출판사, 2000, 272~273쪽). 그리고 도원결의 등장인물 중 한 명인 관우는 신격화되어 국가사전에도 오르고 민간에는 관우신앙이 널리 퍼져 있을 정도로 신망받는 대상이었다. 그러므로 이미 신망의 대상으로 자리잡은 관우와 연결되는 인물임과 동시에 서민과 지식층에 인기가 높았던 적벽가에 훌륭한 지도자 상으로 그려진 유비, 바로 그 유비는 고종황제가 구상했던 이상적인 군주상의 하나였을 수도 있었으리라고 추측된다.

45 이욱, 「근대 국가의 모색과 국가의례의변화 - 1894~1908년 국가 제사의 변화를 중심으로」, 『정신문화연구』 여름호 제27권 제2호(통권 95호), 성남 : 한국정신문화연구원, 2004, 75쪽.

46 위의 글, 73~75쪽.

47 관왕묘 제례와 음악이 군사력 강화와 직결된다고 본 견해가 있다. 송지원, 「18세기 후반 조선의 학자 군주 正祖의 음악업적」, 『동양음악』, 서울대학교 동양음악연구소, 1999, 241쪽.

19만 9950원[49]으로 기록되어 있으며 『관보』에는 19만 9959원 21전 9리 6모[50]로 기록되어 있어 미세한 차이가 있다.

이후 숭의묘를 봉심奉審·적간摘奸하는 기록이 지속적으로 보이며[51] 숭의묘 위안제에 진상물로 배정된 돼지 5마리 값 25원을 지급해 달라는 기록도 보인다.[52]

숭의묘에는 조석朝夕으로 상식上食을 올렸으며 기본적으로 삭제朔祭와 망제望祭가 있었고[53] 음력 2월, 8월에 춘추제를 지냈다.[54] 그러나 『대한매일신보』 1908년 6월 13일자에 의하면 숭의묘에 봄, 가을로 경칩驚蟄과 상강霜降에만 제사지내기로 조정되었음을 알 수 있다.[55] 이는 전반적인 제향의 폐지, 축소를 지향하는 계략의 전초전으로 진행된 국가사전의 국사國祀·제실사帝室祀 이분화[56] 작업[57]이 5개월 정도 지난 시점이라 일

---

48 『고종실록』 권44, 광무 8년 4월 27일; 『승정원일기』 광무 8년 3월 12일(음력); 『官報』 號外 광무 8년 7월 19일 '宮廷錄事'; 『官報』 제2885호, 광무 8년 7월 22일 金曜 '正誤(大)'; 『官報』 제2886호, 광무 8년 7월 23일 土曜 '正誤(大)'; 『官報』 제2888호, 광무 8년 7월 26일 火曜 '正誤(大)'; 『官報』 제2889호, 광무 8년 7월 27일 水曜 '正誤(大)'; 『加資錄』(장서각소장 도서번호 k2-496), 225a-226a.

49 『고종실록』 권44, 광무 8년 9월 10일.

50 『官報』 제2931호, 광무 8년 9월 14일 水曜 '彙報'; 『各部請議書存案』(奎17715) 제26책, 114b-115a.

51 『官報』 제2940호, 광무 8년 9월 24일 土曜 '宮廷錄事'
　『官報』 제3080호, 광무 9년 3월 7일 火曜 '宮廷錄事'
　『官報』 제3236호, 광무 9년 9월 5일 火曜 '宮廷錄事'
　『官報』 제3237호, 광무 9년 9월 6일 水曜 '宮廷錄事'
　『官報』 제3256호, 광무 9년 9월 28일 木曜 '宮廷錄事'
　『官報』 제3403호, 광무 10년 3월 17일 土曜 '宮廷錄事'
　『官報』 제3473호, 광무 10년 6월 7일 木曜 '宮廷錄事'
　『官報』 제3476호, 광무 10년 6월 11일 月曜 '宮廷錄事'
　『官報』 제3576호, 광무 10년 10월 5일 金曜 '宮廷錄事'
　『官報』 제3722호, 광무 11년 3월 25일 月曜 '宮廷錄事'
　『官報』 제3874호, 융희 원년 9월 18십팔일 水曜 '宮廷錄事'
　『官報』 제3881호, 융희 원년 9월 26일 木曜 '宮廷錄事'

52 『通牒編案』(奎20313) 제1책.

53 『대한매일신보』, 1908년 6월 13일, 2면.
　"춘츄향스 동관왕묘와 남관왕묘와 북관왕묘와 숭의묘에는 조래로 죠셕으로 슈라를 드리고 삭망으로 졔스를 지내던거슬 폐지ㅎ□ 지금은 춘츄로 경칩때와 상강때에 두 번만 지내기로 마련ㅎ엿다더라"

54 『국조사전』, 27쪽; 『宗廟五享大祭』, 54a.

55 조선시대에 경칩과 상강에 제사지내는 예는 소사(小祀)에 속하는 둑제(纛祭)와 관왕묘제례에서 찾아볼 수 있다. 송지원, 「조선시대 둑제의(纛祭儀) 악무(樂舞)」, 『문헌과 해석』 통권 37호, 문헌과해석사, 2006 겨울, 123쪽 및 송지원, 「關王廟 祭禮樂 연구」, 『韶巖權五聖博士華甲紀念 音樂學論叢』, 400쪽.

제가 전반적으로 국가 제사의 규모를 줄여나가는 과정 중에 발생된 일로 해석된다. 이어 숭의묘제례가 폐지된다는 기사가 신문에 실렸으며[58] 1908년 7월에 발표된 향사 이정享祀釐正건에서 숭의묘제례는 공식적으로 폐지되었고 그 터는 국유로 이속되었으며[59] 1909년 4월에는 동묘에 합사合祀되었다.[60] 이후 숭의묘 터는 1910년 7월에 경성고아원에 무상 대여하기로 결정되었다.[61] 또한 1911년 6월에는 조선총독부에서 그 건물

---

56 『宮內府來文』(奎17757) 제88책.
   "享祀는 國家의 至重典式이오 風教關係에 亦莫此爲大也崇奉制度는 須其參酌古今하야 必從其宜 而一次釐正更改홀바로 認하옵는바 從來의 規例를 按하오니 一切享祀는 殆爲帝室專管홈와 國家의 祀典에 屬홀 性質이 有홈을 不拘하고 總히 帝室에서 此를 管檢하며 其祭需享費를 專허 負擔홈에 在하야는 畢竟其事體에 得宜홈이아니온바 現今制度更張之時를 際하야 猶獨享祀에만 舊制를 株守하고 古例에 拘泥치아니홀지오니 其性質를 稽查하고 其所屬을 區分하와 此를 永爲定式케하옵고 一般國民으로 其祀典에格例와 崇敬尊奉홀바를 咸使知悉케하옴이 妥當하겟습기 玆에 別紙를 添付仰佈하오니 照亮하신後 國祀는 閣部로 帝室祀는 宮內府로 管檢하야 各其祭需享費를 負擔홀 制를 閣議에 提出하시와 永爲決定施行케하심을 爲要.
        別紙
        國祀
   圜丘 宗廟[中霤]社稷孔子廟[啓聖祠 四賢祠] 山川 岳瀆 先農 先蠶 雩祀 司寒 歷代始祖[檀君箕子以後至于高麗] 關帝廟 崇義廟 纛祭 大報壇 萬東廟 武烈祠宣武祠靖武祠獎忠壇厲祭城隍祭馬祖壇 以上 一國所奉之祀 土地財 産殿宇官制 自內閣主管.
        帝室祀
   肇慶廟 肇慶壇 慶基殿 濬源殿 穆淸殿 永禧殿 咸興本宮 永興本宮 華寧殿 璿源殿 景孝殿 懿孝殿 各陵園墓 各宮 廟. 以上 帝室所奉之祀 土地財産殿宇官制 宜自宮內府主管.
   宮內府大臣臨時署理侍從院卿 閔丙奭 太子少師內閣總理大臣大勳 李完用 閣下 總理大臣 書記官長 局長課長
   隆熙二年一月二十二日"
57 이욱, 「근대 국가의 모색과 국가의례의변화 - 1894~1908년 국가 제사의 변화를 중심으로」, 『정신문화연구』, 84~86쪽.
58 『대한매일신보』, 1908년 6월 30일, 2면. "관묘감생 숭의묘와 북관왕묘는 츄후건축홀 것인고로 폐지하고 동남 두관왕묘만 둔다더라 폐지가 만코 대보단과 션무스와 정무스는 폐지혼다는 말이 잇다더라"
59 『순종실록』 권2, 융희 2년 7월 23일; 『官報』 제4136호, 융희 2년 7월 27일 月曜.
   "개정한 제사 제도[享祀釐正] 환구단에는 1년에 두 번, 사직단에는 1년에 두 번, 종묘에는 1년에 네 번 지내고, 또 두 번 고유제를 지낸다. …(중략)… 대보단, 만동묘, 숭의묘, 동관묘, 남관묘, 북관묘 및 지방 관묘(關廟)의 제사를 폐지하고, 대보단의 터는 궁내부에서 관할하며 숭의묘와 북관묘는 국유로 이속시킨다. …(하략)…"
60 『京城府史』 제1권, 372쪽.
61 『度支部來去案』 奎17766 제8책.
   "左開案을 處辦하심을 望홈.

에 제생원濟生院을 설립하여 1911년 9월 이후부터 고아양성소로 사용하다가 1912년 12월 이후에는 맹아원盲啞院으로 쓰기도 하였다. 일제강점기 당시 숭의묘 터의 주소는 천연동天然洞 98번지였다.[62]

1904년 4월 27일에 첫 봉안의식이 행해진 후 1908년 7월에 폐지되기까지 숭의묘제례가 행해진 기간은 불과 4년 밖에 안되었기 때문에 타 관왕묘에 비해 숭의묘제례는 비교적 덜 알려져 있었다. 게다가 숭의묘 터를 조선총독부에서 고아원과 맹아원으로 사용해 버리는 바람에 그 묘역까지 철저히 훼손되어 숭의묘의 기억을 되돌릴 공간마저 잃어버렸다. 숭의묘는 대한제국을 부국강병하게 만들려는 정책의 하나로 조성되었다가 일제의 침략으로 인해 대한제국이 몰락하는 과정에서 사라진 국가사전國家祀典의 하나였다.

3. 숭의묘 제례악

1) 악장

제례악은 대개 중사中祀 이상에 속하는 제례에만 사용되었다.[63] 따라서 숭의묘제례에 제례악이 있는 것으로 보건대 숭의묘제례는 중사 이상의 위상을 지녔을 것으로 추측된다. 그리고 숭의묘 제례악 제정에 대한 당대의 기록이 거의 전무하지만 숭의묘제례가 처음 시행되었을 때부터 음악이 수반되었으리라고 본다. 즉 숭의묘 제례악은 악

貴部에서 請議훈 西部 李判洞 所在 前崇義廟 及該門前建物基地룰 京城孤兒院에 無償許借事로 內閣會議룰 經훈 後 上奏ᄒᆞ야 可라ᄒᆞ신 旨룰 奉ᄒᆞ엿ᄉ기 玆에 指令事. 太子少師內閣總理大臣 李完用 度支部大臣 高永喜 閣下 蓋印 祕書課長發送 文書課長主任 法制局長 法制課長 法制課員總理大臣 書記官長 隆熙 四年 七月 十二日 起案 法甲 第一四八號"

62 『京城府史』 제1권, 372쪽.
63 김문식·송지원, 「국가제례의 변천과 복원」, 『서울20세기생활·문화변천사』, 서울시정개발연구원, 2001, 674쪽, 〈표 2〉 참조.

장, 악현, 일무를 두루 갖춘 형태였다.

숭의묘제례에 사용된 악장은 홍문관학사 남정철南廷哲 지은 것으로[64] 『증보문헌비고』
「악고」권100, 『조선악개요』등에 실려 있다. 아헌·종헌에서 같은 악장을 사용할 뿐
영신, 전폐, 초헌, 철변두, 송신의 의례절차에 각각의 악장이 있다. 그리고 초헌에는
한漢 소열昭烈 황제위皇帝位, 무안관제위武安關帝位, 환후桓侯 장공위張公位의 악장이 별도
로 있다. 악장의 형식은 모두 4언 8구 32자로 되어 있다. 이를 관왕묘 제례악의 악장
과 비교해 볼 때 4언으로 지어진 악장의 형식적인 면에서는 정조대의 것과 비슷하며
제례의 각 절차에 독립적인 악장이 존재한다는 측면에서는 고종대에 관제묘 격상 이
후 지어진 "관왕묘 존숭후 악장"과 유사하다. 숭의묘제례에 쓰이는 악장의 내용은 다
음과 같다.[65]

영신

昔在漢季 皇維辟辟 옛날 한나라 말에 일어나신 위대한 임금이시여!

烈烈洸洸 耀簡策辟 열렬하고 위엄스럽게 간책에 빛나도다

城西有廟 繄神宅辟 성 서쪽에 사당이 있나니 신께서 안주해 계시도다

月幢雲帡 儼其假辟 달빛 너울거리는데 구름 같은 휘장에 엄숙하게 이르시도다

전폐

三分世製 大義獨伸 세상이 셋으로 나뉘었는데 대의를 홀로 높이 내세웠나니

猛將如雲 群龍攀鱗 용맹한 장군이 구름처럼 일어나 많은 용이 비늘을 잡아 당기도다

我儀圖之 進幣祁祁 우리가 의식을 도모하여 폐백을 성하게 올리나니

崇德脩祀 異世亦宜 덕을 숭상하여 제사를 공경히 올리는 것을 다른 세대에도 마땅히 하리라

---

64   김종수 역주, 『譯註增補文獻備考 - 樂考 -』上, 국립국악원, 1994, 415쪽.
65   김종수 역주, 『譯註增補文獻備考 - 樂考 -』上, 415~417쪽.

초헌

한(漢) 소열(昭烈) 황제위(皇帝位)

赫矣帝胄 衣帶受禪　빛나도다! 황제의 투구여. 의대를 선양받았도다

桃園倡義 草廬聘賢　도원에서 의를 부르짖고 오두막집에서 현인을 모셔왔도다

鄅狐懿愲 曾莫敢橫　업호와 의괵이 어찌 감히 거스리리오

何以享之 特牡[66]大羹　무엇으로 제향을 올릴 것인가? 숫소와 대갱이로다

무안관제위(武安關帝位)

神武天挺 烈莫與並　신령스런 무공은 하늘이 내신 것이니 그 공렬을 같이 더불을 자 없도다

風期契融 春秋義炳　임금과 신하 사이에 뜻이 통하여 관계가 깊으며 춘추의 의리가 밝게
　　　　　　　　　　빛나도다

眷我東方 旣多顯聖　우리 동방을 보살피사 많은 현인과 성인을 내셨으니

豈直崇報 以綏後慶　어찌 다만 높이 갚기만 하는 것이리오? 후대에 경사를 누리게 하는
　　　　　　　　　　것이로다

환후(桓侯) 장공위(張公位)

桓桓維侯 如雷如山　굳세고 씩씩한 후께서는 천둥과 같고 산과 같도다

威震長坂 義釋嚴顏　위엄이 장판에 떨치고 의리로 엄안을 풀어주었도다

千載一室 君臣與同　천년을 한 묘실에서 군신이 같이 있도다

神其洋洋 來歆來崇　신께서 양양하게 흠향하는데 오시고 높이는데 오소서

아헌 · 종헌

淸酒旣載 俎豆且陳　맑은 술 이미 따르고 조두에 제물을 담았도다

盥薦興俯 儀度莘莘　공경히 술 올리고 일어나 숙이니 예의 법도 잘 갖추었도다

66　『朝鮮樂槪要』(국립국악원 소장)에는 '牲'자로 쓰여 있음.

如有和聲 昭德象功 화한 소리가 있는 듯 덕을 밝히고 공을 형상하노니

神之聽之 降福無窮 신께서 들으시고 복을 끝없이 내리시도다

철변두

九成既備 三獻禮登 구성을 이미 연주하고 삼헌례를 행하였도다

籩豆有踐 祀事孔稱 변두 가지런히 벌려 제사일 심히 알맞게 하였도다

載徹不遲 工祝致告 변두 물리길 더디게 하지 않으니 축관이 다 마쳤음을 고하도다

介以繁祉 有相之道 번영과 복을 크게 하니 돕는 도가 있도다

송신

神之來兮 風肅然而 바람 숙연히 일으키며 신께서 오시었다가

神之歸兮 渺雲天而 아득한 하늘의 구름 속으로 돌아 가시도다

福祿衎衎 儀莫愆而 복록을 즐기나니 예의가 어그러짐이 없도다

享祀無射 歲又年而 향사를 싫어함이 없이 해마다 올리리이다

2) 음악

숭의묘제례의 음악은 선농, 선잠, 우사, 대보단의 것과 같다고 『조선악개요』에 소개되어 있다.[67] 즉 숭의묘제례에서 아악이 사용되었다는 의미이다. 이는 관왕묘 제례악의 음악이 정대업 중 군중軍中에서 쓰이는 악기인 태평소가 사용되는 소무·분웅·영관 이상 세 곡의 선율을 빌려와 둑제의 예와 같이 길례에 해당하면서도 군악軍樂의 성격을 띠는 것[68]과는 다른 양상이다. 이처럼 음악을 차별화 한 까닭은 무엇일까. 아마도 첫째, 관왕묘와 숭의묘에서 주향으로 모신 인물이 다르기 때문이 아닌

---

67 『朝鮮樂槪要』, 125쪽.

68 송지원, 「關王廟 祭禮樂 연구」, 『韶巖權五聖博士華甲紀念 音樂學論叢』, 409쪽.

가 한다. 즉 관왕묘에서 주향으로 모신 관우는 군신軍神으로 숭배되어 자연스럽게 군악의 성격을 띠는 음악을 썼지만 숭의묘에서 주향으로 모신 인물은 소열황제였기 때문에 군악 계통보다는 자연스럽게 아악을 연주한 것이 아닐까 한다. 명나라의 황제를 모신 대보단 제례악에서 아악을 연주하는 전통이 이어지고 있었으므로 한나라의 소열황제를 주향으로 모시는 숭의묘 제례악으로도 자연스럽게 아악이 채택된 것 같다. 정조대에 인귀人鬼의 제례에 속한 경모궁제례를 제정하고 경모궁제례악을 제작할 때에도 인귀에 올리는 제례인 종묘제례에서 쓰이는 음악인 종묘제례악에서 일부 채택한 선례가 있었기 때문이다. 이처럼 제례악을 제작하는 실례 중에서 종묘제례악과 경모궁제례악의 관계를 생각해 본다면 대보단 제례악과 숭의묘제례악도 자연스럽게 연결된다. 대보단과 숭의묘에 모셔진 인물이 모두 중국의 황제이기 때문에 더욱 그러하다.

둘째, 조선시대 제향악의 전통을 고려해 볼 때 속악보다는 아악의 비중이 훨씬 컸기 때문에 아악을 사용한 것이 아닌가 한다. 여러 제사 음악 중 속악을 쓰는 곳은 종묘제례와 경모궁제례 뿐이며 관왕묘제례와 둑제에서는 군악을 사용한다. 기타 환구제례, 사직제례, 대보단제례, 문묘제례, 선농제, 선잠제 등에서는 모두 아악을 연주하였다. 즉 속악과 군악이 사용된 예외적인 경우를 제외하고는 아악 일색이었다. 이처럼 특별한 경우가 아니라면 조선시대 제향악은 아악 중심이었기 때문에 전례상 아악을 연주하는 것이 자연스러웠으리라고 본다.

영신악 : 황종궁 삼성, 중려궁 이성, 남려궁 이성, 이칙궁 이성

전폐악 : 남려궁 無定數

초헌악 : 上同

아헌악 : 고선궁 無定數

종헌악 : 上同

철변두악 : 남려궁 일성

송신악 : 황종궁 일성[69]

숭의묘 제례악에서 연주된 음악은 위에 정리되어 있다. 즉 영신악으로는 황종궁, 중려궁, 남려궁, 이칙궁이 사용되었고 전폐악, 초헌악으로는 남려궁이 연주되었다. 아헌악과 종헌악은 고선궁, 철변두악으로는 남려궁, 송신악으로는 황종궁이 쓰였다. 특히 영신 절차에 9성을 연주하였는데 이는 숭의묘가 인귀人鬼에 대한 제사의 성격을 지니기 때문이다.

3) 악현

숭의묘제례악을 연주하기 위해 악기가 새로 조성되었는지에 관한 기록은 보이지 않는다. 따라서 숭의묘제례악 연주를 위한 새 악기의 제작 여부는 불분명하다. 그리고 숭의묘 악현의 구체적인 모습도 기록되어 있지 않다. 단, 선농 · 선잠 · 우사 · 대보단의 음악과 동일한 것을 쓴 것으로 보아 악현도 이와 거의 비슷하지 않았을까 짐작해 볼 뿐이다. 시기상 『대한예전』의 것을 참고하여 선농 악현을 소개하면 다음과 같다.

『대한예전』 권4의 선농 등가 한국학중앙연구원 장서각 소장

『대한예전』 권4의 선농 궁가 한국학중앙연구원 장서각 소장

---

69 『朝鮮樂槪要』, 126쪽.

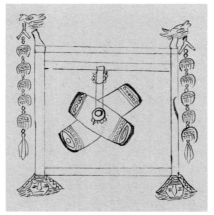

『대한예전』 권4의 노고 한국학중앙연구원 장서각 소장   『대한예전』 권4의 노도 한국학중앙연구원 장서각 소장

선농 등가를 살펴보면 팔음이 구비되어 있기는 하지만 축이 없고 어만 있다. 선농
궁가는 원론적으로 인귀의 제사에 편성되어야 하는 악기인 노고와 노도가 모두 포함
되어 있지 않고 노도만 진설되었다는 점에서 다소 결란된 형태를 띤다. 숭의묘 악현
이 만약 『대한예전』의 선농 악현과 완전히 동일하였다면 팔음이 구비되고 노도가 편
성되기는 했겠지만 축과 노고가 없는 다소 균형 잡히지 못한 모습이었을 것이다.

이처럼 숭의묘제례악의 악현은 중고·장고·피리·대금·태평소·대금·소금·
해금·노래로 구성된 관왕묘 제례악의 악기편성[70]과 확연한 차이를 보인다. 악현의
차이는 양자의 제례에 쓰이는 음악이 다르기 때문에 나타나는 자연스러운 현상이기도
하다. 숭의묘제례의 악현은 아악 연주를 위한 아악악현의 한 형태이었다.

4) 일무

관왕묘 제례악에는 일무가 없었지만 숭의묘제례악에는 일무를 추었다. 주지하듯이
고종이 황제로 즉위한 후부터는 팔일무八佾舞를 추었는데 팔일무는 대사大祀에만 적용

---

70   송지원, 「關王廟 祭禮樂 연구」, 『韶巖權五聖博士華甲紀念 音樂學論叢』, 417~418쪽.

되었다.[71] 그러므로 숭의묘제례가 중사에 속하였다면 육일무를 추었을 것이고 대사에 속하였다면 팔일무를 연행했을 것이다. 그렇다면 숭의묘제례는 중사에 속하는 것인가 대사에 속하는 것인가. 대개 대사의 경우 친행의 예가 있는데 숭의묘제례의 경우 처음부터 신하들을 보내어 치제하였고 그 이후로도 친제親祭를 하지 않았으므로 숭의묘제례는 중사로 보아야 하지 않을까 한다.[72] 따라서 숭의묘제례에서는 육일무를 춤추었을 것으로 해석된다. 그리고 선농, 선잠, 우사, 대보단의 예로 비추어 보건대 영신, 전폐, 초헌에서는 문무文舞를 추고 아헌, 종헌에서는 무무武舞를 추었을 것으로 추측된다. 지금까지 살펴본 숭의묘제례악을 절차와 함께 정리해 보면 아래의 표와 같다.

숭의묘제례의 의식절차와 음악[73]

제례절차	악현	음악	일무	비고
영신	궁가	황종궁 삼성, 중려궁 이성, 남려궁 이성, 이칙궁 이성	문무	九成
전폐	등가	남려궁	문무	
초헌	등가	남려궁	문무	
아헌	궁가	고선궁	무무	
종헌	궁가	고선궁	무무	
철변두	등가	남려궁		
송신	궁가	황종궁		

71　『大韓禮典』 권4, 242쪽. "今上, 乙未改定樂舞, 大祀用八佾, 中祀用六佾."
72　섭행(攝行)을 행했다는 한 가지 근거만으로 숭의묘제례가 중사에 속한다고 판단하는 것은 다소 무리가 따를 수 있다. 섭행이라는 한 가지 행위가 중사와 대사를 판가름하는 절대적인 조건이 될 수 없기 때문이다. 중사와 대사를 판가름 할 다른 자료를 아직 찾지 못했기 때문에 이 점은 차후에 보완하겠다. 그러나 대한제국기 국가사전의 틀을 생각해 볼 때 숭의묘제례가 대사에 오를 정도는 아니었던 것 같다. 게다가 관왕묘제례도 중사에 속했을 뿐 대사에 오르지는 못했다. 따라서 여러 가지 정황상 숭의묘제례는 중사 정도에 속했을 것으로 판단된다.
73　진찬에서의 용악에 대한 기록은 없으므로 편의상 표에서 진찬을 제외하였다.

4. 맺음말

숭의묘제례는 관왕묘제례의 하나로 인식되어 상세하게 논의되지 않았지만 자세히 살펴본 결과 배향 인물도 다르고 아악·아악악현·육일무를 사용한다는 점에서도 차별화 되었으며 오히려 관왕묘제례보다 격이 높았다. 숭의묘에 치제를 올리기 시작한 시점이 러일전쟁 발발 직후인 데에다 그 이후 일제의 간섭이 점점 더 심화되어 결국 한일병합이라는 상황으로 악화되었기 때문에 숭의묘제례는 자리도 잡지 못한 채 사라져 버렸다. 이러한 시대적 한계로 인해 숭의묘제례는 4년밖에 시행되지 못한 짧은 이력과 함께 묻혀 버렸고, 새로운 사전祀典으로 널리 인식되지 못했다. 그러나 숭의묘제례는 묘역을 새롭게 조성한 후 조선의 전통적인 제례용 악무樂舞의 형태를 두루 갖추어 중사격으로 행례된 중요한 국가제례의 하나였음에 틀림없다. 이는 고종이 황제로 즉위한 후 대한제국의 군사력을 강화하려는 강병책의 일환으로 구상된 제례로, 칭제稱帝 이후 환구제례와 더불어 새롭게 만들어졌으며, 음악이 수반된 대한제국 최후의 국가사전이라는 측면에서 큰 의의가 있다.

또한 숭의묘 제례악은 조선의 전통적인 아악 용악 시스템에서 벗어나지 않은 모습이었다. 이런 측면에서 숭의묘제례악은 조선의 전통적인 전례가 반영된 형태로 만들어진 대한제국기 최후의 제례악이라는 점에서 소중하다.

「숭의묘 건립과 숭의묘 제례악」, 『공연문화연구』 제19집, 2009.8.

개국기원절 기념 행사와 음악

1. 머리말

개국기원절開國紀元節은 태조 이성계의 조선 개국을 기리는 경축일이다. 줄여서 기원절이라고도 한다. 이를 기념한 행사는 1895년부터 1910년 한일병합 직전까지 궁중과 민간에서 대규모 혹은 소규모로 설행되곤 하였다. 개국기원절은 조선의 전통적인 궁중 행사에 포함되어 있던 것이 아니며, 개항(1876) 이후 새롭게 제정된 근대적인 국가 행사였고, 경절慶節의 하나였다.

경절은 근대 국가를 수립해 나가는 과정에서 형성된 것으로, 현행 국경일國慶日의 모체 같은 성격을 지닌다. 각종 경절 기념 행사를 통해 내국인들에게 자국의 역사와 전통에 관한 자부심을 드높이고, 세계인들에게까지 그 위상을 고양시키려는 목적으로 제정된 것이다. 세계인들을 초대하여 성대한 대관식을 보여주는 행위 등이 바로 국력을 과시하고 홍보하는 효과적인 방법론의 하나인데, 이처럼 황제로 등극하는 대관식이라든지 황제의 생일 기념 파티 등이 바로 경절에 하위 범주에 속하는 행사들이었다.

우리나라에서도 개항 이후 세계 각국과 교류하게 되면서 근대화에 매진하게 되었고 그 과정에서 경절을 자연스럽게 인식하게 된다. 전통적인 궁중 행사에 존재했던 것 중 어떤 의례를 경절로 분류할 것인지, 전례에 없는 행사의 경우 어떤 것을 새롭게 제정해야 할 것인지, 그리고 근대적인 경축일의 성격을 지닌 각종 경절 기념 행사를 어떻게 구체화해야 할 것인지에 대해서도 고민하게 된다. 전통적으로 궁중에서 행했던 방식 그대로 할 수는 없었기 때문이다. 근대국가로 거듭나기 위해 반드시 구비해야 할 근대적인 국가 전례였던 경절을 구체적으로 고민한 결과물은 1895년부터 등장하기 시작한다. 본고에서 다룰 개국기원절이 바로 근대식 경축일을 의미하는 경절의 하나이며, 이를 기념하여 행사를 펼쳤던 모습이 1895년 7월 16일 경복궁에서부터 포착된다.

개국기원절을 기념하여 설행된 행사는 전통적인 하례 방식이 일부 지속되는 토대 위에 현저히 달라지는 양상이 나타난다. 개국기원절 경축 예식에는, 축사, 연설 같은 근대적인 축하 방식이 도입되고, 궁중음악·창가唱歌 등 다양한 음악이 함께 어울리는 등 새로운 요소가 많아 주목된다. 이는 여타 경절 기념 행사에서도 공통적으로 나타나는 현상이기도 하지만 구체적인 사항들은 경우에 따라 상이하게 나타난다. 본고에서는 개국기원절만 분석해 보려 한다.

연구 범위는 개국기원절 제정 이후 초기에 행해진 세 가지 사례에 국한하겠다. 1900년대 이후에는 일진회가 개국기원절 기념 행사를 펼치는 등 다른 성격이 나타나기 때문에 별도로 논의해야 할 필요가 있다. 본고에서 연구 대상으로 삼는 세 가지 사례는 1895년 궁중에서 최초로 설행된 경우, 1897년과 1898년 두 해에 걸쳐 독립협회에서 주관한 경우를 의미한다. 대한제국기에는 국가적으로 중요한 행사가 펼쳐질 때 궁중 뿐 아니라 민간에서도 기념 예식을 설행하여 관민이 함께 경축하는 분위기가 연출되었으므로, 궁중 뿐 아니라 당시 성대하게 개국기원절 경축식을 치렀던 독립협회의 사례를 함께 살펴보는 것이 시대적 특성을 파악하는데 유용하기 때문이다. 또한 독립협회의 경축식이 그 당시 민간에서 설행된 여타 개국기원절 기념 행사 중 대표성을 지닐 만큼 두드러지며, 1차와 2차에 걸쳐 행례된 그 규모와 내용에서 차이가 나므로, 1897년과 1898년에 설행된 독립협회의 개국기원절 기념 행사를 분석대상에 포함시키겠다.

즉 개국기원절이 제정된 초기에 해당되는 1895년, 1897년, 1898년에[1] 궁중과 독립협회에서 주최한 개국기원절 기념 행사를 통해 전통적인 것과 어떻게 연계되면서도 차별되는지, 등장하는 음악들은 무엇이며, 그 음악이 사용된 맥락은 무엇인지에 대해 밝혀보고자 한다. 설행 배경, 준비 상황, 예식과 음악을 논하는 순서로 전개하겠다.

2. 개국기원절 기념 행사의 설행 배경

개국 기원이란 용어는 1894년부터 진행된 갑오개혁[2]에서 나타난다. 그 당시 정치개혁을 단행하는 과정에서 청나라와 대등함을 표출하는 방법의 하나로 중국의 연호 대신 '개국 기년開國紀年'을 사용하기로 정했기 때문이다.[3] 적용 여부는 그 다음 해인 1895년의 역서曆書가 '개국 기년'으로 간행된 사실로 드러난다. 또한 제사의 축문祝文 규례를 이에 의거하여 바로잡으며, 축문 중에도 고유告由하는 내용을 만들어 넣는 일을 궁내부 宮內府에서 거행하기도 할 정도로[4] 적극 도입되었다. 1894년은 조선 개국으로부터 503년이 되는 해였기 때문에 개국 503년, 1895년은 개국 504년으로 표기되었다.

개국이라는 연호의 사용은 중국 중심으로 구축되었던 사대교린에 입각한 관계망에서 완전히 탈피한다는 적극적인 표현이었다는 측면에서 정치적으로 매우 중요하고 민감한 사안이었다. 그러나 1895년 11월 17일을 양력 1896년 1월 1일로 하면서 이때부

---

1   1895년 상황부터 살펴보지만 개국기원절 기념 행사가 대한제국기와 연계되는 측면이 있으므로 제목에는 편의상 '대한제국기'라는 명칭을 넣겠다.
2   갑오개혁을 이끈 개화파에 대해서는 이들의 친일적 성향을 지적하는 시각, 그에 반대하여 자율론을 고수하는 입장, 두 가지 견해의 중간적인 위치에 있는 연구 등이 있다. 필자는 마지막 견해에 동의함을 밝힌다. 즉 개화파의 주체적 개혁의지와 일본의 침략의도를 동시에 고려하되 실제 개혁사업의 추진주체는 개화파였고 추진과정에서 일본측과는 갈등관계였다고 보는 시각에 공감한다(서영희, 「1894~1904년의 정치체제 변동과 궁내부」, 『韓國史論』23, 329쪽 각주 3 참조).
3   군국기무처(軍國機務處)에서 올린 의안에, "1. 각 아문(衙門)의 관제의 직장(職場)에 대한 규정은 7월 20일부터 실시하기로 날짜를 정한다. 1. 경각사(京各司)와 각도(各道), 각읍(各邑)에서 주고받는 문서에 **개국(開國) 기년을 쓰도록** 공문을 띄운다. …(하략)…"하니, 모두 윤허하였다. 『고종실록』권32, 고종 31년(1894) 7월 1일(乙亥).
4   『고종실록』권32, 고종 31년(1894) 11월 20일(壬辰).

터 양력을 쓰도록 공식화했기 때문에 건양建陽이라는 새 연호로 바뀌어 개국 이란 연호 자체는 오랜 기간 사용되지는 못했다.

조선의 개국을 기념하는 행사가 수면 위로 떠오르게 된 까닭은 연호 개정이 시행된 1894년이 아니라 그 다음 해인 1895년의 일이다. 1895년 3월 삼국간섭三國干涉 이후 갑오개혁으로 인해 실추되었던 고종이 왕권 회복에 강한 탄력을 받게 되면서, 대내적으로는 궁내부와 내각을 장악하여 친러·친미 성향을 지닌 근왕 세력을 기용하여 왕권공고화작업을 단행하는 일련의 변화가 일어난 것이다.[5] 개국기원절 기념 행사는 바로 고종이 왕권을 되찾은 후 강행되었다는 점이 주목된다. 고종은 이 행사 개최에 적극 개입하였고 궁내부 관료들이 발빠르게 보좌하였다. 개국 기원 자체는 갑오개혁 초기 흥선대원군과 친일개화파의 연립정권에서 청의 간섭을 배재하기 위해 내세운 명분으로 등장했지만, 경절로 제정하고 기념 행사를 강행한 이는 고종이었다. 고종은 이전에 시행된 이력이 없었던 근대적인 경축일 기념 행사를 경복궁에서 공식적으로 설행함으로써 되찾은 자신의 입지를 확실히 다짐과 동시에 그 권위를 널리 떨치려 했던 것이다. 즉 근대적인 국가 행사를 통해 자신의 권력을 공고히 하려는 고종의 의도가 개국기원절 경축식에 담겨 있었던 셈이다. 이를 통해 중국 중심의 질서를 넘어서서 한 국가로써 당당하게 세계로 뻗어나간다는 공식 선언을 할 수 있었고, 이면에는 황제국皇帝國으로 격상시키려는 그 다음 단계와도 내밀하게 연계되어 있었던 셈이다. 비록 을미사변과 아관파천이라는 사건으로 인해 실행 시기가 잠시 지연되기는 하였지만 이 모든 것은 고종이 계획하고 주도하였다.

조선후기 영조와 정조의 경우, 대대적인 국가전례 정비 과정을 통해 자신들의 권위를 세움과 동시에 학문·문화·예술 등 전 분야의 수준도 상승시켜 르네상스를 이룩하였다. 그러나 고종은 전통적인 소재만으로 충분하지 않은 시대에 존재하였다. 국내에서는 모든 이들의 이목을 집중시키고 자신의 입지를 탄탄하게 구축하기 위해, 국외에서는 세계와 소통할 수 있는 근대적인 국가 전례가 요청되었다. 개국기원절은 1895

---

5   오영섭, 「갑오경장 중 고종의 왕권회복운동」, 『한국민족운동사연구』, 한국민족운동사학회, 2000.

년이라는 시점에서 매우 적합하고 유용한 근대적인 행사였다.[6]

한편 독립협회 구성원들은 친미親美 개화파가 다수였기 때문에 기본적으로 고종과 좋은 관계에서 출발하였다. 독립협회 설립 초기, 그들은 고종의 정책을 지지하였다. 독립협회에서 개국기원절 기념 행사를 대대적으로 행했던 까닭이 바로 여기에 있다. '고종에게 충성하고 국가를 사랑하는 마음忠君愛國을 구체적인 표현하는 방법'이었던 것이다. 그러나 1897년 10월 고종의 황제 등극 이후, 고종과 독립협회 사이에 갈등이 싹트기 시작한다. 고종은 절대 황권을 지향한 반면 독립협회 구성원들은 입헌군주제를 구상하고 있었기 때문이다. 갈등은 해소되지 않았고 결국 1898년 말엽, 독립협회는 해산되기에 이른다.

3. 궁중의 개국기원절 기념 행사와 음악(1895)

1) 준비 양상

1895년 7월 16일, 최초의 개국기원절 기념 행사가 궁중에서 거행되었다. 태조 이성계가 조선을 개국했던 날이 바로 7월 16일이었기 때문이다. 행사 시각은 오후 3시, 오후 8시로 나뉘었다. 오후 3시에 경복궁景福宮 강녕전康寧殿에서 접견례가 선행되었고 오후 8시부터 자정까지는 경회루慶會樓에서 연회가 펼쳐졌다.[7] 시간과 장소를 달리하

6　고종이 태조의 조선 개국을 특별히 의미부여한 까닭은 조선시대 본궁 인식의 변화 과정에서 함흥본궁을 새롭게 조명했던 역사적 맥락(함흥본궁에 관한 것은 다음 논문 참조 요망. 윤정, 「숙종대 신덕왕후 본궁 추부 논의와 본궁 인식의 변화」, 『한국사학보』 제37호, 고려사학회, 2009)과 무관하지 않은 듯하다. 한편 고종이 황위에 오른 이후, 태조의 조상을 추존하는 작업을 진행하기도 하였다(서진교, 「대한제국기 고종의 황실追崇사업과 황제권의 강화의 사상적 기초」, 『한국근현대사연구』 제19집, 2001). 즉 고종이 태조의 조선 건국을 기준으로 '개국 기원'을 상정한 배경에는 조선시대와 역사적으로 연계된 측면도 존재한다. 고종이 전통적인 맥락없이 갑자기 즉흥적으로 만든 행사가 아니었다.

7　『고종시대사』 제3집, 1895년 7월 16일(甲寅); 『官報』 제118호, 개국504년 7월 21일 月曜 宮廷錄事.

여 접견례와 연회로 구분되어 진행되었다.[8]

행사 준비는 접견례보다 연회에 무게가 실렸다. 고종은 조령을 내려 "사무가 많고 의식 절차가 복잡하다"[9]며 연회 준비 인원을 차출하였다. 전통적인 궁중연향을 설행할 때 연향을 준비할 임시기구인 진연청進宴廳을 설치하고서 당상, 낭청 등을 현직 관료 중 임시 차출하여 직무를 맡기는 것과 유사한 양상이다. 이 때 설치된 임시기구의 명칭은 드러나지 않지만 연회 준비 대표직을 총재사무總裁事務라 칭했고, 당시 궁내부 대신을 역임하던 이경직李耕稙으로 정하였다. 그 다음은 부총재사무라 했고, 궁내부 협판 이범진李範晉이 담당하였다. 사무위원장으로는 비서감 중승祕書監中丞 김명규金明圭, 영희전 제거永禧殿提擧 조신희趙臣熙, 한성부 관찰사 이채연李采淵, 군부 협판 권재형權在衡, 회계원 장 이하영李夏榮, 제용원 장 민상호閔商鎬, 외부 협판 윤치호尹致昊, 교섭국장 박준우朴準禹, 궁내부 고문관 이선득李善得을 차출하였다. 이상 총재사무, 부총재사무, 사무위원장까지는 고종이 직접 선택한 것으로 실록에 나타난다.

실무직인 사무위원 임명은 총재사무를 맡은 이경직이 태복사장太僕司長 이우면李愚冕, 전선사장典膳司長 김승규金昇圭 등 총 17명의 명단을 올려 고종에게 윤허 받는 과정을 거쳐 확정되었다.[10] 행사 이후에 행해진 시상賞典 내력에는 이경직이 선출한 17명 외에도 18명의 준비위원이 추가되어 있다.[11] 총재사무에서부터 사무위원에 이르기까지 총 45명이 개국기원절 기념 연회 준비를 위해 애썼던 것이다.

---

8 개항 이후 고종과 관료들은 세계 각국과 교류하는 과정에서 서양의 황족, 외교관 등을 접촉하게 된다. 이들에게 동양의 예법과 문화를 그대로 적용하기에는 어려운 점이 많아 서양식 에티켓과 파티를 수용하여 동서양의 문화가 어우러진 근대식 손님맞이 행사를 새롭게 구축한다. 그 과정에서 '근대식 접견례-근대식 연회'의 틀이 형성된다. 이는 의례-만찬-공연이 합치되었던 전통연향 차별된다. 보다 상세한 내용은 졸고, 「개항기 근대식 궁정연회의 성립과 공연문화사적 의의」, 서울대박사논문, 2010 참조 요망.

9 『고종실록』 권33, 고종 32년(1895) 7월 15일(癸丑).

10 『고종실록』 권33, 고종 32년(1895) 7월 15일(癸丑).

11 『고종실록』 권33, 고종 32년(1895) 7월 16일(甲寅).

1895년 7월 16일에 설행된 궁중의 개국기원절 기념 행사 준비 요원[12]

직책	이름	시상내역
총재사무	이경직	정2품
부총재사무	이범진	정2품
사무위원장	김명규 이하영 · 민상호 · 윤치호 박준우 조신희 · 이채연 이선득 권재형	정2품 종2품 3품 범가죽 정2품, 金章 1등급 올려줌
사무위원	민병한 · 현흥택 · 이학균 김원제 · 이인우 · 유기환 · 정병기 · 전량묵 홍계훈 이명상 이우면 · 김승규 · 정만조 · 정인석 · 최학규 · 강원선 · 박용화 · 박형선 · 최홍준 · 유진용 · 오재풍 · 김진현 · 서택환 · 유영호 · 최영하 · 이용교 · 김현배 · 유영선 · 최홍렬 · 이건호 · 정중영 · 주석면 · 홍세영 · 임백수 · 장영균	종2품 3품 범가죽 6품 1등급 올려줌

　전체 구성을 다시 정리해 보면, 행사를 위한 임시기구를 설치하고, 이를 운영할 관료를 차출한 후 업무를 분장하여 관할하게 하며, 행사가 끝난 후에는 수고한 이들에게 상을 내리는 방식이 주를 이룬다. 이러한 구성은 조선시대에 왕실 행사를 거행했던 경우와 큰 틀에서 유사성을 지닌다. 시상도 가자加資를 하거나, 범가죽을 하사하는 전통적인 방식으로 주로 이루어졌다. 물론 직책명이라든지 용품 등 세부 요소는 서로 같지 않았다. 각국 외교관 대접을 위해 근대식 연회의 중심축이 되었던 외부外部에서 국기國旗 대본大本 1건과 소본小本 4건 및 식탁보를 구비한 팔선상八仙床 12건을 요청하는 상황은 근대식 연회를 준비하는 모습이 드러나는 단적인 예이다.[13]

12　『고종실록』권33, 고종 32년(1895) 7월 15일(癸丑) 및 『고종실록』권33, 고종 32년(1895) 7월 16일(甲寅)를 참조하여 작성함.

13　『宮內府案』(奎 17801) 제1책, 1895년 7월 11일, 紀元節에 사용할 국기 大本 1件과 小本 4件을 빌려달라는 照會; 『宮內府案』제2책, 1895년 7월 11일, 이번 宴會에 사용하기 위해 外部에 있는 八仙床 具卓

연회를 준비한 45명의 구성원 중 대표와 부대표에 속하는 총재사무 이경직과 부총
재사무 이범진은 근왕 세력의 핵심 인물이었다. 이들은 당시 고종에게 신임을 받던
최측근 인사들이었다. 개국기원절 행사 이후 이경직은 을미사변 때 명성황후를 지키
다가 목숨을 잃었고, 이범진은 이후 아관파천을 성공시킨 주역이라는 단적인 사실을
통해서도 고종을 향한 이들의 충성의 깊이를 쉽게 알 수 있다. 또한 이하영, 민상호,
홍계훈, 현홍택 등도 근왕적 정치 성향을 지닌 관료들이었다. 윤치호 같은 친미 개화
파도 눈에 띤다. 한편 외국인이 포함되어 있기도 했다. 궁내부 고문관을 맡고 있던 이
선득이란 인물이 리젠드르(Le Gendre,C.W)라고 하는 미국인이었다. 리젠드르는 러시아
공사 베베르의 절친이었다.[14] 근대식 연회로 구상되었기 때문에 외국인의 자문이 필요
한 부분에서 도움 받았을 것 같다. 이에 대한 보답으로 고종은 리젠드르에게 정2품으
로 가자加資하였을 뿐 아니라 그에게만 특별히 금장金章을 수여하였다.

　　이렇듯 연회 준비 위원들은 근왕적 성향을 보여주었고, 러시아 혹은 미국과 연계되
어 있는 인물들로 구성되어 있었다. 고종이 직접 행사를 주도하는 가운데 궁내부가
중심축이 되어 체계적으로 움직였다.

　　그들이 초대한 대상은 내국인 뿐 아니라 외국인도 포함되어 있었다. 칙임관 이상의
관료와 각국 공사만 참석할 수 있는 자리였다. 내외국인 모두 부부동반하는 형태였
다. 남녀가 함께 연회에 모습을 드리우는 서양식 파티였다. 부부가 함께 참석하는 연
회석이었지만 각각 연회 초청장이 배포되었다. 초청장에는 궁궐에 들어올 수 있는 출
입증門路票이 동봉되었다. 고종은 근대식 연회를 준비하게 했던 것이다.[15]

　　　裸 12件을 깨끗한 것으로 빌려달라는 照會.
14　오영섭, 「을미사변 이전 이범진의 정치활동」, 『한국독립운동사연구』 제25집, 문화체육관광부, 2005.
15　황현의 『매천야록』에도 이는 서양의 풍속을 따른 것이라고 밝혀져 있다.
　　"開國紀元節(16일)에 경회루에서 잔치를 베풀었다. 이때 각국 공사들은 부부 동반하여 고종을 알현하
　　고 각부의 칙임관도 아내와 함께 잔치에 참석하였다. 이것은 서양의 풍속을 따른 것이다. 16일은 태조
　　가 개국한 날이므로 지난해부터 이날을 개국기념일로 정하여 명절로 삼았다. 이것도 서양의 법이다."
　　『梅泉野錄』 제2권, 高宗 32년 乙未(1895년).

알렌과 알렌부인에게 보낸 궁중의 개국기원절 기념 연회 초청장 국사편찬위원회 소장

2) 기념식과 음악

　고종의 적극적인 개입 하에 최초의 개국기원절 경축식이 조선 개국일에 맞춰 7월 16일에 이행되었다. 일정은 오후 3시의 접견례와 오후 8시의 연회로 이분되어 있었다. 접견례는 각국 공사들이 부부동반하여 고종을 알현하는 행사였다. 공사들은 서구

식 대례복大禮服과 대수장大綬章[16]을, 부인들은 공복公服을 착용하고서 축하 인사를 올렸다.[17] 최고의 서양식 예복을 갖춘 채 고종을 만났던 것이다. 접견례를 부부동반의 형태로 했다는 것 자체는 무척 큰 의미와 특별함을 지닌다. 접견 그 자체가 공적인 성격을 지니고 있으며 업무의 연장선상이기도 했으므로, 접견장에 부인을 대동하는 경우가 일반적이지 않았기 때문이다.

본격적인 경축식은 오후 8시에 경복궁 경회루에서 펼쳐졌다. 참석자는 부부동반한 각국공사, 각국 공사의 수행원, 부부동반한 칙임관이었다. 가장 고위직에 있던 이들만 초대한 특별한 자리였고 부부동반하였다는 점이 특징이다. 주최측인 왕실 구성원으로는 고종, 명성왕후, 왕세자(훗날 순종)가 등장하였다. 왕도 부부동반하였던 것이다.[18] 고종 내외가 근대식 연회에 공식적으로 부부동반했던 최초의 장면인 것으로 보인다. 그러나 얼굴을 완전히 노출한 채 여타 참석자와 함께 어울리는 형태는 아니었다. 고종, 명성왕후, 왕세자는 각각 전용 가마를 타고 경회루에 등장하였고, 막차幕次에 머물렀다. 고종 내외도 부부동반하기는 했지만 전통적으로 내외하는 동양의 규례를 준수하고 있었다. 서양식 파티의 구색을 맞추되 동양식 예법을 적절히 적용하였던 것이다.

오후 8시부터 시작된 연회는 자정까지 지속되었다. 경축식의 내용은 『관보官報』에 게재되어 있으니 다음과 같다.

---

16 서구식 대례복과 대수장에 관한 상세한 내용은 다음 논문 참조 요망.
    이경미, 「대한제국의 서구식 대례복 패러다임」, 서울대박사학위논문, 2008; 이경미, 「대한제국기 외국공사 접견례의 복식 고증에 관한 연구」, 『한국문화』 56, 서울대학교 규장각 한국학연구원, 2011; 목수현, 「한국 근대 전환기 국가 시각 상징물」, 서울대박사논문, 2008.
17 "本月十六日은開國紀元慶節이라 慶會樓에 宴飮을 勅陽ᄒ실시 下午 三時에 各國公使가 大禮服大綬章으로 陞見 行禮ᄒ고 同夫人도 皆具公服ᄒ야 進見稱賀ᄒ고 …(하략)…" 『官報』 제118호, 개국504년 7월 21일 月曜 '宮廷錄事'
18 『고종실록』에는 여성 참석자에 관한 언급이 빠져 있다. "경회루(慶會樓)에 나아가서 각 국 공사(公使)들과 여러 칙임관(勅任官)들에게 연회를 열어주는 동시에 칙어(勅語)와 축사(祝詞)를 내렸다. 왕태자(王太子)가 모시고 참가하였다." 『고종실록』 권33, 고종 32년(1895) 7월 16일(甲寅).

경회루 한국사진첩

本月十六日은 開國紀元慶節이라 慶會樓에 宴飲을 勅陽ᄒ실식 下午 三時에 各國公使가 大禮

服大綬章으로 陞見 行禮ᄒ고 同夫人도 皆具公服ᄒ야 進見稱賀ᄒ고 倂卽辭退ᄒ얏다가 下午 八

時에 通常禮服으로 隨員가지 一體赴宴ᄒ고 各勅任官도 承命參會ᄒ얏ᄂ딩 大駕內駕淹駕게ᄋ셔

幕次에 臨御ᄒ샤 進膳作樂ᄒ시며 勅語祝詞를 降ᄒᄋ시니 各公使各勅任官外內同夫入이다 答進

祝詞ᄒ 後에 還宮ᄒᄋ시고 參宴諸員이 同卓立食ᄒ야 極其歡喜ᄒ고 至十二時에罷歸홈[19]

위의 내용을 정리하면 다음과 같다.

一. 초대손님 입장

一. 고종, 명성왕후, 왕세자 가마타고 입장

一. 고종, 명성왕후, 왕세자 막차에 임어

---

19 『官報』 제118호, 개국504년 7월 21일 月曜 '宮廷錄事'

一. 진선작악(進膳作樂)

一. 고종이 칙어(勅語)와 축사(祝詞)를 내림

一. 답사

一. 고종, 명성왕후, 왕세자 환궁(還宮)

一. 참석자 동탁입식(同卓立食)

　위의 파티 내용 중 축사와 답사가 현장에서 오고 갔다는 점, 참석자들이 동탁입식同卓立食했다는 점, 전통적인 궁중 행사에 반드시 등장하는 배례拜禮를 찾아볼 수 없다는 점, 진선작악進膳作樂 했다는 점 등이 주목된다. 진선작악進膳作樂의 경우 전통적인 궁중연향의 분위기를 자아내지만 큰 틀은 전통적인 연향과 거리가 멀었다. 왕이 축사를 내리자마자 그 자리에서 답사가 곧장 이어졌다는 것도 흥미로우며, 뷔페식 식사 문화를 한자로 표현한 것으로 생각되는 '동탁입식'이란 단어도 이채롭다. 내국인과 외국인 고위직 부부가 밤8시부터 12시까지 경회루에서 서서 음식을 먹는 서구식 파티를 실행했던 것이다. 근대식 연회를 기획했던 고종의 의도대로 작동된 것이다. 단, 음악과 관련된 정보로는 '작악作樂'이란 용어가 전부여서 자세한 레파토리를 알 수 없다는 점이 안타까울 따름이다. 왕과 왕비가 계셨다는 정황으로 짐작해 보건대, 궁중의 전통적인 악대가 전통음악을 연주했을 가능성이 크다.[20] 궁중의 악대가 왕의 퇴장과 함께 경회루를 떠났을지 아니면 이후에도 남아서 계속 연주했을지는 자료의 한계로 인해 자세하지 않다.[21]

　개국기원절 기념 파티는 고종의 근대화 정책이 표면화 되는 근대적 국가전례의 실

20　이 시점에 전통적인 궁중음악기관은 '궁내부 장례원 봉상사'에 소속되어 있었다. 졸고, 「대한제국기 장악기관(掌樂機關)의 체제」, 『공연문화연구』 제17집, 한국공연문화학회, 2008.

21　궁중에서 서양음악을 연주하는 전속 악대였던 군악대(軍樂隊)가 1901년에 조직되었음을 감안해 볼 때, 1895년의 개국기원절 기념 행사에서 서양의 파티음악이 군악대에 의해 연주될 수는 없었다. 그리고 조선시대부터 전래된 전통적인 궁중 행사의 경우 의궤, 도병 등으로 행사 내용이 상세히 기록되었지만, 근대식 행사의 경우 하나의 자료에 정밀하게 행사 전말이 기록되지 않았다. 이렇듯 전통행사와 근대식 행사를 기록하는 방식에서도 차이가 나기 때문에, 근대적인 행사를 접근할 때에는 각종 자료를 총체적으로 수합하여 그 전모를 퍼즐처럼 맞춰볼 수밖에 없다.

현 무대였다. 국가전례란 국가의 공식적인 의례로, 한 국가가 추구하는 이념적 지향과 가치가 일정한 의례적 틀로 가시화되고 구체화 된 것이다. 국가전례가 제대로 설행되고 운영될 때 이상사회가 곧 이 땅에 실현된다는 믿음과 맥락이 존재했기 때문에 조선시대 전 시기에 걸쳐 역대 왕들은 국가전례 운영의 정상화를 위해 지속적으로 노력하였다. 특히 왕 자신이 직접 국가전례에 참석하는 방식은 행사 자체를 최고의 자리로 격상시킬 수 있는 길이며, 왕의 권위를 내외에 과시할 수 있을 뿐 아니라 모든 이들의 이목을 집중시킬 수 있는 최선책이었다.[22] 고종 역시 이러한 국가전례의 힘과 효과를 알고 있었고 이를 극대화 하려 했다. 고종 스스로 주도적으로 행사를 이끌고, 명성왕후와 왕세자까지 동반한 채 친림한 사실이 바로 이를 입증한다. 고종은 그 시대의 특성을 인식하고 있었기 때문에 전통적인 국가전례에만 힘을 쏟을 수만 없었다. 고종은 근대적인 국가전례를 통해 자신의 권위를 국내 뿐 아니라 전 세계에 알리는 방식에 적극 개입하였다. 개국기원절 기념 경축식은 고종의 의도와 계획 하에 조선의 근대적인 국가전례가 구축되는 역사적인 현장이었다.

4. 독립협회의 제1차 개국기원절 기념 행사와 음악(1897)

1) 준비 양상

민간에서 개국기원절 기념 행사가 설행된 해는 1897년이다. 1896년에 행사가 없었던 이유는 독립협회가 설립된 지 얼마 되지 않는 상황에 놓여있었을 뿐 아니라 결정적으로는 아관파천으로 인해 경황이 없었을 것이다. 『독립신문』에 "이십 사일에 죠션 개국 긔원졀이라 죠션에 데일 가는 큰 경사론 날이니 나라와 백성이 다 마음에 깃분 날일네라"라고 기사를 싣는데 그친다.[23] 그러나 1897년에는 개국기원절 축하식을 개

---

22 송지원, 「영조대 국가전례정책의 제 양상」, 『공연문화연구』 제17집, 한국공연문화학회, 190~194쪽.

최한다. 민간에서 주최한 최초의 개국기원절 기념식이었다는 사실이 『독립신문』 논설에서 확인된다.

> 어적게는 죠션 개국한지 오백오년돌이라 **죠션 인민들이 개국한 후에 처음으로 긔원절을 생각하고 독립관에셔 내외국민이 모혀 이 나라에 경사로은 일을 맛당케 축사한것을 보니** 죠션 백성들도 차차 자긔나라를 나라로 생각하는 뜻이 잇난것 갓고 나라경사를 자긔들의 경사 갓치 녁여 이날을 축사할 때에 다만 죠션사람들길이만 길거워 할뿐이 아니라 세계각국 사람들을 쳥하야 죠션사람들도 나라와 님군을 사랑하고 그 사랑하는 뜻을 밧갓흐로 낫하 내는 것을 세계에 광고하니 별노히 죠션을 사랑하는 사람의 마음이 깃부더라 …(하략)…[24]

독립협회의 제1차 개국기원절 경축식은 1897년 8월 13일 오후 3시, 독립관에서 설행되었다. 이 날이 음력 7월 16일에 해당되었기 때문이다. 국기를 높이 달아 놓고 그 아래는 화초花草로 단장하여 분위기를 고양시켰다. 내국인과 외국인을 한 자리에 모이게 하였다. 정부 관료, 학생, 독립협회 회원, 각국 공령사, 신사紳士, 외국 부인 등으로 다양하게 구성되었다. 그 이상의 준비 상황은 자세하지 않다.

2) 기념식과 음악

1897년 8월 13일 오후 3시 독립관에서 행해졌다. 날이 저물어서야 끝났다는 것으로 보아 대략 3~4시간 정도 소요된 것으로 추측된다. 정부 관리, 학생들, 각국 공사와 영사, 부인 등이 예복을 갖춰 입고 참석하였다. 내외국인이 함께한 자리였다.

독립협회 주관으로 설행된 1897년의 개국기원절 경축예식 순서는 창가唱歌와 연설이 교대로 등장하는 형태였다. 『독립신문』에 게재된 경축식 내용은 다음과 같다.

---

23 『독립신문』, 1896년 8월 25일, 2면.
24 『독립신문』, 1897년 8월 14일, 1면 논설.

대죠선 개국 오백오회 긔원절 축사를 팔월 십삼일 오후 셰시에 독립관에서 행하는데 국긔를 놉히 달고 그 아래 화쵸로 단장하엿는데 정부 대쇼 관인과 여러 학도와 인민이 만히 모혓시며 각국 공령사와 신사와 부인들이 각기 례복을 가쵸으고 뎨뎨히 안젓는지라 그 축사 하는 절차를 보니 처음에는 배재학당 학원들이 축슈가를 불너 갈아데 오백여년 우리 왕실 만셰 무궁 도으쇼셔 찬송하니 외국부인이 악긔로 률에 맛쵸아 병챵하더라 둘재는 회장 안경슈씨가 개회하는 뜻을 연셜하고 셋재는 한셩판윤 리채연씨가 학부대신 리완용씨를 대신하야 국민의 당연히 할 직무를 연셜하고 넷재는 배재학당 학원들이 무궁화 노래를 불으는데 우리나라 우리님군 황텬이 도으샤 님군과 백셩이 한가지로 만만셰를 길거히야 태평 독립 하여보셰 하니 외국부인이 또 악긔로 률에 맛쵸아 병챵하더라 다셧재는 미국교사 아편셜라씨가 영어로 죠션에 거류하는 외국사람들은 대하야 각기 당연히 할 직무를 연셜하며 여섯재는 의사 제손씨가 죠션 관민들을 대하야 진보하는것을 연셜하고 일곱재는 배재학당 학원들이 나라사랑하는노래를 불으니 외국부인이 또 악긔로 률에 맛쵸아 병챵하더라 여덟재는 전 협판 윤치호씨가 긔원졀일문졔를 연셜한 후에 탁지대신 심샹훈씨가 제손씨와 아편셜라씨의 연셜한 것을 감샤한다고 말하더라 그 다음에 다과례를 행하고 날이 져믄고로 다 허여져 도라 가더라[25]

이를 요약하면 다음과 같다.

　一. 배재학당 학생들의 축수가
　一. 안경수 연설
　一. 이채연 연설
　一. 배재학당 학생들의 무궁화노래
　一. 아펜젤러 연설
　一. 의사 제손의 연설

25　『독립신문』, 1897년 8월 17일, 3면.

一. 배재학당 학생들의 나라사랑하는노래

一. 윤치호 연설

一. 심상훈 사례(謝禮)

一. 다과

경축식은 배재학당 학생들의 노래로 시작되었다. '오백여년 우리왕실 만세무궁 도으쇼서'라는 가사로 된 '축수가'를 '찬송했다'고 『독립신문』에 기재되어 있다. 당시 신문에 노래 가사 전체가 실린 것 같지는 않고 일부만 수록된 것으로, 형식상 4·4조의 율격을 지녔다. 이 노래의 멜로디는 그 당시 많은 창가들이 그랬듯이 찬송가 선율에 얹혀 불렀다. 이에 대해서는 '찬송했다'라는 기사를 단서로 삼아 개신교에서 대표적으로 송영誦詠되는 곡인 '만복의 근원 하나님Praise God, from Whom all blessings flow'의 선율로 등장하는 'Old Hundredth'에 얹혀 부른 것으로 본다는 견해가 있다.[26] 그러나 개신교의 대표적인 송영으로 통일된 것은 1909년에 장로교와 감리교의 연합 찬송가집인 『찬송가』(1909)가 출판될 즈음의 상황이라고 생각된다. 1890년대 후반이라는 시기, 배재학당 설립자 아펜젤러가 감리교 목사라는 사실, 1894년에 편찬된 최초의 찬송가집인 『찬양가』에 실린 찬송가 선율과의 관련성, 당시 가장 대중화 됐던 찬송가[27](〈예수 나를 사랑하오〉[28] 〈우리 주 가까이〉[29])의 선율을 차용했을 가능성 등을 종합적으로 고려해 보아야 하지 않을까 한다. 이 점에 대해서는 차후에 좀 더 연구해 보겠다.

배재학당 학생들의 노래는 무반주 제창이 아니었다. 이들의 노래를 외국부인이 악기로 반주하면서 함께 불렀기 때문이다齊唱. 외국부인은 선교사 부인으로 추측된다. 『배재백년사』에 의하면 배재학당에서 1890년대 교과목 중 '노래 부르기'가 있었고, 이 때 노래를 가르친 이가 북 감리회 선교사인 올링거F. Ohlinger의 부인인 '올링거 부

---

26   김병선, 『창가와 신시의 형성 연구』, 소명출판, 2007, 115쪽.
27   민경찬, 『청소년을 위한 한국음악사 - 양악편』, 두리미디어, 2006, 30쪽.
28   현재 곡명은 〈예수 사랑하심은〉이다.
29   현재 곡명은 〈내 주를 가까이 하게 함은〉이다.

인Bertha Schweinfurth Ohlinger'이었다고 한다.[30] 『배재백년사』의 기록에 오류가 없다면 배재학당 학생들의 노래를 반주한 이는 올링거 부인이었을 것이다.

그리고 이 때 사용된 악기는 휴대용 오르간Portative Organ 또는 리드 오르간풍금이었을 가능성이 높다. 선교사들이 이 두 종류의 악기를 선교와 음악 교육 분야에서 활용했기 때문이다.[31] 경축식의 첫 장면은 올링거 부인이 리드 오르간(혹은 휴대용 오르간)을 연주하며 배재학당 학생들과 함께 '오백여년 우리왕실 만세무궁 도으쇼셔'라는 가사를 당시 유행하던 찬송가 선율에 얹혀 부른 것으로 정리된다.

다음으로 독립협회 회장 안경수가 개회開會한다는 연설을 했고, 학부대신 이완용을 대신한 한성판윤 이채연의 연설도 이어졌다. 두 차례의 연설을 마치자 다시 배재학당 학생들이 등장하여 '무궁화가'를 불렀다. "우리나라 우리님군 황텬이 도으샤 님군과 백성이 한가지로 만만세를 길거히야 태평 독립 하여보셰~"라는 노랫말이 울려 퍼졌다. 이 노랫말은 1899년 6월 29일자 『독립신문』에 배재학당의 무궁화노리 라고 실린 가사의 4절과 거의 동일하다. 선율은 스코틀랜드 민요 'Auld Lang Syne'을 활용했을 확률이 높다고 추정된 바 있다.[32] 올링거 부인이 풍금(혹은 휴대용 오르간)으로 반주하며 배재학당 학생들과 함께 부른 셈이다.

一. 셩ᄌᆞ신손 오ᄇᆡᆨ년은 우리 황실이오
　　산고슈려 동반도ᄂᆞᆫ 우리 본국일셰

二. 익국ᄒᆞᄂᆞᆫ 렬심의긔 북악ᄀᆞᆺ치 놉고
　　츙군ᄒᆞᄂᆞᆫ 일편단심 동ᄒᆡᄀᆞᆺ치 깁허

<hr>

30　『배재백년사』, 배재백년사편찬위원회, 1989, 53쪽.
31　민경찬, 『청소년을 위한 한국음악사 – 양악편』, 29~30쪽.
32　김병선, 『창가와 신시의 형성 연구』, 115쪽.

三. 쳔만인 오직흔무음 나라 사랑후야
　　 소롱공향 귀쳔업시 직분문 다후셰

四. 우리나라 우리황뎨 황텬이 도으샤
　　 군민공락 만만셰에 태평 독립후셰

후렴 : 무궁화　삼쳔리　화려 강산
　　　대한사룸 대한으로 길히 보젼후셰[33]

　무궁화 노래가 끝나자 아펜젤러Appenzeller, Henry Gerhard가 영어로 연설하였다.[34] 그는 한국 최초의 감리교 목사로, 배재학당 설립자이기도 했다. 선교사였던 아펜젤러는 독립협회와 좋은 관계를 유지하고 있었고 그들의 정책을 지지하고 있었을 뿐 아니라[35] 원활한 선교를 위해 고종에게 좋은 이미지와 충성을 보여줘야 했다. 아펜젤러가 개국기원절 기념식에서 적극적으로 활동한 까닭이 바로 여기에 있으며, 식순式順에 아펜젤러가 설립한 학교였던 배재학당의 학생들이 적극 참석하여 소리 높여 노래 부른 배경도 이와 연관되어 있다.

　아펜젤러에 이어 연설한 이는 '의사 제손씨'로, 서재필을 지칭이다. 서재필은 의학 공부를 한 의사doctor였고, 필립제이슨Philip Jaison이란 영어이름을 사용하였고, 미국 시민권 소유자이기도 했다. '제선'은 바로 제이슨을 한국식으로 표기한 이름이었다. 서재필 역시 독립협회에 적극 가담했던 인물이다.

　다시 배재학당 학생들이 올링거 부인의 풍금 반주에 맞춰 '나라사랑하는노래'를 제창하였다. 나라사랑하는노래는 애국가愛國歌를 의미하는 것으로 배재학당의 애국가는

33　『독립신문』, 1899년 6월 29일.
34　"요젼 기원졀날 배재학당 교장 아편셜라씨가 독립관에서 **영어로 연셜**하엿는데 문졔인즉 죠션에 잇는 외국사람의 직책인데 아편셜라씨의 말이 여좌하더라 …(下略)…"『독립신문』, 1897년 8월 19일, 1면.
35　임선화, 「선교사의 독립협회와 대한제국 인식」, 『역사학연구』 제14집, 호남사학회, 2000.

배재학당 애국가

성ㅈ 신성 오 백 년은 우 - 리 황 실 이 요 산

수 고려 동 반 도 는 우 - 리 본 국 일 세 무

궁 - 화 삼 천 - 리 화 려 - 강 - 산 조

선 사 람 조 선 으 로 길 - 이 보 존 ㅎ 세

위에 무궁화노래로 소개된 가사 중 1절과 후렴을 연결하여 부르는 경우를 지칭한다. 즉, "성ㅈ신손 오빅년은 우리 황실이오 산고슈려 동반도는 우리 본국일세 무궁화 삼천 리 화려 강산 대한사름 대한으로 길히 보젼ㅎ세"이다. 선율은 스코틀랜드 민요 'Auld Lang Syne'을 차용했다고 한다.[36] 즉 '무궁화가'와 '나라사랑하는노래'는 그 가사만 다를 뿐 멜로디는 동일했다. 같은 곡에 가사를 바꾸는 '노가바[노래가사바꾸기]'의 형태를 띤 셈이다.

이어 독립협회 일원이었던 윤치호의 연설이 이어졌다. 마지막으로 탁지부대신 심상 훈이 서재필과 아펜젤러의 연설에 대한 감사 말씀으로 마무리한 후 다과를 나누면서 폐회하였다.

지금까지 살펴본 경축식은 다섯 차례의 연설과 세 차례의 노래로 교차되는 양상으로 구성되었다. 이는 새로운 형태의 예식과 음악의 조합이었다. 특히 찬송하는 노래로 시작되는 것이라든지, 노래가 중간에 여러 차례 삽입되는 형태는 기독교의 예배

---

36 민경찬, 『청소년을 위한 한국음악사 – 양악편』, 45~46쪽.

형식과의 밀접하게 연계되어 있다. 독립협회 회원들이 친미개화파 성향을 지닌 자들이었고, 기독교 선교사와 특별한 유대관계를 가지고 있었을 뿐 아니라 스스로 기독교 신자인 경우가 많았다는 사실을 상기해 보면, 기독교 예배 형식과 독립협회 경축식에서 나타나는 유사성은 극히 자연스러운 일일 수 있다. 독립협회에서 주최한 1897년의 개국기원절 기념 경축식은 예식과 음악 전 분야에서 기독교의 영향력이 큰 행사였다. 음악의 경우 가사만 충군애국忠君愛國의 의미를 지니는 것으로 바꾸었을 뿐 모두 찬송가 선율을 차용한 것이었다. 노래 부른 이들도 선교사 아펜젤러가 설립한 학교인 배재학당의 학생들이었다. 이들은 외국인 선교사부인에게 직접 노래를 배웠고, 경축식장에서도 외국인 선교사부인의 기악 반주에 맞춰 소리를 함께 모았다.

5. 독립협회의 제2차 개국기원절 기념 행사와 음악(1898)

1) 준비 양상

제2차 개국기원절 경축 행사는 1898년 9월 1일에 행해졌다. 역시 이 날은 음력으로 7월 16일이 된다. 이 때는 제1차 경축식과 달리 두 차례로 나누어 설행하였다. 11시부터 1시까지는 독립문에서 내국인 3천명이 모인 자리였다. 오후 3시부터는 독립관에서 국내 고위 관료와 외국인들만 초대하여 별도로 기념식을 했다. 이를 위해 독립협회 회원들이 애썼다. '행사 준비 위원 조직 → 보조금 요청 편지 발송 → 초대장 발송 → 경축식장 셋팅 → 손님맞이'의 순서로 진행되었다. 이는 준비 위원들의 업무를 청첩, 홀기, 다과, 포진, 접빈 등으로 분장하여 체계적으로 운영되었다.

1898년 9월 1일에 설행된 독립협회의 개국기원절 기념 행사 준비 요원[37]

직책	이름
연비수전위원	현제창 · 김진성 · 윤정석 · 한석진 · 김준하
청첩총대위원	남궁억 · 방한덕 · 신태휴 · 최석민 · 한만용
홀긔위원	정교 · 이무영 · 라수연
다과위원	양재언 · 홍긍섭 · 김시영 · 홍성후 · 장봉 · 류재호 · 김효신 · 이일상 · 김제덕 · 임형준
포진위원	박용규 · 이근영 · 백봉진 · 오명환 · 이필균 · 류영호 · 서관식 · 이용선 · 김영시 · 송헌빈 · 강봉헌 · 정기준 · 노진구 · 이해령 · 류병률
접빈위원	김규희 · 양홍묵 · 이학균 · 윤기익 · 고희준 · 이릉하 · 박태영 · 한영원 · 강경희 · 이준영
사무위원	50명 or 120명[38]
사찰위원	100명

먼저 독립협회 회원들에게 보조금 액수 20전 이상을 광통교廣通橋 아래 조선은행朝鮮銀行으로 보내라고 통보하였다. 회원이 아니더라도 입금한 이에 한해서 경축회장 참석을 허용하기로 하였다.[39] 현제창은 경축식 10여일 전인 8월 20일(음력 7월 4일)에 각 부府 · 부部 · 원院 · 청廳에 별도로 편지를 발송하기도 하였다. 보조금 요청은 내국인에게만 해당되는 사항이며, 외국인들에게 비용 문제는 통보하지 않은 것 같다.[40]

삼가 아룁니다. 음력 7월 16일은 곧 우리 대한의 기원절입니다. 따라서 본회에서는 이날

---

37 『독립신문』, 1898년 8월 17일, 2면 및 김우철 역주 · 조광 옮김(정교 지음), 『대한계년사』 3, 소명출판, 2004, 125쪽을 참조하여 작성함.

38 『독립신문』에는 50명으로, 『대한계년사』에는 120명으로 기록되어 있음.

39 『독립신문』, 1898년 8월 17일, 2면.

40 『뮈텔주교일기』를 보면 기부금에 대한 내용은 없으며 초대장을 보냈다고만 쓰여 있다. "오늘 독립협회에서 조선 왕조 개국(506년) 축하식에 초대장을 보냈다. 이 초대장들은 주로 李采淵이 보낸 것인데, 그는 우리 선교사의 수와 이름들을 모르므로 10여 장의 입장권을 보낸다는 간단한 말을 덧붙였다." 『뮈텔주교일기』 2, 한국교회사연구소, 2008, 306쪽.

경축하는 예식을 거행하오니 여러분께서는 음력 7월 11일 안으로 광통교 북쪽 냇가의 조선은 행으로 보조금을 보내주시기를 바랍니다.[41]

보조금을 낸 이들이 3천여 명이나 되었다. 그리고 일본 대판지점 촌정상회에서 권련초卷煙草(얇은 종이로 가늘고 길게 말아 놓은 담배) 10갑을 보내오기도 하였다.[42] 청첩총대위원들은 입금한 이들에게만 초대장을 발송하였다.[43] 초대장이 없으면 경축식에 입장할 수 없었다.[44] 그러나 돈을 기부하지 않은 채 초대장만 요구하는 관료들도 있었다.[45] 경축식장 장식은 포진위원이 담당했을 것으로 추측된다. 11시 행사가 설행된 독립문, 3시 행사가 진행된 독립관은 각각 다음과 같이 셋팅되었다. 태극기 혹은 만국기도 걸고 '기원경절'이라는 글자 현판도 매달며 다과를 마련하고 차일遮日도 설치하는 모습이 생생하다.

9월 1일, 독립문 위에 태극기를 높이 걸고 문 안팎에 나무 울타리를 죽 둘러 쳐 놓았다. 이전의 영은문(迎恩門) 돌기둥 옆에 서 있던 푸른 소나무를 문으로 만들어 문미(門楣)에 '기원경절(紀元慶節)'이라는 커다란 금빛 네 글자 현판을 매달고, 그 아래 문에는 한쌍의 국기를

---

41 김우철 역주 · 조광 옮김(정교 지음), 『대한계년사』 3, 124~125쪽.
42 "치사할 일 독립협회에서 개국긔원절 경축회를 하는데 **대한에 와잇는 일본 대판지점 촌정샹회에서 본회의 츙군 애국하는 취디를 흠모하야 권련쵸 십갑을 연회셕에 보내여** 표정하엿다니 그 샹회의 향모하는 뜻을 우리는 깁히 감샤히 넉이노라"『독립신문』, 1898년 9월 2일, 2면.
43 초대장에 적힌 내용은 이렇다. "삼가 아룁니다. 음력 7월 16일은 개국기원절입니다. 본회에서는 경축하는 예식을 이날 오전 11시에 거행하오니, 왕림해 주시기를 바랍니다." 김우철 역주 · 조광 옮김(정교 지음), 『대한계년사』 3, 125쪽.
44 "청첩명심 개국긔원절 경축회 례식을 음력 칠월 십륙일에 독립관에서 행하는데 보죠금 낸 쳠군자의게 본회에서 청첩을 보내스니 그날 경축회에 오시는 이들은 그 청첩들을 가지고 와야 참석을 하지 **만일 청첩을 아니 가지고 오는 이는 문에 들이지 아니 한다더라**"『독립신문』, 1898년 8월 31일, 3면.
45 "청첩구청 음력 칠월 십륙일은 대한 개국 긔원절이라 독립협회 회원들이 츙군 애국 하는 목적으로 그날을 기다려 경축회를 하랴는데 각부 대쇼 관인이 모도 그 목적을 사량하야 각기 보죠금을 내는 터이라 법부에서도 칙쥬판림관들이 모도 보죠금을 성심으로 내거늘 유독 참셔관 박희진 박제선 량씨는 오십여원 월봉 먹는이라 개국 긔원절은 대한에 데일 큰 경사인데 **두 박씨 관인은 보죠금은 아니내고 다만 청첩만 달나 한다니** 이 두 박씨는 보죠금을 내더래도 남과 함께 혼동하지 안코 경축하는 날을 기다려 필시 슈백원을 특별히 내랴는지"『독립신문』, 1898년 8월 30일, 3면.

교차해 세웠다. 문 안쪽에는 사무위원(事務委員)·사찰위원(査察委員) 자리를 두 곳 만들고, 서쪽 편에 다과(茶菓)를 나누는 장소를 차렸다. 독립문 안쪽의 흰 천으로 만든 큰 차일(遮日) 아래에는 회장의 의자를, 그 좌우 열에는 내빈들의 의자 수백 개를 놓았다.

…(중략)…

독립관 안의 남쪽 편 세 기둥에는 청색과 홍색·백색의 삼색 포장을 걸어놓았고, 그 아래에 태극기를 매달고, 좌우에 청나라·일본·영국·미국·독일·러시아·이탈리아·프랑스·오스트리아의 국기를 매달아 놓았다. 붉은 천에 한글로 '개국기원경축'이라는 커다란 금빛 여섯 글자를 가로로 써서, 그 가운데에 매달아 놓았다. 그 아래에는 팔선상(八仙床) 네댓 개를 연결해 놓고 갖가지 모양의 다과를 차렸으며, 좌우에는 의자 수백개를 늘어놓았다. 독립관의 뜰에는 큰 차일(遮日)을 설치하고 돗자리를 깔았다. 또 의자 백여 개를 늘어놓았다. 독립관 앞 나무 울타리 문밖에는 푸른 소나무로 문을 만들어, 문미(門楣)에 '기원경절'〈역시 한글이다〉이라는 커다란 금빛 네 글자 현판을 걸었다. 대청(大廳) 서쪽 편에는 다과를 나누는 장소를 두었다.[46]

잘 꾸며진 경축식장의 보안과 정숙을 책임졌던 이들은 사찰위원 100명이었다. 11시 행사의 경우 사찰위원들이 내빈들의 초대장 소지 여부를 확인하여 연회 차례표와 맞바꾼 후 입장시켰다. 3시 행사의 경우에는 소나무 문 앞에 두 줄로 늘어앉아 소란을 일으키거나 북적거리지 못하게 단속하는 역할을 담당하였다.

이렇듯 독립협회는 제2차 개국기원절 기념식을 매우 조직적이고 체계적으로 준비하였다. 이들은 궁중에서 선행된 행사에 전혀 손색이 없을 정도로 치밀하게 계획하고 행동하였다. 궁중의 행사 준비 기록이 풍성하지 않아 독립협회의 것과 비교하기는 어렵지만, 큰 틀은 유사하다. 아마도 독립협회가 궁중에서 먼저 행사를 치른 이들에게 암암리에 많은 도움을 받았을 것으로 추측된다. 그리고 친밀한 관계를 가지고 있던 아펜젤러 같은 선교사들도 일조했으리라고 본다. 이는 독립협회의 개국기원절 기념

---

46 김우철 역주·조광 옮김(정교 지음), 『대한계년사』 3, 125쪽, 129쪽.

경축식에 배재학당 학생들이 적극적으로 참석하여 창가를 부르는 상황을 통해서도 유추된다. 배재학당은 바로 아펜젤러가 설립한 학교였기 때문이다.

　단, 궁중과 민간 행사 준비에서 가장 결정적인 차이는 행사 비용을 확보라고 생각되는데, 독립협회는 보조금 선입금 방식으로 이 문제를 순조롭게 해결했다. 아무튼 궁중과 독립협회의 행사 준비는 근대적인 방식을 적절하게 수용하여 계획적으로 이행되었다. 흥미롭게도 이러한 문화는 현재까지 잔존한다. 부조금, 부의금, 축의금 등의 명목으로 개인이 주최측에 일조한다든지, 초대장을 발송하는 것 등이 지금까지 연계되고 있는 면면이다.

2) 기념식과 음악

　독립협회 주최 제2회 개국기원절 경축식은 1898년 9월 1일(음력 7월 16일)에 행해졌다. 당시 상황은 『독립신문』, 『대한계년사』, 『뮈텔주교일기』 등에 기록되었다. 『독립신문』은 신문이라는 특성상 압축 요약되어 기사화 되어 있다. 『대한계년사』는 당시 행사 참석자였던 정교가 개인적으로 집필했기 때문에 상세하게 서술되어 있다. 카톨릭 신부였던 뮈텔주교의 기록인 『뮈텔주교일기』에는 본인이 참석했던 외국인이 참석했던 오후 3시의 경축식에 대해 언급되어 있다. 『독립신문』을 기준으로 삼되 나머지 두 종류의 기록물도 종합적으로 참고하여 오전 11시 경축식을 살펴본 후 오후 3시에 행례된 사례를 고찰하겠다. 『독립신문』에 수록된 오전 11시의 경축식 기사는 다음과 같다. 『대한계년사』의 기사는 너무 길기 때문에 본고에서 인용하지는 않고 행사 내용을 상세히 설명할 때 참고자료로 활용하겠다.

　　광무 이년 구월 일일(음력칠월 십륙일)에 독립문 우에다 대한뎨국 국긔를 놉히 세우고 독립문 전후 좌우에 회석을 넓히 열어 울타리를 굿게 하고 솔나무 지업으로 정문을 만드러 국긔를 쌍으로 달고 회석에 구름갓한 차일을 전후로 놉히 치고 간간히 자호쓴 쟉은 긔를 세우고 교의는 사방에 버럿스며 포진은 정제히 까랏는데 본회 회원들과 정부 대쇼 관인네와 각

학교 학도들은 졀차잇게 버려 안젓스며 경무 관리들은 사면으로 버려셔셔 경찰과 보호를 극진히 하며 방관하는 사람들은 서로 억개가 갈니는데 모도 모힌 인민 슈효가 여러 만명이더라

　　오젼 열한시에 회장 윤치호씨가 회셕을 뎡슉 식히고 회를 연 후에 회여는 대디(大旨)를 연셜하고 그 다음에 회원 졍교씨가 개국 긔렴(記念) 하는 것을 연셜하고 그 다음에 부회장 리상재씨가 대국 젼진(前進) 하자는 것을 연셜한 후에 그 다음에 경츅하는 노래들을 하는데 황샹폐하께셔 주신 리원 풍류로 노래를 화답하야 한 후에 본회 회원들이 애국가를 하는데 음률노 화합하며 그 다음에 무관학도들이 군가를 하고 그 다음에 각 학교 학도들이 경츅애국가를 하는데 또한 음률노 화합하더라 그 다음에 회장 이하 모든 회원과 대소 관인과 각 학도들이 일계히 일거셔셔 황샹폐하를 위하야 만세를 츅슈하고 황태자뎐하를 위하야 쳔세를 츅슈하고 국긔를 위하야 만세를 불으고 젼국 동포를 위하야 쳔세를 불으더라 졍오 열두시에 다과를 논은 후에 오후 한시에 졍회하고 다 하여가더라[47]

　　위에 인용된 『독립신문』, 지면의 한계상 위에서 인용하지 않았지만 『대한계년사』에 수록된 내용을 종합하여 요약하면 다음과 같다.

　　一. 윤치호 연설
　　一. 정교 연설
　　一. 이상재 연설
　　一. 장악원 악인의 노래
　　一. 산호(山呼)
　　一. 독립협회 회원들의 경축가
　　一. 무관학도의 군가
　　一. 각 학교 학생들의 경축애국가

47　『독립신문』, 1898년 9월 2일, 2면.

一. 산호(山呼)

一. 다과

　1898년 제2차 독립협회 주관 개국기원절 경축식은 11시에 한 차례 행하였다. 예식 자체는 12시까지 1시간 동안 진행되었고, 정오부터 오후 1시까지는 다과를 나누었다. 예식은 윤치호의 연설을 필두로 전반부는 정교와 이상재의 연설로 채워졌고, 후반부는 노래와 산호로 구성되었다. 노래 부른 이들은 장악원 악인, 독립협회 회원들, 무관학도, 각 학교 학생들로 다채롭게 구성되었다. 이렇듯 1898년의 경축식은 1897년보다 규모가 커졌다. 노래로 시작된 후 연설과 노래가 교차되던 1897년의 경축식과 달리, 1898년의 경우에는 연설과 노래로 예식 절차가 짜여졌다는 점에서 차이가 난다. 음악적인 측면에서는, 배재학당 학생으로 단일화되었던 1897년의 상황과 달리 궁중 악인의 등장에서부터 여러 학교의 학생과 독립협회 회원들까지 노래에 동참함으로써 다양한 양상이 전개되었다. 이 점은 『대한계년사』에 자세하게 기록되어 있으므로, 『대한계년사』를 참고하여 상세한 상황을 재론하면 다음과 같다.

　1898년 9월 1일 11시에 시작된 독립협회 주최 개국기원절 경축식은 독립문에서 설행되었다. 독립문은 갑오개혁 이후 중국 사신을 영접하던 영은문迎恩門을 헐고 세운 기념물이다. 사대관계 청산이라는 상징성이 있는 장소에 경축식장이 마련되었던 것이다. 그리고 실내가 아니라 야외무대라는 특성을 지닌다. 초청장을 받은 이들이 시간에 맞추어 도착하였다. 다수의 학생들도 참석하였다. 무관학도 200명은 노래와 구령을 부르며 앞장서서 등장하였다. 섰고, 일본어·영어·중국어·프랑스어·러시아어 학교와 배재학당培材學堂·경성학당京城學堂·관공립官公立 소학교小學校의 학생들이 각각 교기校旗를 들고 구령을 붙이며 입장하여 서 있었다. 10개 교에 달하는 학교의 학생들이 모였다. 참석 인원은 3천명 가량 되었다.[48]

　독립협회 회원과 내빈들은 만든 꽃 한 송이를 머리에 각각 꽂다.[49] 행사에 꽃이

48　김우철 역주·조광 옮김(정교 지음), 『대한계년사』 3, 126쪽.

등장하는 면모는 전통 행사의 모습과 맥락이 닿아 있다. 조선 시대에는 궁중과 민간에서 중요한 행사 때 꽃을 만들어 사용하였다. 특히 전통적인 궁중연향에서는 다양한 꽃을 만들어 사용하였는데, 만든 꽃을 '가화假花'라고 칭했다. 궁중연향 관련 의궤儀軌에 그 그림과 만드는 법 등이 기록되어 있는데, 고종대의 연향의궤에 소개된 가화만 해도 20여 종이 넘는다. 그 중 머리에 꽂는 꽃도 있으니, 이를 '수공화首拱花'라고 했다. 수공화는 직위와 신분에 따라 구별하여 차등하였고, 내외빈內外賓의 경우 홍도화紅桃花 두 가지 아래에 당가화唐假花 한 가지를 곁들인 형태를 착용하였다.[50]

궁중연향에서 사용되었던
假花 중 '紅桃二枝花'
『高宗辛丑進宴儀軌』
서울대학교 규장각 소장

독립협회 회원들이 머리에 꽃을 꽂은 행위는 근대적인 요소가 아니었던 것이다. 전통적인 문화가 이어진 것이었다. 그리고 현재에도 결혼식과 같은 축하 행사에 여전히 꽃이 사용되고 있는 현장을 흔하게 접할 수 있다. 가화 대신 생화生花가 차지하는 비중이 높아졌고, 머리 대신 가슴에 꽂는 행위로 재료와 착용위치가 대치되었을 뿐이다.

윤치호의 개회사에 이어 정교와 이상재李商在의 연설이 이어졌다. 그 후 궁중의 악인 4명이 경축가 3절을 노래하고 악공 14명이 관현악기로 반주하였다고 한다. 총 18명의 궁중의 악인이 파견된 상황이었다. 고종이 먼저 축가를 살펴본 후 칭찬하면서 궁중 악인을 경축식에 보냈다고 한다. 궁중음악기관에 소속 악인을 민간에 보내는 일은 조선시대부터 이행되던 전통이다. 이를 '사악賜樂'이라고 한다. 『악학궤범樂學軌範』에 사악의 규정이 명시되었으니, 1등급부터 4등급까지 차등되었다. 1등 사악의 경우 악사 1인·여기女妓 20인·악공 10인으로 구성되었고 4등 사악의 경우 악사 1인·여기 10인·악공 5인으로 조직되었다. 이는 궁중의 수준 높은 악가무樂歌舞 일체를 공연할 수 있는

---

49 모자에 꽂았을 것으로 추측된다.
50 이상희, 『꽃으로 보는 한국문화』 2, 넥서스BOOKS, 2004, 189쪽.

전문 인력을 보냈다는 공통점이 있다. 그러나 독립협회에 파견된 궁중 악인은 춤추지는 않고 노래와 악기 연주만 하였다. 기악과 성악만을 위해 총 18명이 파견된 규모는 1등 사악의 규정에서 정재 연행을 담당한 여기 10인을 제외한 인원 11명보다도 크다. 고종대까지도 사악의 규정이 철저하게 지켜졌는지는 확실하지 않지만, 그 규모는 분명 작지 않았다.

궁중에서 파견된 장악원의 악인 4명이 부른 노래는 3절로 구성되어 있다. 가사는 한만용韓晩容이 지었다. 멜로디에 관한 정보가 없지만, 경축행사인 만큼 궁중연향에서 악장樂章을 노래하던 이들이 가창하던 스타일로 연행되었으리라고 짐작된다. 즉 전통 가곡歌曲과 유사한 분위기의 선율이었을 것이다. 4명의 장악원 가수에 대해서는 경축식이 있었던 시기에 궁중에서 노래를 담당했던 악인을 추정해 봄으로써 대략 짐작해 볼 수 있다. 경축식과 시차가 많이 나지 않은 1901년과 1902년에 궁중연향이 설행되었고 이를 기록한 의궤가 현전하기 때문이다. 1901년 7월에 설행된 궁중연향 기록물인 『고종신축진연의궤高宗辛丑進宴儀軌』를 예로 들면 외진연정재도外進宴呈才圖에 4인의 가창자가 보이며, 이들의 이름은 정학기鄭學基·홍필원洪弼源·박무경朴茂卿·신경선申敬善이다.[51] 남성 가자歌者가 파견되었다면 바로 이들일 가능성도 있다.

독립협회에 파견된 궁중악인들은 위의 그림에 보이는 악인들의 복장이 아니라 사복私服을 입고 참석하였다고 한다. 그들이 부른 축가 3절의 노랫말은 다음과 같다.

제1절

아! 태조황제시여, 꿈속에 금빛 나는 잣대의 도움을 받으셨네.	維皇太祖兮 夢協金尺
임신년에 천명을 받으시어, 한양에서 나라를 여셨네.	壬申受命兮 漢陽開國
그날이 언제런가, 7월 16일이라네	其日維何兮 七月十六
여러 임금이 계승하셨네, 억만 년에 가득하리.	列聖繼承兮 彌于千億

---

51 『高宗辛丑進宴儀軌』 卷3, 功令.

제2절

성인께서 일어나셨네, 만물이 모두 바라보는구나 　　　　　　聖人有作兮 萬物皆覩

신령스럽고 상서로운 조짐이 많기도 하구나 여러 복이 모두 이르렀네 　靈瑞繽紛兮 諸福畢至

태평한 운수의 때가 이르렀구나, 옛 나라가 새 나라가 되었네 　　泰運載屆兮 舊邦維新

임금의 은혜가 해일과 같이 덮치는구나, 만물의 원기가 회복되네 　恩波洋溢兮 太和回春

제3절

독립의 기초가 확정되었네, 자주와 이익과 개명 　　　　　　獨立基礎確定兮 自主利益開明

보록을 온갖 제사에 바치는구나, 아홉 곡의 음악을 연주하네 寶籙獻於萬禩異兮 樂音奏於九成

경사로운 날에 빛나게 힘쓰는구나, 반석과 태산 같이 편안하게 두었네 慶節賁飭兮 盤泰措安

균천의 높은 덕이여, 적은 정성으로 고루 즐겁다 　　　　　匀天象德兮 微忱均歡

독립협회여, 모두 함께 진심으로 본받자 　　　　　　　獨立協會兮 咸效衷赤

공평하고 정직하게 마음 쓰는 법이여 충군애국이 목적이라 　公平正直心法兮 忠君愛國目的

말소리와 낯빛이 화답하여 함께 느끼는 동포여 이천만 명의 백성이로다

　　　　　　　　　　　　　　　　　　　　　　聲氣和應同胞兮 二千萬口黎元

영원토록 우리나라를 보전하세 만만년토록 성은을 입어보세 　永世保我邦家兮 萬萬載沐聖恩

　궁중 악인의 축가가 끝나자 회원들과 내빈들은 고종황제를 향해 '만세'를 외쳤다. 독립협회 회원들은 경축가를 부르고, 무관학교武官學校의 학생들은 군가軍歌를 부르고, 일본어·영어·중국어·프랑스어·러시아어 학교와 배재학당培材學堂·경성학당京城學堂·관공립官公立 소학교小學校의 학생들이 일본어·영어·중국어·프랑스어·러시아어 학교와 배재학당培材學堂·경성학당京城學堂·관공립官公立 소학교小學校의 학생들이 함께 애국가를 불렀다. 이어 참석자 모두 '만세!'-'천세!'-'만세!'-'천세!'를 차례로 외쳤다. 각각 고종황제, 황태자, 국기國旗, 전국 동포를 향한 것이었다. 고종황제와 국기에는 '만세', 황태자와 전국 동포에게는 '천세'라는 용어로 차별하여 썼다.

　오후에는 국내 고위관료와 외국인을 위해 독립관에서 별도로 경축식을 행하였다. 『독

립신문』, 『대한계년사』, 『뮈텔주교일기』에 실린 오후 경축식 내용을 인용하면 다음과 같다.

> 각국 손님들은 오후 세시에 독립관으로 청하야 졉대하는데 각국 공령사와 교샤와 신샤와 부인네들이 다 례복으로 모혓는지라 본회를 대하야 경츅들 하며 연설하더라 본회에서 그 손님들을 졀차잇게 영졉하야 다과로 졍결히 대졉하고 화긔잇게 길거히들 놀고 시간이 찬 후 각기 도라가는데 회원들이 리원 풍류와 합하야 애국가를 불으고 대궐 압흐로 지내더라.
>
> 『독립신문』[52]

청나라 영사 당소이唐紹怡 일행, 독일 영사 크리인F. Krien(□麟) 일행, 미국 공사 알렌Horace Newton Allen(安連) 일행, 일본 공사 가토마스오加藤增雄 일행, 영사 아키쓰키 사쓰오秋月左都夫 일행, 수비대장守備隊長 오타 에이지로大田榮次郎 일행, 전신부電信部 다무라 기이치田村義一 일행, 우편국郵便局 나카바야시 게이자부로中林奚三郎 일행, 거류민居留民 후지이 도모키치藤井友吉 일행, 영국 공사 죠던J. N. Jordan(朱爾典) 일행, 프랑스 공사 플랑시V. Collin de Plancy(葛林德) 일행, 프랑스 예수교 구교〈곧 천주교이다〉 선교사 일행, 미국 예수교 신교 선교사 일행 등 각국의 신사와 상인 약 1백 10여 명이 찾아왔다. 자기의 부인을 동반하거나, 자녀를 데리고 온 사람도 있었다.

다만 러시아 공사 마튜닌N. Matunine(馬丟寧)만이 편지로 사례하면서 연회에 참석할 수 없는 이유를 말했다. 또 우의와 친목을 돈독히 하는 뜻으로 독립협회와 대한제국 신민들의 충군애국의 마음이 기어이 앞으로 나아갈 것이라 축원했다. 또 대황제 폐하의 만수무강을 공손히 축원했다(독립협회가 일어선 이후로, 러시아는 감히 다시 우리나라의 정치에 간섭하지 못했다. 그래서 마튜닌은 뒤로 물러서는 것을 위주로 하였다. 이날 병이 있어 경축회에 참석할 수 없었는데 편지로 사례했으니, 그의 독립협회에 아첨하고 아양떠는 태도가 말의 겉면에 넘쳐흘렀다).

홀기위원笏記委員 정교가 사찰위원에게 시켜, 내빈들에게 영문英文으로 된 차례표를

---

52   『독립신문』, 1898년 9월 2일, 2면.

주도록 했다. 접빈위원接賓委員 김규희 등 10명이 영접해 입장하게 했다. 차일 아래에서 잠시 휴식한 후 장악원의 가수가 전과 같이 경축가 3절을 불렀고, 악공이 음악을 연주했다. 노래가 끝난 후, 악공은 이어서 다른 곡을 연주했다(여민락與民樂 등과 같은 곡이다).

접빈위원들은 우리나라의 내빈인 법부대신 신기선申箕善, 한성부 판윤 이채연李采淵 등과 외국 내빈들을 대청 안으로 들어오도록 청하여, 다과를 내어보낸 후 대청 밖으로 돌아가 앉도록 했다. 서늘한 그늘이 사람들을 시원하게 했다. 술 마신 뒤의 흥취가 한창 깊어지자, 회원 너댓 명이 일어나 춤을 추었고, 내·외국인들이 박수를 치며 크게 즐거워했다. 회장 윤치호가 영어로 경축하는 말과 우리나라 독립 만세를 기원하는 축하를 했고, 내·외국인들이 모두 박수갈채를 보냈다.

잠시 후 태양이 산 너머로 기울고 어슴푸레한 기운이 나무를 휘감았다. 여러 손님들은 모두 돌아가고, 회원 수백 명은 악대樂隊가 앞에서 이끄는 가운데 국기를 세우고 경축가를 부르며 큰길을 따라 대광통교大廣通橋의 사무소로 들어갔다. 이날 날씨는 조금 더웠지만, 맑은 바람이 시원스레 불었다. 도성 가득히 남녀가 구름같이 모여들어 구경했는데, 어깨를 부딪치고 땀을 뿌리며 곧바로 인산인해를 이루었으니, 실로 우리 대한제국의 새로운 시대가 열린 이래로 하나의 성대한 모임의 축하연이었다(『대한계년사』).[53]

독립협회에서 주최하는 조선 왕조 개국 506주년 축하식에 가기 위해 비에모, 르 장드르 신부들과 함께 3시에 떠났다. 아침 11시에 조선 군중들을 위한 첫 모임이 있었다. 좋은 날씨 덕분에 수많은 군중이 독립문과 독립공원으로 갔다. 우리는 거리마다 돌아오는 긴 행렬과 마주쳤다. 3시의 모임은 외국인들과 조선 명사들을 위한 것이었다. 모인 사람들의 수가 아주 많은 것으로 미루어, 초청 범위가 아주 넓었고, 아마 거의 빠짐없이 초대되었을 것이다. 오지 못한 마추닌 씨, 그리고 협회의 이전 술책에 양심을 품은 크린 씨를 제외하면 모든 공사들과 영사들이 참석했다. 조선의 관리들 중 내가 알아본 사람은 신기선, 유기환, 김가진, 이윤용 등인데, 법부대신 신기선에게는 순천 교우 사건을 잘 봐준데 대해 감사를 했다. 모임은 4시경

이 되어서야 윤치호의 영어 연설로 시작되었다. 그는 독립협회를 변호하는 연설을 했는데, 협회는 사람들이 말하는 것처럼 위험한 단체가 아니다. 황제께서 이 축제에 그의 악대를 보내 주고, 또 대신들과 외국 사절들, 변리 공사들, 교회의 지도자들이 다 참석하고 있는 것이 그 증거가 아니냐고 했다. 이에 대해 사람들은 그것이 독립협회를 위해서가 아니라 조선 왕조 개국 기념식을 위해서라고 대답할 수 있을 것이다. 다음 헐버트 교수가 애당초는 조선말로 하기로 되어 있었는데, 영어로 하는 데 그쳤다. 내가 그의 연설을 알아들은 한에서 그는 '자유'란 방종이 아니며 조선은 그의 자주 독립과 자유를 찾으려다 정부를 사양길로 들어서게만 했다고 했다. 다음 그는 조선에 대표를 파견하고 있는 나라들을 차례차례로 들었는데, 프랑스는 빠뜨렸다. 고의적이었을까, 아니면 잊었던 것일까. 그가 받은 박수는 꽤 빈약했다. 연설이 끝난 후 황실 악대의 연주가 있었다. 플라졸렛, 플루트, 하프, 바이올린, 북 등에 맞추어 7~8명의 가수들이 이 분위기에 맞는 다음의 세 가사를 노래했다.[54]

실제로 4시에 시작된 외국인들을 초청했던 경축식의 주요 절차에 대해서는 위의 세 자료를 종합하여 정리하였다.

　一. 윤치호 영어 연설
　一. 헐버트 영어 연설
　一. 장악원 악인의 노래
　一. 장악원 악인의 여민락(與民樂) 연주
　一. 다과

연설을 선행한 후 음악을 뒷부분에 하는 큰 틀은 11시 행사와 같다. 단, 음악은 궁중 악인들의 노래와 연주로만 구성되었다는 차이가 난다. 노래는 11시 타임에서 선행했던 축가를 다시 부른 것이었다. 이어 여민락과 같은 궁중음악을 기악의 형태로 연

54　『뮈텔주교일기』 2, 307쪽.

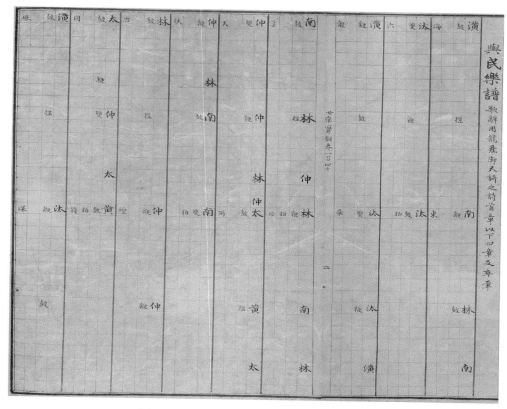

『세종실록악보』에 실린 여민락 악보 서울대학교 규장각 소장

주하는 부분이 첨가되었다는 점에서 차별된다. 아마도 외국인들을 위한 특별 연주였던 것 같다.

궁중의 악기에 대한 기록으로는 『뮈텔주교일기』의 것이 유일한데, 서양악기로 표현하였다는 점이 흥미롭다. 뮈텔 주교는 플라졸렛, 플루트, 하프, 바이올린, 북을 언급하였다. 플라졸렛은 피리觱篥, 플루트는 대금大笒, 하프는 가야금과 거문고 같이 현絃이 많은 악기이거나 월금과 비파, 바이올린은 해금奚琴, 북은 장고杖鼓 정도로 생각된다. 모두 궁중음악의 관현합주 편성을 이루는 악기들이다. 단, 『뮈텔주교일기』에는 노래하는 이를 7~8명으로 기록하여, 『대한계년사』와 차이가 나는데, 뮈텔주교는 외국인이었으므로 정교의 것이 정확도가 높지 않을까 한다. 또한 궁중의 음악 편성 원리상 보통 가창자의 수가 적고 반주하는 악대의 인원이 많기 때문에, 가창자의 수는 4명이었으리라고 생각된다.

부대행사로 궁중 악대와 독립협회 회원들이 국기國旗를 세우고 경축가를 부르며 대광통교에 위치한 사무실로 행진하기도 했다. 궁중 악대가 행진에 참석했다는 점 때문에 이를 곡호대, 취타吹打, 삼현육각으로 해석한 견해가 있지만,[55] 여민락이라는 곡명이 기록되어 있기 때문에 관현편성으로 보아야 한다고 생각한다.[56]

6. 맺음말

개국기원절은 근대적인 국가행사였다. '새 술은 새 부대'에 담겼다. 궁중과 민간 단체에서 성대하게 치러진 개국기원절 기념식에서는 전통적인 요소들이 부분적으로 나타나기도 했지만 큰 틀은 근대적인 예식 문화, 근대식 연회와 닿아 있었다.[57] 그리고 부분적으로 기독교 예배 형식과 상관성도 있었다. 기독교는 이 땅에 들어온 근대적인 종교나 다름없었다. 음악의 경우 찬송가, 창가, 궁중음악 등이 함께 등장하여 동서양의 음악이 당시 사회에서 어우러지는 상황이 드러났다. 서양음악이라는 세계에 귀가 열리고 이를 마음으로 받아들이며 노래로 표현하는 시대적인 특성이 담겨 있었다. 서양음악은 근대 음악의 얼굴이었다.

---

55 김병선, 『창가와 신시의 형성 연구』, 117쪽.
56 대개 왕이 賜樂한 경우, 악인과 춤추는 이들의 이동 과정 자체가 행진으로 거리퍼레이드 효과를 톡톡히 발휘하였다. 이는 『耆社契帖』「奉盃歸社圖」(숙종대)에서 드러난다. 따라서 행진에 참석한 궁중악대는 여민락을 연주했던 바로 그 악대였을 것으로 생각한다. 비록 조선시대에 궁중 악대가 거리 행진을 했던 성격과 개국기원절 기념 행사의 식후 행사로 궁중 악대가 등장하는 맥락은 분명 다른 측면이 있다. 그렇지만 두 개의 악대를 하사했다는 별도의 기록도 없기 때문에 여민락을 연주했던 악대가 자연스럽게 독립협회의 행진에 동석했으리라고 생각한다.
57 개항 후 근대식 연회에 관한 연구는 졸고, 「개항기 근대식 궁정연회의 성립과 공연문화사적 의의」, 서울대박사학위논문, 2010, 참조 요망.

근대적인 국가 행사의 하나인 개국기원절 행사의 완성도가 높아질수록 근대국가 실현이라는 지상과제가 앞당겨지는 분위기에 휩싸였다. 개국기원절 기념 행사를 성공적으로 단행한 후 비록 을미사변과 아관파천으로 잠시 시간이 지연되기는 했지만, 고종은 황제로 등극하는 거사를 이룬다. 개국기원절 기념 행사는 세계 속에 당당하게 자리하려는 고종의 원대함이 구체화되는 출발점이 되어준, 든든하고 강력한 근대적 국가전례였다. 이 행사에 제국帝國으로 발돋움하는 디딤돌 역할을 기대했던 꿈은 현실화 되었다. 고종은 시련을 이겨내고서 결국 황제로 등극하였고 대한제국을 선포하였던 것이다.

그러나 독립협회의 개국기원절 기념식에는 여러 계층의 동상이몽이 담긴 행사이기도 하였다. 독립협회의 개국기원절 기념식에는 고종을 지지하면서도 입헌군주제를 열망하는 이들의 마음이 담겨 있기도 했고, 새로운 세상을 갈망하며 독립협회를 지지했던 민중들의 욕구가 내재되어 있기도 했으며, 엘리트로 대표되는 당시 근대 교육을 받던 학생들의 푸른 미래가 그들의 합창에 녹아 있기도 했고, 아펜젤러처럼 원활한 선교를 원하는 종교적 열정이 서려있기도 하였다. 개국기원절 기념 행사에는 다양한 컬러를 지닌 당대인들의 염원과 꿈도 담겨 있었다. 독립협회의 개국기원절 기념 예식은 다양한 입장을 가진 이들에 의해 다양한 음악이 펼쳐질 수 있었고, 새로운 공연문화가 펼쳐진 역사적인 무대가 될 수 있었다.

「대한제국기 개국기원절(開國紀元節) 기념 행사와 음악」, 『공연문화연구』 제25집, 2012.8.

제5부

서구식 파티의
경험―도입―변용

1. 제1차 수신사 김기수가 경험한 최초의 서구식 파티
2. 원유회, 가든파티의 도입과 변용

제1차 수신사 김기수가 경험한 최초의 서구식 파티

1. 머리말

　수신사修信使는 조일수호조규朝日修好條規(1876)를 맺은 후 1876년부터 1884년까지 다섯 차례에 걸쳐 공식적으로 일본에 파견된 외교사절이다. 이들의 임무는 근대 일본의 실상을 면밀히 파악하여 고종에게 보고하는 일이었다. 일본의 무력에 의해 개항하게 되면서 조선정부는 일본이 어떻게 그러한 힘을 행사할 수 있었는지, 일본 본토의 문물이 어떻게 변화되었는지, 일본이 변하게 된 배경과 이유는 무엇인지 등을 알아야만 했다. 즉 근대 일본의 현황을 꿰뚫음으로써 동아시아 중심의 세계관에서 벗어나 새롭게 구축되는 세계질서까지 가늠해야 하는 시대적 과제가 수신사에게 부여되었던 것이다.

　수신사 파견은 1876년 조일수호조규 체결 당시 일본측에서 조선에 회례사回禮使를 요청한 것에서 출발한다. 일본의 특명전권변리대신特命全權辨理大臣 구로다 기요타카黑田淸隆가 조약 체결 때문에 자신들이 조선에 온 것에 대한 답례를 명분으로 내세워 조선의 접견대관接見大官 신헌申櫶에게 조선측 사절단 파견을 요구한 것이다. 조선에서는 이를 수락하였고, 조선측 외교사절단을 수신사라고 명명함과 동시에 김기수金綺秀(1832

~?)를 정사正使에 임명하였다.[1] 김기수가 참석했던 1876년의 제1차 수신사행이 시작되면서 이래 수신사 파견은 1880년(제2차), 1881년(제3차), 1882년(제4차), 1884년(제5차)에 이르기까지 다섯 차례에 걸쳐 지속된다. 그 결과물로써 수신사 일행이 일본을 방문한 후 작성한 복명서復命書와 견문기는 당시 근대화, 국제화 되어가는 세계정세를 조선정부가 구체적으로 파악하는데 큰 역할을 담당하게 된다.

이러한 수신사의 존재는 대일관계사의 흐름에서 볼 때 통신사通信使[2]와 주일공사駐日公使 파견[3]의 중간 지점에 놓여 있어, 사대교린事大交隣에서 근대적인 외교 질서로 개편되는 전환기에 놓인 외교사절이었다는 측면에서 주목된다.[4] 특히 김기수가 정사正使로 파견되었던 제1차 수신사의 경우 선린善隣 정도로 생각하면서 통신사의 연장선상으로 인식하는 성향이 잔존한 조선측의 입장과 이미 근대화에 영입한 일본의 입장이 병행하였던 상황이 나타난다는 점에서 매우 흥미롭다. 표면적인 측면에서만 보아도 화륜선을 이용하면서 노정이 간략해지고, 사행 시간이 단축되며, 수행원의 구성이 통신사에 비해 현격히 축소되고, 공식석상에서 서양식 의례儀禮와 서양음악西洋音樂을 접하게 되는 등 여러 각도에서 새로운 상황이 처음으로 노출됐던 일련의 일들이 모두 제1차 수신사행에서 드러나고 있기 때문이다. 당시 제1차 수신사의 대표였던 김기수는 바로 그 현장에서 이러한 일들을 직접 체험하였다.

이러한 변화 지점은 이미 주목을 받았고, 여러 학자들에 의해 다양한 연구가 진행되고 있지만[5] 외교의례와 연회문화가 어떻게 교차되고 달라지는 지에 대해서는 집중

---

1 『고종실록』 권13, 고종 13년(1876) 2월 22일(甲申).
2 그동안 축적된 통신사에 대한 학계의 연구성과물은 『조선통신사 사행록 연구총서』, 學古房, 2008에 집약되어 있다.
3 주일공사에 대한 최근 연구성과물로는 한철호, 『한국근대 주일한국공사의 파견과 활동』, 푸른역사, 2010가 있다.
4 이 시기 외교의 특성을 포착한 유길준은 '양절체제(兩截體制, dual system)'라고 칭하였다.
5 제1차 수신사의 사행에 대한 기존의 연구성과를 대략 소개하면 아래와 같다.
   조항래, 「병자수신사(丙子修信使) 김기수사행고 - 그의 저 『일동기유(日東記遊)』의 검토와 관련하여」, 『대구사학』 제1집, 대구사학회, 1969; 鄭應洙, 「근대문명과의 첫 만남 - 『日東記遊』와 『航海日記』를 중심으로」, 『韓國學報』 제63집, 일지사, 1991; 河宇鳳, 「開港期 修信使行에 관한 一研究」, 『한일관계사연구』 제10집, 한일관계사학회, 1999; 河宇鳳, 「一次修信使·金綺秀の日本認識」, 『翰林日本學硏究』 제

적으로 조명되지 않은 실정이다. 따라서 본고에서는 제1차 수신사 김기수가 근대 일본에 가서 경험한 의례와 연회가 어떠했는지를 통신사 시절과의 유사성과 차별성을 상기하면서 살펴보겠다.[6] 이를 위해 김기수의 『일동기유日東記遊』[7]와 『수신사일기修信使日記』 권1,[8] 수행원 안광묵安光黙이 남긴 『창사기행滄槎紀行』,[9] 일본 외무성이 제1차 수신사를 영접하기 위해 준비했던 가이드라인인 『항한필휴航韓必携』[10] 등을 참고하겠다.

2. 제1차 수신사의 노정과 일정

제1차 수신사는 김기수 이하 76명으로 구성되었다.[11] 이는 300~500명으로 조직된

5집, 한림대학교일본학연구소, 2000; 전성희·박춘순, 「修信使가 본 近代日本風俗 – 김기수의 일본풍속 인식을 중심으로」, 『한국생활과학회지』 제14권 5호, 한국생활과학회, 2005; 한철호, 「제1차 수신사 (1876) 김기수의 견문활동과 그 의의」, 『韓國思想史學』 제27집, 한국사상사학회, 2006; 趙恒來, 「開港期 對日關係史研究」, 한국학술정보, 2006; 한철호, 「제1차 수신사(1876) 김기수의 일본인식과 그 의의」, 『사학연구』 제84호, 한국사학회, 2006; 岩方久彦, 「1876년 修信使연구 : 高宗의 舊好回復論을 중심으로」, 『韓日關係史研究』, 경인문화사, 2007; 이경미, 「갑신의제개혁(1884년) 이전 일본 파견 수신사와 조사 시찰단의 복식 및 복식관」, 『한국의류학회지』 제33권 제1호 통권 183호, 한국의류학회, 2009; 정응수, 「조선사절이 본 메이지(明治) 일본 : 김기수의 『일동기유』를 중심으로」, 『일본문화학보』 제45집, 한국일본문화학회, 2010.

6   통신사의 의례, 연회, 음악, 춤, 문화교류에 대한 연구성과는 아래와 같다.
이경원, 「조선통신사 수행악대의 음악활동 고찰」, 영남대학교대학원 석사학위논문, 1993; 정영진, 「통신사행에 수반된 음악」, 『文化傳統論集』 제12집, 경성대학교부설한국학연구소, 2004; 송지원, 「朝鮮通信使의 儀禮」, 『조선통신사연구』 제2호, 조선통신사학회, 2006; 송지원, 「조선통신사를 통해 본 조·일 문화교류의 면면」, 『일본비평』 제5호, 서울대학교 일본연구소, 2011; 김은자, 「조선시대 使行을 통해 본 韓·中·日 音樂文化」, 한국학중앙연구원 박사학위논문, 2011.

7   『국역해행총재(속)』 X, 민족문화추진회, 1977.

8   『修信使記錄』 한국사료총서 제9권, 국사편찬위원회, 1971.

9   安光黙, 『滄槎紀行』, 서울대학교 규장각 소장, 도서번호 奎古4280-2.

10 坂田諸遠 編, 『航韓必携』, 부산광역시립시민도서관 소장, 도서번호 古913.05-21.
『航韓必携』는 전체 18권으로 구성되어 있지만 제1차 수신사를 영접하려고 작성한 가이드라인은 권1부터 권6에 해당되므로, 권6까지의 내용을 중심으로 참조하였다.

11 사행인원에 대한 자세한 논의는 한철호, 「제1차 수신사(1876) 김기수의 견문활동과 그 의의」, 『韓國思想史學』 제27집, 286~288쪽을 참고할 것.

일본에 도착한 제1차 **修信使** 『세밀한 일러스트와 희귀 사진으로 본 근대 조선』, 살림, 2008, 14~15쪽.

통신사의 규모에[12] 비해 현격히 축소된 형태였다. 사행 인원이 축약된 이유는 새로운 외교체제의 성립을 강조하면서 원역員役과 의례儀禮를 간략하게 하자고 강권한 일본측의 요구에 기인한 것이다.[13] 비록 수행원이 급감하였지만 절월수節鉞手, 나팔수喇叭手, 악공樂工, 소동小童 등을 여전히 대동하고 있어[14] 통신사 시절의 위의威儀와 유사한 형태를 갖추고 있었다.

---

12 심민정, 「조선후기 通信使 員役의 선발실태에 관한 연구」, 『한일관계사연구』 제23집, 한일관계사학회, 2005.
13 河宇鳳, 「開港期 修信使行에 관한 一研究」, 『한일관계사연구』 제10집, 141~142쪽.
14 김기수, 『日東記遊』, 「隨率」; 安光黙, 『滄槎紀行』 참조 요망.

김기수 일행은 1876년 4월 4일[15]에 고종에게 사폐辭陛한 후 4월 26일에 부산에 도착하였고 4월 27일에는 해신제海神祭를 올리고 4월 28일에는 전별연餞別宴을 받았다. 4월 29일 부산에서 출발하여 5월 7일 에도江戶에 도착한 후 20일 동안 일본의 문물을 시찰하였다. 5월 27일 에도에서 부산을 향해 다시 출발하였고 윤5월 7일에 부산으로 되돌아왔다. 이들의 노정은 '부산 – 아카마가세키赤間關[16] – 고베信戶 – 요코하마橫濱 – 에도'로 압축된다. 돌아가는 길은 역순으로 진행되었고, 다만 풍랑이 거세어 부득이하게 아카마가세키에서 곧장 부산으로 오지 못하고 쓰시마對馬島를 경유하였다는 점에서 차이가 날 뿐이다. 통신사의 노정과 비교해 볼 때 이러한 수신사의 노정에서 나타나는 가장 큰 변화 중 하나가 대마도를 거치지 않는다는 것이었지만, 귀로歸路 중 날씨의 영향으로 어쩔 수 없이 잠시 대마도를 들렸던 것이다.

이러한 경로로 1876년에 김기수가 부산에서 에도까지 다녀오는데 소요된 기간은 40여일 정도에 불과했으니, 일본 열도 내에서 15곳 정도를 경유하면서 짧게는 5개월에서 길게는 10개월가량 소요되는 고된 노정에 올랐던 통신사의 경우와는 사뭇 달랐다.[17] 김기수의 여정이 간략화 될 수 있었던 까닭은 부산에서 요코하마까지는 해로海路, 요코하마에서 에도로 갈 때에만 육로陸路로 이동하는 과정에서 일본이 제공한 화륜선火輪船[18], 기차, 마차 등을 교통수단으로 활용했기 때문이다. 이는 근대 일본의 모습을 김기수 일행에게 몸으로 느끼게 하려는 일본측의 계획된 처우이기도 했다.

---

15 이 때 조선은 음력을 일본을 양력을 사용하고 있었다. 본고에서는 음력 날짜를 중심으로 기술하되 양력 날짜를 밝힐 경우에는 양력이라고 표기하겠다.

16 赤馬關, 馬關, 시모노세키[下關] 라고도 한다.

17 통신사의 노정과 사행 기간에 관한 내용은 송지원, 「조선통신사를 통해 본 조·일 문화교류의 면면」, 『일본비평』 제5호, 200~201쪽.

18 화륜선을 처음 타는 제1차 수신사 일행에게 선박 내에서 지켜야 할 규칙에 대해 알려주기도 했다. 촛불을 켜지 말 것, 정해진 시간과 장소에서만 담배를 피울 것, 변소에서만 소변을 볼 것, 회식(會食)할 때 술을 마시지 말 것 등에 관한 지침이 있다. 김기수, 『日東記遊』 「規條」 中 「艦內規則」; 『航韓必携』 권1 「艦內規則」.

의례를 중심으로 본 김기수의 노정과 일정

4월 4일　　고종에게 사폐(辭陛)

4월 26일　　부산 도착

4월 27일　　해신제(海神祭)[19]

4월 28일　　전별연(餞別宴)[20]

4월 29일　　부산에서 출발[21]

5월 1일　　아카마가세키[赤間關] 경유

5월 4일　　고베[神戶] 경유

5월 7일　　요코하마[橫濱] 경유 → 에도[江戶] 도착

5월 8일(양력 5월 30일)　　외무성 예방(禮訪)

5월 10일(양력 6월 1일)　　아카사카미야[赤坂宮]에서 **천황 접견**

5월 12일(양력 6월 3일)　　엔료칸[延遼館]에서 **하선연(下船宴)**, 박물원 관람

5월 16일(양력 6월 7일)　　미야모토 쇼이치[宮本小一]의 집에서 연회

5월 17일(양력 6월 8일)　　이노우에 가오루[井上馨]의 집에서 연회

5월 19일(양력 6월 10일)　　무네시게 타다시[宗義達]의 집에서 연회

5월 20일(양력 6월 11일)　　모리야마 시게루[森山茂]의 집에서 연회

5월 21일(양력 6월 12일)　　이토 히로부미[伊藤博文]의 집에서 연회

5월 24일(양력 6월 15일)　　엔료칸[延遼館]에서 **상선연(上船宴)**

5월 27일(양력 6월 18일)　　에도에서 출발 → 요코하마 경유

19　"제문(祭文)은 사과(司果) 안광묵(安光黙)이 짓고 초헌(初獻)도 그 자신이 하였다." 김기수, 『일동기유』
　　권1「乘船 九則」, 『국역해행총재(속)』 X, 361쪽.
20　"동래수사(東萊水使)가 주인(主人)이 되어 예복차림으로 서로 보고 난 뒤 시복(時服)으로 바꾸어 입고
　　연회상을 가져왔다. 그 후에는 사립(絲笠)과 융복(戎服)으로 바꾸어 입었다. 술이 반 순배나 되었을 적에
　　…(중략)… 마침내 기생을 시켜 음악을 시작하였는데 거문고 소리와 노래 소리가 번갈아 들리게 되니 길
　　떠나는 사람의 수심도 잊을 만하므로 한껏 즐긴 뒤 연회를 마쳤다." 『국역해행총재(속)』 X, 361쪽.
21　"동래부사와 여러 고을 수령들이 김기수 일행을 전송하였을 뿐 아니라 방기(房妓)들도 전송하러 나왔
　　다." 『국역해행총재(속)』 X, 361쪽.

윤5월 1일 고베 경유

윤5월 3일 아카마가세키 경유

윤5월 5일 대마도 경유

윤5월 6일 옛 대마도주[舊島主] 종의화(宗義和)의 집에서 연회

윤5월 7일 부산 도착

6월 1일   복명(復命)

　제1차 수신사의 일정 가운데 핵심은 근대화 된 일본의 신문물을 탐방하는 것이었지만, 일본천황日本天皇 접견례와 두 차례의 공식 연회公式宴會 같은 공식적인 의례를 행하기도 하였다. 통신사 시절 쇼군을 만났을 뿐 천황을 접견한 선례가 없었던 까닭에 김기수와 일본의 대승大丞 미야모토 쇼이치宮本小一가 설전했던 천황 접견례는 김기수 일행이 에도에 도착한지 3일 만인 5월 10일(양력 6월 1일)에 아카사카미야赤坂宮에서 행해졌다. 김기수가 하마연下馬宴 또는 하선연下船宴이라고 표현한 첫 번째 공식 연회는 5월 12일(양력 6월 3일), 상선연上船宴이라고 기록한 두 번째 공식 연회는 5월 24일(양력 6월 15일)에 설행되었다. 두 차례의 공식 연회가 설행된 장소는 엔료칸延遼館이었다. 엔료칸은 김기수가 머물던 숙소로, 석재石材를 사용하는 서양식 건축법을 도입한 건물이었으며, 서양식 욕실과 화장실이 설비되어 있을 뿐 아니라 정원까지 갖춘 근대식 영빈관이었다.[22] 그밖에 비공식적인 행사로 엔료칸에서 설행된 세 차례에 걸친 유희遊戲와 일본 관료들의 집에서 사적私的으로 행해진 연회가 있었다.[23]

　세 차례에 그친 제1차 수신사의 공식 의례는 통신사 시절에 비해 극히 간소화 된 것이라고 볼 수 있다. 통신사 시절에는 쓰시마에서는 배에서 내리는 의례儀禮와 연향

---

22 메이지 전반기에 영빈관으로 사용된 서양식 건물. 하마리큐 정원 안에 자리하고 있었으며 목재 골조에 얇은 석재(石材)를 써서 건물 외장벽을 마감한 건물[石室]. 연구공간 수유+너머 동아시아 근대 세미나 팀 옮김(유모토 고이치(湯本豪一) 지음), 『일본 근대의 풍경』, 그린비, 2004, 446~447쪽 참조. 그 당시 엔료칸의 모습에 대한 자세한 설명과 묘사가 김기수, 『日東記遊』「留館」에 있다.

23 김기수, 『日東記遊』「規條」, 「燕飮」; 『국역해행총재(속)』 Ⅹ, 374쪽, 401쪽.

엔료칸[延遼館]에 머물고 있는 김기수
東京國立博物館 編, 『幕末明治期寫眞資料目錄』 1, 國書刊行會, 1999, 386頁

제1차 수신사로 파견된 김기수
국사편찬위원회 소장

宴饗, 중로中路에서는 쇼군將軍[24]이 보낸 사자使者가 통신사의 행렬을 문안하는 중로문안의中路問安儀, 에도江戶에 도착하면 도착을 환영하는 하마연下馬宴, 에도에서 조선 왕의 국서를 전달하는 전명의傳命儀, 에도를 떠날 때의 연향인 상마연上馬宴, 쓰시마로 돌아와 배를 타기 전에 베풀어지는 상선연上船宴 등이 행해졌으며, 그밖에 1636년(인조 14), 1643년(인조 21), 1655년(효종 6)의 세 차례 사행에서만 행해진 닛코日光에서의 치제致祭와 양측의 상견례 등의 의례도 있었다.[25] 통신사가 일본에 방문했을 때에는 그들이 경유하는 일본 전 지역에서 각종 의례가 공식적으로 행해졌고 일본 전체가 성대한 축제 분위기에 휩싸였지만 1876년에 조선 고유의 의복을 입고 에도에 입성한 김기수 일행을 바라보는 근대 일본의 분위기는 변화하고 있었다. 제1차 수신사의 행렬을 보기 위해 입추의 여지없이 군집群集한 일본의 대중은 조선의 의복풍속이 누추하다며陋 비웃고 물정에 어둡다며迂 조롱하면서 능모멸시凌侮蔑視하였다.[26]

---

24   막부(幕府)의 수장(首長)을 가리킴.
25   송지원, 「朝鮮通信使의 儀禮」, 『조선통신사연구』 제2호 참조.

근대 문물의 혜택으로 노정이 간략해지면서 양국 간의 공식의례는 양적으로 축소되었다. 근대 외교로 전환한 일본의 입장이 의례에 강하게 반영된 것이다. 더 나아가 의례를 채우는 내용과 형태도 이전과는 달라졌다. 당시 유입된 서양 문화가 의례 문화의 변화를 초래한 것이다. 변화된 의례의 실상에 대해서는 3장 이하에서 고찰하겠다. 김기수가 경험한 세 차례의 공식 의례 중 일본 천황 접견례를 먼저 검토한 후 두 차례의 공식 연회를 차례로 살펴보겠다. 공식적인 접견과 연회 이외에도 대신들의 집에서 설행된 사적 연회私的宴會 등에 대한 논의는 차후의 연구에서 지속하겠다.

3. 일본 천황 접견례

쇼군將軍을 만나고 돌아오던 통신사 시절의 선례에 비추어 볼 때 일본 천황 접견례는 전례가 없었던 일이었다. 그러나 배를 타고 일본으로 건너가는 중 무슨 얘기가 오고 갔는지, 김기수는 에도江戶 도착 다음 날 곧장 외무성外務省에 방문하여 국서國書를 가져오지 않았으므로 일본 황제를 접견할 명분이 없다며 온건하게 천황 접견 거부 의사를 표명하였다.[27] 그러나 외무성에서 숙소인 엔료칸延遼館으로 돌아온 지 얼마 안 되어서 대승大丞 미야모토 쇼이치宮本小一와 권대승權大丞 모리야마 시게루森山茂가 찾아와 김기수에게 천황 접견을 강권한다. 비록 명분이 없더라도 천황이 특별히 수신사를 만나보고 싶어한다고 말을 꺼냈고, 거듭되는 거절에 급기야는 천황이 수신사를 만난다는 명령을 내렸다며 그 수위를 높인다. 이에 김기수는 특별한 예우로 생각하면서 뵙겠다고 답한다.[28]

---

26 「日本人の使節蔑視を批判」, 『近事評論』 明治 9년 6월 10일. 鄭應洙, 「근대 문명과의 첫 만남-『日東記遊』와 『航海日記』를 중심으로」, 『韓國學報』 제63집, 107쪽에서 재인용.

27 "이 사람은 올 때, 봄에 귀국 사신이 우리나라에 온 것을 회사(回謝)하여 예전 신의를 수호케 하라는 명만을 받들었을 뿐 **처음부터 국서(國書)는 없었으니 실로 귀국 황상(皇上 황제(皇帝))을 배견(拜見)할 명분은 없습니다.**" 김기수, 『日東記遊』 '問答'; 『국역해행총재(속)』 Ⅹ, 410쪽.

28 "숙소로 돌아온 지 얼마 안 되어서 두 대승(大丞)이 찾아왔기에 공청(公廳)에서 그들을 접견하였다. 나

다음으로 언급되는 문제는 접견 날짜, 황제 접견 때 착용할 복색服色, 황제 접견 의 절儀節을 정하는 일이었다. 조선의 국기일國忌日을 운운하며[29] 김기수는 접견 날짜를 쉽게 정하려 하지 않았지만, 일본측에서는 천황의 북방 순행 스케줄을 내세우며 이틀 뒤인 5월 10일(양력 6월 1일)에 접견례를 강행하자고 압박하였다. 일본측의 일방적인 태도와 계획으로 일관되었던 것이다. 이러한 상황은 통신사 시절 양측이 합의하여 좋은 날을 택하고, 의례를 행하기 전에 미리 의주儀註와 도식圖式을 통해 정확하게 내용을 점검, 확인하면서 조선측의 입장이 주도적으로 반영되었던 것과는 매우 대조적이다.[30]

일본측이 일본 황제 접견을 사수하기 위해 무례할 정도로 압박하는 분위기가 절정에 다다르자 결국 김기수는 복색과 의절만큼은 결코 양보할 수 없다는 뜻을 확실하게 밝히면서 조선의 배례법拜禮法과 이 때 갖추어야 하는 복색에 대해 상세히 설명하였다.

훈도   예를 행할 때는 복색 의절이 없을 수 없으니 귀국의 법은 어떻습니까?

김기수   우리나라의 법은 큰 제배(除拜 관직 임명)가 있으면 **흑단령(黑團領)을 입고 대궐 안의 합문(閤門) 밖에서 숙배(肅拜)하고, 만약 입시하라는 명령이 있으면 홍단령 (紅團領)을 입고 편전(便殿)에 입시합니다. 궁전의 좌향이 남향이면 전상(殿上)에 이르러 마루 끝에서 동향하여 곡배례(曲拜禮)를 행하고** 궁전의 협문(夾門)으로 들

는 두 사람과 마주 앉고 최조(最助)와 훈도(訓導)는 그 사이에 앉았다. 대승은 말하기를, '수신사의 이번 행차가 비록 **우리 황상을 배견할 명분은 없지만, 우리 황상께서 특별히 접견코자 하시니 매우 좋은 일입니다.**'하므로, 나는 대답하기를, '**이 사람이 올 때 처음부터 국서가 없었으니, 실로 귀국의 황상을 배견할 명분이 없습니다. 이는 우리 주상의 명을 받지 못한 까닭입니다. 내 마음대로 배견하는 것은 옳지 않을 듯합니다.**'하였다. 대승은 말하기를, '그렇지 않습니다. 우리 황상께서는 수신사가 온다는 소식을 듣고 날짜를 헤아리려가며 기다리셨습니다. 그러므로 조금 전에 수신사가 당도했다는 뜻으로 주달하였더니 **우리 황상께서는 며칠 안으로 접견하시겠다고 분부하셨습니다.**'하므로, 나는 대답하기를, "귀국 황상께서 이 사람이 먼 곳에서 온 것을 생각하시어 특별히 이같은 드문 예수(禮數 : 예절상의 대우)를 베푸신다면 이 사람 또한 어찌 한결같이 굳이 사양하겠습니까? 삼가 지시대로 배견하는 예를 행해야겠습니다." 김기수, 『日東記遊』 「問答」;『국역해행총재(속)』 Ⅹ, 412~413쪽.

29   "특별히 사직단(社稷壇)에서 기우제(祈雨祭)를 지냈다."『고종실록』 권13, 고종 13년(1876) 5월 9일(己亥).

30   송지원, 「조선통신사의 의례」, 『조선통신사연구』 제2호, 37~38쪽.

어가서 혹은 어탑(御榻) 앞에 엎드리기도 하고, 혹은 어탑의 조금 먼 곳에 엎드리기도 합니다. 묻는 말씀이 있으시면 반드시 일어나서 대답하고 물러가라고 하시면 물러나오는데, **물러나올 때에 전의 곡배(曲拜)한 곳에 가서 또 곡배를 행하고 나오게 됩니다.** 만약 명령을 받든지 다른 일로 나가고 들어올 때는 다만 홍단령(紅團領)만 입고 합문 밖에서 숙배(肅拜)만 하고 입시하는 것은 전의 입시한 예(例)와 같습니다. 귀국의 의절(儀節)은 어떻습니까?

대승   마땅히 잘 의논하여 주달(奏達), 작정(酌定)한 후에 통보하겠습니다.

김기수   숙배할 곳이 멀고 가까운 것과 입시하는 예(禮)를 행하고 행하지 않는 것은 마땅히 지시대로 하겠지마는, **예를 행하는 절차에 있어서는 마땅히 우리 주상(主上)을 배견(拜見)하는 예로써 귀국의 황상(皇上)을 배견하겠사오니 이 뜻을 양해하여야 될 것입니다.**

대승   알겠습니다.[31]

김기수의 일본 천황 접견례는 5월 10일(양력 6월 1일)에 있었다. 이미 일본측에서는 접견 상황에 대해 만반의 준비를 해놓은 상태였으니, 『항한필휴』에 기록된 김기수의 천황 알현식 가이드라인은 다음과 같다.

朝鮮國 修信使 內謁見式[32]

一. 당일 오전 11시 수신사를 외무(外務) 관원(官員)이 동반하여 참내(參內)할 것

　　단, 수신사가 엔료칸[延遼館]에서 나와 외무성(外務省)으로 왕래(往來)하는 등의 일에 대해 매진할 것

一. 당일 관련되는 관원(官員)은 대례복(大禮服)을 착용할 것

一. 수신사는 어차(御車)가 이르는 곳에서 하차(下車)하여 전(殿)으로 오를 것

---

31   김기수, 『日東記遊』「問答」; 『국역해행총재(속)』 Ⅹ, 409~415쪽.

32   이 부분의 일본어는 한경대학교 의류산업학과 이경미교수님께서 번역해주셨다.

단, 수신사가 통행(通行)할 때 당번 병(兵)이 봉총식(捧銃式)을 행할 것

一. 식부(式部) 관원은 수신사를 맞이하여 휴게소로 인도함

一. 의관정제(衣冠整齊)해서 다시 휴게소로 인도함

一. 외무경(外務卿), 궁내경(宮內卿), 식부두(式部頭)[33]가 수신사를 영접함

一. 식부두는 수신사가 참내(參內)할 것이라고 천황에게 말씀 드림

一. 천황이 내궁(內宮)에서 나옴

一. 수신사를 [……][34] 식부두는 외무경에게 고하고, 경(卿)은 수신사를 인도하여 어전(御前)으로 나아가게 함

一. 천황 앞에 섬

一. 수신사는 나아가서 서고, 외무경 등은 각자의 자리로 감. 수신사는 배례(拜禮)함

一. 천황은 묵답(黙答)함

一. 예(禮)가 끝나면 수신사는 퇴장함

一. 휴게소에 다과(茶菓)를 내림[35]

　　내알현식 규정에 의하면 수신사의 동선은 '입궁 → 휴게소 → 접견 → 휴게소'이다. 김기수와 안광묵의 기록도 이와 유사하게 묘사되어 있으므로 위의 규정대로 대략 실행된 것으로 보인다. 이렇게 국빈國賓이 휴게소를 거치는 동선이 포함된 알현식은 근대식 접견례에서 나타나는 특징으로[36] 일본 황실에 이미 서양식 예법이 도입되었음을 암시한다. 따라서 이 접견례에서 주목되는 핵심사항은 동서양 예법이 만난 지점에서 사람들의 행동양식이 어떻게 나타났는가의 문제로 모아진다. 갓 개항한 조선의 사신 김기수, 이미 근대화의 열풍에 휩감긴 일본의 황제, 과연 이들의 실제 행동양식과 이

33　일본의 식부는 대한제국의 禮式院에 해당되는 기관임.

34　해석이 불확실한 부분임.

35　坂田諸遠 編, 『航韓必携』 권3 「內謁見式」.

36　휴게소를 거치는 동선은 외국인들이 고종을 접견례할 때에도 동일하게 나타난다. 고종황제 접견에 관한 자세한 규정도 『大韓禮典』과 『禮式章程』에 정리되어 있다. 졸고, 「개항기 근대식 궁정연회의 성립과 공연문화사적 의의」, 서울대학교대학원 박사학위논문, 2010, 참조 요망.

들이 표출한 예법은 각각 어떤 형태였을까?

천황 접견 당일 김기수는 자신이 일본측에 설명했던 조선의 예법을 준수하였다. 김기수는 흑단령黑團領[37]과 오사모烏紗帽를 착용한 채 육인교六人轎를 탔다. 김기수의 행렬 앞쪽에서는 나팔소리가 우렁찼다. 당시 제1차 수신사의 나팔수喇叭手로 차출된 이들은 박화준朴化俊과 양치우梁致雨였다. 이운이李雲伊(稽琴), 박춘섭朴春燮(短笛), 유상룡柳尙龍(長鼓), 진장명陳長命(短笛), 이종명李鍾明(鼓手), 김부리金富利(長笛)[38] 이상 여섯 명으로 구성된 악공들은 연주하지는 않고서 악기만 든 채設而不作 조용히 행차를 함께 했다. 악공들의 연주를 금지한 까닭은 조선의 국기일國忌日이었기 때문이다.[39]

김기수는 적판성赤坂城 제2문에 들어가서 육인교에서 내렸고, 통역관의 인도를 받아 나아가다가 외청外廳에서 북향北向하여 사배례四拜禮를 하였다. 휴게소에서 잠시 쉬었다가 정당正堂으로 들어가서는 홍단령紅團領으로 갈아입고서 우회하였다가 합문閤門 내에서 동향東向한 채 곡배례曲拜禮를 행한 후 일본 황제 앞으로 나아가서 한 번單拜 절하고서 몸을 구부렸다가 섰다鞠躬而立. 두 손을 마주잡은 채 서 있다가 뒷걸음으로 나와 합문 밖의 기둥檻에서 다시 곡배를 한 후 휴게소로 돌아왔다.[40] 조선의 왕을 배견拜見할 때 흑단령을 착용하고서 숙배례肅拜禮를 올리고, 홍단령을 입고서 입시례入侍禮를 행한다는 김기수의 설명 그대로 실행된 것이다.

접견 장면은 제1차 수신사가 일본 황제를 접견할 경우를 대비하여 준비해 둔 일본측의 접견 도식을 참고하면 한층 더 구체적으로 접근 가능하다. 접견 도식에 그려진 사각형이 천황의 자리이고, 동그라미와 점선이 김기수의 동선을 표시해 둔 것으로 해석되는데, 실제 접견장에서의 상황이 이 도식과 크게 다르지 않았을 것이라고 본다. 도식의 하단 왼쪽의 동그라미 지점에서 김기수는 천황을 마주하지 않은 채 곡배례를

---

37 김기수가 흑단령을 착용하였음은 이경미, 「갑신의제개혁(1884년) 이전 일본 파견 수신사와 조사시찰단의 복식 및 복식관」, 『한국의류학회지』 제33권 제1호 통권 183호, 47쪽에 연구되어 있다.

38 나팔수와 악공의 명단은 安光黙, 『滄槎紀行』, 五月 初十日.

39 安光黙, 『滄槎紀行』, 三月 初八日.

40 安光黙, 『滄槎紀行』, 五月 初十日; 김기수, 『日東記遊』 「行禮」; 『국역해행총재(속)』 Ⅹ, 377쪽.

거행하였고, 가운데 동그라미가 있는 지점을 거쳐 식부두式部頭와 외무경外務卿이 좌우에 위치한 동그라미 지점으로 나아가 한 번 절하고 서 있다가 역순으로 뒷걸음질하여 다시 곡배례를 행했을 것이다.

그 때 일본 황제는 단발短髮한 상태였고 모자를 쓰지 않은 채 흑색에 금수金繡가 놓여진 옷을 입고[41] 선 채로 묵묵히 김기수를 맞이하였다. 『항한필휴』 권3 「내알현식」에도 "천황은 묵답黙答함"이라고 규정되어 있다. 천황은 헤어스타일, 의복, 예법에 이르기까지 이미 서양식으로 변화된 상태였다. 이러한 천황의 행동양식에 대해 김기수는 "그倭皇가 의자를 피하고 몸을 공손히 하여 서서 보는 예절이 어떤 전고典故에서 나왔는지는 알 수가 없다."[42]며 의구심을 피력하였다. 기립한 채 수신사를 맞이하는 일본 황제 모습이 김기수에게는 그저 이해되지 않는 낯선 풍경이었던 것이다.

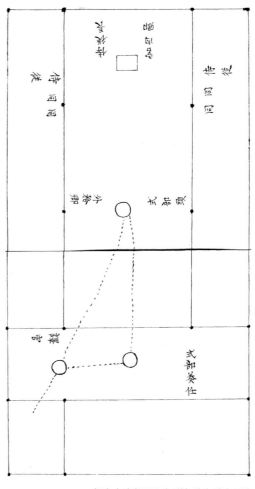

제1차 수신사(1876)의 일본 황제 접견 도식
坂田諸遠 編, 『航韓必携』 권3, 內謁見式

일본 황제 접견을 마친 후 김기수는 휴게소로 이동하여 외무경外務卿, 식부두式部頭,

---

41   安光黙, 『滄槎紀行』, 五月 初十日.
42   김기수, 『日東記遊』 「行禮」; 『국역해행총재(속)』 Ⅹ, 378쪽.

궁내경宮內卿 등 여러 관원과 함께 탁자에 둘러 앉아 다과를 대접받았다. 빙즙氷汁[43]에 계란과 설탕을 탄 음료가 유리 술잔에 담겨져 나왔고 각종 사탕도 놓여 있었다. 휴게소에서 휴식을 취한 김기수는 황궁내원皇宮內苑인 어화원御花苑을 잠시 들렀다가 궁에서 나왔다.[44]

이는 통신사 시절 에도에서 전명의傳命儀를 행한 것과 매우 다르다. 에도의 전명의는 '국서國書 전달－주례酒禮－개별 연향'으로 구성되었고, 대마도주의 역할이 매우 컸다. 천황이 아닌 쇼군을 만난 것이었고 동양의 전통적인 의례에 기반한 것이었다.[45]

일본 황제 접견은 전례가 없던 일이었기 때문에 김기수를 매우 당황시켰다. 김기수는 국서國書 부재不在를 명분으로 거부하다가 결국 천황을 만났다. 당시 일본의 정세를 살피는 것이 김기수의 주요 임무였기 때문에 곧 집권자의 교체라는 일본의 국정변화 차원에서 천황 접견을 받아들인 것이다. 또한 천황의 복권과 일본의 근대화를 연결지어 일본내에서 발생한 하나의 정치개혁으로 생각하는 측면도 강했기 때문에 가능한 일이었다. 김기수는 천황의 직위가 중국의 황제에는 비교가 될 수 없다며 분명 차별지어 인식하고 있었다.[46]

그런데 여기에서 중요한 점은 김기수가 조선의 복색과 의절을 그대로 준수하였다는 점이다. 일본측의 일방적인 태도로 전반적으로 공식 의례가 축소된 상황이었고, 일본은 서양식 접견례를 강행하고 있었다. 그러나 접견장에서 김기수는 흑단령에서 홍단령으로 갈아입는 과정 그대로를 감행하면서 조선에서 행하던 전통적인 예법에 의거하여 접견례를 행하였고, 일본 황제는 단발한 머리에 모자를 쓰지 않고서 금수가 놓인 서양식 의복을 착용한 채 서양식 예법대로 김기수를 만났다. 두 나라의 대표는 각자의 상황과 방식대로 예禮를 표출하였던 것이다. 이는 근대 외교로 전환해 버린 당시

---

43 얼음을 갈아 놓은 것. 갈아 놓은 얼음이 자연스럽게 녹으면서 얼음물 또는 차가운 물로 변한다.
44 김기수, 『日東記游』「玩賞」;『국역해행총재(속)』 Ⅹ, 385쪽.
    氷汁에 관한 이야기는 김기수, 『日東記游』「燕飲」(『국역해행총재(속)』 Ⅹ, 408쪽)에도 보인다.
45 송지원, 「조선통신사의 의례」,『조선통신사연구』 제2호, 37~44쪽.
46 손승철, 「조선시대 日本天皇觀의 유형적 고찰」,『사학연구』 50집, 한국사학회, 1995, 118쪽.

일본의 상황과 동아시아의 전통적인 외교방식을 간직한 조선의 상황이 서로 갈등을 빚으며 충돌함과 동시에 공존하던 역사적인 현장이었다.

4. 延遼館의 下船宴

김기수가 하마연下馬宴 또는 하선연下船宴이라고 기록한 첫 번째 공식 연회는 5월 12일(양력 6월 3일)에 에도에서 머물던 숙소였던 엔료칸延遼館에서 서양식 만찬 스타일로 행해졌다. 김기수는 11시 즈음 태정대신太政大臣 산조 사네토미三條實美, 미야모토 쇼이치宮本小一, 모리야마 시게루森山茂 등 15명 정도의 일본측 핵심 관리와 함께 큰 식탁에 둘러앉았다. 식탁 위에는 참석자들의 명패名紙가 놓여 있었고 음식메뉴 등이 적힌 종이도 있었다. 생화生花를 꺾꽂이 해 놓은 꽃병 두 개와 조화假花 두 대臺로 장식하였고 각종 과자와 떡도 섞여 있었다. 냅킨,[47] 숟가락, 나이프, 접시 등도 제공되었다. 왼편에는 끝 부분에 포크 기능이 첨가된 대·중·소의 숟가락 세 개가, 오른편에는 나이프 두 개, 위쪽에는 크고 작은 숟가락 두 개가 놓여 있었다. 다양한 재료와 모양으로 생긴 술병도 등장했다. 그림이 있는 자기로 만든 것, 구름무늬가 있는 옻칠한 것, 유리로 만든 것, 높고 발이 달린 모양, 둥글고 귀가 달린 모양 등이었다.[48] 식탁 위에 놓인 생화와 식기食器류 일체를 통해 이미 서양식 만찬 문화가 일본 황실에 도입되었음을 알 수 있다.

음식 종류로는 단단한 것, 연한 것, 국물, 절육切肉 등이 있었다고 하는데 국물은 스프로 추측된다. 절육은 숟가락으로 누르고 칼로 베어 먹었다는 표현으로[49] 보아 스테이크steak를 의미하는 것이 아닌가 한다. 일본측에서 제1차 수신사에 보낸 음식단자飮

---

47   김기수는 냅킨을 '白布'라고 표현하였다.
48   김기수, 『日東記遊』「燕飮」; 『국역해행총재(속)』 Ⅹ, 402~403쪽.
49   김기수, 『日東記遊』「燕飮」; 『국역해행총재(속)』 Ⅹ, 403쪽.

1장 제1차 수신사 김기수가 경험한 최초의 서구식 파티   253

食單子에 의하면 생선, 닭고기, 소고기, 양고기, 칠면조, 술, 다양한 종류의 야채, 각종 과자 등을 제공했음을 짐작할 수 있는데 특히 서양에서 애용하는 칠면조가 메뉴에 올랐다는 점이 흥미롭다. 또한 자煮, 증蒸, 소燒 등의 한자가 음식단자에 쓰여 있는 것으로 볼 때 삶기, 찌기, 굽기 등 다양한 조리법도 동원하였던 것 같다.[50] 음식을 서빙하는 사람도 있었는데 김기수가 음식을 먹을 때마다 사용한 나이프와 숟가락 등을 접시 위에 올려놓았더니 이를 깨끗하게 씻어서 다시 셋팅해 주었다고 한다.[51]

일관되게 서양식으로 꾸며진 연회에서 술잔을 건넬 때 음악이 연주되었는데, 그 실체는 바로 서양음악이었다.

> 음식을 한 차례 가져오고 술을 한 차례 가져왔다. 술은 비록 조금 마시더라도 병에 남은 술이 있으면 보태어 채워서, 밥상을 걷어치울 때까지 그치지 않고 마시었다. **술잔을 건넬 때 문득 음악을 연주하니 음악 소리는 매우 급하고 점점 작아졌다. 그 제작이 정묘하였는데 이 것은 서양음악이라 하였다.**[52]

이 때 연주된 구체적인 악곡명을 알 수 없지만 일본의 군악대軍樂隊에 의해서 연주되었을 것으로 추정된다. 일본의 공식적인 서양음악의 유입 경로가 군악대 결성에서 비롯된 것이기 때문이다. 일본의 공식적인 양악 도입은 1869년(메이지 2)에 가고시마 항에서 가마다 신페이鎌田新平를 악장으로 하여 30여 명의 청년을 요코하마로 보내 영국 해군 군악대장 펜튼John William Fenton(1828~?)에게 군악軍樂을 배운 것으로부터 시작되었다.[53] 따라서 공식석상에서 당시 서양음악을 연주할 수 있었던 악대는 군악대로 압축된다. 1876년에 김기수가 청취했던 서양음악은 메이지 시대에 서양식으로 편성된 일본 군악대의 연주였을 것이다.[54]

---

50 安光默, 『滄槎紀行』, 五月 十二日.
51 김기수, 『日東記遊』 「燕飮」; 『국역해행총재(속)』 Ⅹ, 403쪽.
52 김기수, 『日東記遊』 「燕飮」; 『국역해행총재(속)』 Ⅹ, 403쪽.
53 민경찬, 「일본 근대 양악의 흐름」, 『韓國音樂史學報』 제15집, 한국음악사학회, 1995, 202쪽.

김기수는 이 연주에 대해 '음악 소리가 매우 급하고 점점 작아졌다'는 표현을 하였다. 템포Tempo와 셈여림dynamics 조절이 빠르게 전환되는 서양음악을 특징을 정확하게 포착한 것이다. 그는 새로운 음악에 대해 듣기 좋다거나 나쁘다는 개인적인 호오好惡를 앞세우지 않고 그 특색을 재빠르게 파악하고서 기록으로 남겼다.

정오가 지나 연회는 끝났다. 처음으로 서양식 파티를 경험한 김기수에게는 "모든 기거동작과 차를 마시고 담배를 피우는 절차까지도 태정대신이 반드시 주관하여, 자리에 앉으면 문득 함께 앉고 일어나서 가면 함께 가서 처음부터 끝까지 조금도 게을리 하지 않을"[55] 정도로 지혜롭고 민첩하게 행동해야 하는 긴장된 자리였다.

제1차 수신사가 에도에 도착한 지 5일 만에 설행된 공식 연회는 전통적인 스타일이 아니었다. 시종일관 서양식으로 준비된 서양스타일의 연회였다. 김기수는 우리나라 역사상 공식석상에서 최초로 근대식 연회를 체험하였던 것이다. 이는 통신사 시절, 대마도에 위치한 대마도주의 집에서 하선연을 베풀었던 것과는 사뭇 다르다. 통신사의 하선연에서는 동벽東壁, 서벽西壁으로 나뉘어 통신사의 사신과 대마도의 현방 이하가 각각 자리하였고, 음식은 높이 쌓아 올렸으며, 광대戱子가 음악과 춤을 연행하거나 가면을 쓰고 금부채를 손에 들고 추는 춤 등이 공연되었다.[56] 통신사의 하선연이 교린 관계에서 행해진 일본의 전통식 연회였지만 제1차 수신사의 하선연은 서양의 만찬문화와 음악문화로 일관됐던 근대식 연회였다.

54   우리나라의 경우도 이와 동일하다. 우리나라의 공식적인 최초의 양악대는 고종황제의 정예부대인 시위대에 소속되어 있던 군악대로, 현행 육해공군 군악대의 시원이 된다. 군악대는 외교관을 대접하는 근대식연회에서 서양음악을 연주하였다. 졸고, 「대한제국기 군악대 고찰」, 『韓國音樂研究』 44집, 한국국악학회, 2008.

55   김기수, 『日東記遊』 「燕飮」; 『국역해행총재(속)』 Ⅹ, 403쪽.

56   송지원, 「朝鮮通信使의 儀禮」, 『조선통신사연구』 제2호, 10~13쪽.

5. 延遼館의 上船宴

안광묵이 전연餞宴,[57] 김기수가 상선연上船宴으로 표현한 두 번째 공식 연회는 환송歡送의 의미로 설행된 것으로, 제1차 수신사 일행이 일본 땅을 떠나기 3일 전에 설행되었다. 음력으로는 5월 24일, 양력으로는 6월 15일에 해당되는 날이었다. 하선연下船宴처럼 엔료칸延遼館에서 태정대신 이하의 관원과 함께하였고 술과 음식종류도 첫 번째 공식연회와 유사했다고 한다.[58] 그러나 공연만큼은 차이가 났다. 기록의 부재일수도 있겠지만, 상선연에서는 서양음악을 감상했다는 이야기는 없다. 반면에 천황의 어악御樂을 보았다고 김기수는 기록하였다.

> 뜰에 옛날 음악을 설치하였으니 모두 그것이 **천황의 어악(御樂)**이라 한다. 또한 가면을 쓰고 앞에서 춤을 추는 사람이 있었는데, 어떤 사람은 이를 북제(北齊)의 **난릉왕(蘭陵王)**이라 일컬으면서 이것을 **당악(唐樂)**이라 하고, 어떤 사람은 **두 마리의 용[兩龍]이 서로 회롱**하는 것이라 일컬으면서 이것을 **고려악(高麗樂)**이라 하였다.[59]

위의 기록에서 드러나는 상선연의 공연은 료오陵王(蘭陵王)[60]와 나소리納曾利(納蘇利)[61]이다. 나소리의 별칭이 바로 두 마리 용이 서로 노니는 모습을 형용했다는 의미가 반영된 쌍룡무雙龍舞이기 때문이다. 료오와 나소리는 일본 황실의 악무樂舞인 가가쿠雅樂에 속한다. 일본의 가가쿠는 국풍가무國風歌舞(일본 고유의 노래와 춤), 외래계 악무, 궁중가요

---

57 安光黙,『滄槎紀行』, 五月 二十四日.
58 김기수,『日東記遊』「燕飲」;『국역해행총재(속)』Ⅹ, 403쪽.
59 김기수,『日東記遊』「燕飲」;『국역해행총재(속)』Ⅹ, 403~404쪽.
60 현재 일본 궁내청에서 연행되는 료오는 1人舞이며, 走舞의 성격을 지닌다. 료오를 춤출 때 연주되는 음악의 曲種은 中曲이고, 調는 壹越調이다. 소용되는 물건으로는 面, 车子, 桴가 있다.『宮內廳樂府雅樂の正統』, 東京 : 扶桑社, 2008, 82頁.
61 현재 일본 궁내청에서 연행되는 나소리는 双龍舞라는 別名이 있으며, 1인 또는 2인이 춤추고, 走舞의 성격을 지닌다. 료오를 춤출 때 연주되는 음악의 曲種은 小曲이고, 調는 高麗壹越調이다. 소용되는 물건으로는 面, 车子, 桴가 있다.『宮內廳樂府雅樂の正統』, 112頁.

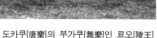
도카쿠[唐樂]의 부가쿠[舞樂]인 료오[陵王]　　　　　　고마가쿠[高麗樂]의 부가쿠[舞樂]인 나소리[納曾利]

엔도 도루·사사모토 다케시·미야마루 나오코 지음, 시바 스케야스 감수, 허영일 옮김,
『그림으로 보는 가가쿠 입문사전』, 민속원, 2016, 68쪽 인용

로 분류된다. 그 중 외래계 악무는 다시 중국계 악무와 한국계 악무로 구성된다. 중국계 악무를 도가쿠唐樂, 한국계 악무를 고마가쿠高麗樂라고 하는데 양자를 교대로 춤추는 관례가 있다. 이같이 도가쿠 계열의 춤과 고마가쿠 계열을 춤을 교대로 추는 관례를 쓰가이마이番舞라고 한다. 바로 김기수가 보았던 료오와 나소리는 바로 쓰가이마이로 연행되는 특성을 지닌 춤이기 때문에 이 두 종류의 춤을 나란히 감상할 수 있었던 것이다. 또한 료오와 나소리는 가면을 쓰고 큰 동작으로 활발하게 추는 하시리마이走舞의 형태로 연행되기 때문에 "가면을 쓰고 앞에서 춤을 추는 사람이 있었는데…"라는 김기수의 기록은 사실성이 뛰어나다고 평가될 만하다.[62]

　일본측이 제1차 수신사를 대접하기 위한 가이드라인이 정리된 『항한필휴』에서 권3 「무악舞樂」조를 보면, 본래 준비되었던 공연 종목은 이보다 다양했음을 알 수 있다.

62　가가쿠에 대한 설명은 이지선, 『일본전통공연예술』, 제이엔씨, 2009, 41~55쪽을 참조하였음.

아즈마아소비東遊, 사이바라催馬樂, 만자이라쿠萬歲樂, 엔기라쿠延喜樂, 료오, 나소리 이상
여섯 종류의 레파토리가 게재되어 있기 때문이다.[63] 이는 모두 가가쿠雅樂에 속하며 현
재까지 전해지고 있다는 공통점이 있다. 아즈마아소비는 국풍가무國風歌舞계열이며, 사
이바라는 궁중가요에 속한다. 만자이라쿠와 엔기라쿠는 외래계 악무로, 전자는 도가
쿠이고 후자는 고마가쿠이다. 만자이라쿠와 엔기라쿠는 료오와 나소리처럼 도가쿠 계
열의 춤과 고마가쿠 계열을 춤을 교대로 춤추는 쓰가이마이番舞로 연행된다. 이상의
여섯 종목은 가가쿠의 세 파트에서 고르게 선별되어 있어, 일본궁중악의 다양한 모습
을 보여주려는 시도가 있었음을 짐작케 한다. 그러나 준비했던 실제 상황에서는 여섯
종목을 다 연행하지 못했고 료오와 나소리, 이상 두 종류의 악무만 공연하였다. 참고
로, 현재 관악기와 타악기로만 구성된 료오와 나소리의 반주악기는 다음과 같다.

현행 외래계 악무의 반주악기[64]

외래계 악무		관악기	현악기	타악기
도가쿠 [唐樂]	간겐[管絃]	류테키, 히치리키, 쇼	고토, 비와	갓코, 쇼코, 다이코
	부가쿠[舞樂]	**류테키, 히치리키, 쇼**	-	**갓코, 다이쇼코, 다다이코**
고마가쿠 [高麗樂]	**부가쿠[舞樂]**	**고마부에, 히치리키**	-	**산노쓰즈미, 다이쇼코, 다다이코**

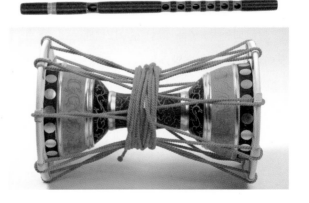

上 **고마부에[高麗笛]**
下 **산노쓰즈미[三ノ鼓]**

엔도 도루·사사모토 다케시·미야마루 나오코 지음,
시바 스케야스 감수, 허영일 옮김, 『그림으로 보는 가가
쿠 입문사전』, 184·185쪽 인용

63 坂田諸遠 編, 『航韓必携』 권3, '舞樂'.
64 이지선, 『일본전통공연예술』, 59쪽에서 재인용 함.

일본 황실의 악무인 가가쿠雅樂가 제1차 수신사의 상선연上船宴에서 선보였다는 사실을 현재 일본의 상황, 즉 황실 관련 문화를 쉽게 노출시키지 않고 금기시하는 현재 분위기에서 생각해 보면, 다양한 논의가 있을 수 있다. 그런데 사실 조선의 외교사절단에게 일본의 궁중악무를 선보인 것은 이 때 처음 발생된 일이 아니었다. 일본 열도에 파견된 통신사를 위해서 1711년에 13가지 종목을 공연하는 등 이미 전례가 존재했다.[65] 비록 그 공연 종목은 대폭 축소되었지만 수신사 시절의 접대 문화가 공연에서 일부 잔존한 면면, 일본 전통 문화를 기반으로 근대화 작업을 해나가는 일본인의 상황 등을 읽어낼 수 있는 지점이다.

아무튼 김기수 일행에게 베푼 상선연은 서양식 만찬 문화와 일본식 공연 문화가 함께 한 자리라는 특성을 지닌다. 이는 근대식 외교로 접어든 메이지 시대의 근대식 연회가 형성되는 과정의 일면이기도 하다.[66]

한편 가가쿠를 감상한 후 참연자參宴者들과 함께 한 곳으로 옮겨 앉아 타구打毬를 감상하기도 했다. 타구는 두 패로 나뉘어 말을 타고 달리며 구장毬杖으로 공을 떠서 구문毬門에 넣기를 겨루던 경기로, 우리나라에서는 격구擊毬라고 칭하기도 한다.[67]

한 곳에 옮겨 앉으니 거기는 **큰 구(毬)의 오락을 설치**하였다. 한편에 장자(障子)를 설치하고 중심에는 작고 둥근 구멍이 있었다. 기병(騎兵) 8명이 2대로 나누어 4명은 붉은 옷을 입고 4명은 흰 옷을 입었는데, 각기 말을 타고 손에는 막대[竿]를 가지고 있었다. 막대에는 올가미를 매어 두어 꾸부려 물건을 취할 수가 있으며, 땅에 가득 찬 홍구(紅毬)와 백구(白毬)는 모사(毛絲)로써 만든 것 같았다. 몸을 낮추어 대로써 구(毬)를 취하여 바로 장자(障子)를 향하여 빙빙 돌면서 달려, 막대를 흔들어 구를 던져 구멍에 넣었다. 구가 구멍에 많이 들어간 쪽이

---

65 송지원, 「조선통신사를 통해 본 조·일 문화교류의 면면」, 『일본비평』 제5호, 212~218쪽.
66 우리나라에서도 개항기의 근대식 연회에서 이와 유사한 상황이 펼쳐졌다. 서양식 만찬을 즐긴 후 줄타기, 사자춤, 劍舞, 鶴舞 등 우리의 전통적인 공연을 감상했기 때문이다. 졸고, 「개항기 근대식 궁정연회의 성립과 공연문화사적 의의」, 서울대학교대학원 박사학위논문, 2010 참조 요망.
67 우리나라 격구의 역사에 대해서는 정형호, 「한국 격구의 역사적 전승과 변모양상」, 『제3회 국제아세아민속학회 국제학술대회 발표논문집』, 국제아세아민속학회, 1999 참조 요망.

楊洲周延 筆, 幕府時代打毬之圖, 1888년(明治 21) 5月 일본 馬の博物館 소장

한국의 격구 『武藝圖譜通志』 '擊毬'. 서울대학교 규장각 소장

이기게 되니 여러 사람들이 소리를 지르며 칭찬하고 북과 방울이 함께 울렸다. 그 말을 타고 달리는 법이 똑같지는 않았으나, 날쌔고 익숙한 것은 서로 낫고 못하지도 않았으니, 이 오락을 하는 것은 또한 유희로써 병사들을 훈련시키기 위함이었다. 오락을 그치자 모두 헤어졌는데, 이때 태정대신(太政大臣)은 먼저 돌아가고 그곳에 있지 않았다.[68]

타구에 대해 상세한 묘사를 남긴 김기수는 "유희로 병사들을 훈련시킨다"고 평가함으로써, 단순한 오락물이나 유흥거리로 여겼던 것이 아니라 군사력 강화와 연결시켜 인식하였고, 일종의 '시뮬레이션 게임'임을 간파하였다. 아쉽게도 당시 조선측 조정에서는 격구가 쇠퇴한 시기였으므로 일본의 타구와 조선의 격구를 비교한 김기수의 언급은 찾아볼 수 없다. "타구를 관람하고 나니 태정대신이 이미 돌아갔다"는 김기수의 기록으로 보건대 타구는 여흥 정도로 편성된 것으로 짐작된다. 비록 타구가 본 프로그램이 아니었음을 감안하더라도 공식 연회에 스포츠물의 성격을 지닌 타구를 등장시켰다는 사실, 조선측의 마상재馬上才[69]를 줄기차게 요청하고 열광했던 것과는 달리 여흥으로 즐기는 종목에 이르기까지 일본이 연행의 주체가 되고 있는 상황 등, 모든 것이 일본의 주도로 이행되고 있다는 점은 분명 통신사 시절의 연회와는 달라진 면모라 하겠다.

제1차 수신사의 상선연上船宴은 에도에서 행해지고, 가가쿠雅樂를 감상했다는 점에서 통신사 시절의 상선연과 연계되는 부분이 있다. 상선연의 장소와 공연 레파토리에서 중첩되는 지점이 분명 존재하는 것이다. 그러나 제1차 수신사의 상선연은 분명 그 이전의 것과는 음식문화, 테이블 매너, 공연 종목의 구성과 성격 등의 측면에서 달라진 행사였다.

6. 맺음말

제1차 수신사 김기수는 일대 전환기적인 시점에서 전례가 없던 일본 천황을 접견하고 서양의 만찬문화가 도입된 근대식 연회를 최초로 경험하였다. 그의 내면은 여전히 문화적 우월감과 자신감으로 가득 차있었지만, 근대화의 선로에 편입된 근대 일본의 태도는 예전 같지 않았다. 더 이상 교린 관계로 맺어진 일본이 아니라 만국공법에 입

---

68   김기수, 『日東記遊』「燕飲」; 『국역해행총재(속)』 Ⅹ, 404쪽.
69   김동철, 「通信使 수행 馬上才의 구성과 활동」, 『조선통신사연구』 3호, 조선통신사학회, 2006.

각하여 근대적인 외교를 펼치는 독립 국가로 바뀐 근대 일본이 눈앞에 펼쳐져 있었다.

김기수는 일본의 문화가 어떻게 달라졌는지를 객관적으로 살펴보고 기록하되 섣불리 개인적인 견해를 드러내지는 않았다. 그러나 그가 귀국 후 고종에게 복명한 내용 중 "이전의 통신사행에 비해 접대하는 의절儀節이 어떠했냐"는 고종의 질문에 "대동소이大同小異했다"고 일축해 버리는 답변을[70] 볼 때, 서구식 예법이나 서양식 만찬 문화를 그다지 중대한 사항으로 인식하지는 못했던 것 같다. 반면 음악의 경우 백제 때 전해준 악률樂律이 있기는 했지만 전반적으로 음악이 서양식洋調 일색이었다는 복명을 한 것으로 보아[71] 서양음악의 유입에 대해서는 확실하게 인지했던 것으로 생각된다. 결국 김기수가 일본에서 경험한 외교의례와 연회문화는 근대 일본의 모습을 단적으로 드러낸 경로였음에도 불구하고, 그 중요성에 대해서는 그다지 절감하지 못했던 것으로 보인다.

그러나 김기수의 사행 자체는 개항기 조선의 국왕과 몇몇 지식인들에게는 새로운 문화를 받아들어야 한다는 현실을 직간접적으로 알려준 계기가 되었다. 그리하여 조선이 일본에게 문화를 전해준다는 예전의 태도를 더 이상 고수할 일이 아니라는 사실을 차츰 지각하게 되었고, 근대 일본의 신문물과 신문화를 탐색하고 관찰하면서 그것의 수용여부, 적용의 수위와 타이밍 등에 관한 고민으로 이어지게 되었다. 즉 1876년 김기수의 일본 사행에서는 조선의 전통적인 예법禮法과 서양식 예법이 도입된 근대 일본의 외교의례가 공존하였지만, 곧 조선도 근대화의 소용돌이에 휩싸이게 되어 서양식 예법과 서양식 연회 문화가 펼쳐지게 되는 변화가 일어난다. 김기수가 경험한 일련의 외교의례와 연회문화는 개인의 추억이 아니라 조선에서 차후 전개되는 궁중과 민간의 의례와 연회문화의 변화 전반과도 연결된 것이었다. 그리고 그것은 서구식 매너와 서양식 파티에 너무나 익숙한 지금 우리의 문화를 존재하게 하는 현재와도 닿아 있다.

「제1차 수신사 김기수가 경험한 근대 일본의 외교의례와 연회」, 『조선시대사학보』 제59집, 2011.12.

---

70 『修信使日記』 권1, 丙子 六月 初一日.
71 『修信使日記』 권1, 丙子 六月 初一日.

원유회園遊會, 가든파티의 도입과 변용*

1. 머리말

원유회園遊會(苑遊會)란 가든파티garden party를 표방한 서양식 연회宴會이다. 즉 실외인 정원庭園에서 손님을 초대하여 다과, 주류, 음식 등을 먹으며 서로 친목을 다지는 파티의 한 형식이다. 궁궐 안에서는 1895년에 처음으로 설행된 기록이 보이며[1] 민간의 경우 최초로 설행된 날짜를 정확하게 알 수는 없지만 1904년 이후 빈번하게 행해졌다. 그리고 원유회는 처음 설행된 고종대 뿐 아니라 일제강점기를 거쳐 현재까지 행해지고 있다. 고종대에는 주로 황실, 고관대작, 각국공사 등 지위가 높은 이들의 전유물이었으며 이후에도 고위층의 파티문화로 남기는 하였지만 다른 한편으로는 일제강점기

* 본 논문을 작성하는 과정에서 도움을 주신 이보형, 김종수, 송지원, 이지선 선생님께 감사드린다. 그리고 "이완용 초대장"이라는 귀한 자료를 제공해 주신 옛문서 생활사 박물관에도 감사드린다.

1 『高宗實錄』권33, 고종 32년(1895) 5월 14일(음력);『고종시대사』3집, 고종 32년(1895) 5월 14일(음력);『續陰晴史』卷七, 高宗 32年 乙未 五月 十四日(음력). 날짜는 양력일 경우 그대로 표기하고 음력일 경우에만 날짜를 기입한 후 (음력)이라고 밝히겠다.

를 거치며 일반인들에게 전파되었으며 근래에는 야유회, 소풍 등의 맥락으로 드물게 사용되고 있기도 하다. 그러나 파티 양상, 모습, 성격 등은 각각 다르다. 즉 100여년의 역사를 가진 원유회는 고위층의 파티라는 측면 뿐 아니라 일반인의 야유회로도 점진적으로 일반화, 보편화 된 근대적인 향락 문화의 하나인 셈이다.

근대적인 향락문화에 대해서는 극장(협률사, 원각사 등)의 설립, 오디오(축음기) 도입 등 논의되는 대상이 많다. 그런데 새로운 서양식 파티 문화의 도입[2]에 대해서는 상세히 밝혀지지 않았으며 가든파티, 즉 원유회에 대한 연구성과도 없다. 그러므로 본고에서는 원유회가 어느 곳에서 설행되었는지, 어떤 경우에 설행되었는지, 어떤 사람들이 참여하였는지, 어떤 공연예술이 펼쳐졌는지, 비용이 얼마나 들었는지 등에 대해 전반적으로 살펴보되 심도있는 논의는 궁궐 안에서 행해진 경우를 중심으로 살펴보겠다. 궁궐 밖에서 행례된 원유회에 대한 자료는 상세하지 않고 단편적이어서 파티의 양상을 자세히 고찰하는데 한계가 있기 때문이다. 원유회에 대한 논의를 통해 자연스럽게 전통적인 연향, 연회와 차별화 되는 양상이 거론될 것이며 아울러 근대적인 파티문화의 초기 모습을 그려보면서 원유회의 성격에 대해 점검해 보겠다.

연구 대상으로 삼는 시기는 원유회가 최초로 설행된 해인 1895년부터 한일병합이 이루어진 1910년까지로 제한하겠다. 1895년의 원유회가 논의됨에도 불구하고 제목을 대한제국기라고 붙인 까닭은 원유회가 1895년에 처음 행해졌을 뿐 빈번하게 설행된 시기는 1904년 이후의 일이기 때문이다. 그리고 1910년까지로 제한하는 이유는 한일병합 이후에 원유회의 성격과 양상이 달라지기 때문이다.

---

2 외교관들의 모임(정동구락부 등) 등에서 서양식 파티가 있었다고 단편적으로 인용되었을 뿐 깊게 연구되지는 않았다.

2. 원유회 설행배경

원유회가 최초로 행해진 때는 1895년 6월 6일(음력 5월 14일)이다. 이때는 청일전쟁이 일본의 승리로 종결된 지 2개월 정도 지난 시기였으며 제2차 갑오경장[3]이 진행되고 있는 중이었다. 제2차 갑오경장은 내각제를 도입함으로써 내각을 강력한 권력기구로 부상시켜 조선 왕실의 국정간여를 배제하고 왕권을 제한하는 특징을 지닌다. 즉 고종의 힘은 약하고 일본의 외압과 이를 배후에 둔 개화파의 세력이 강했던 시기였다.[4] 게다가 이로부터 4개월 후에는 명성황후가 시해되는 큰 사건이 벌어지기도 하였다. 이렇듯 최초의 원유회는 정치적으로 일본의 압력이 조선에 강하게 작용함과 동시에 개화파가 득세하던 때에 시행되었다. 그렇다면 이렇게 어수선한 분위기 속에서 왜 원유회를 행하였을까? 그 이유는 원유회 설행 4일 전에 내각에서 고시한 아래의 글을 통해 집작해 볼 수 있다.

> 내각(內閣)에서 고시(告示)하기를,
>
> "칙령(勅令)을 내려 원유회(園遊會)를 벌임으로써 나라의 오늘의 태평과 청국(淸國)의 종래 간섭을 끊어버린 것을 축하하게 하였는바 원유회 장소는 동궐(東闕)의 연경당(演慶堂)이고 날짜는 이달 14일 오후 2시로 정하였다. 각 대신(大臣)의 총대위원장(總代委員長)인 농상공부 대신(農商工部大臣) 김가진(金嘉鎭)이 연회석을 준비하고 중앙과 지방의 신사(紳士)와 상인(商人)은 편지로 부른다."고 하였다.[5]

위의 인용문에는 원유회 설행 목적, 장소, 날짜, 시각, 참석자, 위원장, 초대 방법 등

---

3   1894년 7월 초부터 1896년 2월 초까지 약 19개월 간 3차에 걸쳐 추진된 일련의 개혁운동을 말한다. 제2차 갑오개혁의 기간은 1894년 11월경부터 1895년 6월 정도에 해당된다.
4   서영희, 「1894~1904년의 政治體制 變動과 宮內府」, 『한국사론』 23, 서울대학교 국사학과, 1990, 355~361쪽.
5   『高宗實錄』 권33, 고종 32년(1895) 5월 10일(음력).

에 대한 정보가 실려 있다. 갑오경장 진행이라는 시대 흐름 속에서 위원장은 개화파의 일원이 맡았다. 총대위원장 김가진은 주차일본공사관참찬관駐箚日本公使館參贊官, 주일본판사대신駐日本辦事大臣으로 수년간 도쿄東京에 거주하였던 이력을 지닌 소장개화파 그룹의 인물이었다. 여러 대신大臣의 총대위원장을 맡은 김가진은 중앙과 지방의 신사, 상인 등을 편지로 초대하여 6월 14일 오후 2시에 창덕궁 연경당에서 나라의 태평과 청나라의 간섭 중지를 축하하는 연회를 준비하였다. 즉 원유회 설행 목적은 나라의 태평과 청나라로부터의 독립을 경축하기 위함이었던 것이다.

그렇다면 최초의 원유회 설행 명분인 나라의 태평과 청나라로부터의 독립은 구체적으로 무엇을 의미하는 것일까? 전자는 동학운동이 진압되었음을 의미하는 것이며 후자는 청일전쟁 종결 때 체결한 시모노세키조약에서 청나라가 조선의 독립을 인정한 내용과 관련되는 것으로 보인다. 시모노세키 조약 체결 시 일본의 요구 사항 중하나가 조선에 대한 지배권의 확립이었기 때문에 청나라는 조선의 독립을 어쩔 수 없이 인정하였다. 원유회 설행 이유로 명시된 청나라로부터의 독립은 바로 청나라와 조선의 관계를 깨뜨림으로써 일제가 한반도 침략을 정당화 하려는 야욕과 연결되는 것이다. 이보다 조금 앞서 일본은 개화파를 앞세워 1895년 1월에 홍범 14조를 발표하도록 한 바 있는데, 제1조의 내용이 "청나라에 의존하는 생각을 끊어버리고 자주독립의 터전을 튼튼히 세운다."는 것이었다.[6] 즉 청일전쟁 이전부터 조선과 청나라와의 관계를 단절시키려고 부단히 애썼고 청일전쟁 승전 전리품의 하나로 드디어 조선지배권을 획득하였다. 결국 '독립 경축'이라는 명분을 내세운 원유회는 청일전쟁 승전 기념행사라고 해도 과언이 아닐 정도로 일제와 깊이 관련되어 있어 순수하게 조선의 힘으로 개최한 근대적인 파티였다고 규정하기는 어렵다. 즉 세계 여러나라와 어깨를 나란히 하며 근대적인 자주독립국가로서의 면모를 보여주는 행사였다고 규정하기는 힘들다.

최초 설행 이후 원유회는 1903년 고종 즉위 40주년 경축 행사에 들어갈 예정이었

---

6   『고종실록』 고종 31년(1894) 12월 12일(甲寅)(음력).

지만(〈고종 즉위 40주년 기념행사 진행표〉 참조) 행사가 취소[7]됨으로써 원유회도 취소되었다. 10일에 걸쳐 환구제, 관병식, 군악대 공연, 각종 연향을 선보이려 하였던 행사에서 계획된 원유회의 모습과 성격이 어떠했는지 자세히 알 수는 없지만 원유회에서는 대례복大禮服이 아닌 상례복常禮服을 착용하였다.

고종 즉위 40주년 기념행사 진행표[8]

날짜		요일	시간	행례내용	의복
光武 七年 四月	二十七日	月曜		各使迎接	
	二十八日	火曜	自上午十時 至下午一時	國書奉呈前各國公使與該國 特使伴往外部外部大臣回謝	
同日			下午二時	惇德殿 國書奉呈 陛見	入參人員著大禮服 佩大綬章
同日			下午八時	惇德殿 親臨夕宴	入參人員著大禮服 佩大紋章
	二十九日	水曜	自上午九時 至上午十二時 自下午二時 至下午六時	訪問答禮	
稱慶日	三十日	木曜	上午九時	圜丘壇行禮(入參人員出官前 期半時預進等候)	入參人員著大禮服 佩大綬章
同日			上午十二時	惇德殿 午宴	
五月	一日	金曜		陳賀	
同日			下午八時	濬明殿 皇太子殿下 親臨夕宴	入參人員著大禮服 佩大綬章
	二日	土曜	下午二時	昌德宮 禁苑 **苑遊會**	入參人員高帽通常禮服
	三日	日曜			
	四日	月曜	下午二時	慶熙官 觀兵式	入參人員著大禮服 佩大綬章

---

7 조영규, 「1902년 칭경예식과 진연연구」, 『韓國音樂史學報』 제41집, 한국음악사학회, 2008, 265~296쪽.
8 『駐韓日本公使館記錄』 권20, 三. 外部來 (7) 日菊磨王의 稱慶祝典參席通報에 대한 致謝 및 同禮式節目 送呈.

날짜		요일	시간	행례내용	의복
同日			下午八時	侍衛二隊 各隊 公宴	參宴人員著大禮服 佩大紋章
	五日	火曜	下午八時	外部宴會	參宴人員着驦尾服
	六日	水曜	下午八時	惇德殿 親臨夕宴	入參人員著大禮服 佩大綬章
	七日	木曜	上午十一時	惇德殿 辭陛 各大使辭陛	著大禮服佩大綬章

　　1895년에 최초 설행, 그리고 1903년에 계획된 원유회는 미실행 되어 1903년까지 총 두 번의 원유회가 궁궐 안에서 시도, 실행되었을 뿐이었지만 러일전쟁이 발발한 이후에는 상황이 급변하였다. 즉 1904년부터는 원유회가 빈번하게 행해졌고 궁궐 안에서 뿐 아니라 밖에서도 설행되었다.

　　1904년 10월 26일에는 경성 일본 부인회가 창덕궁 안에서 원유회 배설하여 장곡천 대장과 여서 공사를 초대하였으며[9] 1905년 5월 26일 경부철도개통식 기념 원유회를 내외국인이 참석하는 가운데[10] 비원에서 행하기도 하였다. 1906년 4월 2일 이등伊藤 통감이 통감부 설치 기념 원유회를 설행하였고[11] 1906년 9월 13일 경복궁에서 만수성절 축하 원유회를 시행하였다.[12] 1907년 4월 24일에는 메가다 쇼네타로目賀田鍾太郎 재정고문관저財政顧問官邸에서 원유회 열었으며[13] 1907년 6월 12일에는 창덕궁 비원에서 원유회를 하였다. 이어 1907년 8월 11일에는 남산에서 진고개[14]에 거류하는 일본인이 원유회를 설행하였고[15] 1907년 8월 27일에는 후록코트가 없어 참석하지 못한 이들을

9　『대한매일신보』, 1904년 10월 27일, 1면.
10　『農商工部去牒存案』 '비원에서의 園遊會 내외국인 영접 건'
11　『續陰晴史』 권12, 1906년 4월 2일 '伊藤의 園遊會'
12　『고종실록』 권47, 1906년 9월 13일; 『고종시대사』 제6집, 1906년 9월 13일 "皇帝는 萬壽節 祝賀次 入闕한 伊藤博文 및 各國領事를 接見하다. 또한 景福宮 內에서는 萬壽祝賀 苑遊會를 열다."
13　『대한자강회월보』 제11호, 1907년 5월 25일.
14　충무로 일대.
15　『대한매일신보』, 1907년 8월 13일, 2면.

위한 원유회를 하였다.[16] 1907년 9월 10일에는 학원정길鶴原定吉이 원유회를 열기도 하였으며[17] 1907년 10월 29일에는 경복궁 경회루에서 일본 황태자 방문 기념 원유회가 배설되었고[18] 일본 황태자 방문 때 관리들의 수고 치하 원유회를 통감부에서 설행하였다.[19] 1907년 11월 3일에는 통감이 일본 황제 천장절 기념 원유회를 개최하였고[20] 1907년 11월에 학부學部 주최 원유회를 석파정石坡亭[21]에서 시행하였다.[22] 이어 1908년 3월 11일에는 순종황제 건원절 기념 원유회를 비원에서 행하였고[23] 1908년 3월 28일에는 고종황제 만수성절 기념 원유회를 비원에서 설행하였다.[24] 1908년 4월 19일에는 이등 통감의 귀국 기념 통감부 주최 원유회를 개설하였으며[25] 1908년 5월 2일에는 철도관리국에서 원유회를 하려다가 비가 와서 취소한 경우도 있었다.[26] 1908년 5월 30일에는 기호흥학회 주최로 미국 영사領事를 위한 원유회가 개최되었으며[27] 1908년 8월

---

16 『대한매일신보』, 1907년 8월 27일, 2면.
17 『대한매일신보』, 1907년 9월 13일, 2면.
18 『속음청사』 권12, 1907년 10월 29일; 『대한매일신보』, 1907년 10월 31일, 2면.
19 『대한매일신보』, 1907년 11월 3일, 2면.
20 『속음청사』 권12, 229下 1907년 11월 3일; 『대한매일신보』, 1907년 11월 5일, 2면.
21 서울특별시 종로구 부암동에 있는 조선 말기의 별장. 1974년에 서울특별시유형문화재 제26호로 지정되었다. 이 정자는 조선 철종과 고종 때의 중신(重臣) 김흥근(金興根)이 지은 별서(別墅)를 홍선대원군(興宣大院君)이 집권한 뒤 별장으로 사용한 곳이다. 이 집을 석파정이라고 한 것은 정자 앞산이 모두 바위여서 대원군이 석파(石坡)라고 이름지었으며, 홍선대원군의 아호를 석파라고 한 것도 이로 인하여 지어진 별호이다.
22 『대한매일신보』, 1907년 11월 6일, 2면; 『대한매일신보』, 1907년 11월 13일, 2면. "일전에 삼계동 운현궁 명즈에서 원유회를 ᄒᆞᄂᆞᆫᄃᆡ 참례ᄒᆞᄂᆞᆫ 외국 기생들을 황ᄃᆡ와 젹ᄃᆡ로 둘에 ᄂᆞ호고 학부대신 리즈ᅵ곤씨가 기생과 ᄀᆞᆺ치 경주를 ᄒᆞ여 황ᄃᆡ 편이 이긔엿다ᄒᆞ니 학부대신은 교육을 관리ᄒᆞᄂᆞᆫ 대신으로 유명ᄒᆞᆫ 꼿썰기 속에 ᄒᆞᆫ 나븨의 춤이 되어 향츄ᅵ를 탐코져 ᄒᆞ엿슨즉 이ᄂᆞᆫ 꼿츠지 대신인가"
23 『대한매일신보』, 1908년 2월 18일, 2면; 『대한매일신보』, 1908년 2월 23일, 2면; 『대한매일신보』, 1908년 3월 1일, 2면.
24 『대한매일신보』, 1908년 3월 15일, 2면.
25 『속음청사』 권13, 융희 2년 4월 19일; 『대한매일신보』, 1908년 4월 21일, 2면; 『대한매일신보』, 1908년 4월 22일, 2면; 『해조신문』, 1908년 5월 1일, 2면; 『해조신문』, 1908년 5월 6일, 2면. "일본통감 이등박문 씨는 거 十六일 오후 三시 三十분에 특별차로 인천에서 출발하여 동 四시 五十분에 무사히 경성에 도착하였는데 十七일 오전 十一시에 제二함대 사령관 (이십원)중장과 사령관 (사원)소장과 기타 각 참모총장 등을 대동하고 폐현하였고 十九일에 내외국 문무관원 一千五백여 명이 회집하여 큰 원유회를 개설하였다더라."
26 『대한매일신보』, 1908년 5월 3일, 2면; 『대한매일신보』, 1908년 5월 6일, 2면.

18일에는 일진회에서 원유회를 열기도 하였다.[28] 1908년 9월 20일에는 파고다공원에서 법부대신 주최 원유회가 있었으며[29] 1908년 10월 24일에는 대한의원 개원식 기념 원유회가 설행되었다.[30] 이밖에도 1908년 11월 3일에는 일본 황제 천장절 기념 통감부 주최 원유회,[31] 1909년에는 건원절 기념 원유회,[32] 1909년 4월 3일에는 경복궁 경회루에서 척식회사[33] 주최 원유회,[34] 1909년 7월 8일에는 경복궁 경무대景武臺에서 신구新舊 통감 송별 겸 환영 원유회,[35] 1909년 7월 10일에는 통감부에서 신구 통감 송별 겸 환영 원유회,[36] 1910년 3월 19일에는 창덕궁에서 어원御苑사무국 개원 기념 원유회,[37] 1910년 6월 4일에는 한성구락원에서 구락원 원유회,[38] 1910년 7월 4일에는 총영사관에서 미국독립기념일 기념 원유회,[39] 1910년 7월 23일에는 한일병합을 목적으로 온 사내寺內통감 조선 방문 기념 원유회[40]가 있었다.

이처럼 1904년~1910년의 원유회 행례 기록 중 눈에 띄는 사례만 열거해도 대략 30여 차례나 되며 궁궐 안팎에서 만수성절, 건원절, 경부철도 개통식, 일진회 기념식, 통감부 설치, 일본 황태자 방문, 일본 황제 천장절, 이등통감 귀국, 대한의원 개원식, 신

---

27 『속음청사』 권13 1908년 5월 30일.
28 『대한매일신보』, 1908년 8월 13일, 2면.
29 『대한매일신보』, 1908년 9월 22일, 2면.
30 『대한매일신보』, 1908년 10월 24일, 2면.
31 『대한매일신보』, 1908년 10월 29일, 2면;『속음청사』 권13, 융희 2년 11월 3일;『대한매일신보』, 1908년 11월 4일, 2면.
32 『대한매일신보』, 1909년 3월 11일, 2면.
33 국내나 식민지 또는 외국에서 개척과 식민 사업을 하는 회사. 동양척식주식회사는 1908년에 일본이 한국의 경제를 독점·착취하기 위하여 설립한 국책 회사.
34 『속음청사』 권13, 융희 3년 4월 3일.
35 『순종실록』 권3, 순종 2년 7월 8일;『속음청사』 권13, 융희 3년 7월 8일;『대한민보』, 1909년 7월 7일;『대한민보』, 1909년 7월 9일.
36 『대한매일신보』, 1909년 7월 8일, 2면;『속음청사』 권13, 융희 3년 7월 10일.
37 『대한매일신보』, 1910년 3월 13일, 2면;『대한매일신보』, 1910년 3월 18일, 2면. "료리준비 오는 십구일 창덕궁안에서 설행ㅎ는 원유회에 슈용ㅎ기 위ㅎ여 한국 료리와 서양 료리 이백삼십여상을 준비ㅎ엿다더라"
38 『대한매일신보』, 1910년 6월 1일, 2면.
39 『대한매일신보』, 1910년 7월 3일, 2면;『속음청사』 권14 융희 4년 7월 4일.
40 『대한매일신보』, 1910년 7월 23일, 2면.

구 통감 송별 겸 환영회, 어원 사무국 개원, 미국독립기념일, 사내 통감 조선 방문 등을 기념하고 축하하기 위해 조선의 황실과 고위 관리들이 모이는 자리에서 주로 설행되었다. 안타깝게도 이러한 일련의 행사들은 일제의 조선 침략과 관련되는 부분이 많아 원유회가 청일전쟁 승리 축전으로 시작된 이래로 친일인사를 주축으로 한 고위층 유흥문화의 대표명사 정도의 맥락으로 사용되었다고 하겠다. 즉 원유회는 조선의 전통적인 연회 양식과 서양식 파티 문화가 조화를 이룬 대한제국의 새로운 연향 문화로 자리 잡거나 고종이 도입했던 많은 근대 문화의 하나로 건강하게 터를 잡지 못한 채 궁궐 파괴 주범의 하나, 일인日人 혹은 친일 인사 중심의 불건전한 고위층의 향락문화의 온상이 되어버렸다. 원유회로 인한 궁궐 파괴와 향락의 실상에 대해서는 4, 5장에서 다시 논하겠다.

3. 원유회 설행장소와 참석자

1) 원유회 설행장소

궁궐안팎에서 설행된 원유회 장소로는 창덕궁 비원, 경복궁 경회루, 경복궁 경무대, 통감부, 파고다공원, 석파정 등이 있다. 이 중 궁궐 안에서 원유회 장소로 이용된 곳은 창덕궁 비원, 경복궁 후원으로 압축된다. 창덕궁 비원은 창덕궁의 후원을 지칭한다. 후원後苑, 내원內苑, 상림원上林苑, 금원禁苑 등으로 불렸는데 1903년에 궁내부관제를 개정하여 후원을 관리하는 관청으로 비원秘院을 설치한 이후 1908년에 후원을 비원秘苑으로 고쳐 부르기 시작하였다. 북쪽의 북한산과 응봉鷹峯에서 뻗어내린 자연스런 구릉지대로, 넓이는 약 9만여 평을 차지하며 조선시대 궁궐의 후원 중에서 가장 넓고 아름다운 경치를 자랑하는 곳으로 임금의 사랑을 받아 조선초기부터 백여 개 이상의 누각樓閣과 정자亭子들이 계속 세워졌다.[41] 창덕궁 후원에서도 특히 애용된 곳은 주합루, 연경당, 존덕정, 옥류천 일대이다. 먼저 주합루는 정조가 즉위하던 해인 1776년에 지은 2층 누각이다. 1층의 편액은 규장각이며 주합루는 위층의 편액이다.[42] 주합은 "우주와 하나가 된다"는 뜻으로, 자연의 이치에 따라 정치를 하겠다는 정조의 큰 뜻이 담겨 있으며 주합루라는 편액도 정조의 어필이다. 주합루에는 정조가 지은 어제, 어필, 어진(초상화), 정조가 받은 임명장(보책), 인장 등을 보관하였을 뿐 아니라 정조의 문집인 『홍재전서弘齋全書』, 사도세자의 문집인 『경모궁예제景慕宮睿製』, 순조의 어제, 철종의 어진, 역대 임금의 묘지墓誌, 행장行狀 등을 봉안하기도 하였다. 주합루는 역대 임금의 글과 글씨, 초상화 등을 보관하고 있던 신성한 장소였다.[43]

연경당衍慶堂은 연경당演慶堂을 의미하는 것으로 보이는데 이곳은 1884년 10월 19일 갑신정변을 주도한 김옥균 일파와 일본군을 몰아내기 위해 청나라 군인이 총을 쏘면서 창덕궁에 밀려 들어올 때 고종이 피접했던 공간이다. 존덕정 일대는 깊은 수림 속에 연못과 다양한 모습의 정자들이 어우러져 아기자기한 분위기가 있는 곳이다. 옥류천은 존덕정 북쪽에 해당되며 창덕궁 후원의 가장 북쪽 깊숙한 곳에 널찍한 바위와 폭포와 정자들이 어우러져 한 폭의 선경仙境을 연출하는 곳이다. 농산정도 옥류천 일대에 있는데 정조와 순조가 이곳을 이용한 기록이 있으며 익종은 농산정을 주제로 한 시를 많이 남겼다. 왕의 휴식공간은 물론 신하들의 학문을 시험하는 장소였다.[44] 1895년 6월 6일 청일전쟁 승리 기념 최초의 원유회, 1905년 5월 26일 경부철도개통식 기념 원유회, 1907년 6월 12일의 원유회, 1908년 3월 11일 순종황제 건원절 기념 원유회, 1908년 3월 28일 고종황제 만수성절 기념 원유회 등이 모두 창덕궁 후원에서 개최되었다.

경복궁 경회루는 1867년(고종 4)에 재건축된 건물로, 우리나라에서 단일 평면으로는 규모가 가장 크며 간결하면서도 호화롭게 장식된 누각이다. 주변이 연못으로 둘러 쌓여 있어 주위 경치와 함께 연못에 비춰진 누각의 모습은 절묘한 경관을 자아낸다.

41 글 한영우 · 사진 김대벽, 『昌德宮과 昌慶宮』, 서울 : 열화당 · 효형출판, 2003, 215~218쪽.
42 아래층 편액은 규장각이다.
43 글 한영우 · 사진 김대벽, 앞의 책, 2003, 217~222쪽.
44 위의 책, 239~266쪽.

1907년 10월 29일 일본 황태자 방문 기념 원유회, 1909년 4월 3일 척식회사 주최 원유회 등이 바로 경복궁 경회루에서 열렸다.

경복궁 경무대가 원유회 장소로 쓰인 용례는 1909년 7월 8일에 설행된 신구新舊 통감 송별 겸 환영 원유회 한 차례 뿐이다. 이 행사의 청첩장을 보면 경무대라고 쓴 뒤 "경복궁 후원"이라고 부연 설명되어 있어 과거科擧를 시행하고 군사 훈련을 하던 곳인 경무대를 의미하는 것이 아니라 경복궁 후원 일대를 원유회장으로 사용하였음을 알 수 있다. 따라서 궁궐 내에서 원유회 장소로 사용된 곳은 창덕궁 후원과 경복궁 후원으로 집약된다. 정조[45]의 위대한 포부가 설계되고 역대 왕의 글과 글씨 등이 보관되었을 뿐 아니라 일시적으로 고종의 은신처 역할도 담당하였으며 아기자기한 맛과 신선 세계를 방불케 하는 가장 아름답고 수려하며 격조 높은 공간을 원유회 장소로 택한 것이다.

이에 반해 조선시대에 진연, 진작, 진찬 등의 궁중연향을 행한 장소는 궁궐의 후원이 아니었다. 명정전, 자경전, 근정전, 강녕전, 인정전, 통명전, 숭정전, 광명전 등 궁궐의 외전外殿과 내전內殿이 연향의 장소로 사용되었다.[46] 궁중연향의 장소를 정할 때에도 연향을 설행하는 목적이라든지 연향의 종류(내연, 외연) 등을 고려하였다. 또한 조선시대의 궁중연향은 먹고 놀기 위한 행사가 아니었으며 궁중 오례五禮 중 가례嘉禮의 범주에 들어가는 국가적인 의례였다. 또한 연향을 결정하였다고 하더라도 가뭄이나 흉년과 같은 재변災變이 생기면 연향을 거행하지 않았으며, 백성들과 함께 기쁨을 나누기 위하여 전세田稅를 줄여 주고 환곡還穀을 탕감해 주며 쌀을 나누어 주고 음식을 먹이는 등 여러 은혜를 베풀어 대동 축제로서 자리매김하였다. 조선시대의 전통적인 궁중연향은 연락宴樂만을 지향하는 흥청거리는 잔치가 아니었으며 여민동락與民同樂을 실현하는 예연禮宴이었던 것이다.[47]

이렇듯 조선의 전통적인 궁중연향과 원유회는 장소선택에서부터 크게 차별되며 결

---

45 정조의 음악업적에 대한 내용은 송지원, 『정조의 음악정책』, 태학사, 2007 참조.
46 김종수, 『조선시대 궁중연향과 여악연구』, 민속원, 2001, 77~78쪽.
47 위의 책, 104~115쪽.

국 예禮를 실현하는 선상에서 행해지던 격조있는 궁중연향이 주를 이루던 궁궐은 유흥성 짙은 원유회장으로 서서히 변질되어 갔다.

2) 참석자의 인원 및 범위

원유회에 참석한 사람들의 인원수는 그 규모에 따라 출입이 있는데 1895년 6월 6일 최초의 원유회에는 거의 1000명이 모였고[48] 1906년 4월 2일에 이등 통감이 설행한 원유회에는 4천여명 참석하였다고 한다.[49] 1908년 3월 28일 고종황제 만수성절 기념 원유회에는 1400여명을 초대하였다는 기록이 있는데[50] 발간한 청첩장은 1500장이었다고 한다.[51] 1908년 5월 1일 이등 통감 귀국 기념 원유회에는 1500명이 모였으며[52] 1909년 건원절 원유회에는 2천여명을 초대한다는 기록도 있다.[53] 1909년 7월 8일 경복궁 경무대에서 열린 신구新舊 통감 송별 겸 환영 원유회에는 2000명 정도 회동하였다고 한다.[54] 모든 원유회의 인원이 기록되어 있지는 않기 때문에 정확한 통계라고 할 수는 없지만 대략 1000명에서 최고 4000명 정도의 사람들이 원유회에 참석하였음을 알 수 있다.

---

48 『續陰晴史』 卷七, 高宗 32年 乙未 五月 十四日(음력) "今日我政府, 爲獨立慶會, 設園遊會于東闕後苑, 以農商工部大臣金嘉鎭爲委員長, 排置一切宴會之事, 請各國公・領事・各顧問官外敎師及各國紳士・商民在京城者, 與其夫人, 又我勅・奏任官皆會, 會者近千人."

49 『續陰晴史』 권12, 1906년 4월 2일 '伊藤의 園遊會'

50 『대한매일신보』, 1908년 3월 15일, 2면.

51 『대한매일신보』, 1908년 3월 21일, 2면. "청텹수효 오는 이십팔일에 원유회에 청ㅎ는 사룸을 구별ㅎ야 청텹 일쳔오백쟝을 발간ㅎ엿는데 각부부원청에는 주임관이샹이오 부통감이하로 주임대우까지오 군슈령부도 이와 ᄀᆞ치 ㅎ엿다더라"

52 『해조신문』, 1908년 5월 1일, 2면; 『해조신문』, 1908년 5월 6일, 2면. "일본통감 이등박문 씨는 거 十六일 오후 三시 三十분에 특별차로 인천에서 출발하여 동 四시 五十분에 무사히 경성에 도착하였는데 十七일 오전 十一시에 제二함대 사령관 (이십원)중장과 사령관 (사원)소장과 기타 각 참모총장 등을 대동하고 폐현하였고 十九일에 내외국 문무관원 一千五백여 명이 회집하여 큰 원유회를 개설하였다더라."

53 『대한매일신보』, 1909년 3월 11일, 2면.

54 『대한매일신보』, 1909년 7월 10일, 2면. "원유회ㅅ실 재작일 경무대 원유회에는 내외국관리 이천명가량이 회동ㅎ엿는데 총리대신 리완용씨가 이등씨의 지낸 공로를 찬숑ㅎ며 만세를 부르고 그 다음에는 증미통감의게 대ㅎ야 쟝래희망ㅎ일을 축슈ㅎ엿다더라"

참석자의 범위도 그 규모에 따라 달라지기는 하지만 고종 황제, 순종 황제, 순정효황후純貞孝皇后,[55] 주임관, 칙임관, 통감, 부통감, 각국 영사·공사, 고문관, 외국인 교사, 상인,[56] 신문사 사장,[57] 부인들[58] 등이니 황제, 황후, 신분이 높은 고위층 인사들, 부유한 외국상인들, 외국인과 조선 관료의 부인들로 구성되었음을 알 수 있다. 즉 원유회는 고위직책자들만 출입 가능하였고 성별을 제한하지 않았던 여성 동참 연회였다. 원유회는 남녀가 함께 어울리는 서양식 개념의 파티였던 까닭에 참석자들의 성별을 제한하지 않았던 것이다. 이는 내외內外하는 법도를 중시하여 내연內宴과 외연外宴으로 구분하며 참연자의 범위를 제한하던 조선의 궁중연향문화[59]와는 판이하게 다른 모습

---

55 『대한매일신보』, 1908년 3월 15일, 2면. "이둘 십팔일에 비원에서 원유회를 설설ᄒᆞᆷ은 이왕 게재ᄒᆞ엿거니와 대황데폐하께셔도 **황후폐하께셔 친림ᄒᆞ실터인데** 황후폐하께셔는 종쳑부인과 각대신 부인으로 쳐소를 특별히 셜치ᄒᆞᆯ실터이오…(하략)…"

56 『高宗實錄』권33, 고종 32년(1895) 5월 14일(음력); 『고종시대사』 3집, 고종 32년(1895) 5월 14일(음력); 『續陰晴史』 卷七, 高宗 32年 乙未 五月 十四日(음력).

57 『대한매일신보』, 1908년 3월 15일, 2면.

58 ①『續陰晴史』卷七, 高宗 32年 乙未 五月 十四日(음력) 今日我政府, 爲獨立慶會, 設園遊會于東闕後苑, 以農商工部大臣金嘉鎭爲委員長, 排置一切宴會之事, 請各國公·領事·各顧問官外敎師及各國紳士·商民 在京城者, **與其夫人**, 又我勅·奏任官皆會, 會者近千人, 宙台樓·衍慶堂·勝在亭·籠山亭各處, 俱設床 卓·鞋具爲立食, 上至玉流泉, 排懸毬燈, 張梨園四部及琴瑟·笙簫·胡笳亂動, 乙未義塾七處學徒, 願入 唱獨立歌, 齊呼萬歲, 自內派送勅使, 宮內署理大臣金宗漢, 奉勅來宣, 蓋爲今日嘉會, 與各國使臣同樂之意 也, 各國使皆致詞謝之, 今日之會, **我國朝士夫人, 亦有入參者**, 蓋創有也, 日暮罷歸, 坪士進士甥李興珪來.
② 『대한매일신보』, 1908년 3월 31일, 2면. "외교슈단민텹 일젼 **원유회에 부인을 영접ᄒᆞᄂᆞᆫ위원 김윤정 씨의 부인과 윤치오씨의 부인이** 내외국부인이 드러가ᄂᆞᆫ대로 손을 잡고 영졉ᄒᆞᄂᆞᆫ데 교셥이 한슉ᄒᆞ고 언어가 민텹ᄒᆞ야 ᄒᆞᆫ번도 그릇ᄒᆞᆷ이 업ᄂᆞᆫ고로 방관ᄒᆞ는 남녀들이 모다 칭찬ᄒᆞ엿다더라."
③ 『續陰晴史』권12, 1907년 10월 29일 "朝霧, 晩晴而風, 今日慶會樓園遊會, 爲日本前總理 桂太郎也, 兩國勅任官以上各領事及**夫人皆會**, 爆竹開會, 張樂侑宴, 兩國妓樂及軍樂, 以娛來賓, 下午三時罷."
④ 『內閣往復文』 제1책 "來ル二十八日御催ノ園遊會ニ御招待相成可然卜被存候人名去ル十六日付ヲ以テ 申進候處 尙別紙記載ノ佛國副領事今般來任候ニ付仝氏ヘモ御案內狀御發シ相成候樣致度此段申進候也.
　　　Vice Consul and **Madame Paillard**
　　　French Consulate General
　　　副領事필라드 **仝夫人** 法國總領事館
統監府外務部長代理書記官 小松綠 內閣祕書課長 高源植 貴下 明治四十一年三月二十四日 統發 第一七三四號"
⑤ 『皇城新聞』, 1909년 10월 31일. "來 拾一月 三日은 日本 天皇陛下의 天長節인 故로 統監 官邸에서 園遊會를 設行ᄒᆞᆫ다 ᄒᆞᆷ은 已報ᄒᆞ얏거니와 各 府部院廳 奏任官以上에게 通牒ᄒᆞ고 同夫人 來參ᄒᆞ라 ᄒᆞ얏다더라."

이다. 그러나 궁중에서는 내외하던 법도를 갑자기 지키지 않기는 당황스러운 면이 없지 않았는지 황후, 종척부인, 각 대신 부인들의 처소를 특별히 설치하였다[60]는 기록도 보인다.

이렇게 궁궐은 부자연스럽게 이식된 문화를 강요당하였고 1000명이 넘는 인원이 밀집한 서양식 파티장 용도로 격하되는 불편한 상황을 맞닥드렸다.

4. 원유회장의 실상

본 장에서는 원유회장의 실제 연회 모습이 어떠했는지를 살펴보겠다. 원유회의 구체적인 연회 양상은 첫째, 1895년 창덕궁 후원에서 실행된 최초의 원유회 둘째, 1907년 6월 12일 창덕궁 후원에서 열린 원유회 셋째, 1907년 10월 29일 경복궁 경회루에서 개최된 일본 황태자 방문 기념 원유회, 넷째, 1908년 3월 11일 순종황제 건원절 기념 원유회 다섯째, 1908년 3월 28일 순종 탄신 기념 원유회 여섯째, 1909년 7월 8일 경복궁 후원에서 행한 신구 통감 송별 겸 환영식 기념 원유회 이상 여섯 가지 행사를 중심으로 분석해 보겠다.

첫 번째로 1895년의 원유회에 대한 기록은 다음과 같다.

창덕궁(昌德宮) 연경당(演慶堂)에서 원유회(園遊會)를 벌였다. 조령을 내리기를, "짐이 생각건대, 오늘의 원유회는 날씨가 매우 좋은데 우리 정부와 각국의 사신(使臣), 신사(紳士), 상인들이 함께 즐기니, 이것은 진실로 세계상의 화평한 복이다. 짐이 매우 기뻐서 특별히 궁내 대신 서리(宮內大臣署理) 김종한(金宗漢)에게 명하여 짐의 뜻을 선포하게 하니 수많은 반가운 손님들은 짐의 뜻을 반갑게 받아들이기 바란다."하였다.[61]

59　김종수, 『조선시대 궁중연향과 여악연구』, 70~82쪽.
60　『대한매일신보』, 1908년 3월 15일, 2면.

昌德宮 後苑에서 獨立慶祝 園遊會를 開設하고 內·外國 貴顯·紳商을 招待하다. 王이 宮內大臣署理 金宗漢을 보내어 勅語를 내렸는데 그 內容은 다음과 같다.

朕이 생각하건대 今日 園遊嘉會에 天氣가 晴美한데 我政府와 各國使臣 及 士商이 함께 讌樂하니 이는 진실로 世界上의 和平한 福이라 朕이 甚히 欣悅하여 特別히 宮內署理大臣 金宗漢에게 命하여 朕의 뜻을 宣케 하노니 그곳의 濟濟한 嘉賓은 朕의 뜻을 반갑게 領悉하기를 바라노라.[62]

甲申晴, 今日我政府, 爲獨立慶會, 設園遊會于東闕後苑, 以農商工部大臣金嘉鎭爲委員長, 排置一切宴會之事, 請各國公·領事·各顧問官外教師及各國紳士·商民在京城者, 與其夫人, 又我勅·奏任官皆會, 會者近千人, 宙合樓·衍慶堂·勝在亭·籠山亭各處, 俱設床卓·鞋具爲立食, 上至玉流泉, 排懸毬燈, 張梨園四部及琴瑟·笙簫·胡笳亂動, 乙未義塾七處學徒, 願入唱獨立歌, 齊呼萬歲, 自內派送勅使, 宮內署理大臣金宗漢, 奉勅來宣, 蓋爲今日嘉會, 與各國使臣同樂之意也, 各國使皆致詞謝之, 今日之會, 我國朝士夫人, 亦有入參者, 蓋創有也, 日暮罷歸, 坪士進士甥李興珪來.[63]

첫 원유회의 자세한 모습은 위의 세 번째 인용문에 묘사되어 있다. 모임 장소는 창덕궁 후원에 위치한 주합루宙合樓, 연경당衍慶堂, 승재정勝在亭, 농산정籠山亭, 옥류천玉流泉이었다. 옥류천 일대에는 둥근 등毬燈을 매달아 화려하게 장식해 놓았다. 경성京城에 있는 각국의 공사, 영사, 고문관, 외국인 교사, 신사紳士, 상인商人 등이 부인과 함께 참석하였고, 조선의 관리인 칙임관과 주임관도 모두 모여 1000여명 즈음 되었다. 장악원의 연주가 진탕하였으며, 을미의숙乙未義塾을 비롯한 7개 학교의 학도學徒들이 독립가獨立歌를 부르고 만세를 외쳤다.

61 『高宗實錄』 권33, 고종 32년(1895) 5월 14일(음력).
62 『고종시대사』 제3집, 고종 32년(1895) 5월 14일(음력).
63 『續陰晴史』 卷七, 高宗 32年 乙未 五月 十四日(음력).

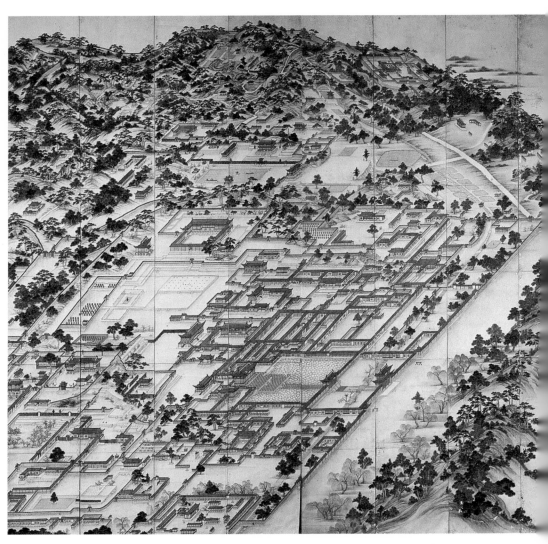

동궐도 고려대학교 박물관

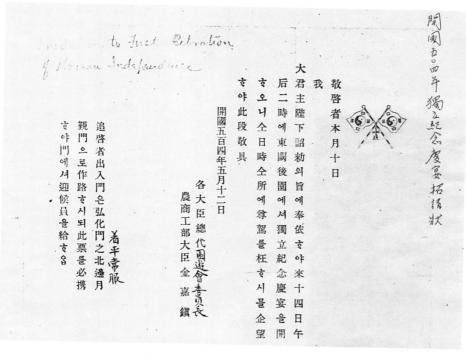

개국오백사년독립기념경연초청장 　국사편찬위원회 소장

　일본인들이 대거 포함된 1000명의 손님은 독립경축을 표방한 청일전쟁 전승 기념 파티를 정조의 위대한 포부가 설계되고 역대 왕의 글과 글씨 등이 보관되었을 뿐 아니라 일시적으로 고종의 은신처 역할도 담당하였으며 아기자기한 맛과 신선 세계를 방불케 하는 격조 높은 창덕궁 후원 곳곳을 돌아다니며 상床·탁卓 위에 담겨진 음식을 신발을 신은 채 서서 먹고 마시면서 즐겼다. 해가 지자 파티를 끝내고 귀가하였다. 이 때 서양식 파티라는 형식을 따르기 위해 조선의 궁중연향에서 사용하지 않았던 유리그릇이 사용되기도 하였다.[64]

　두 번째로 통감부 설치 기념행사의 일환으로 행해진 듯한 1907년 6월 12일 창덕궁 후원에서의 원유회에서는 총 2344원 64전이 지출되었다. 비용은 음식 및 기호식품,

---

64　유리그릇 파손, 배상 기록이 있다.

청첩, 배설, 인건비 및 용역비 등으로 쓰였다. 음식비 및 기호식품비 관련 항목에는 서양요리洋料理, 맥주麥酒, 샴페인杉鞭酒, 탄산수平野水, 위스키[우이쓰키], 브랜디佛安茶酒, 홍차香茶, 과자, 면糆, 죽粥, 담배(呂宋烟, 埃及卷烟, 朝日, 敷島), 성냥洋吹燈 등이 해당되는데 대부분 서양식 먹거리로 구성되어 있다. 서양식 먹거리는 당연히 수입에 의존해야 했을 것이므로 수수료手數料라는 항목은 이러한 수입품에 관련된 비용이 아닌가 한다. 수입품 중에서도 주류酒類에만 부과된 것으로 추측되나 자세하지 않다.

청첩은 청첩장 발간 관련 비용으로 종이洋札紙(洋紙), 봉투洋封套, 인쇄비請帖紙及宴會次序紙等印刷費, 우표三錢郵票 같은 항목이 여기에 포함된다. 인건비로는 게이코藝妓, 日女[仲居], 기녀妓女, 고인鼓人, 영솔인 3명, 하인 2명, 군악대 등을 들 수 있다. 이 중 게이코, 기녀, 고인, 군악대는 공연예술을 담당했던 당사자들이기 때문에 이러한 항목을 통해 원유회 무대에서 게이코와 기녀의 기예技藝가 펼쳐지고 군악대의 연주가 펼쳐졌음을 알 수 있다(공연예술에 관련된 내용은 5장에서 논의하겠다). 나카이仲居는 잔심부름을 하는 일본 여자를 가리키니 원유회에 초대된 일본인들의 시중을 담당하는 역할을 했을 것이다.

그밖에 파티에 사용된 각종 물품, 배설, 용역, 식비 등으로도 비용이 지출되었다. 지출 내역 중 영화당暎花堂과 연경당을 도배하고 봉조縫造한 비용도 기입되어 있는 것으로 보아 영화당과 연경당이 연회장으로 쓰인 듯하다.[65]

1907년 6월 12일 비원 원유회 지출 명세서[66]

	품목 및 수량		액수	기타
1	洋料理	四百五十人前	1125圜	此內四十圜返納
2	麥酒	十五箱價	一百四十五圜五十戔	
3	杉鞭酒	七箱價	二百三十一圜	
4	平野水	六箱價	二十七圜	

동궐 비원. 연회비 2344원 64전(2384원 받았다가 40원 반납) →『起案』제16책, 37ab;『고종실록』권 48, 광무 11(1907) 7월 1일;『官報』3808호 광무11년 7월 3일 木曜 '彙報';『대한매일신보』, 1907년 7 월 3일, 2면;『各部通牒』(奎) 17824 제1책 110a-111a.

『起案』제16책, 37ab;『고종실록』권48, 광무 11(1907) 7월 1일;『官報』3808호, 광무11년 7월 3일 木 曜 '彙報';『대한매일신보』, 1907년 7월 3일, 2면;『各部通牒』(奎) 17824 제1책, 110a-111a.

280 제5부 서구식 파티의 경험-도입-변용

	품목 및 수량		액수	기타
5	우이쓰기	一箱價	二十四圜	
6	佛安茶酒	一箱五瓶價	二十八圜三十四戔	
7	香茶	四百人前	二十八圜	二所
8	菓子		二圜	二所
9	手數料		四十五圜五十八戔	
10	糆粥	三百人前	三十圜	
11	藝妓十五人行下		七十五圜	
12	日女[仲居]五人行下		十五圜	
13	椅子各色酒	來往雇價	二十圜	
14	來賓掛印	五百五十本價	十一圜	
15	藝妓十五人	草鞋價	三圜五十戔	
16	上品呂宋烟	四橫價	二十圜	
17	中品呂宋烟	八橫價	五十六圜	
18	上品埃及卷烟	二匣價	五圜五十戔	
19	中品埃及卷烟	八匣價	十二圜	
20	朝日	十箱價	九圜三十戔	
21	敷島	十箱價	十三圜五十戔	
22	洋吹燈	五匣價	十七戔五里	
23	妓女二十九名行下		一百四十五圜	
24	妓女人力車賃		二十九圜	
25	鼓人六名行下		十圜	
26	領率人三名行下		六圜	
27	服色	三件貰	三圜	劍男舞
28	下人二名行下并運賃		二圜六十戔	
29	軍樂隊行下		二十圜	
30	食交子	八床價	五十六圜	三床妓 一床鼓人 四床軍樂隊
31	料理床等修補費		五圜八戔五里	
32	洋札紙	六匣價	十圜五十戔	
33	洋封套	七匣價	十圜五十戔	
34	洋紙	七十張價	一圜七十五戔	
35	日封套	二匣價	三十六戔	

	품목 및 수량		액수	기타
36	請帖紙及宴會次序紙等印刷費		七圜	
37	三錢郵票	一百十七枚價	三圜五十一戔	
38	大小床巾七件瀑白工戔		一圜十二戔五里	
39	度支部蒲席九車輸來雇價		五圜四十戔	
40	淸國地花席	二梱價	二十四圜	
41	麻絲價及茵席匠工戔		二圜二十戔	
42	玉洋木一疋價及針工		八圜二十戔	床巾所用
43	砂溺江	二箇價	八十戔	
44	巨乃布	八尺價	五十二戔	
45	空石	十五立價	一圜五十戔	
46	暎花堂塗褙縫造所入		七十一戔	
47	白木	十五尺價	七十五戔	行子所用
48	排設物種四車來往雇價		八圜	
49	排設軍四名行下		四十戔	
50	大索	八十巨里價	四圜	
51	小索	六十把價	六十戔	
52	末木	二十箇價	五十戔	
53	演慶堂縫造所用		三戔五里	洋紙一張及糊價幷
54	繩價		十戔	來賓衣服號票所用
55	營膳司使令一名擧行食價		三十戔	
56	鋪陳募軍三名雇價		一圜二十戔	
57	除草募軍五名雇價		二圜	
58	排設軍八名雇價		四圜	
59	各處交椅八仙床等來往雇價		三十二圜九十戔	
60	鋪陳委員九人兩日食價		五圜五十五戔	
61	秘苑雇員以下役夫等三箇日食價		十九圜七十五戔	
62	政府及各部院廳雇員以下饒次		十二圜六十戔	
63	警衛局權任及巡檢等四十四人饒次		八圜八十戔	
64	鋪陳諸具四負推來政府雇價		一圜	
합계			二千三百四十四圜六十戔	

지출 내역은 원유회 준비 과정에서 혹은 원유회장에서 어떠한 일이 있었는지에 대한 정보를 제공해 준다. 즉 청첩장을 발간하여 손님을 초대한 다음 연경당, 영화당 등지에서 일본의 전통예술, 조선의 전통예술, 서양의 양악을 감상하며 서양요리와 과자를 먹고 맥주, 샴페인, 탄산수, 위스키, 브랜디, 홍차를 마시며 각종 담배를 피웠다. 이들은 한 나라의 중심 공간인 궁궐을 서양식 유흥장으로 격하시켜버린 것이다.

세 번째로 1907년 10월 29일에 경복궁 경회루에서 열린 원유회는 일본 황태자 요시히토 친왕의 대한제국 방문 기념행사의 일환이었다. 일본 황태자 요시히토의 방문은 단순히 견학의 목적으로 이루어진 것이 아니라 영친왕의 일본 답방과 유학 요구로 이어졌으니 영친왕을 일본에 인질로 끌고 가기 위해 철저히 기획된 계략이었다. 일본 황태자 요시히토의 방문으로 인해 즉위한지 석 달도 채 안 된 순종 황제와 영친왕은 제물포까지 직접 맞으러 가야 했다. 경성에 온 요시히토는 궁궐과 남산 통감관저 등

일본 황태자 한국방문 기념사진

지에서 순종황제, 영친왕, 대한제국의 황족 및 고위 관리, 일본의 고위 관리 등과 몇 장의 기념사진을 찍었다.[67] 그 중 경복궁 경회루에서 촬영된 사진이 있어 혹 원유회장에 들어가기 전에 촬영한 것이 아닌가 의심된다.

당시 연회 상황을 기록한 자료에 의하면 일본 황태자와 함께 방문한 가츠라 타로桂太郎를 위한 파티였으며, 일본과 대한제국의 칙임관 이상의 고위 관리와 각국 영사들이 부인과 함께 모여서 폭죽을 터트리며 일본과 대한제국의 기악妓樂과 군악軍樂을 즐기다가 오후 3시에 헤어졌다고 한다.[68]

경비는 2500원 정도 소요될 것으로 예측하였지만〈부록 1〉 정산 결과 2265원 7전이 지출된 것으로 집계되었다가(1907년 10월 29일 경회루 원유회비 정산서 참조)[69] 321원 11전 9리를 추가로 청구하여〈부록 2〉 합계 2586원 18전 9리로 확정되었다.[70] 그리하여 먼저 2265원 7전을,[71] 후에 추가액을 지급하였다.[72]

67 『대한제국황실사진전』, 한미사진미술관, 2009, 8~14쪽.
68 『속음청사』권12, 1907년 10월 29일 "朝霧, 晚晴而風, 今日慶會樓園游會, 爲日本前總理 桂太郎也, 兩國 勅任官以上各領事及夫人皆會, 爆竹開會, 張樂侑宴, 兩國妓樂及軍樂, 以娛來賓, 下午三時罷."
69 『起案』제16책, 146a-148a.
70 『起案』제16책, 179a-180b
"左開案을 處辦ᄒᆞ심을 望홈.
北闕內園遊會費를 精算以二千二百六十五圜七戔으로 準辦事로 業已照會이옵더니 該費에 關ᄒᆞ 用額으로 三百二十一圜十一戔九里의 請求書가 今乃追來이온바 係是未料者인 故로 曩日精算에 不爲計入行文이옵더니 接該請求ᄒᆞ야 更爲打算ᄒᆞ온즉 先次槪算에 猶有超過뿐더러 建築所請求는 似涉未妥이기로 轉筋査問즉 該所回答이 寔係園遊時所要라 不容不擬此請撥이라 ᄒᆞᆼ기 該請求額을 玆에 幷爲明細ᄒᆞ오며 證憑書類二枚를 一切另荐照ᄒᆞ오니 照亮ᄒᆞ오셔 追求額三百二十一圜十一戔九里를 曩日精算額에 入算ᄒᆞ야 二千五百八十六圜十八戔九里로 準辦ᄒᆞ심을 爲要"
71 『官報』3934호, 1907년 11월 27일 水曜;『各部通牒』(奎 17824) 제1책, 123a.
貴閣所管北闕慶會樓園遊會費支出額을 左開款項 通知事. 左開

部	款	項	金額
臨時	第二十一款[此闕慶會樓園遊會費]	第一項上同	二二六五〇七〇

72 『官報』3961호, 1907년 12월 28일 土曜;『各部通牒』제1책, 126ab.

1907년 10월 29일 경회루 원유회비 精算書[73]

	품목 및 수량		액수	기타
1	洋料理	三百五十人前	一千五十円	
2	麥酒	八箱價	七十八円四十戔	
3	上等葡萄酒	三箱價	一百十四円	
4	下等葡萄酒	六箱價	七十八円	
5	上等三鞭酒	二箱價	一百円	
6	下等三鞭酒	五箱價	一百五十円	
7	日本酒	一樽價	十九円五十戔	
8	平野水	一箱價	四円五十戔	
9	우이스기	四瓶價	十円	
10	佛安茶酒	三瓶價	七円五十戔	
11	手數料		五十六円十九戔	
12	上等埃及券烟	四箱價	十二円	
13	下等埃及券烟	三箱價	四円五戔	
14	敷島烟草	八箱價	十円八十戔	
15	上等呂宋烟	五箱價	二十五円	
16	下等呂宋烟	六箱價	二十二円五十戔	
17	赤色徽章	四百五十本價	二十七円	
18	靑色徽章	七十本價	四円二十戔	
19	交椅各色酒來往雇價		三十円	
20	綠門	一所費	四十五円	
21	模擬店	五所費	十円	
22	萬國旗大	七組價	十九円二十五戔	
23	萬國旗小	三組價	三円九十戔	
24	麵所	三百人前	二十一圜	
25	香茶菓子所	三百人前	八円	

---

[73] 『起案』 제16책, 159a-163a. 本年十月二十九日에 在北闕慶會樓園遊會宴費를 業以二千五百圜으로 槪算 先撥이온바 今其實費額을 精算ᄒ온즉 爲二千二百六十五圜七戔이옵기 該精算書를 玆에 另附仰照ᄒ오니 照亮迅辦ᄒ심을 爲要.

	품목 및 수량		액수	기타
26	日本茶菓子香茶費		五円五十戔	
27	日女[仲居]五人行下		十円	
28	妓女十六名行下		八十円	
29	妓女人力車費		十六丹	
30	領率人二名行下		四円	
31	下人二名行下		二円	
32	男釼舞服色貰		一円	
33	樂工九名行下		二十円	
34	典樂二人行下		六円	
35	樂器四駄來往雇價		二円四十戔	
36	軍樂隊等行下		二十円	
37	食交子七床價		四十九円	妓三 軍樂隊三 樂工一
38	料理床等修補費		三円六十三戔五里	
39	洋信紙五匣, 洋封套六匣		十七円七十五戔	洋信紙五匣八圜七十五戔 洋封套六匣九円
40	洋紙	十二張價	二十七戔五里	
41	請帖紙及次序紙印刷費		七円	
42	三戔郵票	二十枚價	六十戔	
43	床巾二件瀑白工價		二十五戔	
44	巨乃布六尺價		三十六戔	
45	糊價		一戔	
46	各處四仙床交椅揮帳等來往雇價		三十円三十戔	
47	慶運宮修掃軍食價		九円六十戔	四十八名
48	扈衛局軍士十二名食價		一円二十戔	
49	排設軍十三名食價		六円五十戔	
50	永成門內修掃軍九名食價		一円八十戔	
51	巡檢十二人兩日食價		二円四十戔	
52	秘苑雇員以下使令水工東山直役夫等兩日食價		九円四十戔	
53	警衛局使令一名食價		二十戔	

	품목 및 수량	액수	기타
54	交椅八仙床等晝夜守直軍雇價	一円	
55	集玉齋守直三名食價	六十菱	
56	火炮一萬本價	二十七円	
57	料理床等四負來往內閣雇價	一円	
58	內閣及各府部院廳雇員以下饒次	十七円	
59	日本封套二匣價	五十菱	
計		二千二百六十五圜七菱	

　　1907년 10월 29일 경회루 원유회비 정산서를 1907년 6월 12일 비원 원유회 지출
명세서와 비교해 볼 때 포도주, 일본술, 일본과자, 일본차, 휘장徽章, 녹문緣門, 모의점模
擬店, 만국기, 화포火砲, 변소便所 등이 새로울 뿐 거의 비슷하다. 일본술, 일본과자, 일
본차는 일본 황태자와 그를 수행한 일본 관리들을 위해 추가한 것으로 보인다. 녹문
은 축하행사 같은 때에 세우는 상록수잎으로 싼 아치 모양의 문이다. 녹문을 세우는
일이 처음은 아니다. 일본은 청일전쟁에서의 승전을 기리기 위해 경성에 녹문을 세워
축하한 적이 있다. 모의점은 임시로 가설한 간이음식점이고 만국기는 여러 나라의
국기國旗이다. 원유회 장에 만국기를 걸어 놓았음을 암시한다.[74] 화포는 "폭죽을 터트
렸다"는 행사 기록의 사실성을 뒷받침해 주는 물목이다. 변소는 화장실을 가리키며
변소신축비로 98원 43전이 지출되었다. 만국기를 늘어뜨린 채 화포를 터트리고 환영
녹문을 세우며 화장실까지 신축할 정도로 일본 황태자와 그 수행원에 대한 대우가 매
우 각별하였다.
　　넷째, 1908년 3월 11일 오후 1시에[75] 창덕궁 후원에서 설행된 순종황제 건원절 기
념 원유회는[76] 칙임관 이상이 참석하였다.[77] 계속되는 원유회 비용을 감당하기 어려웠

74　국기, 우표 등에 대해서는 목수현, 「한국 근대 전환기 국가 시각 상징물」, 서울대학교 대학원 박사학위
　　논문, 2008 참조 요망.
75　『起案』 제21책, 75ab.
76　『대한매일신보』, 1908년 2월 18일, 2면; 『대한매일신보』, 1908년 2월 23일, 2면; 『대한매일신보』,

는지 연회를 마친 후 각 부에 책정되어 있는 연회비 항목을 헐어 보내라고 통보하여 내부 200원, 탁지부 200원, 군부 100원, 법부 200원, 학부 100원, 농상공부 200원[78] 합계 1000원을 수합하였다. 또한 관리들에게까지 부담을 가중시켜 칙임관은 3원, 주임관은 1원 50전, 판임관은 30전씩을 내야만 했다.[79]

건원절 기념 원유회로는 최초였기 때문인지 기념사진첩을 제작하였다는 기록이 보인다. 기념사진첩 예약 광고가 『관보官報』에 게재되었기 때문이다. 광고에 의하면 사진첩에는 황제의 사진御眞影을 시작으로 관리들의 모습, 역대 어제御製, 무기武器, 식당食堂, 온갖 기예(줄타기, 항장무, 학무 등) 등 여러 광경이 두루 담겨 있어 건원절 경축 원유회장의 모습 전체를 한눈에 꿰뚫게 하는 자료였으리라고 짐작된다.

乾元節園遊會紀念寫眞帖豫約發賣公告

精巧ᄒ게 「고로다이푸」版體裁縱九寸橫一尺二寸表紙表裝 製本皆美麗堅牢를 盡홈

三月二十八日 昌德宮 秘園에 開ᄒ얏던 大韓大皇帝陛下登極 第一回 乾元節奉祝園遊會의 盛觀을 撮影ᄒ것인데 其內容槪略이 左와 如홈

一. 最近御眞影

二. 園遊會主人各大臣

三. 松林中에 御臨所(內外貴婦人에 休憩所ᄒ얏든 暎花堂을 含ᄒ야 花顏溫容이 一一分明홈
　　 이 能欲自語)

四. 歷朝御製

1908년 3월 1일, 2면.

77 『순종실록』 융희 2년 3월 11일; 『대한매일신보』, 1908년 3월 8일, 2면에는 주임관 이상이 참석하였다고 기록되어 있음.

78 『起案』 제18책, 69a-72a; 『起案』 제18책, 76ab.

79 『대한매일신보』, 1908년 4월 10일, 3면. "연회비 슈렴 거월 건원절 원유회의 경비로 슈렴ᄒ되 칙임관의게ᄂ 삼원이오 주임관의게ᄂ 일원오십젼이오 판임관의게ᄂ 삼십젼식이라더라"; 『대한매일신보』, 1908년 4월 16일, 2면. "관리탄식 각부관리들이 박흔 월봉에셔 피해ᄒ 관인가족 구휼금이니 피샹흔 관인 치료비니 원유회니 근친회니 구락부 연회비니 각항슈렴을 졔ᄒ면 늠ᄂ거시 업다고 셔로 맛나면 탄식흔다더라"

五. 古代武器

六. 大食堂(開始前及内景)

七. 天覽餘興(古代行列. 萬歲 樂倡夫繩渡. 鴻門宴(官妓). 鶴

舞. 款乃一聲. 手踊(花月 藝妓). (舞妓舞童의 樂部).

八. 逍遙亭畔에 貴人. 御溝에 船等

其他各種

豫約申託期限 四月二十日

豫約代價 壹部 貳圜

製本期限 四月三十日

京城龍山는 本局에서 直接送付 京城龍山以外는 別히 郵税

拾錢를 要홈 豫約에 申託도 京城龍山内는 端書 又는 電話로

ᄒ미 宜홈 京城龍山以外는 豫約金 壹圜을 封入ᄒ야 申託ᄒᆯ 事 豫約申託所 龍山 印刷局 隆

熙二年 四月 九日[80]

건원절 원유회 기념엽서

기념사진첩 발행 광고로 보아 "건원절 원유회 기념엽서"라고 불리는 엽서도 이 때 발행된 것으로 보인다.

다섯째, 1908년 3월 28일에는 창덕궁 후원에서 순종 탄신 기념 원유회가 설행되었는데[81] 이를 빙자하여 창덕궁 후원으로 진입하는 도로 확장 사업을 벌려[82] 궁궐을 파괴하는 만행을 저질렀다. 총예산도 4592원 96전으로 잡아[83] 2500여원을 지출한 일본 황태자 방문 기념 원유회 보다 두 배가 넘는 경비를 탕감하려 하였다. 대한제국 황실 구성원,[84] 경성에 있는 모든 관원官員과 내외국인内外國人을 초빙하여[85] 초대인원이 1400

---

80 『官報』 제4047호, 융희 2년 4월 14일 火曜.
81 『대한매일신보』, 1908년 3월 15일, 2면.
82 『起案』 제18책, 48ab.
83 『起案』 제18책, 53ab.
84 『대한매일신보』, 1908년 3월 25일, 2면. "태황뎨폐하께셔와 황귀비뎐하께셔 오는 이십팔일 원유회에 림어ᄒ실 예뎡인데 의친왕뎐하께셔와 의친왕비뎐하께ᄋᆞᆸ셔 배죵ᄒ신다더라"

여명[86]에 달하였고 1500장의 청첩장을 발간하였다.[87] 많은 손님들이 교통수단으로 마차와 인력거를 타고 왔기 때문에 편의성을 위해 선인문宣人門 문짝을 떼어 놓고 문 앞에 보토補土를 깔았고[88] 부족한 의자도 빌려왔다.[89] 이처럼 어수선한 상황에서도 고종황제는 되도록 대한제국 고유의 문화를 살려 진행하기 위해 노력하였고[90] "마챠를 폐지ᄒ고 옥련을 타셧스며 풍악도 전일과 ᄀ치ᄒ고 각색음식도 한국료리로만 셜행"[91]하려 하였다. 그러나 결국 고종황제는 생신잔치에 참석하지 않은 것 같다.[92]

이 원유회에서는 잡기雜技가 판을 치고,[93] 조중응趙重應[94]이 호가호위狐假虎威하며, 정조대왕의 정치 구상과 역대 왕의 숨결이 담겨 있는 주합루가 괴상하게 사용되는 상황으로 전도되었다.

---

85 『內閣往復文』(奎 17755) 제1책, 33a.

86 『대한매일신보』, 1908년 3월 15일, 2면.

87 『대한매일신보』, 1908년 3월 21일, 2면. "청뎝수효 오ᄂᆞᆫ 이십팔일에 원유회에 쳥ᄒᄂᆞᆫ 사ᄅᆞᆷ을 구별ᄒᆞ야 쳥텹 일쳔오백쟝을 발간ᄒᆞ엿ᄂᆞᆫ데 각부부원쳥에ᄂᆞᆫ 주임관이상이오 부통감이하로 주임대우까지오 군슈 령부도 이와 ᄀ치 ᄒᆞ엿다더라"; 한편 청첩 수정에 대한 기사도 보인다. 『內閣往復文』 제1책, 35a-38a, 40a-41a.

88 『대한매일신보』, 1908년 3월 29일, 2면. "문젼보토 작일 원유회에 마챠와 인력거ᄃᆞ니기에 편ᄒ기를 위ᄒᆞ야 선인문 문즁방을 빼여ᄇᆞ리고 문압헤 보토를 만히ᄒᆞ엿다더라"

89 『起案』 제18책, 55ab.

90 『대한매일신보』, 1908년 3월 22일, 2면. "구식셜행 오ᄂᆞᆫ 이십팔일 원유회에 졔반졀ᄎᆞᄂᆞᆫ 구식으로 배셜ᄒᆞᆫ다ᄒᆞ며 대황뎨폐하ᄭᆞᆸ셔도 당일에 친림ᄒᆞ실 예뎡인데 시위긔병대가 응용홀 각색 넷날 군물을 작일에 군부에서 포쇄ᄒᆞ엿다더라"

91 『대한매일신보』, 1908년 3월 29일, 2면. "구식거행 작일 원유회ᄂᆞᆫ 구식으로 거행ᄒᆞᄂᆞᆫ데 대황뎨폐하ᄭᆞᆷ셔도 동가ᄒᆞ실때에 마챠를 폐지ᄒ고 옥련을 타셧스며 풍악도 전일과 ᄀ치ᄒ고 각색음식도 한국료리로만 셜행ᄒᆞ엿다더라"

92 『대한매일신보』, 1908년 3월 29일, 2면. "옥톄미녕 태황뎨폐하ᄭᆞᆸ셔 옥톄가 미녕ᄒᆞ심으로 작일 원유회에 동가치 못ᄒᆞ셧다더라"

93 『대한매일신보』, 1908년 3월 31일, 2면. "원유회연희 일젼 원유회에 법대죠즁응씨가 외국사ᄅᆞᆷ의 이목을 깃부게 ᄒ기 위ᄒᆞᆷ인지 모ᄅᆞ거니와 막즁흔 어젼의쟝을 챵시노름과 ᄀ치 꾸며 연회ᄒᆞ엿다ᄂᆞᆫ데 보ᄂᆞᆫ 쟈들이 모다 분히 넉이고 개탄ᄒᆞ엿다고 소문이 쟈쟈ᄒ더라"

94 『대한매일신보』, 1908년 3월 31일, 2면. "론박도불관 원유회에 챵시노름흔 일은 별항과 ᄀ거니와 의쟝졀ᄎᆞ를 버려세우고 시위홀때에 법대 죠즁응씨가 젼도ᄒᆞ야 도라ᄃᆞ니며 관광ᄒᆞᄂᆞᆫ 사ᄅᆞᆷ ᄃᆞ려 모조를 벗고 경례ᄒᆞ라ᄒᆞ니 군인 ᄒ나이 죠법대를 일쟝론박ᄒᆞᆫ데 죠씨ᄂᆞᆫ 드른톄도 아니ᄒ고 양양흔 의긔ᄂᆞᆫ 눈으로 볼 수 없더라더라"

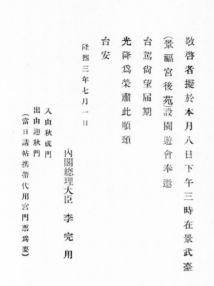

敬啓者擬於本月八日下午三時在景武臺

（景福宮後苑設園遊會奉邀）

台駕倘望屆期

光降爲榮肅此順頌

台安

隆熙三年七月一日

内閣總理大臣 李完用

入由秋成門

出由迎秋門

（當日請帖携帶代用宮門票爲要）

左 1909년 7월 8일 新舊統監送迎會 청첩장 앞면
右 1909년 7월 8일 新舊統監送迎會 청첩장 뒷면 우측 하단 확대도
'이완용 초대장', 한국국학진흥원 소장

마지막으로 1909년 7월 8일 오후 3시에 경복궁 후원에서 열린 신구 통감 송별 겸 환영 기념 원유회新舊統監送迎會는 경복궁 후원 일대를 유흥장으로 퇴색시켰다. 이완용은 청첩장에 자신의 이름을 넣어 배포[95]하여 1800~2000명 가량을 집결시켰다.[96]

95 『대한매일신보』, 1909년 7월 7일, 2면. "원유회통텹 본월 팔일 하오 삼뎜에 경복궁 안 경무대에서 원유회를 설행홀 터인데 내각총리대신 리완용씨가 각부 부□□ 친임 칙임 주임 관들에게 통텹ㅎ고 동부인 ㅎ야 와서 참□ㅎ라 ㅎ엿다더라"
96 『순종실록』 권3, 순종 2년 7월 8일 "경회루(慶會樓)에서 원유회(園遊會)를 설행하였다. 태사 공작(公爵) 이토 히로부미[伊藤博文]와 통감(統監) 자작(子爵) 소네 고스케[曾禰荒助]가 서로 교체되어 송영(送迎)하는 연회였다. 한국과 일본의 문무 관리 1,800여 인(人)이 연회에 참석하였다."; 『대한매일신보』, 1909년 7월 10일, 2면. "원유회ㅅ실 재작일 경무대 원유회에는 내외국관리 이천명 가량이 회동ㅎ엿는데…"

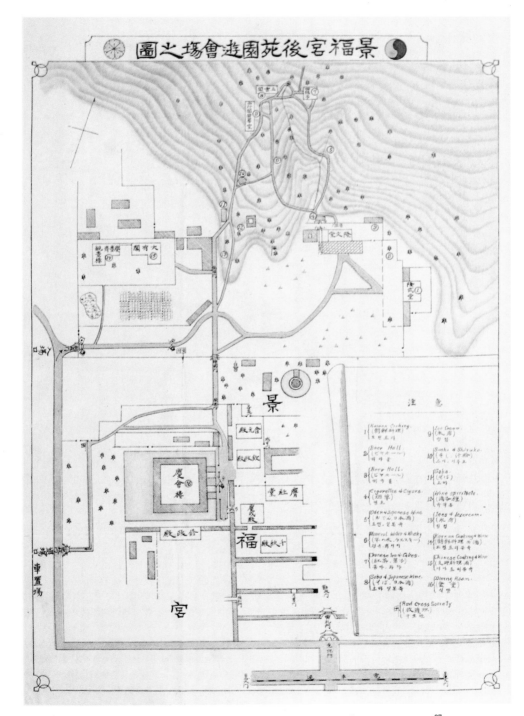

1909년 7월 8일 新舊統監送迎會 청첩장 뒷면 전체도. '이완용 초대장'. 한국국학진흥원 소장97

원유회 참석자들은 추성문秋成門으로 들어와 경복궁 후원 각처 즉, 융무당隆武堂, 사우정四隅亭, 오운각五雲閣, 대유각大有閣, 관풍루觀豊樓 등지에 가설된 15개의[98] 간이음식점에서[99] 조선요리, 맥주, 담배, 오뎅, 일본술, 홍차, 과자, 소바, 아이스크림, 스시, 중국요리 등을 마치 코스요리처럼 하나 하나 먹으며 경치를 감상하고 조선, 중국, 일본의 공연예술을 즐겼다.

경복궁 후원을 한 바퀴 배회한 후 최종적으로 모인 장소는 경회루였다.[100] 경회루의 중앙정석中央正席에는 이등 통감이 서쪽을 향해 앉았고 왼쪽에는 완흥군完興君, 오른쪽에는 영선군永宣君, 그 다음 자리에는 민궁상閔宮相이 앉았고 대면對面한 이총상李摠相의 왼쪽에는 대구보사령관大久保司領官이 그 다음 자리에는 증니 통감 등이 자리하였다.[101] 모두들 이등 통감의 지난 공로를 찬송하며 만세를 불렀고 증니 통감의 장래 희망을 축수하였다.[102] 통역은 이등 통감이 담당하였는데 소리가 크지 않아 잘 들리지 않았다고 한다.[103] 하객들은 연회가 끝난 후 영추문迎秋門으로 나갔다.

---

97 '이완용 초대장.' 옛문서 생활사 박물관 소장. 경복궁 후원 곳곳에 기입된 번호는 우측 하단에 숫자와 함께 적힌 음식명과 연결된다. 즉 모의점과 그곳에서 먹은 음식에 대한 정보를 알려주는 것이다. 예를 들면 1번으로 쓰여진 융무당에서 조선요리를 먹었음을 의미한다. 이 뿐 만약의 사태에 대비해 구호반도 설치하였다. 또한 참석자들의 동선을 알게 해 준다. 전체적으로는 태극과 벚꽃, 일장기와 태극기를 교차시킨 그림을 넣어 한일병합 이전의 상황을 짐작케 해준다.

98 13개로 기록한 자료도 있지만 15곳이 맞다.『속음청사』권13, 융희 3년 7월 8일 "八日 二十一日己巳 新舊統監送迎會 木, 晴, 小暑節, 熱, 今日內閣, 爲新舊統監送迎之會, 我國官奏任官以上,日本各官及各國人男女會者, 爲數千名, 午後二時往雲峴, 與完興主, 同乘馬車, 詣景福宮, 由秋成門入, 休憩于隆文堂, 階前左右, 廣設雜戲衆樂, 伊藤 · 曾禰來到, 同上五雲閣, 松間處處, 設模擬店, 韓 · 日 · 淸 · 洋料理各店, **爲十三處**, 三時半, 會于慶會樓下食堂, 觴籌交錯, 總理大臣陳祝辭, 伊藤 · 曾禰答辭, 四時罷歸, 今日宴費假量四千餘元, 或云萬餘元."

99 『대한민보』, 1909년 7월 7일. "작보(昨報)와 여(如)히 내각(內閣)에서는 신구통감(新舊統監)의 송영(送迎)하기 위(爲)하여 원유회(園遊會)를 내(來) 8일(日) 오후(午後) 3시(時) 경복궁 후원 경무대(景福宮後園 景武臺)에서 개(開)하고 15개(個) 모의점(模擬店)을 설(設)하며 식당(食堂)은 경회루(慶會樓)로 정(定)하였고 입유 추성문(入由 秋成門)하고 출유 영추문(出由 迎秋門)하기로 작일(昨日)부터 청첩(請牒)을 발포(發布)하였더라."

100 자세한 내용은 〈자료 2〉 참조 요망.

101 『대한민보』, 1909년 7월 9일.

102 『대한매일신보』, 1909년 7월 10일, 2면. "원유회ㅅ실 재작일 경무대 원유회에는 내외국관리 이천명가량이 회동ᄒ엿는데 총리대신 리완용씨가 이등씨의 지낸 공로를 찬송ᄒ며 만세를 부르고 그 다음에는 증미통감의게 대ᄒ야 쟝래희망홀일을 축슈ᄒ엿다더라"

원유기견(園遊紀見)

기보(旣報)와 여(如)히 작일(昨日) 하오(下午) 3시(時) 경복궁내(景福宮內)에 원유회(園遊會)를 개(開)하였는데

▲ 시간(時間)에 진(進)하여 추성문(秋成門)으로 입(入)하니 궁화궁류(宮花宮柳)는 홍록(紅綠)이 교영(交映)하여 구일상태(舊日狀態)를 정(呈)하고 이십년전(二十年前) 응시(應試)하던 장소(場所)의 처처한 청초(靑草)는 식자(識者)의 감상(感想)이 불무(不無)하도다.

▲ 휴게소(休憩所) 융문당(隆文堂)에 제대신(諸大臣)이 함집(咸集)하였는데 총상 이완용씨(總相 李完用氏)는 당중(堂中)에 올립(兀立)하여 영접(迎接)에 초조한듯 계좌(階左)에는 청국연극(淸國演劇)이오 계우(階右)에는 예기(藝妓)의 무수가선(舞袖歌扇)이 편번(翩번)하여 일흥(逸興)을 교발(交發)하였고

▲ 4시(時)에 축포(祝砲)와 군악(軍樂)이 교발(交發)하더니 정빈 이등 증니 양씨(正賓 伊藤 曾니 兩氏)가 내도(來到)함에 제인(諸人)이 휴게소로 영접(迎接)하였다가 고취타(古吹打)와 기치(旗幟)가 전도(前導)하여 산록(山麓)을 우회(迂回)하다

▲ 사우정(四隅亭)에 지(至)하니 정빈 양씨(正賓 兩氏)는 정상(亭上)에 잠휴(暫休)하는데 이총상(李總相)은 유성준씨(兪星濬氏)의 통역(通譯)으로 증니통감(曾禰統監)과 입담(立談)하더라.

▲ 차(此)로 종(從)하여 오운각(五雲閣)에 지(至)하니 각내(閣內)는 인조입부득(人稠入不得)이오, 계남(階南)에는 박내상(朴內相), 일진회장 이용구(一進會長 李容九) 양씨(兩氏)가 입담(立談)하며 초계하(稍階下)에는 이학상(李學相), 일진부회장 홍긍섭(一進副會長 洪肯燮) 양씨(兩氏)가 입담(立談)하다가 산거(散去)할 제(際) 학상(學相)이 서행각(西行閣) 후(後)로 향(向)하며 평재평재(平齋平齋) 불러서 공거(共去)하니 소담(所談)이 하사(何事)인지.

▲ 산로(山路)를 전(轉)하여 관가문(觀稼門)을 입(入)하니 대유각(大有閣)이라. 차(此)에 청요리(淸料理)를 설(設)하였는데 이군상(李軍相)은 비만체격(肥滿體格)에 시색군복(柿色軍服)을 착(着)하고 향동이립(向東而立)하여 오후한량(午後閑良)과 여(如)히 감식(甘食)하더라.

▲ 관풍루(觀豊樓)에는 이등태사(伊藤太師)가 잠휴(暫休)하는데 농법탁 삼상(農法度 三相),

---

103 『대한민보』, 1909년 7월 9일.

김중추원의장(金中樞院議長), 민궁상(閔宮相), 양민보국외(兩閔輔國外) 제인(諸人)이 회(會)하였는데 오염(午炎)이 증열(蒸熱)한지라 모대관(某大官)이 명(命)하였는지 이등태사(伊藤太師) 배후(背後)의 예기 명주(藝妓 明珠)로써 선(扇)을 요(搖)하여 청풍(淸風)을 송(送)하더라.

▲ 이시(伊時)에 증니통감(曾禰統監)은 농포(農圃)를 관(觀)할새 이완용(李完用) 유성준(兪星준) 황철(黃鐵) 유혁로(柳赫魯) 사씨(四氏)가 반행(伴行)하더라.

▲ 아이(俄而) 경회루(慶會樓)로 향(向)하여 식당(食堂)에 취(就)하니 중앙정석(中央正席)에 이등태사(伊藤太師)가 향서이좌(向西而坐)하였는데 좌측(左側) 완흥군(完興君), 우측(右側) 영선군(永宣君), 차좌(次左) 민궁상(閔宮相)이오, 대면(對面)한 이총상(李摠相)에 좌측(左側) 대구보사령관(大久保司領官), 차좌(次左) 증니통감(曾니統監), 우차(又次) 이학상(李學相), 우측(右側) 조농상(趙農相)이더라.

▲ 석차(席次)는 예정(豫定)이 무(無)한지 박내상(朴內相)은 최동말석(最東末席), 임탁상(任度相)은 정석배후(正席背後), 고법상(高法相)은 남측석(南側席)에 재(在)하더라.

▲ 연향(宴饗)이 장란(將亂)할 새 이총상(李摠相)이 기(起)하여 단아(端雅)한 체용(體容)으로 식사(式辭)를 술(述)하여 전통감(前統減)의 과거공로(過去功勞)를 송(頌)하며 신통감(新統監)의 장래희망(將來希望)을 기(祈)하고 공(共)히 만세(萬歲)의 배(盃)를 거(擧)하다.

▲ 소경(少頃)에 이등태사(伊藤太師)가 기(起)하여 통역(通譯)으로써 연의(演意)를 술(述)하고 증니통감(曾禰統監)이 계기(繼起)하여 연술(演述)하되 장래(將來)의 이등공작(伊藤公爵)의 의견(意見)을 징(徵)하여 한국복리(韓國福利)를 계도(計圖)하노라 하였는데 양도통역(兩度通譯)의 어음(語音)이 미창(未暢)함으로 참석인(參席人) 이타(耳朶)에 진의(眞意)가 도달(到達)치 못하여 유감(遺憾)을 포(抱)한 자(者)이 다(多)하다더라.[104]

그리고 신구통감환송환영 원유회에는 역대 최고 금액인 1만 1천 8백 32원 38전이 지출되었다.

---

104 『대한민보』, 1909년 7월 9일.

1909년 7월 8일 경복궁 後苑 園遊會費 明細書[105]

費目	數量	金額	領受人氏名
支那料理		五〇〇〇〇	洪興館
爆竹		五〇〇〇	仝
清國地藝		一六〇〇〇	孫芹塘
電話架設費		五八一〇	豊田淺吉
徽章	一千五百朶	五二五〇〇	三越吳服店
工事監督		七三五〇	建築所 平間楠次郎
請帖諸費		四八〇二〇	金德有外三人
古代行列		八二四〇	李謙濟
樂隊		二一四〇〇	白禹鏞
圖面用紙		五九〇〇	中田勘右工門
韓料理		一〇〇〇〇	惠泉館 尹炳奎
妓生唱夫演舞		一九九五〇	徐判成外二人
麥酒	二十二箱	二三一	漢陽商會李赫魯
設備費		七五六〇〇〇	井上久藏
日本藝者		八六〇〇〇	中檢番
料理		二七四六五〇〇	巴城館
三鞭酒	[上品四打 中品八打]	三二四〇〇〇	辻屋松浦源藏
卓子外二品		五二八〇〇〇	蘆澤商會網戶得哉
小計		五四〇九三八〇	
角天幕	十五張	三六一〇〇〇	福嶋信行
椅子	四百八十脚	一六三二〇〇〇	杉田幸五郎
萬國旗	二十組	三六〇〇〇	三越吳服店
仝運賃其他		六六五〇	大田秀三郎
繪葉書	一千七百組	二〇四〇〇〇	印刷局
小計		五八一二六五〇	
椅子其他鐵道運賃		二三一六四〇	統監府會計課

---

105 『起案』 제17책, 30a-32b.

費目	數量	金額	領受人氏名
小計			
椅子追加買入		一二七八二〇	杉四幸五郎
ズック袋其他	十九個	二三〇四六〇	網戶得哉
椅子通關手數料		三五〇	內國通運株式會社 京城支店
小計		三五八六三〇	
運搬費		一五九八〇	渡邊友一
仝		四一〇〇	仝
小計		二〇〇八〇	
合計		一一八三二三八〇	

여섯 종류의 원유회를 종합해 보건대 겉으로는 그럴싸한 명분을 내세우고 형식적으로는 서양의 가든파티를 표방하였지만 실제 내용에서는 궁궐의 문화유산을 훼손시키고 궁궐문화의 전통을 깨뜨리며 궁궐을 상류층이 향락문화를 즐기는 유흥장으로 격하시키는 컨텐츠로 가득 차 있었다. 일제의 궁궐파괴 음모에 원유회라는 장치가 이용된 셈이다. 원유회는 대한제국의 궁궐 문화를 파괴하는 역할을 담당하였던 일제에 의해 심어진 불건전한 파티였다.

5. 원유회장의 공연예술

원유회장에서 공연된 예술은 상세히 알기 어려우며 산발적으로 기록된 단편적인 자료를 통해 유추해 볼 수밖에 없다. 먼저 1907년 6월 12일의 원유회 지출 명세서(〈표 2〉)를 통해 게이코藝妓 15인, 기녀 29명, 고인鼓人6명, 군악대가 동원되었음을 알 수 있다. 즉 일본의 기예, 조선 기생의 기예, 서양식 군악대의 공연이 한 자리에서 어울렸던 셈이다. 다시 말하면 각각 다른 배경과 장소에서 형성된 일본의 전통예술, 조선의 전통예술, 양악이 조선 궁궐의 후원에 집합된 것이다. 이 날 공연된 장르명과 악곡명은 불분명하지만 "服色三件貰[劍男舞]"라는 항목[106]으로 보아 조선기생의 기예 항목에 검무가 공연되었다고 할 수 있다. 검무는 조선 후기 진연에서 가장 많은 포상을 받았던 인기 종목이기도 하였지만[107] 사무라이 문화가 발달한 일본인들도 칼을 들고 추는 춤의 모습을 쉽게 좋아했기 때문에 공연된 것이 아닌가 한다.

한편 일본기생藝妓(藝子)은 이미 조선에 거주하고 있었으므로 그들을 동원하는 건 어렵지 않았을 것이다. 일본기생은 이미 1896년에 한성에만 10명이 거주하고 있었으며 1897년에는 작부, 유예遊藝, 이들을 가르치던 사장師匠과 더불어 그 수가 61명에 달했다고 한다. 지방에도 1898년 인천에는 53명, 1902년 부산에는 창기와 함께 280명이 있었다고 한다.[108] 이런 분위기를 감안해 본다면 원유회장에 일본 기생을 차출하는 일은 간단했을 것이다. 고인 6명은 삼현육각으로 음악을 연주한 민간 활동 악사들을 의미하며, 기녀도 관기官妓가 아니라 궁궐 밖에서 활동한 기생을 지칭하는 것으로 짐작된다.[109] 군악대는 1900년에 설치령이 내려진 후 왕성하게 활동하였지만 1907년 7월 31일에 폐지되면서 일부 군악대원만이 장례원 장악과로 흡수되었다.[110] 군대 해산과 함께 폐지되기 직전의 위기상황에서 원유회장에 동원되었던 것이다.

이들은 기예를 제공하는 대가로 금전적인 포상을 받았다. 게이코 15인은 75원을 받았으므로 1인당 5원씩 돌아갔다. 무슨 까닭인지 게이코에게는 그녀들의 신발인 쪼리

---

106 〈표 2〉 참조. '劍男舞'라는 용어가 구체적으로 무엇을 의미하는지 정확히 알 수 없다. 본고에서는 검무로 보겠다.

107 조경아, 「조선후기 의궤를 통해 본 정재 연구」, 성남 : 한국학중앙연구원 박사학위 논문, 2009, 217쪽.

108 이규수 옮김(다카사키 소지 지음), 『식민지 조선의 일본인들 – 군인에서 상인, 그리고 게이샤까지』, 역사비평사, 2006, 71~72쪽.
또한 다음과 같은 기록도 있다. 『고종시대사』 제6집, 1906년 12월 31일 "銃砲火藥商 29, 鍛冶屋 18, 人力車營業 207, 同輓子 267, 古物商 226, 貿屋 196, 印刷及 彫刻 26, 代書業 37, 渡船 12, 艀船營業 8, 汽船荷客仲次 8, 旅人宿 277, 下宿屋 161, 木貰宿 2, 料理屋 385, 飲食店 712, 藝妓 985, 酌婦 518, 湯屋 99, 遊戲場 79, 雇人口入業 32, 賣藥商 130, 入齒齒拔 7, 鍼灸 60, 牛乳搾取 26, 獸肉販賣 116, 屠獸場 19, 淸凉飮料水販賣 35, 氷雪受賣 102, 理髮業 212, 女髮結 132, 合計 5,124個所이다."

109 20세기 관기의 해체와 이들의 활동에 대해서는 권도희, 「20세기 관기와 삼패」, 『여성문학연구』 16권, 여성문학학회, 2006, 84~99쪽 참조.

110 군악대에 관한 자세한 내용은 졸고, 「대한제국기 군악대 고찰」, 『한국음악연구』 제44집, 한국국악학회, 2008 참조.

값까지 제공되어 게이코 15인에게 쪼리값 명목으로 3원 50전이 더 지불되었다. 조선 기녀 29명은 145원을 받았으므로 1인당 5원씩 돌아갔다. 조선 기녀에게는 인력거 값 29원이 더 지불되기도 하였으니, 일종의 교통비를 제공했던 것이다. 일본과 조선의 기생은 차별없이 1인당 5원씩 받았지만 쪼리값과 인력거 값에서는 조금 차이가 났던 셈이다. 고인 6명은 10원이 책정되었다. 영솔인 3명은 기녀와 고인의 모가비인지 누구인지 정확하지 않은데 아무튼 이들에게 6원이라는 금액이 지불되었다. 양악을 연주한 군악대에게는 20원이 돌아갔다. 그리고 검무의 복색 3건 대여료로는 3원이 지출되었다. 또한 공연한 이들에게 식교자食交子가 제공되기도 하였는데 기妓는 3상床, 고인은 1상, 군악대는 4상을 받았다. 기妓는 게이코와 기생을 함께 가리키는 것인지 게이코 혹은 조선의 기생만 특별히 지칭하는 것인지 정확하지 않다(금액, 인원 등에 대한 모든 정보는 〈1909년 6월 12일 비원 원유회 지출명세서〉 참조).

1907년 10월 29일의 원유회에서는 기녀, 악공, 전악, 군악대, 일본 기생인 게이코가 보인다. 1907년 6월 12일의 원유회와 비교해 볼 때 달라진 것은 악공과 전악의 등장이다. 악공과 전악은 당시 궁중의 음악기관인 장악과[111]에 소속되어 있던 악인이다. 따라서 기녀도 관기를 의미하는 것이 아닌가 짐작지만 확실하지 않다. 아무튼 기녀 16명에게는 80원이 돌아가서 1인당 5원씩 받은 셈이며, 인력거 비용은 16원이었다. 악공 9명은 20원, 전악 2인은 6원, 영솔인 2명은 16원, 군악대는 20원으로 책정되어 있었다. 게이코의 경우 13인에게는 39원이, 9인에게는 27원 75전이 지급되어 3원 혹은 3원 넘게 차등 지급되었다. 또한 게이코에게는 왕림한 비용來往車費 조목으로 17원이 추가 지급되기도 하였다. 그밖에 검무 복색값으로 1원이, 악기운반비로 2원 40전이 잡혀 있는 항목이 보인다.[112] 이는 1907년 6월 12일의 원유회와 비교해 볼 때 기녀의 급여 1인당 5원은 같지만 게이코의 급여가 5원에서 3원 안팎으로 약간 떨어졌으며

---

111 궁중의 장악기관의 변천에 대해서는 졸고, 「대한제국기 掌樂機關의 체제」, 『공연문화연구』 제17집, 한국공연문화학회, 2008. 8 참고 요망.
112 본문에 제시한 〈1907년 10월 29일 경회루 원유회비 정산서〉, 〈1907년 6월 12일 비원 원유회 지출명세서〉 참조요망.

고인 6명이 10원을 받았던 것에 비해 궁중 악공 9명은 20원을 받아 궁중 악공이 민간
의 고인에 비해 후한 대접을 받았음을 알 수 있다. 또한 '검남무劍男舞'와 유사하게 '남
검무男劍舞'라는 항목도 있어 검무로 의심되는 다른 용어가 보인다는 점이 주목된다.

다음으로 1908년 3월 11일 원유회를 사진첩에 담는 '건원절 원유회 기념사진첩 예
약 발매 공고'를 통해 줄타기樂倡夫繩渡, 항장무鴻門宴(官妓), 학무鶴舞, 선유락欸乃一聲, 수
용手踊(花月 藝妓) 등이 공연되었음을 알 수 있다. 줄타기는 궁중에서 공연되지 않은 민
간의 연희 종목이었으며, 수용은 부채 같은 것을 손에 들지 않은 채 앉아서 손만 움직
여서 추는 일본 전통 춤의 하나로 추측된다. 즉 민간의 연희, 궁중정재, 일본 전통 춤
이 궁궐 후원에서 모두 공연되었다고 볼 수 있다.

1908년 3월 28일 원유회에서는 전통적인 궁중연향의 모습을 연출하려 했지만[113] 주
합루 윗층에 투구와 갑옷을 갖춘 사람 모양으로 아홉 개를 만들어 세웠고[114] 군악을
연주하였으며, 어복御服을 입은 광대의 유희,[115] 손재주, 줄타기, 격검擊劍,[116] 등을 선보
이다가 항장무로 끝마쳤다.[117] 격검은 검도의 전신으로 일본에서 인기 있던 종목이었
다.[118] 즉 일본의 유희, 조선의 민간 연희와 잡기, 양악 등이 뒤섞여 버렸다. 이에 기생

---

113 『대한매일신보』, 1908년 3월 29일, 2면. "구식거행 작일 원유회는 구식으로 거행ᄒᆞᄂᆞᆫ데 대황뎨폐하께
　셔도 동가ᄒᆞᆯ실때에 마챠를 폐지ᄒᆞ고 옥련을 타셧스며 **풍악도 전일과 ᄀᆞ치ᄒᆞ고** 각색음식도 한국료리로
　만 셜행ᄒᆞ엿다더라"
114 『대한매일신보』, 1908년 3월 29일, 2면. "갑주구경거리 작일 원유회에 구경ᄒᆞ기 위ᄒᆞ야 챵덕궁안 쥬합
　루 우ᄉ층에 구갑쥬ᄒᆞᆫ 사름모양으로 아홉 개를 ᄆᆞᆫ드러 세웟다더라"
115 『해조신문』, 1908년 4월 12일, 2면. "爲悅外人 이번 원유회에서 법대 죠중응이가 외인에게 아텸ᄒᆞ기를
　위ᄒᆞᆷ인지 아지못ᄒᆞ거니와 막즁 어복[御服]으로 광대히 유희를 행ᄒᆞ얏ᄂᆞᆫ데 보ᄂᆞᆫ 사름이 다 개탄ᄒᆞ더라
　더라"
116 『속음청사』 권13, 융희2년 3월 28일 "二十八日 二十六日壬午 高宗誕辰慶祝會 晴, 夜陰, 今日太皇帝誕
　辰慶祝之園遊會退定, 會所在昌德宮秘苑, 內外國秦任以上合爲一千四百員, 妓舞軍樂, 手藝擊劍, 許多餘
　興, 以供覽賞, 大皇帝自內臨御以觀, 太皇帝以足患, 不得臨觀, 余以服制, 成服前不得進參, 今日齋洞小
　歟."
　『대한매일신보』, 1908년 3월 28일, 2면. "원유회결추 오늘 원유회의 결츠ᄂᆞᆫ 손ᄉ재됴와 광대 줄ᄐᆞᄂᆞᆫ것
　과 무동과 격검과 기생춤과 잡기 등으로 ᄒᆞᆫ다더라"
117 『대한매일신보』, 1908년 3월 27일, 2면. "홍문연연희 오ᄂᆞᆫ이십팔일 원유회에 챵덕궁안 비원에서 배설
　ᄒᆞᆯ 원유회 끝헤ᄂᆞᆫ 초한시졀 홍문연 잔치로 연회ᄒᆞᆫ다더라"
118 김영학·이인희·박상석, 「격검흥행(擊劍興行)에 관한 고찰」, 『大韓武道學會誌』 제4권 제2호, 대한무

격검경기장의 모습 김영학·이인희·박상석, 「격검흥행(擊劍興行)에 관한 고찰」, 『大韓武道學會誌』 제4권 제2호, 13쪽에서 재인용

들은 자신들이 너무 많이 차출되었다고 불만을 토로하였고[119] 세인들은 창시노름 같았다며[120] 비난하였고 어떤 관리는 너무나 경솔히 행했다며 비판하기도 하였다.[121] 게다가 기생과 공인들은 금전적인 보상도 받지 못했다.[122]

1909년 7월 8일의 원유회에서는 청나라의 연극, 게이샤藝者의 춤, 군악대 연주 등이 행해졌고 고취鼓吹가 선보였으며 기생은 춤추고 창부는 공연을 하였다.

도학회, 2002 참조.

119 『대한매일신보』, 1908년 3월 28일, 2면. "유녀언론 유길준씨가 이번 원유회에 기생을 만히 쓴다ᄂᆞᆫ일에 대ᄒᆞ야 정대ᄒᆞᆫ 언론으로 정부관리를 론박하여 ᄀᆞᆯᄋᆞ대 대황뎨폐하께셔도 그날 림어ᄒᆞ신다ᄂᆞᆫ데 지극히 쳔ᄒᆞᆫ 기생으로 어젼에 갓가히ᄒᆞᄂᆞᆫ거시 인군을 셤기ᄂᆞᆫ 도리가 아니라 고루루 셜명ᄒᆞ엿다더라"

120 『대한매일신보』, 1908년 3월 31일, 2면. "원유회연희 일젼 원유회에 법대죠즁웅씨가 외국사ᄅᆞᆷ의 이목을 깃부게 ᄒᆞ기 위ᄒᆞᆷ인지 모르거니와 막즁ᄒᆞᆫ 어젼의쟝을 챵시노름과 ᄀᆞᆺ치 꾸며 연희ᄒᆞ엿다ᄂᆞᆫ데 보ᄂᆞᆫ쟈들이 모다 분히 넉이고 개탄ᄒᆞ엿다고 소문이 쟈쟈ᄒᆞ더라"

121 『대한매일신보』, 1908년 3월 31일, 2면. "원유회챵시 일젼 원유회 챵시노름에 대ᄒᆞ야 시임 모 대신이 말ᄒᆞ되 이ᄀᆞᆺ치 즁대ᄒᆞᆫ 일을 내각회의에 뎨출치 아니ᄒᆞ고 경솔이 셜행ᄒᆞ엿다ᄒᆞ야 맥맥히 서로 보기만 ᄒᆞ엿다더라"

122 『대한매일신보』, 1908년 3월 25일, 2면. "행하폐지 각연회에셔 기생과 공인들을 쓰면 의례히 행하가 잇더니 금번 원유회에ᄂᆞᆫ 그것을 폐지ᄒᆞ고 당일경비를 뎌희가 ᄌᆞ담케 ᄒᆞ엿다더라"

이처럼 원유회장에서는 청나라, 일본, 조선의 기예가 뒤섞였으며 줄타기, 손재주 등의 민간 연희와 잡기도 공연되어 다국적, 다층적, 복합적인 공연장으로 변해버렸다. 예연으로 행해지던 궁궐의 연향 문화에서는 생각할 수 없었던 양상이었다.

6. 맺음말

대한제국기에 궁궐 안에서 열린 원유회는 각종 기념행사를 명분으로 설행되었다. 대한제국의 황제를 비롯한 국내외 고위층 인사들은 대부분 참석하였으며 조선의 궁중연향과는 전혀 다른 새로운 패러다임으로 짜여 있었다. 즉 내외국인이 어울리는 새로운 상위문화, 상류문화의 연회장이 되었다. 그러나 자주적인 근대화의 일환으로 받아들여졌던 것이 아니라 궁궐문화 파괴를 목적으로 일제에 의해 심어진 불건전한 파티였다. 원유회라는 명목으로 창덕궁과 경복궁 후원 곳곳을 천명이 넘는 인파가 드나들며 대한제국의 궁궐 문화가 철저히 짓밟혔다. 특히 대한제국기 말엽에는 일본에 아첨하는 친일인사들의 로비장이 되어 버렸다.[123] 친일 관료의 부인들까지 이에 동참하였다.[124]

서양식 가든파티는 대한제국의 근대화 작업 선상에서 들어와 이 땅에 정착한 파티 문화가 아니었다. 이 땅에 도입된 가든파티의 초기 모습은 여러 나라의 각종 문화가 교류되는 장이라기보다는 무분별하고 잣대 없이 다국적인 문화를 섞어 놓은 기이한 형상이었으며 음악문화 역시 예외가 아니었다. 결국 원유회는 일제에 의해 철저히 계산된 대한제국의 궁궐을 파괴하려는 장치의 하나였으며 그 가운데에서 궁중의 전통적인 공연예술도 서서히 해체되었다.

---

123 『대한매일신보』, 1908년 5월 15일, 1면;『대한매일신보』, 1909년 10월 15일, 2면 "정부모양" 참조.
124 『대한매일신보』, 1908년 3월 31일, 2면. "외교슈단민텹 일젼 원유회에 부인을 영졉ᄒᄂᆞ위원 김윤정씨의 부인과 윤치오씨의 부인이 내외국부인이 드러기는대로 손을 잡고 영졉ᄒᄂᆞᆫ데 교셥이 한숙ᄒᆞ고 언어가 민텹ᄒᆞ야 흔번도 그릇홈이 업는고로 방관ᄒᆞᄂᆞ 남녀들이 모다 칭찬ᄒᆞᆼᄋᆞᆺ다더라"

〈부록 1〉 1907년 10월 29일 경회루 원유회비 예산서

	품목 및 수량		액수	기타
1	洋札紙具封套	十匣價	四十六圜	
2	請帖紙等印刷費		五圜	
3	妓工等行下及雜費		二百五十圜	
4	軍樂隊行下		二十圜	
5	食交子	十床價	七十五圜	
6	料理床	三十坐修補費	二十圜	
7	玉洋木	一疋價	七圜	床巾所用
8	紅洋木	一疋價	九圜三十戔	遮日竹纏所用
9	素索	一百巨里價	五圜	遮日所用
10	各樣物種來往雇價及雜費幷		六十圜	
11	園遊會各處所修掃費		十圜	
12	三鞭酒	六打價	二百四十圜	
13	紅酒	四箱價	四十九圜五十戔	
14	麥酒	二十四箱價	二百八十四圜四十戔	
15	平野水	五箱價	二十七圜五十戔	
16	菓子及果物茶屬價		五十圜	
17	呂宋烟	十横價	一百五圜	
18	埃及券烟	十箱價	十五圜	
19	敷島	十箱價	十二圜五十戔	
20	朝日	十箱價	八圜八十戔	
21	料理價	四百人前	一千二百圜	
計			二千五百圜	

〈부록 2〉 1907년 10월 29일 경회루 원유회비 추가액 명세서

	품목 및 수량		액수	기타
1	宴會所裝飾用及掃除費		八十七圜三十三戔九里	
2	宴會所跡掃除費		十一圜六十戔	
3	便所五個及辻便所三個所新築費		九十八圜四十三戔	
4	紅白幕[長十一間一張]價		十三圜五十戔	紛失件代充用
5	紅白幕四張破損件修繕料		二十四圜	
6	幕引紐	一個價	二圜五十戔	紛失件代充用
7	日本藝妓	十三人行下	三十九圜	
8	日本藝妓來往車費		十七圜	
9	日本藝妓	九人行下	二十七圜七十五戔	
計			三百二十一圜十一戔九里	

「대한제국기 원유회(園遊會) 설행과 의미」, 『한국음악연구』 제45집, 2009.6.

제6부

전통음악기관 정비와
서구식 악대 창설

1. 장악원 체제 정비
2. 군악대 설치와 운용

장악원 체제 정비

1. 머리말

조선시대 궁중의 공연예술을 관리한 장악기관掌樂機關의 대표적 명칭은 장악원이다. 장악원이라는 명칭이 400여 년에 걸쳐 오랜 기간 동안 사용되었기 때문이다. 그러나 고종대는 국내외로 격변하는 시대였고 이러한 상황에서 관제官制가 수시로 개편되었으며 장악기관이 소속되어 있는 상위기관과 장악기관의 명칭도 바뀌었다. 기존 연구 성과에 의하면 장악기관의 상위기관은 궁내부의 장례원, 예식과로 달라졌으며 장악기관의 명칭은 협률과 → 교방사 → 장악과로 개칭되었다고 한다.[1] 그런데 기존 연구성과에서 언급되지 않았던 장악부掌樂部라는 새로운 용어가 보이며 개칭된 연도도 기존 연구성과에서 언급된 내용과 1차 자료에 보이는 기록이 차이가 나므로 본고에서는 대

---

[1] 노동은, 『한국근대음악사』 1, 한길사, 1995, 528~529쪽; 서인화, 「19세기 掌樂院의 존재양상」, 『동양음악』 24집, 동양음악연구소, 2002, 75쪽; 이지선・야마모토 하나코, 「『직원록(職員錄)』을 통해서 본 이왕직(李王職)의 직제(職制)연구」, 『동양음악』 26집, 동양음악연구소, 2004, 32쪽.

한제국기 장악기관의 명칭부터 정리해 보겠다.

대한제국기 장악기관의 명칭 변화과정이 장악기관의 상위기관인 궁내부의 관제개혁과 맞물려 있으므로 궁내부의 관제개편도 함께 논의하겠다. 또한 장악기관의 직제가 빈번히 변경되었으므로 직제 개편 과정도 살펴볼 것이며 장악기관에 소속되어 있는 관리와 악인들의 관등, 봉급이 어떠했는지도 알아보겠다.

연구범위의 중심은 대한제국기(1897~1900)지만 이전 시기, 특히 많은 변화가 일어난 갑오개혁기의 상황도 함께 살펴보겠다.

2. 대한제국기 궁내부와 장악기관의 명칭

의정부, 육조 체제로 운영되던 조선왕조는 1800년대에 들어 변혁을 맞이한다. 통리기무아문統理機務衙門이 설치되는 것을 시작으로 1882년 임오군란의 수습을 위해 기무처機務處, 감생청減省廳도 신설되었다. 갑신정변을 계기로 1880년대 후반부터는 내무부內務府가 중추기구로 기능하며 의정부와 이중구조를 형성하였다. 이후 갑오개혁으로 인해 궁내부가 설치되면서 근대적인 행정기구 형식으로 전면 개편된다.[2]

궁내부는 1894년 6월 28일에 설치되어[3] 1910년 한일합병 직전까지 존속되었다. 궁내부 설치의 주체는 갑오개혁을 단행한 개화파 인사들이었다. 이들은 왕실을 국정에서 분리하여 정치적 권한을 제한하고 자신들의 권력장악을 제도적으로 보장하는 정치기구를 필요로 하였다. 그들의 견해대로 근대화사업을 추진하기 위함이었다. 이런 맥락에서 궁내부의 1차 직제개편이 단행되었다. 궁내부의 구체적인 직제는 7월 22일에 제정되었다(〈표 1〉 참조).

---

2   서영희, 「1894~1904년의 政治體制 變動과 宮內府」, 『한국사론』 23, 서울대학교 국사학과, 1990, 331~346쪽.

3   『日省錄』 고종 31년 6월 28일. 이하 양력은 별도의 표시를 하지 않을 것이며 음력의 경우에만 (음)이라고 표기하겠다.

〈표 1〉 1894년 7월 22일 정부조직[4]

```
                          ┌ 軍國機務處, 都察院, 中樞院
 宮内府    宗正府    宗伯府    議政府
   │
   ┤
   └ 承宣院, 經筵廳, 奎章閣, 通禮院, 掌樂院, 內需司, 司饔院, 尙衣院,
     內醫院, 太僕寺, 殿閣司, 會計司, 命婦司, 內侍司, 侍講院
```

　　궁내부 산하에는 승선원, 경연청, 규장각 등 15개 기관이 부속되었다. 이는 기존에 국왕 직속 기관으로서의 성격이 강한 부서들을 정리, 나열한 것이며[5] 담당업무별 분류가 이루어지지 않은 형태였다. 장악기관은 장악원이라는 명칭을 유지한 채 궁내부 산하 15개 기관의 하나로 자리하였으며 예전과 달리 예조禮曹같은 상위기관 없이 궁내부에 직속되었다.

　　1895년 4월, 궁내부 관제는 6원院 속사屬司체제로 다시 개편되었다〈표 2〉 참조〉. 15개 기관이 부속되었던 것보다 체계적으로 바뀐 것이다. 궁내부 산하에 설치된 6원은 장례원, 시종원, 규장원, 회계원, 내장원, 제용원이다. 장례원 산하에는 봉상사奉常司, 제릉사諸陵司, 종정사宗正司, 귀족사貴族司가 소속되는 등 각 원은 2개에서 6개의 사司로 편성되었다. 여기에서 장악원이라는 명칭은 보이지 않으며 장례원 산하 봉상사에 "祭禮를 掌ᄒ고 樂工을 掌理홈"[6]이라는 기록이 보일 뿐이다. 이렇듯 봉상사에서 악공을 담당한다는 설명을 통해 장악원의 기능이 봉상사로 이전된 것 같다. 봉상사에서 악공 관리 외에 맡은 또 다른 영역인 제례는 이전의 정부조직체계에서는[7] 종백부 담당이었다.[8] 따라서 봉상사는 각각 종백부와 장악원에서 관장하였던 제례와 음악의 기능을

4　서영희, 앞의 논문, 347~348쪽, 〈표 1〉과 〈표 2〉;『韓末近代法令資料集』 I, 대한민국 국회도서관, 1970, 68쪽;『日省錄』고종 31년 7월 22일,『高宗實錄』고종 31년 7월 22일의 내용을 참고하였음.
5　서영희, 앞의 논문, 347쪽.
6　『韓末近代法令資料集』 I, 307쪽.
7　1894년 7월 22일의 정부조직 참조.
8　"종백부(宗伯府)에서는 제사 의식과 시호(諡號)를 의논하는 일을 맡는다.【종묘(宗廟), 사직(社稷), 전

하나로 합쳐 만든 부서인 셈이다. 1895년 4월의 궁내부 관제개혁에 의해 음악의 영역이 봉상사로 이전됨으로써 400여 년간 장악기관을 대표했던 장악원이라는 명칭이 1895년 4월 이후 더 이상 쓰이지 않게 되었다.

〈표 2〉 1895년 4월 2일 궁내부 관제[9]

掌禮院 – 奉常司, 諸陵司, 宗正司, 貴族司
侍從院 – 秘書監, 典醫司
奎章院 – 校書司, 記錄司
會計院 – 出納司, 檢査司, 金庫司
內藏院 – 寶物司, 莊園司
濟用院 – 尙衣司, 典膳司, 主殿司, 營繕司, 物品司, 太僕司

그런데 1895년 11월 10일, 궁내부 관제 개정 안건이 또 반포됨으로 인해 궁내부의 조직구조가 그 산하에 7원 8사 직속 형태로 다시 개편되었다. 궁내부 산하의 각 원에 부속되었던 각 사가 다시 자립하는 형태로 바뀐 것이다.[10] 이 때 봉상사도 자립하였지만 제사와 시호를 의논하는 일만 담당하게 되어[11] 봉상사에서 악樂을 더 이상 관리하지 않게 되었다.

악樂은 장례원에 남아 있었다. 장례원 항목에 "宮中典式과 祭祀와 朝儀와 **雅俗樂**과 諸陵園에 關흔 事務를 掌흐니"[12]라는 기록을 통해 알 수 있다. 당시 장례원은 계제과稽制課, 여창과臚唱課, 향시과香祀課, 협률과協律課, 도서과圖書課 이상 5개 분과로 구성되었고[13] 5개 분과 중 협률과에서 음악을 담당하였다〈표 3〉 참조).

(殿), 궁(宮), 장생전(長生殿), 능(陵), 원(園), 궁묘(宮廟), 묘(墓), 봉상시(奉常寺), 전생서(典牲署), 전설사(典設司)가 포함된다.】』『高宗實錄』 권32, 고종 31년 7월 22일.

9 『韓末近代法令資料集』 Ⅰ, 304~314쪽.
10 『高宗實錄』 권33, 고종 32년 11월 10일.
11 "祭禮와 議諡를 掌흐니 職員을 左갓치 置홈"『한말근대법령자료집』 Ⅰ, 617쪽.
12 『韓末近代法令資料集』 Ⅰ, 616쪽.
13 『韓末近代法令資料集』 Ⅰ, 616~617쪽.

〈표 3〉 1895년 11월 10일 궁내부관제[14]

> 侍從院, 秘書院, 經筵院, **掌禮院**(稽制課, 臚唱課, 香視課, **協律課**, 圖書課), 宗正院,
> 貴族院, 會計院, 典醫司, 奉常司, 典膳司, 尙衣司, 內藏司, 主殿司, 營繕司, 太僕司

　　그 후 협률과는 1900년에 교방사敎坊司라는 이름으로 바뀌었다. 협률과에서 교방사로 장악기관명이 바뀌는 중간에 고종이 황제로 즉위하는 중대한 일이 있었으니, 교방사로의 장악기관명 변경 배경에는 조선의 황제국 선포가 자리하고 있는 것 같다. 1897년 고종이 황제로 즉위할 때 황제의 위격에 맞추기 위해 명나라 제도를 표준 의례로 삼았는데[15] 음악 분야에서는 팔일무, 궁가로 승격한 것 외에도 1897년에 복원된 원구제례악의 악곡명을 명나라 원구제에서 빌어온 사례를 꼽을 수 있다.[16] 교방사는 중국 명나라 궁중에서 악무樂舞와 희곡戲曲을 관장했던 기관명이었으므로[17] 원구제에서 악곡명을 빌어온 것처럼 장악기관명도 명나라의 것을 차용하였던 것으로 보인다. 더욱이 고종황제의 오순五旬과 망육望六을 앞두고 있었던 상황도 무관하지는 않았을 것 같다.
　　이후에도 궁내부의 관제개편은 지속되었으며 음악 관련 내용은 1905년 3월 4일 포달 제126호로 반포된 궁내부 관제개정에서 다시 찾아볼 수 있다. 즉 "第三十二條 禮式院에 左갓치 職員을 置ᄒ야 帝室祭儀 典禮及 **掌樂事**를 管理ᄒ며 主管에 屬ᄒᄂ 會計를 掌홈이라"[18]라는 내용에서 나타난다. 궁내부 산하 기관 중 예식원에서 황실의 제사, 전례, 악을 관리한다는 것인데 이는 장례원이 담당하였던 역할이었다. 즉 장례원에서 예식원으로 명칭이 변경된 것이다. 예식원은 1900년 12월에 신설된 부서로 궁내宮內의 교섭, 예식禮式, 친서親書, 국서國書 및 외국 문서의 번역 사무를 관장하였다.[19]

14　『韓末近代法令資料集』 I, 613~620쪽.
15　한영우, 「대한제국 성립과정과 『大禮儀軌』」, 『高宗大禮儀軌』, 서울대학교규장각, 2001, 22쪽.
16　졸고, 「高宗代 圜丘祭禮樂 再考」, 『공연문화연구』 제14집, 한국공연문화학회, 2007, 365쪽.
17　『中國音樂詞典』, 北京: 人民音樂出版社, 1985, 193頁.
18　『韓末近代法令資料集』 IV, 51쪽.
19　『高宗實錄』 권40, 고종 37년 12월 16일.

예식을 관장하였기 때문에 고종 황제 즉위 40주년 행사를 장례원과 함께 준비하기도 하였다.[20] 그러다가 1905년에는 장례원을 대치하게 된 것이다. 장례원에서 예식원으로의 호칭 변화에 따라 장악기관도 예식원에 소속되는 외형적 변모과정을 겪었다.

〈표 4〉 1905년 3월 궁내부 관제[21]

> 侍從院, 秘書監, 奎章閣, 弘文館, **禮式院**, 宗簿司, 敦寧司, 太醫院, 內廷司,
> 內藏司, 經理院, 奉常司, 典膳司, 尙方司, 主殿院, 營繕司, 太僕司, 帝室會計審査局

또한 1905년 3월 28일자 『관보官報』에 "예식원 장악과掌樂課"라고 기록된 내용을 통해[22] 장악기관의 명칭도 '장악과'로 개칭되었음을 짐작할 수 있다. 즉 15개 기관이 부속된 1905년 3월의 궁내부 관제에서 장악기관은 '궁내부 예식원 장악과'로 변모한 것이다. 그러나 장악과의 상위기관이 예식원으로 변경된 것도 잠시, 장례원은 예식원에 자리를 내어준 지 1년 6개월만인 1906년 8월에 재설치 되어 본래의 자리를 되찾았다. 장례원이 재설치 된 후 예식원은 예식과로 명칭이 바뀌었고 의식에 관한 사무만 담당하게 되었다.[23] 이로 인해 장악기관의 상위기관이 예식원에서 장례원으로 다시 바뀌었고 장악기관의 소속과 명칭은 '궁내부 장례원 장악과'로 재정리 되었다.

〈표 5〉 예식원의 변화 과정

명칭	예식원	예식원	예식과	예식과
일시	1900년 12월	1905년 3월	1906년 8월	1908년 8월
업무	宮內의 교섭, 禮式, 親書, 國書 및 외국 문서 번역	帝室의 祭儀, 典禮, 掌樂에 관한 일	儀式에 관한 일	陛見, 宮中席次, 鹵簿, 接待, 問安時 署名에 관한 일
성격	신설 기관	장례원 대치	독립. 역할 축소.	장례원 산하기관

---

20 『高宗實錄』권42, 고종 39년 3월 19일.
21 『高宗實錄』권45, 고종 42년 3월 4일.
22 『官報』제3098호, 光武 9年 3月 28日 火曜〈敍任及辭令〉.
23 『高宗實錄』권47, 고종 43년 8월 23일.

이후 1907년 순종이 즉위하자 궁내부는 시종원, 장례원, 승녕부承寧府 등 11개 기관으로 재구성되었다〈표 6〉 참조).[24] 장례원 분과 규정은 1908년 8월에 이루어졌고 계제과稽制課, 예식과禮式課, 전향과典享課, 장악부掌樂部 이상 3과 1부로 개편되었다.[25] 이로 인해 장악기관의 명칭이 장악부로 바뀌었고 장악부라는 이름으로 한일합병까지 그대로 유지되었다. 지금까지 살펴본 장악기관의 소속기관과 명칭 변화과정을 정리하면 〈표 7〉과 같다.

〈표 6〉 1907년 11월 궁내부 관제

> 侍從院, **掌禮院**, 承寧府, 皇后宮, 東宮, 奎章閣,
> 內藏院, 典膳司, 主殿院, 帝室會計監査院, 宗親家職

〈표 7〉 고종, 순종대 장악기관의 소속과 명칭의 변화

날짜	갑오개혁 이전	1894.7.22	1895.4.2	1895.11.10	1900.6.19	1905.3.4	1906.8.23	1908.8.24[26]
명칭	예조 장악원	궁내부 장악원	궁내부 장례원 봉상사	궁내부 장례원 협률과	궁내부 장례원 교방사	궁내부 예식원 장악과	궁내부 장례원 장악과	궁내부 장례원 장악부

갑오개혁 이전까지만 해도 예조에 소속되어 장악원으로 불리던 장악기관은 갑오개혁 이후 정부조직개편과 맞물려 궁내부 산하 기관으로 새롭게 자리하였다. 그 후 궁내부 관제 개혁은 수시로 이루어졌고 장악기관의 명칭도 거듭 바뀌었다. 장악기관은 갑오개혁기만 해도 장악원이란 이름을 유지한 채 궁내부에 직속되었지만 곧 궁내부 장례원 산하로 자리를 옮겼다. 장악기관의 상위기관인 장례원이 1905년 3월부터 1년

---

24 『純宗實錄』 권1, 순종 1년 11월 27일.
25 『官報』 제4159호, 융희 2년 8월 24일 月曜 〈彙報〉.
26 1908년 8월 20일부터 시행됨.

6개월 동안 잠시 예식원에 자리를 내어주었다가 그 자리를 다시 되찾음으로 인해 자연스럽게 장악기관도 장례원 소속에서 예식원 소속으로 잠깐 변경되었다가 장례원 소속으로 되돌아오는 과정을 겪었다. 그리고 장악원에서 봉상사, 협률과, 교방사, 장악과, 장악부라는 이름으로 변화되었다.

이렇듯 장악기관은 갑오개혁 이후 장악기관의 상위기관과 장악기관명 교체 과정을 여러 차례 겪었다. 그럼에도 불구하고 봉상사라고 불릴 때만 제외하고 장악원, 협률과, 교방사, 장악과, 장악부에서는 음악전문기관의 성격을 지속적으로 유지하였다. 장악기관의 존속은 갑오개혁 이후 다양한 근대화 사업을 추진하기 위한 정부조직체계를 갖추는 과정에서 궁내부의 여러 기관이 신설되었다가 타 기관과 합쳐지거나 폐지되는 일이 빈번했던 당시 분위기를 고려해 볼 때 의의가 있다. 장악기관의 외형적 변화 속에 담긴 의미, 배경 등에 대한 깊은 분석은 차후의 연구과제로 남긴다.

3. 대한제국기 장악기관의 직제

장악기관의 직제는 갑오개혁 전후로 크게 달라진다. 갑오개혁 이전 고종대 장악기관의 직제는 『대전회통大典會通』(1865)과 『육전조례六典條例』(1867)에 기록되어 있다. 두 법전에 기록된 장악원 직제를 살펴보면 장악원 제조提調, 정正, 첨정僉正, 주부主簿, 전악典樂까지는 동일하게 구성되어 있으나 부전악 이하의 직제는 『대전회통』에만 세분화 되어 있을 뿐 『육전조례』에는 부전악 이하에 대한 언급이 없다. 또한 두 문헌에 기록된 장악원 소속 관리와 악인의 수도 제조부터 주부까지는 동일하지만 전악은 서로 다르다. 『대전회통』에는 전악 1원員, 부전악 2원, 전율 2원, 부전율 2원, 전음 2원, 부전음 4원, 전성 10원, 부전성 23원員으로 되어 있는 반면 『육전조례』에는 전악은 좌방左坊 7인, 우방右坊 18인이라고 쓰여 있고 악생 좌방 90인, 악공 우방 167인이라고 되어 있다〈표 8〉 참조).

<표 8> 갑오개혁 이전 고종대 장악원의 직제, 인원

『大典會通』(1865)	『六典條例』(1867)[27]
提調 2원(종2품 이상)	同
正　1원(정3품)	同
僉正 1원(종4품)	同
主簿 2원(종6품)	同
典樂　1員	左坊 7人, 右坊 18人
副典樂 2員	
典律　2員	
副典律 2員	
典音　2員	
副典音 4員	
典聲　10員	
副典聲 23員	
・	악생 – 90인 악공 – 167인

　　이러한 기록의 차이는 두 법전의 편찬태도가 다른 데에서 원인을 찾아볼 수 있다. 두 법전은 2년 차이로 편찬되었는데 『대전회통』은 기존 법전 편찬의 전통을 계승하고 있으며 『육전조례』는 당시 시행 사례를 중심으로 구성되었다고 한다.[28] 즉 『대전회통』보다는 『육전조례』에 당시 상황이 사실적으로 반영되어 있는 것이다. 따라서 갑오개혁 이전 고종대의 장악원 직제도 『육전조례』의 기록이 실제에 가까울 것으로 보인다.

27　『六典條例』(1867) 권5, 「掌樂院」.
28　『大典會通』은 祖宗成憲을 존중하는 기존의 법전편찬 전통을 그대로 계승하고 있다. 이에 따라 『經國大典』이래의 선행하는 법전의 내용은 비록 이후에 규정이 바뀌었다고 할지라도 내용을 함부로 빼는 일이 없다. 그러나 『六典條例』는 각 아문들이 현재 시행하고 있는 사례들 [各司見行之事]을 중심으로 구성하였다. …(중략)… 결국 『六典條例』는 祖宗成憲을 존중하는 전통에 따라 『大典會通』이 현실과 유리될 수 있는 것과는 달리 가급적 현실을 그대로 보여주려고 하였다는 점에서 커다란 차이가 있다. 『六典條例』上, 서울대학교규장각, 1999, 「『六典條例』해제」, 28쪽.

『육전조례』에 기록된 장악원 직제 관련 내용은 근본적으로 『경국대전』이래로 전승된 전통적인 체제를 담고 있다. 이전 시대의 법전과 비교해 볼 때 장악원 제조, 정, 첨정, 주부까지는 품계와 인원면에서 큰 변화가 없고 전악의 인원만 증가되었다. 부전악 이하 부전성까지는 실제로 존재하지만 언급을 생략한 것 같다. 『육전조례』에 기록된 악공과 악생의 인원은 『경국대전』, 『속대전』에 이어 지속적인 감축 추세를 따르고 있다〈표 9〉 참조). 이처럼 『육전조례』에 기록된 장악원 직제 관련 내용을 『경국대전』, 『속대전』과 같은 법전과 비교해 볼 때 전악, 악공, 악생의 인원에서 달라진 양상이 발견되기는 하지만 전체적으로 큰 틀은 그대로 유지된 것으로 보인다.

〈표 9〉 『경국대전』, 『속대전』, 『육전조례』에 기록된 장악원의 악생, 악공 인원

	『경국대전』	『속대전』	『육전조례』
악생	297인	195인	90인
악공	518인	441인	167인
합계	815인	636인	257인

그러나 갑오개혁 이후 장악원이 궁내부에 직속되면서 장악원의 직제가 크게 변화하였다. 『일성록』1894년 7월 22일자 기록에 의하면 장악원은 제거提擧 1명, 주사主事 3명으로 조직되었다고 한다〈사료 1〉 참조). 제거 1명과 주사 3명으로 짜여진 장악원 직제는 이전과 비교해 볼 때 매우 축소된 모습이다. 또한 『육전조례』에 제조부터 전악까지 명시된 관리만 해도 31명이었던 것에 비해 1894년 장악원 관리는 고작 4명에 불과하다. 장악원의 직제가 축소되면서 관리도 감축된 것이다.

〈사료 1〉 二十二日 丙辰 軍國機務處進議案各條 …(中略)… ○ 掌樂院 掌雅樂 提擧一 承宣中兼 主事三 兼協律郞[29]

---

29 『日省錄』, 1894년 7월 22일.

1장 장악원 체제 정비   **315**

게다가 신 관제의 관리 4명은 장악원의 일만 담당하는 것이 아니었다. 제거 1명은 승선承宣 중에서 겸하였으며 주사 3명은 협률랑協律郎을 겸하였다. 승선은 승선원承宣院을 의미하며 왕명王命의 출납出納과 기주記注, 기사記事, 상서원尙瑞院, 품계品階, 검사檢査에 관한 일을 맡았다. 또한 도승선都承宣 1원員, 좌승선左承宣 1원, 우승선右承宣 1원, 좌부승선左副承宣 1원, 우부승선右副承宣 1원으로 구성되었는데 이 중 도승선이 궁내부, 의정부, 내무아문을 담당하였으므로[30] 장악원 제거는 도승선이 겸하였으리라고 추측된다.

이후 1895년 4월에 다시 직제가 개편되었는데 장악원이 없어지고 봉상사에 음악 분야가 편입되었다. 봉상사의 직제는 장長 1인, 주사 4인 이하, 협률랑 2인 이하로 편성되었다. 이 중 별도로 음악을 담당하는 인원에 대한 설명이 없어 봉상사의 관원이 제례와 음악을 두루 관리하였는지 분야를 나누어 관리하였는지 자세한 내용은 알 수 없다〈사료 2〉 참조).

〈사료 2〉 布達第1號 宮內府官制 …(中略)… 第23條 掌禮院에 左開ᄒᆞᄂᆞ 並 宮中儀式 祭祀 諸陵 宗室 貴族에 關ᄒᆞᄂᆞ 事務를 掌理케 홈

卿一人	勅任	院務를 掌理ᄒᆞ고 所屬官吏를 監督홈
掌禮三人以下	奏任	宮中諸般儀式에 從事홈
主事八人以下	判任	

奉常司 祭禮를 掌ᄒᆞ고 **樂工을 掌理홈**

長一人	奏任
主事四人以下	判任
協律郎二人以下	判任[31]

이어 장악기관의 세 번째 직제 개편은 1895년 11월에 단행되었다. 이 때 장악기관

30　『日省錄』, 1894년 7월 22일.
31　『韓末近代法令資料集』 Ⅰ, 307쪽.

명은 협률과였는데 협률과에 소속된 관리는 주사 1인만 명시되어 있을 뿐이다. 주사 1인이 협률과의 모든 일을 관장하기는 어려웠을 것이니 아마도 협률과의 소속기관 담당자, 즉 장례원의 경卿, 장례掌禮가 협률과의 일도 살폈으리라고 추측된다.

〈사료 3〉 布達第5號 宮內府官制를 改正하는 件

第26條 宮內府 職員과 所屬職員을 左갓치 置홈

掌禮院 宮中典式과 祭祀와 朝儀와 **雅俗樂**과 諸陵園에 關흔 事務를 掌ᄒ니 職員을 左갓치

置ᄒ고 稽制와 爐唱과 香視과 協律과 圖書五課를 分홈

卿 一人 勅任 院務를 管理ᄒ고 所屬官吏를 監督홈

掌禮 五人 奏任 二人 ᆖ書官侍從司長中兼

主事 十二人 判任 二人 稽制課 五人 爐唱課 二人 香視課 **二人 協律課** 一人 圖書課[32]

1900년 6월에는 협률과가 교방사로 개칭되면서 그 직제도 개편되었다. 교방사는 제조 1인과 주사 3인으로 구성되었다. 교방사의 제조는 장례원경이 예겸例兼하였고 연향을 할 때에는 별도로 차출하였다〈사료 4-1〉 참조). 그리고 1902년 8월부터는 도감을 설치하지 않을 경우에 한하여 교방사 제조 2인을 차출하기도 하였다〈사료 4-2〉 참조).

〈사료 4-1〉 布達第59號 宮內府官制 改正

第26條 宮內府職員 中 **掌禮院職掌內에 協律課를 以敎坊司로 改稱**ᄒ야 提調를 增置ᄒ고 典膳司에 提調와 副提調를 增置ᄒ되 職員을 左갓치 定ᄒ고 掌禮院主事 十八人 은 以十六人으로 改正홈이라

敎坊司

提調 一人 勅任 掌禮院卿例兼 但宴享時에 另爲差出ᄒ야 其 事務를 管理ᄒ미라

其 主任事務로 職權範限內에 各府部院長官의게 特別히 平行移照홈을

32　『韓末近代法令資料集』Ⅰ, 616~617쪽.

　　　　　得할 事

主事 三人 判任[33]

　〈사료 4-2〉宮內府官制中 敎坊司提調下에 不設都監時에는 二人을 差出ᄒ되 十四字를 添入改
付票ᄒ미라[34]

　　1905년 3월에는 장악기관의 소속과 명칭이 예식원 장악과로 바뀌면서 장악과의 직
제도 달라졌다. 장악과의 직제는 장악제조 2인, 악사장 1인, 악사 2인 이하, 주사 3인
으로 편성되었다. 장악제조 1인은 항상 두는 것은 아니었으며 악사도 2인 이하로 규
제되어 장악과의 관리는 6~8명으로 구성되었다. 이를 갑오개혁 당시 제거와 주사, 이
상 4명으로 구성되었던 것과 비교해 볼 때 직제가 다양해지고 관원의 수도 조금 증가
한 셈이다〈사료 5-1〉 참조). 장악과의 직제는 1906년 8월에 그 상위기관인 예식원이 장
례원으로 바뀌는 상황에서도 지속되었다. 단, 주사에 대한 문구만 3인에서 3인 이하
로 수정되었을 뿐이다〈사료 5-2〉 참조).

　〈사료 5-1〉 **布達第59號 宮內府官制 改正**

第32條 禮式院에 左갓치 職員을 置ᄒ야 帝室祭儀 典禮及 掌樂事를 管理ᄒ며 主管에

　　　　屬ᄒᄂ 會計를 掌홈이라 …(中略)…

掌樂提調　二人　　　勅任　掌禮卿兼任 一人不常置之

樂師長　　一人　　　奏任

　雅俗樂敎授及 奏樂을 掌理홈이라

樂師　　　二人以下　判任

主事　　　三人　　　判任[35]

33　『韓末近代法令資料集』 Ⅲ, 101쪽.
34　『官報』 제2276호, 광무 6년 8월 12일 火曜 〈正誤(大)〉.

〈사료 5-2〉 布達第135號 宮內府官制 改正

宮內府官制中 **禮式院을 廢止**ᄒ고 第二十六條 外事課長奏任下 禮式課長兼任六字를 刪去ᄒ고 同條中에 禮式課와 社三十三條에 **掌禮院을 更實ᄒ되** 其 職員及 職掌을 左갓치 定흠이라 …(中略)…

掌禮院

掌禮院에 左갓치 職員을 實ᄒ야 帝室祭儀典禮及 掌樂事를 管理ᄒ고 主管에 屬ᄒᄂ 會計를 掌理흠이라 …(中略)…

掌樂提調	二人	卿兼任 一人不常置之
樂師長	一人	奏任
雅俗樂教授及 奏樂을 掌理흠이라		
樂師	二人以下	判任
主事	**三人以下**	判任[36]

이후 1907년 11월 27일에는 장악과의 직제가 국악사장 1인, 국악사 2인, 악사장 1인, 악사 2인으로 재편되었다〈사료 6〉 참조). 시행일은 12월 1일로 되어 있다. 장악기관의 여섯 번째 직제개편이다. 1906년 8월의 직제와 비교해 볼 때 장악제조가 없어지고 국악사장, 국악사라는 직책이 새롭게 등장하였다는 점에서 다르다. 그렇다면 국악사장, 국악사는 악사장, 악사와 어떤 차별성이 있으며 1907년 12월의 악사장, 악사는 이전과 같은 성격을 가졌는가 그렇지 않은가?

〈사료 6〉 **布達第161號 宮內府官制 改正**

第23條 掌禮院에 左갓치 職員을 置ᄒ니 祭儀 典禮及 樂事를 管理흠이라

…(中略)…

---

35 『韓末近代法令資料集』 Ⅳ, 51쪽.
36 『韓末近代法令資料集』 Ⅴ, 79~80쪽.

國樂師長 一人 奏任 國樂敎授及 奏樂을 掌홈이라

國樂師 二人 判任 國樂에 從事홈이라

樂師長 一人 奏任 音樂敎授及 奏樂을 掌홈이라

樂師 二人 判任 音樂에 從事홈이라[37]

먼저 국악사장, 국악사는 국악을 담당하였고 악사장, 악사는 음악을 담당하였다는 점에서 차별된다〈사료 6〉 참조). 국악은 장악기관에서 대대로 담당하였던 음악을 의미하며 음악은 군악대, 즉 신식 양악대가 담당하였던 음악을 의미한다. 이는 1907년 7월 31일 군대가 해산되면서[38] 폐지된 군악대의 일부 대원이 장악기관으로 편입되었던 사건과 관련성이 있다. 1907년 9월 1일에 반포된 포달 제160호에 의하면 군악대원으로 제실음악대를 조직하였다고 한다.[39] 제실음악대의 조직은 궁중의 장악기관, 즉 당시 장악과로 편입되었음을 의미하는 것으로 해석된다. 즉 장악과에 일부 군악대원이 흡수되면서 기존의 궁중음악과 새로 유입된 군악대의 음악을 구분할 필요성이 요청되었고 1907년 12월에 국악사장, 국악사, 악사장, 악사로 직제 개편을 단행한 것이다. 따라서 1907년 12월 이전의 악사장, 악사는 궁중음악을 담당하였지만 그 이후에는 군악대가 맡았던 음악을 담당하였다는 점에서 확연히 다르다. 한일합병 이후 국악사장과 국악사는 아악사장과 아악사로, 악사장과 악사는 양악사장과 양악사로 호칭이 다시 바뀌었다.

---

37 『韓末近代法令資料集』 Ⅵ, 82쪽.
38 『純宗實錄』 권1, 순종 1년 7월 31일.
39 "軍部所管前軍樂隊員으로 帝室音樂隊를 組織홈이라"『韓末近代法令資料集』 Ⅵ, 37쪽.

<표 10> 악사장, 악사, 국악사장, 국악사의 시대별 호칭 변화

1905년 3월	1907년 12월	1911년 이후	역할
악사장	국악사장	아악사장	장악기관에서 대대로 담당하였던 궁중음악 관할
악사	국악사	아악사	
·	악사장	양악사장	군악, 즉 신식 양악대가 담당하였던 음악 관할
·	악사	양악사	

1908년 8월 24일에는 장악과가 장악부로 개칭되었지만 더 이상 장악기관의 직제개편은 없었다. 지금까지 살펴본 장악기관의 직제 변화에 대해 정리해 보면 <표 11>과 같다.

<표 11> 고종, 순종대 장악기관의 직제 변화 정리표

악원명	날자	관직					
예조 장악원	『대전회통』 (1865)	제조, 정, 첨정, 주부	전악	부전악	·	·	전율, 부전율, 전음, 부전음 전성, 부전성
	『육전조례』 (1867)	제조, 정, 첨정, 주부	전악	·	·	·	·
궁내부 장악원	1894.7.22	제거 1원 (승선 중 겸임)	·	·	·	·	주사 3원(협률랑을 겸임)
궁내부 장례원 봉상사	1895.4.2	장 1인 (주임)[40]	·	·	·	·	협률랑 2인(판임) 주사 4인(판임)
궁내부 장례원 협률과	1895.11.10 (1896.1.1부터 시행)	경 1인(칙임) 장례 5인(주임)	·	·	·	·	주사 2인(판임)
궁내부 장례원 교방사	1900.6.19	제조 1인 (칙임관, 장례원경 예겸)	·	·	·	·	주사 3인(판임)
궁내부 예식원 장악과	1905.3.4	장악제조 2인 (칙임, 장례경 겸임)	악사장 1인 (주임)	악사 2인 이하 (판임)	·	·	주사 3인(판임)
궁내부 장례원 장악과	1906.8.23	장악제조 2인 (칙임, 장례경 겸임)	악사장 1인 (주임)	악사 2인 이하 (판임)	·	·	주사 3인 이하(판임)

---

40 밑줄 그은 것은 장악기관 내에 별도로 배정된 인원이 없어서 봉상사와 협률과의 전체 직제를 기입한 것임.

악원명	날자		관직				
궁내부 장례원 장악과	1907.11.27 (12.1부터 시행)	·	국악사장 1인 (주임)	국악사 2인 (판임)	악사장 1인 (주임)	악사 2인 (판임)	·
궁내부 장례원 장악부	1908.8.24 (8.20부터 시행)	·	上同	上同	上同	上同	·

　장악기관의 직제는『대전회통』과『육전조례』편찬 당시만 해도 제조, 정, 첨정, 주부, 전악 등으로 구성되었다. 그러나 시대가 급변하면서 관제가 수시로 개편되었고 이에 상응하여 장악기관의 직제도 지속적으로 달라졌다. 1894년 7월 22일 궁내부에 직속되어 있을 당시에는 제거 1원과 주사 3원으로 구성되었다. 봉상사 시절에는 전담 인원의 배치되었는지 확인되지 않았고 협률과 시절에는 겨우 주사 2인만 배당되었다가 교방사로 개칭되면서 제조 1인과 주사 3인으로 재구성되었다. 이후 1905년 3월부터 1907년 11월까지 장악제조 2인, 악사장 1인, 악사 2인 이하, 주사 3인(이하)으로 편성되었다. 그러다가 군대 해산으로 인해 일부 군악대원이 장악기관으로 흡수되면서 기존에 담당하였던 음악을 관할할 악인과 새로운 음악을 관할할 악인으로 직제의 성격을 이원화하여 국악사장과 국악사, 악사장과 악사로 재편하였으며 이와 동시에 장악제조는 없앴다.

　이렇게 변화한 갑오개혁 이후 장악기관의 직제는 관리자와 음악실무자로 구성되었다는 점에서 갑오개혁 이전 시대와의 연계성이 있다. 즉 장악원 제조를 과거출신자가 역임했던 것처럼 갑오개혁 이후 장악기관의 제거, 제조, 장악제조는 승선, 장례경이 겸임하는 체제로 운영되었으며 전악 이하가 실제 음악에 밝은 악인들로 구성되었던 것처럼 악사장 이하도 음악을 잘 아는 악인들로 구성되었다. 그러나 1907년 12월부터는 장악기관의 직제가 음악실무자로만 구성되어 장악기관 담당관리가 없어졌다는 점에서 확연히 달라졌다. 전담 관리자의 부재로 인해 장악기관의 원활한 작동에는 힘이 덜 실어졌으리라고 추측된다.

　그리고 전반적으로 제조, 정, 첨정, 주부 등으로 구성되었던 장악기관 관리들의 직제는 갑오개혁 이후 제거, 제조, 장악제조로 정리되고 전악, 부전악 등으로 구성되었던 악인(樂人)들의 직제는 악사장, 악사, 국악사장, 국악사로 정리되면서 음악 관련 종사자의 관직이 대폭 줄었다. 이러한 현상은 장악기관의 축소와 연결되는 것으로 추측되지만 자세한 분석은 연구과제로 남긴다.[41]

4. 대한제국기 장악기관에 소속된 관리와 악인들의 관등, 봉급

갑오개혁으로 관제가 개편되면서 관리들의 품계가 관등체계로 바뀌고 관등에 따라 봉급도 차별화 하였다. 1895년 3월에 반포된 관등 봉급령 제1조에 의하면 관등은 칙임관, 주임관, 판임관 이상 세 가지 종류로 분류되었으며 칙임관은 1등부터 4등까지, 주임관은 1등부터 6등까지, 판임관은 1등부터 8등까지로 세분화 되었다. 품계체계[42]와 연결해 보면 칙임관은 정1품에서 종2품, 주임관은 3품에서 6품, 판임관은 7품에서 9품직에 해당된다. 연봉은 칙임관 1등 연봉이 총리대신은 5,000원(元), 각부 대신은 4,000원이며 2등 연봉이 3,000원, 3등 연봉이 1급은 2,500원, 2급은 2,200원, 4등 연봉이 1급은 2,000원, 2급은 1,800원이었다.[43] 그러면 갑오개혁 이후 장악기관에 소속된 관리와 악인들의 관등, 봉급은 어떠했는지 살펴보겠다.

1895년 4월 2일 궁내부 관제가 반포되었는데 관등봉급표가 첨가되어 있다.[44] 이 때

---

41 대한제국 말엽의 경우에는 나라를 빼앗기는 과정에서 많은 국가 전례가 없어졌고 잇달아 장악기관의 역할도 약화되었다(김문식·송지원, 「국가제례의 변천과 복원」, 『서울 20세기 생활·문화변천사』, 서울시정개발연구원, 2001). 그러나 대한제국 전 시기에 걸쳐 장악기관의 역할이 축소되었다고 단순화 할 수는 없으므로 대한제국기 장악기관의 역할 변화에 대한 치밀한 분석은 차후의 연구과제로 남긴다.
42 칙령(勅令) 제58호, 〈서품령(敍品令)〉을 재가하여 반포하였다. 【무릇 품계는 칙임관(勅任官), 주임관(奏任官), 판임관(判任官)과 나라에 공로가 있는 자, 또는 표창할 만한 업적이 있는 자에게 주는 것으로서 11개 계급으로 정하는데 정1품, 종1품, 정2품, 종2품, 3품, 4품, 5품, 6품, 7품, 8품, 9품이다.】 『高宗實錄』 권33, 고종 32년 3월 29일.
43 『高宗實錄』 권33, 고종 32년 3월 26일.
44 『韓末近代法令資料集』 Ⅰ, 314~316쪽.

장악기관은 봉상사에 속해 있었고 봉상사의 직제는 장, 협률랑, 주사로 구성되어 있었다. 봉상사의 장은 주임관이었다. 주임관 1등의 연봉은 800원, 2등은 700원, 3등은 650원, 4등은 550원, 5등은 500원, 6등은 400원이었다. 봉상사 장의 관등을 알 수 없으므로 대략 400원~800원 정도였으리라고 추측할 뿐이다. 협률랑과 주사는 판임관이다. 판임관 1등의 연봉은 450원, 2등은 370원, 3등은 300원, 4등은 250원, 5등은 220원, 6등은 190원, 7등은 150원, 8등은 130원이었다. 마찬가지로 협률랑과 주사의 관등을 알 수 없으므로 대략 130원~450원 정도였으리라고 추측할 뿐이다.

1895년 11월 10일 궁내부관등봉급표[45]에 의하면 각 원院의 경卿은 칙임관 4등 2급이며 연봉이 550원이었다. 궁내부 장례원경의 연봉이 550원인 셈이다. 장례는 주임관으로, 주임관 연봉이 1등 1급은 1300원, 1등 2급은 500원, 2등 1급은 1100원, 2등 2급은 490원, 3등 1급은 1000원, 3등 2급은 480원, 4등 1급은 800원, 4등 2급은 470원, 5등 1급은 600원, 5등 2급은 450원, 6등 1급은 500원, 6등 2급은 400원이다. 궁내부 장례원 장례의 관등이 확실하지 않으므로 연봉이 최저 400원에서 최고 1300원이었으리라고 추측할 뿐이다. 주사는 판임관인데 판임 1등의 연봉은 450원, 2등은 370원, 3등은 300원, 4등은 240원, 5등은 210원, 6등은 180원, 7등은 150원, 8등은 120원이다. 궁내부 장례원 소속 주사의 관등을 모르는데 각 주사가 4등부터 8등에 해당된다고 하므로 궁내부 장례원 협률과 주사의 연봉이 대략 120원~240원 정도 되었으리라고 짐작할 수 있다.

이후 1905년 4월에야 궁내부관등봉급표가 보인다. 이 때 장악기관의 직제는 장악제조, 악사장, 악사, 주사로 구성되었다. 장악제조는 장례경이 겸임하였는데 관등봉급표에는 장악제조, 장례경의 관등과 봉급이 모두 기록되어 있어 어느 것에 의거하여 연봉을 지급했는지 자세하지 않다. 그러므로 표에 제시된 내용을 모두 제시하면 다음과 같다.

장악제조의 관등은 칙임관 3등이었으며 연봉은 4등 3급으로 분류된 칙임관 연봉 등급 중 3등 2급, 4등 2급에 속하여 600원, 550원이었다. 장례경의 관등은 칙임관 2등으

45 『韓末近代法令資料集』 Ⅰ, 620~621쪽.

로, 연봉은 2등 2급에 속하여 960원이었다. 이를 종합해 보면 장악제조의 관등은 칙임관 2~3등, 연봉은 최저 500원에서 최고 960원으로 책정되었다고 볼 수 있다. 악사장은 주임관이고 관등은 1~6등이 될 수 있으며 연봉은 6등 3급으로 분류된 주임관 연봉 등급 중 5등 2급, 6등 2급에 속하여 450원, 400원이었다. 악사는 판임관이고 관등은 1~8등이 될 수 있으며 연봉은 8등으로 분류된 판임관 연봉 등급 중 4등~8등에 속하여 금액은 120~240원 정도 되었다. 주사는 판임관이며 관등은 1~8등이 될 수 있으며 연봉은 1~8등급봉을 받을 수 있어 최저 120원에서 최고 450원까지 받을 수 있었다.[46]

이와 비슷한 시기인 1905년 3월 28일자 『관보』〈서임급사령敍任及辭令〉에 의하면 김종남金宗南을 예식원 악사장 주임관 6등에, 명완벽明完璧을 예식원 악사 판임관 5등에, 김인길金仁吉을 예식원 악사 판임관 6등에 임명한 내용이 있다. 그리고 윤태길尹泰吉, 허정許楨, 서찬수徐讚洙를 예식원 장악과의 주사로 임명하였는데 이들의 관등은 각각 판임관 1등, 6등, 7등이었다.[47] 1905년 3월에 예식원 장악과에 임명된 명단과 같은 해 4월의 궁내부관등봉급표를 비교해 봤을 때 표에 상정된 범주에서 벗어나는 것은 없었다.

관등과 봉급은 같은 해인 1905년 8월 2일에 다시 개정되었다. 개정된 장악제조의 관등은 칙임관 2등이며 연봉으로는 5급봉 을호乙號에 해당되어 400원으로 책정되어 있다. 악사장은 주임관 4등이며 연봉은 8급봉 을호에 해당되어 300원을 수령할 수 있었다. 악사는 판임관 4등인데 4등 이하는 10급으로 분류된 연봉 체계에서 7급봉을 넘지 못한다고 규제되어 있다. 따라서 악사의 연봉 최고 액수는 7급봉, 240원이었으며 최저 액수는 10급봉 120원이었다. 주사는 판임관 1~8등이 될 수 있으며 연봉은 1~10급봉을 받을 수 있어 최저 120원에서 최고 600원까지 받을 수 있었다.

1905년 4월과 8월의 관등봉급표를 비교해 보면 대체로 연봉이 인하하는 추세이다.[48] 그러나 같은 해 12월 말에 칙임관의 관등과 봉급이 재조정되어 장악제조의 관등

---

46 『官報』 附錄, 광무 9년 4월 6일 木曜 〈彙報〉.
47 『官報』 제3098호, 광무 9년 3월 28일 火曜 〈敍任及辭令〉. 이 내용은 3월 23일에 해당됨.
48 『官報』 號外, 광무 9년 8월 2일 〈宮廷錄事〉.

이 칙임관 1등으로 올라가고 연봉도 3등 1급봉으로 1200원을 수령할 수 있어 같은 해 8월에 비해 세 배나 상승하였다.[49]

이후 1907년 11월 말에 다시 관등봉급표가 보인다. 국악사장과 악사장은 주임관 3 등이었고 연봉은 3급봉 이하로 받을 수 있어 3~5급봉의 액수인 400~600원으로 책정되어 있었다. 국악사와 악사는 판임관 5등 체제에서 3~5등에 놓였다. 연봉은 국악사의 경우 10급봉 중 6급봉을 넘지 못하여 최고 300원, 최저 120원을 받을 수 있었다. 악사에 대해서는 6급봉을 넘지 못한다는 규제사항이 기록되어 있지 않으므로 이론상 1급봉의 연봉인 600원까지 수령할 수 있었던 셈이다.[50]

〈표 12〉 갑오개혁 이후 장악기관의 관리와 악인들의 관등, 연봉 정리표

년도	관리, 악인	관등	연봉	기타
1895.4.2	장	주임 1~6등	400~800원	
	협률랑	판임 1~8등	130~450원	
	주사			
1895.11.10	경	칙임 4등 2급	500원	
	掌禮	주임 1등 1급~6등 2급	400~1300원	
	主事	판임 4~8등	120~240원	
1900.6.19	제조(掌禮院卿 例兼)	·	·	
	주사	·	·	
1905.4.6	掌樂提調(掌禮卿 겸임)	칙임 3등	550원, 600원	장례경은 칙임 2등, 960원
	樂師長	주임 1~6등	400원, 450원	
	樂師	판임 1~8등	120~240원	
	주사	판임 1~8등	120~450원	

---

49 『官報』 제3337호, 광무 9년 12월 30일 土曜 〈布達〉.
50 『韓末近代法令資料集』 Ⅵ, 88~94쪽.

년도	관리, 악인	관등	연봉	기타
1905.8.2	掌樂提調(掌禮卿 겸임)	칙임 2등	400원	
	樂師長	주임 4등	300원	
	樂師	판임 4등	120~240원	
	주사	판임 1~8등	120~600원	
1907.11.29 (12.1부터 시행)	國樂師長	주임 3등	400~600원	
	國樂師	판임 3~5등	120~300원	
	樂師長	주임 3등	400~600원	
	樂師	판임 3~5등	120~300원	

　실제로 1907년부터 『관보』에 악인들의 관등과 연봉에 대한 사례가 산견되니 1907
년 12월 1일의 사례를 보면 다음과 같다. 국악사장 이남희李南熙가 주임 3등에 3급봉,
악사장 백우용白禹鏞이 주임 4등에 3급봉, 국악사 명완벽明完璧과 김인길金仁吉이 판임관
4등에 6급봉, 악사 강흥준姜興俊이 판임관 3등에 6급봉, 악사 김창희金昌熙가 판임관 4
등에 8급봉으로 기록되어 있다.[51] 1907년 11월 말의 관등봉급표에 의하면 이남희의
연봉은 600원이었고 백우용은 400원이었으며 명완벽, 김인길, 강흥준의 연봉은 300원
이었고 김창희는 180원이었던 셈이다.

　이외에도 악인들의 관등과 연봉에 대한 기록이 산발적으로 나타나는데 국악사장과
악사장이 거의 비슷한 대우를 받았고 국악사와 악사가 비슷한 대우를 받았던 것으로
보인다〈표 13〉 참조).

---

[51]　『官報』제3949호, 융희 원년 12월 14일 土曜 〈敍任及辭令〉.

〈표 13〉 1905년~1910년 악인들의 관등과 봉급

	악사장 → 국악사장(1907)	악사 → 국악사(1907)	악사장(1907)	악사(1907)
1905년 3월 23일[52]	김종남(주임 6등)	명완벽(판임 5등) 김인길(판임 6등)	·	·
1906년 8월 23일[53]	김종남(주임 4등)	명완벽(판임 5등) 김인길(판임 6등)	·	·
1907년 1월 1일[54]	·	명완벽(8급봉) 김인길(8급봉)	·	·
1907년 11월 30일[55]	이남희(주임 3등)		백우용(주임 4등)	
1907년 12월 1일[56]	이남희(3급봉)	명완벽 (판임관 4등, 6급봉) 김인길 (판임관 4등, 6급봉)	백우용(3급봉)	강흥준 (판임관 3등, 6급봉) 김창희 (판임관 4등, 8급봉)
1908년 2월 19일[57]	이남희(3급봉) 함재운(주임 4등, 3급봉)	·	·	·
1908년 3월 31일[58]	·	김영제 (판임 5등, 9급봉)	·	·
1908년 12월 25일[59]	·	김영제 (판임 4등, 8급봉)	백우용	김창희(7급봉)
1909년 6월 30일[60]	·	명완벽 (판임 3등, 6급봉)	·	·
1909년 12월 25일[61]	·	·	백우용 (주임 3등, 4급봉)	·
1910년 6월 30일, 7월 8일[62]	함재운(주임 3등, 4급봉)	·	·	·

---

52 『官報』제3098호, 광무 9년 3월 28일 火曜〈敍任及辭令〉. 발행일은 28일이지만 내용은 23일에 해당됨. 이하 발행일과 본문내용의 날짜가 일치하지 않는 경우는 모두 이와 같음.

53 『官報』제3226호, 광무 10년 8월 27일 木曜〈敍任及辭令〉.

54 『官報』제3663호, 광무 11년 1월 15일 火曜〈敍任及辭令〉.

55 『官報』附錄, 융희 원년 12월 2일〈敍任及辭令〉.

56 『官報』제3949호, 융희 원년 12월 14일 土曜〈敍任及辭令〉;『官報』제3955호, 융희 원년 12월 21일 土曜〈辭令〉.

57 『官報』제4004호, 융희 2년 2월 22일 土曜〈敍任及辭令〉.

58 『官報』제4037호, 융희 2년 4월 2일 木曜〈敍任及辭令〉.

59 『官報』제4266호, 융희 3년 1월 5일 火曜〈敍任及辭令〉.

60 『官報』제4419호, 융희 3년 7월 3일 土曜〈敍任及辭令〉.

61 『官報』제4567호, 융희 4년 1월 4일 火曜〈敍任及辭令〉.

62 『官報』제4728호, 융희 4년 7월 12일 火曜〈敍任及辭令〉.

갑오개혁 이후 품계에서 관등체계로의 변화에 따라 장악기관의 관리와 악인들도 관등체계로 등급지워졌으나 그들의 지위가 특별히 달라진 것 같지는 않다. 특히 악인들은 승진 최고 기록은 주임 3등으로, 예전 품계체계에서 전악이 6품까지밖에 올라갈 수 없었던 한계와 비슷한 경계를 보인다. 가포價布로 지급되었던 악공 악생들의 비용은 화폐단위를 '원'으로 표시하는 연봉체계로 바뀌었는데 이로 인해 생활형편이 나아졌는지 그렇지 않은지는 연구과제로 남긴다. 한편 군악대원이 편입된 후 국악사장과 국악사, 악사장과 악사를 서로 차별하여 대우하지는 않았던 것으로 보인다. 『관보』에 기록된 국악사장과 악사장, 국악사와 악사의 관등과 연봉이 비슷하기 때문이다. 이처럼 갑오개혁기 관제개혁 이후 대한제국기까지 장악기관의 관리와 악인들도 이전 시대와 차별되는 관등, 봉급 체계로 편입되어 새로운 체계로 재구성 되었다.

5. 맺음말

대한제국기에는 이전 시대와 차별되는 근대화 사업이 많이 추진되었으며 이러한 일을 수행하기 위한 정부조직체계를 구축하려는 과정에서 여러 기관이 신설되었다가 없어지는 과정을 겪었다. 그러한 가운데에서도 장악기관이 지속적으로 존재하였다는 점에서 의의가 있다. 그러나 장악기관도 안팎으로 변화하지 않을 수는 없었으니 관제개편이라는 큰 물결 속에서 장악기관명이 바뀌고 장악기관 내부 직제가 개편되었으며 장악기관 소속 관리와 악인들이 관등, 봉급 체계로 흡수된 것들이 실례이다. 본고에서는 이러한 장악기관의 변화양상을 살펴보았다.

갑오개혁기부터 대한제국기까지 장악기관의 명칭은 다섯 번에 걸쳐 변경되었다. '장악원 → 봉상사 → 협률과 → 교방사 → 장악과 → 장악부'가 그것이다. 내부 직제도 전면 개편되면서 전체적으로 축소되었다. 갑오개혁 이전에는 제조, 정, 첨정, 주부, 전악 등으로 구성되었던 장악기관의 관리와 악인은 1894년 7월, 제거 1원과 주사 3원으로 대폭 줄었으며 이후에도 여러 차례 개편되다가 신식양악대의 유입으로 인해 1907

년 12월에는 국악사장, 국악사, 양악사장, 양악사로 정리되었다. 또한 이들은 품계에서 관등으로 변모된 관료 체계로, 원이라는 화폐단위로 지급되는 달라진 연봉체제로 흡수되었다. 고종대 격변하는 시대 상황에서 장악기관의 변화도 예외일 수는 없었다.

「대한제국기 장악기관(掌樂機關)의 체제」, 『공연문화연구』 제17집, 2008.8.

군악대 설치와 운용

1. 머리말

이 장에서 논하려는 대한제국기 군악대軍樂隊는 서양악기로 구성된 우리나라 최초의 왕실 군악대를 의미한다.[1] 서구식 군악대는 1900년에 설치령이 내려졌고 독일인 프란츠 폰 에케르트Franz Von Eckert(1852~1916)에게 지도받았다. 군악대는 1907년에 군대 해산과 함께 폐지되었지만, 장악기관에 일부 대원이 흡수되면서 양악대로 불려졌다. 1915년, 양악대 교사 에케르트가 해고되고 이어 양악대도 결국 해산되어 그 후 민간에서 경성악대라는 이름으로 활동하였으며, 광복 이후에는 육해공군의 군악대 창설로 이어졌다.

요즘에는 서양악기로 구성된 군악대를 특별한 시선으로 바라보지 않지만 지금으로

---

1 갑오개혁 이후 군(軍) 관련 악대로는 내취(內吹), 곡호대(曲號隊), 군악대 이상 세 종류가 보인다. 이 중에서 내취는 1895년에 군악대라고 명칭을 개칭하기까지 하여(『官報』 제88호, 개국 504년 6월 13일 土曜) 명칭만 보면 서양악기로 구성된 군악대와 혼동할 수 있다.

부터 100여 년 전 대한제국기의 군악대는 당시 처음 보는 목관악기, 금관악기, 타악기의 화려한 모습만으로도 사람들의 이목을 집중시키기에 충분하였다. 이러한 군악대는 당시 우리나라의 양악 전파 양상이 선교사에 의한 창가, 찬송가 보급 정도의 상황이었음을 감안해 볼 때 군악대가 양악에 대한 인식을 넓히고 한국 근대음악사의 새로운 지평을 열었다는 측면에서 큰 의미가 있다고 호평된 바 있다.[2] 이렇듯 군악대 연구의 중요성을 인식하여 기존연구에서 군악대의 창설배경에서부터 복장, 활동, 악기편성, 연주곡목, 월급, 해산, 에케르트 · 백우용 · 강홍준 · 김창희의 이력 등을 광범위하게 다루었다.[3] 그러나 군악대 편제, 재정, 복식, 정년제도, 징벌사항, 에케르트 고용계약 등 보충해야 할 점이 있으므로 대한제국기 군악대에 대해 다시 정리해 보겠다.

2. 군악대 창설과 에케르트 고용계약

서양식 군악대 창설은 1900년 12월 19일 칙령 제59호 〈군악대설치건軍樂隊設置件〉을 재가, 반포하면서 공식화 되었다.[4] 군악대 기초 설계는 당시 궁내부 고문관이었던 미국인 센즈W. Sands(山島)와 전 해관 총세무사海關總稅務司였던 브라운J. McLeavy Brown(柏卓安)이 담당하였다. 이들은 군악대를 51인 1소대로 조직하였다.[5]

악기는 에케르트가 전부 가지고 온 것으로 알려져 있어[6] 이 악기만 사용한 것으로 보이지만 1898년 러시아에서 구입한 군악기가[7] 무관학교武官學校 창고 속에 보관되어

---

2   張師勛, 「洋樂界의 黎明期－특히 軍樂隊를 중심으로」, 『黎明의 東西音樂』, 寶晉齋, 1974, 172~173쪽; 宋芳松, 「대한제국 시절 군악대의 공연 양상」, 『韓國音樂史學報』 제35집, 韓國音樂史學會, 2005, 99쪽.

3   張師勛, 위의 글, 170~224쪽; 金源模, 「에케르트軍樂隊와 大韓帝國愛國歌」, 『崔永禧先生華甲紀念韓國史學論叢』, 탐구당, 1987, 479~505쪽; 노동은, 『한국근대음악사』 1, 한길사, 1995, 478~498, 528~543, 647~655쪽; 宋芳松, 위의 글, 99~115쪽.

4   『高宗實錄』 권40, 고종 37년 12월 19일; 『日省錄』 광무 4년 10월 28일; 『官報』 제1764호, 광무 4년 12월 22일 土曜; 『勅令』(奎17706) 9책, 80a-81b; 『奏本』(奎17703) 49책, 217~219쪽.

5   『東明』, 「朝鮮洋樂의 夢幻的 來歷(1)」, 대정 11년 11월 26일, 9면; 張師勛, 앞의 글, 177쪽.

6   『皇城新聞』, 광무 4년 12월 18일.

있었으므로 자연스럽게 국내에 있던 러시아 군악기도 활용하려 했던 것으로 보인다.[8] 그런데 러시아에서 가져온 군악기는 오랜 기간 사용하지 않아 녹이 슨 데에다 독일악기의 음조音調와 맞지 않았다. 그래서 오스트리아墺國 빈(비엔나, 維也納)에 있는 침메르만Zimmermann 악기회사에 군악기를 주문해놓고 우선 있는 악기로 연습에 들어갔다고 한다.[9] 빈에 주문했던 악기가 바로 유입되었다는 기록이 보이지 않으므로 아마도 군악대에서 초기에는 1898년에 구입했던 러시아 군악기와 에케르트가 가져온 독일 군악기를 혼합하여 사용했던 것 같다.[10]

군악대 교사 프란츠 폰 에케르트

군악대 교육은 독일인 프란츠 폰 에케르트가 담당하였다. 에케르트는 20여 년간 일본 군악대를 이끈 경험을 가진 인물로, 브라운의 부탁을 받은 독일영사德國領事 바이페르트Weipert(瓦以壁)의 주선으로 초빙될 수 있었다.[11] 에케르트가 서울에 도착한 날짜는 1901년 2월 19일이다. 에케르트가 대한제국에 귀국하자 1901년 2월 26일 바이페르트가 고종황제 알현을 청하였다.[12] 그 결과 바이페르트와 에케르트는 1901년 3월 19일 5시에 고종을 알현할 수 있었다.[13] 에케르트가 서울에 도착한 지 한 달 만의 일이었

7   "度支部에서 請議훈 大邱北青清州江華四處地方隊費 五萬九千一百七十九元六十三錢二釐와 萬國郵遞公會全權委員派往計費一千元과 露國軍樂器各種購買費三千○九十六元을 豫備金中支出事로 議政府會議를 經훈 後에 上奏ᄒ야 制日可라ᄒ심」『官報』 제587호, 건양 2년 3월 18일 木曜 '彙報'
8   「朝鮮洋樂의 夢幻的 來歷(1)」, 『東明』, 대정 11년 11월 26일, 9면.
9   「朝鮮洋樂의 夢幻的 來歷(2)」, 『東明』, 대정 11년 12월 3일, 12면.
10 『增補文獻備考-樂考』 권96, 20b에 한문으로 기록된 군악기가 張師勛, 앞의 글, 212~217쪽에 어떤 종류의 양악기에 해당되는지 해석되었는데 그 중 '轉調片'만 규명되지 않았다. 필자는 '轉調片'을 약음기(弱音器)라고 본다.
11 「朝鮮洋樂의 夢幻的 來歷(1)」, 『東明』, 대정 11년 11월 26일, 9면.
12 『宮內府案』, 서울대학교 규장각, 1992, 228쪽; 『舊韓國外交文書』 권16(德案 2), 고려대학교출판부, 1966, 239쪽.

다. 그 후 에케르트는 황태자 천추성절千秋聖節 연회에 초청되어 바이페르트, 독일어교사 볼얀. Bolljahn(佛耶安)과 함께 외부外部에서 1901년 3월 27일 9시에 열린 야연夜宴에 참석하기도 하였다.[14] 이렇듯 대한제국의 황태자 생신잔치에서 공적으로 얼굴을 드러내기 시작한 에케르트는 언제 대한제국 정부와 고용계약을 체결하였을까?

에케르트의 계약에 대해 선행 연구에서는 1901년 6월 14일, 1902년 4월 5일을 주장하였다.[15] 주장의 근거 자료는 각각 그 시점에 보이는 계약서 내용이다.

에커트 招聘의 獨側訂定契約案에 調印要望[16]

[발] 德國領事 瓦以璧   光武   5年
[수] 外部大臣 朴齊純   西紀 1901年 6月 14日
                    …(中略)…

附. 軍樂樂師 에커트 招聘의 契約案

合同

此合同은 大韓軍部大臣과 德國人 布國 樂師 에커트와 互相訂定ᄒ야 에커트를 大韓軍部에서
雇聘ᄒ야 韓國少年을 完備ᄒ 樂器로 見習ᄒ고 敎導케 홀 事

一. 雇聘年限은 光武 五年 二月 一日로 起ᄒ야 三年으로 定홀 事

二. 에커트 所捧薪金은 日本金錢 或 紙幣 三百元을 海關으로 支給홀 事

三. 軍部大臣은 에커트에게 居接홀만ᄒ 房屋을 給ᄒ야 住居케ᄒ되 可合ᄒ 房屋을 得지 못하
    ᄂ 境遇에는 每個月 日本金錢 或 紙幣 三十元 屋貰錢을 代給홀 事

四. 에커트는 軍部大臣서 德國서 漢城에 到ᄒ 旅費金을 該員에 二個月 辛金만쿰(六百元) 海
    關으로 由하야 受ᄒ고 該員의 家屬을 率來홀 터니면 三百元을 加給ᄒ야 該費用에 充케

---

13 『宮內府案』, 234쪽;『舊韓國外交文書』권16(德案 2), 244쪽.
14 『舊韓國外交文書』권16(德案 2), 245쪽.
15 張師勛, 앞의 글, 192~194쪽; 金源模,「에케르트軍樂隊와 大韓帝國愛國歌」,『崔永禧先生華甲紀念韓國史學論叢』, 490~491쪽.
16 『舊韓國外交文書』권16(德案 2), 267~268쪽.

홀 事

五. 三年限滿後에 軍部에서 解雇를 홀랴던지 에커트가 退雇홀 境遇에는 各기 六個月 前期에 預先通知홈이 可하니 만일 預告치 아니하면 此合同을 繼續홈으로 知홀 事

六. 合同滿期後에 軍部大臣은 에커트에게 二個月 辛金을 海關으로 由하야 加給하고 該 員의 家屬이 有하면 三百元을 加給홀 事

七. 每個年에 一個月式 平常 受由를 給하고 만일 該員이 有病홀 時에는 一個月을 給由 하되 滿月俸을 給하고 一個月이 過하여도 不愈하는 時는 一個月을 加給하되 半月俸을 給하고 又一個月이 過하여도 不瘳하는 時 又一個月을 加給하되 月俸은 無하고 만일 終乃 服務치 못홀 境遇에는 此合同은 作爲 廢止홀 事

八. 該員이 行爲가 不正하던지 職務에 怠慢히 하는 境遇에는 德公使와 協議하야 解雇홀 事

九. 此合同은 英文 韓文을 各 四件으로 成하되 意義는 同하느 日後에 或 文辭 分歧혼 處가 有하면 英文으로 講解홀 事

大韓國軍部外部爲訂立合同事[17]

現由軍部延聘 大德國 紳士 布國 樂師 에커트 充當 侍衛聯隊所管 軍樂隊 敎師 議定 合同 開列于左

第一條. 該敎師 延聘期限 由光武 五年二月一日爲始 以三個年 爲滿限之期事

第二條. 該敎師 薪金 金貨 或 紙幣 三百元 按月由海關支給事

第三條. 該敎師 居接費 金貨 或 紙幣 三十元 按月支給 若將相當屋舍借與該居接費 毌得 疊撥事

第四條. 該敎師 自德渡韓旅費金 准該員二個月薪金 金貨 或 紙幣 六百元 支給事

第五條. 該敎師 限滿解雇 應於限滿 六個月前 預先聲明 倘不預先聲明 卽作爲續聘事

第六條. 該敎師 限滿解雇 該回國旅費 准該員 二個月薪金 金貨 或 紙幣 六百元 支給事

第七條. 該敎師 每年 一個月 平常休暇 或因病請暇之時 初次一個月 准給薪金 再次一個月 只

---

17 『軍樂師合同』奎23433.

給半個月薪金 三次一個月 薪金停撥 倘過三個月 終不瘳愈 服務無望 此合同作 爲銷

廢 仍行鮮退事

第八條. 該教師 倘有行爲不正 慢於職務 應由軍部大臣聲明于外部 移照德國公使協議 不以

未滿限期爲拘 卽行解雇事

第九條. 此合同 德文 韓文 各繕四件 各盖印章 一實軍部 一實外部 一實德國公館 一實該 教

師 作爲存照事 日後 遇有合同文辭 分歧處 卽將德文 講解事

光武 六年 四月 五日

두 계약서와 주변 정황을 다시 살펴본 결과, 필자는 1901년 6월 14일에 정식 계약
이 성사되지 않았지만 이때 사실상 계약 관계였으며 1902년 4월 5일이 아닌 1902년
6월 30일에 정식 계약이 최종적으로 승인되었다고 생각한다. 왜냐하면 1901년 6월 14
일 이후에도 바이페르트와 외부대신外部大臣 박제순朴齊純이 에케르트의 계약건을 합의
하지 못하는 기록이 보일 뿐 아니라 1902년 4월 5일 이후에도 계약 관련 기록이 있기
때문이다.

먼저 1901년 6월 27일 박제순은 세 가지 점에서 서로 의견 차이가 있음을 밝혔다.
그것은 첫째, 급여를 해관海關에서 지급하는 것이며 둘째, 에케르트의 가족을 돌보는
비용 문제이고 셋째, 해고할 경우 6개월 전에 알리는 점이었다.[18] 이 서신에 대해 바
이페르트는 독일에서 한국까지의 여비조로 600원을 지급하는 것, 에케르트가 가족을
동반할 경우 월급 외에 300원을 추가 지급하는 것, 가족이 귀국할 때에도 가족의 여
비로 300원을 지급하는 것, 이상 세 가지 점이 문제의 핵심이라고 답하였다.[19] 그 후
의견 차이를 조정하여 계약을 체결하였다는 기록이 보이지 않는다. 그런데 박제순과
에케르트는 9월 7일 밤 9시 고종황제 만수성절 야연夜宴에 바이페르트를 초대한다는
서신을 띄었다.[20] 그리고 에케르트는 1901년 9월 7일에 단기간 교육시킨 군악대를 이

---

18 『舊韓國外交文書』 권16(德案 2), 269쪽.
19 『舊韓國外交文書』 권16(德案 2), 270쪽.

끌고 나와 첫 공연을 성공적으로 해냈다.[21] 성공적인 초연 이후 에케르트는 군악대 교육과 연주활동을 지속하였다.

1902년 4월 22일에는 당시 외부대신 임시서리臨時署理였던 유기환兪箕煥이 군악교사 에케르트 합동을 정정訂定하여 보낸다는 서신을 보냈다.[22] 이에 대해 바이페르트는 1902년 6월 18일에 에케르트의 서명을 넣어야 하고 비용 지급의 담당기관인 해관海關을 계약서의 여러 조항에 중복하여 명시할 필요가 없다는 내용을 답신으로 보냈다.[23] 이에 1902년 6월 27일, 외부대신서리 최영하崔榮夏가 이를 수락한다고 다시 답하였다.[24] 그 결과 1902년 6월 30일, 바이페르트가 에케르트의 서명이 한문韓文, 덕문德文 각 4건 합계 8건의 계약서에 모두 들어가야 하며 한덕문 계약서 각 1건씩 독일영사관, 에케르트, 외부外部, 군부軍部 이상 네 곳에 두어야 한다는 당부의 서신을 마지막으로 보냈다.[25] 즉 1901년에 작성한 계약서를 정정한 1902년의 계약서는 1902년 4월 5일 날짜로 되어있지만 독일영사 바이페르트의 불찬성으로 인해 지연되다가 1902년 6월 30일에야 최종적으로 승인되었던 것으로 보인다. 즉, 에케르트는 1901년에 사실상 계약 관계 상태에서 군악대 교사를 역임하다가 1902년 6월 30일에서야 그의 서명이 들어간 정식 계약을 체결할 수 있었던 것이다.

그러면 1901년의 계약서에서 정정된 내용은 어떤 것인가? 이는 바로 1901년 바이페르트가 지적했던 문제와 직결되니, 1902년의 계약서 제4조와 제6조를 통해 확인할 수 있다. 먼저 독일에서 한국까지의 여비조로 600원을 지급해 달라고 했던 건은 제4조에서 수락되었다. 다음으로 제6조에서는 에케르트의 계약이 종료되어 그가 귀국할 때 여비 600원을 지불한다고 기록함으로써 가족이 귀국할 때의 여비 300원을 별도로 요구했던 요청이 제6조에 살며시 묻혔다. 가족 동반의 경우 월급 외 300원 추가 지급

---

20 『舊韓國外交文書』 권16(德案 2), 285쪽.
21 『皇城新聞』, 광무 5년 9월 9일, 2면.
22 『舊韓國外交文書』 권16(德案 2), 360쪽.
23 『舊韓國外交文書』 권16(德案 2), 385쪽.
24 『舊韓國外交文書』 권16(德案 2), 387쪽.
25 『舊韓國外交文書』 권16(德案 2), 387~388쪽.

건은 1902년의 계약서에서 누락되었다. 즉 독일과 한국이 서로 한 발씩 양보한 것이다. 그러나 에케르트의 가족이 대한제국으로 온 이후 내탕금內帑金에서 매달 150원씩, 나중에는 해관海關에서 매달 450원씩 지급되었다고 한다.[26] 결국에는 에케르트의 고용계약은 독일측의 요구가 모두 받아들여진 것이다.

1902년 6월 30일 이후에도 1902년 8월 1일에 군악 제2대 증설增設로 인해 에케르트의 노고가 심함을 거론하며 월급 150원을 추가 인상해 달라는 요구하였다.[27] 같은 이유로 월급 인상 요청은 1903년 6월 24일, 1903년 7월 28일에도 지속되었다.[28] 그러나 이 요청은 1903년 8월 11일에 거절당하였다.[29] 이후 어느 시점인지 정확하지는 않지만 에케르트의 월급은 인상되었던 것 같다. 1910년 한일합방 때 통감부에서 밝힌 내용 중 에케르트의 월급은 전례에 의거하여 450원을 지급한다고 기록했기 때문이다.[30]

1900년 12월 19일 칙령 제59호 〈군악대설치건〉을 재가, 반포하면서 공식화 된 군악대는 당시 궁내부 고문관이었던 미국인 샌즈와 전 해관총세무사였던 브라운에 의해 기초 설계되었다. 군악대에서 초기에 사용한 악기는 1898년에 구입했던 러시아 악기와 에케르트가 가져온 독일 악기로 혼합 편성되었던 것 같다. 군악대를 교육한 교사는 20여 년간 일본 군악대를 지휘한 경력이 있는 독일인 프란츠 에케르트였다. 에케르트는 1901년 2월 19일에 대한제국에 도착한 후 한 달을 기다려 1901년 3월 19일 5시에 고종을 알현할 수 있었다. 고종 알현 이후 에케르트는 여비 600원과 가족에 대한 비용 문제를 합의보지 못해 고용계약이 체결되지 않은 사실상 계약관계 상태에서 1901년 9월 7일 고종황제의 만수성절 연회 때 성공적인 초연을 마쳤다. 이후 에케르

---

26 張師勛, 앞의 글, 195~196쪽.
27 『軍部來去文』奎17803 제4책, 78쪽. 1902년 10월에 군악 제1대만 있었다는 기록으로 보건대(각주 31 참조) 1902년 8월에는 군악 제2대가 공식화 되지 않았고 군악 제2대의 증설을 추진하는 과정이었던 것 같다.
28 『舊韓國外交文書』권16(德案 2), 506~508쪽.
29 『舊韓國外交文書』권16(德案 2), 511쪽.
30 張師勛, 앞의 글, 195~196쪽.

트는 1902년 6월 30일에 정식 첫 계약을 승인받았고 차후에도 그의 가족 생활비, 월급 인상을 관철하였다.

3. 군악대 편제

군악대의 모습은 1900년 12월에 발표된 "칙령 제59호 군악대 설치하는 건"을 통해 알 수 있다. 제4조와 별표로 구성된 설치령에 의하면 먼저 군악대 2개대를 편성하여 시위연대侍衛聯隊와 시위기병대侍衛騎兵隊에 각각 1개대씩 부속하라고 쓰여 있다. 그러나 군악대 창립 당시에는 시위연대에 군악대 제1대만 설치되었던 것 같다.[31]

군악대가 소속되어 있던 시위연대는 고종이 러시아공사관으로부터 경운궁으로 환궁한 직후인 1897년 3월에 창설된 정예부대로 친위대[32]에서 선발되어 러시아식 훈련을 받고 러시아식 군제로 편성되었으며 중앙군의 주력부대가 되어 대한제국 전군의 발전에 지대한 영향을 미쳤다.[33] 이렇듯 대한제국의 핵심 부대였던 고종의 친군親軍 시위연대에 군악대를 부속시킨 것은 그만큼 군악대를 중요하게 여겼다는 증거이다.

시위제1연대에 부속된 군악대의 인원은 51인이었다. 51인은 1등군악장 1인, 2등군악장 1인, 부참교 3인, 상등병 6인, 병졸 39인, 참교 1인으로 구성되었다. 관직명으로는 1등군악장은 대장, 2등 군악장은 부장, 부참교는 1등군악수, 상등병은 2등군악수, 병졸은 악수와 악공, 참교는 서기에 해당되었다. 그런데 1901년 12월 30일, "대장은 정위正尉나 부위副尉에서도 제한을 두지 않고 차례대로 임명할 수 있다"[34]라고 하여 1등군악장의 관직 규정을 정정하였다. 아마도 군악대 설립 초기에 대장이라는 고위직

---

31 위의 글, 182쪽. 1902년 10월, 군악대 파견 요청에 대한 거절 답변을 통해 군악대는 1대만 있었음을 확인할 수 있다. 즉 군악대가 1개대만 있어서 한 명이라도 없으면 연주할 수 없는데 현재 4명이 아프다고 답하였다. 『元帥府來去案』 제3책, 109쪽.
32 1895년 9월 창설. 중앙군이다.
33 서인환, 『대한제국의 군사제도』, 혜안, 2000, 178~190쪽.
34 "隊長은 現今間 正尉或副尉로도 無礙敍補홀 事" 『官報』 제2083호, 광무 5년 12월 30일 月曜.

을 바로 내려주기에는 적절하지 않았던 듯하다. 정정된 내용은 1900년 12월의 설치령에 정식으로 부가되었다. 그리고 이 규정을 근거로 삼아 1902년 3월 2일에 육군 정위正尉 김학수金學秀를 군악대 대장으로 임명하였다.[35] 이로 인해 김학수는 대한제국기 군악대의 초대 군악대장이 되었다.[36]

시위연대 편제표(1900. 12) 서인환, 『대한제국의 군사제도』, 188쪽, 〈도표 4-13〉 재인용.

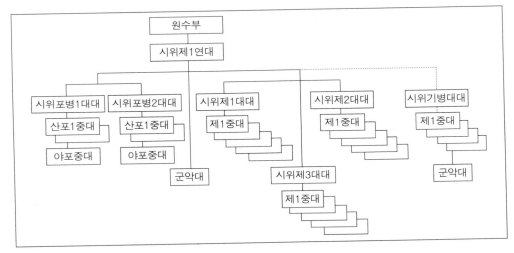

칙령 제59호 軍樂隊設置ㅎ 는件[37]

제1조 軍樂2개대를 設置ㅎ야 1個隊는 侍衛聯隊에 附屬ㅎ고 1個隊는 侍衛騎兵隊에 附屬 홀 事

제2조 軍樂隊에 職員은 左開 別表에 依홀 事

제3조 軍樂隊에 所屬職員俸給은 開國 504년 勅令 第68號 武官幷相當官官等俸給令 第1 條에

---

35 『官報』 2158호, 광무 6년 3월 27일 木曜 '彙報'
대한제국 군악대 초대 군악대장 김학수는 1906년 4월 30일에 軍樂隊費를 不善整理하였다는 이유로 15일 동안 근신한 적이 있었다(『官報』 제3442호, 광무 10년 5월 2일).

36 기존 연구 성과에서는 백우용을 최초의 군악대장으로 보았다. 張師勛, 앞의 글, 205쪽.

37 『高宗實錄』 권40, 고종 37년 12월 19일; 『日省錄』, 광무 4년 10월 28일; 『官報』 제1764호, 광무 4년 12월 22일 土曜; 『勅令』(奎17706) 9책 80a-81b; 『奏本』(奎17703) 49책, 217~219쪽.

準ᄒᆞ야 一般官吏官等俸給令에 依ᄒᆞᆯ 事

제4조 本令은 頒布日로붓터 施行ᄒᆞᆯ 事

軍樂 1個隊 職員別表

官等	職名	人員
1等軍樂長	隊長	1인
2等軍樂長(正校相當)	副長	1인
副參校	1等軍樂手	3인
上等兵	2等軍樂手	6인
兵卒	樂手	27인
	樂工	12인
參校	書記	1인
計		51인

이렇듯 군악대는 51인 1소대로 출발하였는데 곧 제2대의 설치가 추진되었다. 1902년 8월 1일 에케르트 봉급 인상 요청이 바로 군악 제2대의 증설로 인한 것이었기 때문이다.[38] 이로부터 1년 반 정도 지난 1904년 3월 12일에는 군악 1개 중대를 설치하는 칙령이 반포되었다.

勅令第六號 軍樂一個中隊設置ᄒᆞᄂᆞᆫ件[39]

第一條 軍樂1個中隊를 設置ᄒᆞ야 侍衛第一聯隊에 付屬ᄒᆞᆯ 事

第二條 軍樂1個中隊ᄂᆞᆫ 二個小隊로 編成ᄒᆞᆯ 事

第三條 軍樂中隊에 所屬職員俸給은 開國 504年 勅令 第68號 武官幷相當官官等俸給令 第1

　　　條에 準ᄒᆞ야 一般官吏官等俸給令에 依ᄒᆞᆯ 事

38　『軍部來去文』奎17803 第4책 78쪽.

39　『官報』제2774호, 광무 8年 3월 15일 火曜;『勅令』권13, 13a-14a.

第四條 軍樂一個中隊職員은 左開別表에 依홀 事

第五條 本令은 頒布日로붓터 施行홀 事

第六條 光武 4年 勅令 第59號 軍樂隊設置件은 本令實施日로붓터 廢止홀 事

〈軍樂一個中隊職員別表〉

官等	職名	人員
1等軍樂長	中隊長	1人
2,3等軍樂長	小隊長	2人
正校		1人
副參校	1等軍樂手	8人
上等兵	2等軍樂手	12人
兵卒	樂手	54人
	樂工	24人
參校	書記	2人
	計	104人

光武 八年 三月 十二日

　　1904년 3월 12일의 칙령에 의하면 군악 1개 중대는 군악 2개 소대로 편성된 것 같다. 이러한 변화는 1902년에 증설된 군악 제2대의 존재를 구체화 시킨 것으로 보인다. 인원은 창설 당시 보다 두 배가 조금 넘는 104인으로 구성되었다. 이전에 비해 2등군악장이 2, 3등군악장으로 바뀌고 정교가 독립되는 변화가 생겼다. 또한 대장이 중대장으로, 부장이 소대장으로 달라졌다. 그러나 칙령의 내용이 실행되었는지는 불확실하다.

1900년 12월 19일과 1904년 3월 12일 군악대원의 변화 정리표

官等		職名		人員	
1900.12.19	1904.3.12	1900.12.19	1904.3.12	1900.12.19	1904.3.12
1等軍樂長	1等軍樂長	隊長	**中隊長**	1인	1인
2等軍樂長 (正校相當)	**2,3等軍樂長**	副長	**小隊長**	1인	**2인**
	正校				**1인**
副參校	副參校	1等軍樂手	1等軍樂手	3인	**8인**
上等兵	上等兵	2等軍樂手	2等軍樂手	6인	**12인**
兵卒	兵卒	樂手	樂手	27인	**54인**
		樂工	樂工	12인	**24인**
參校	參校	書記	書記	1인	**2인**
計				51인	**104인**

군악대가 군악 1개 중대로 재편된 같은 해(1904년) 9월 27일에는 군대의 교육부관제 教育部官制 발표를 통해 군악학교軍樂學校가 설립되었을 가능성을 열어주지만, 실제로 군 악학교가 설립되어 운용되었는지 의문스럽다.

教育部官制[40]

第一條 陸軍의教育을齊一發達케ᄒ며且改良進就케ᄒ기爲ᄒ야敎育部를置홈이라

第二條 敎育總監은副將或參將으로 勅任홈이라

第三條 敎育部에左開職員을置홈이라

  總監 一人 副將或參將

  副監 一人 參將或正領

  參謀長 一人 參將或正副領

  參謀官 二人 副參領 一人 正尉 一人

---

40 『官報』 號外, 광무 8년 9월 27일.

副官 二人 參領一人 正尉一人

騎輜兵科長 一人 副參領

科員 二人 正副尉

砲工兵科長 一人 副參領

科員 二人 正副尉

餉官 一人 一二等軍司

繙譯官 二人 奏判任

書記 五人 下士或判任文官

第四條 敎育總監은 大皇帝陛下케 直隸ᄒ야 部務를 總理ᄒ며 陸軍敎育에 關ᄒ 諸般 條規典範

의 矯正調査를 行ᄒ고 陸軍武官學校 硏成學校 幼年學校 下士學校 **軍樂學校**를 管轄홈이라

　또한 군대의 교육부관제가 발표된 날인 1904년 9월 27일에는 군악대의 소속도 이관되었다. 1904년 9월 27일 군부관제軍部官制를 개정하면서 군부 군무국軍務局 보병과步兵課에서 군악대에 관한 사항을 관장하게 된 것이다.[41] 군악대는 설립 이후 지속적으로 원수부元帥府 시위연대에 부속되어 있었으므로 처음으로 소속 기관이 바뀌었다. 그렇다면 소속기관의 변화는 어떤 일과 관련이 있을까? 이는 일본의 한반도 침략야욕과 연결된다. 일본은 1904년 2월에 러시아와의 전쟁을 야기시키면서 대한제국과 군사동맹 체결을 강요하여 1904년 2월 23일에 한일의정서韓日議定書를 체결하였다. 한일의정서는 일본의 불법적 군사행동을 합법화하였고 한반도에서 일제의 영향력을 심화시키는 계기가 되었다. 일제는 대한제국을 러일전쟁의 군사기지로 활용하였으며 한편으로는 한반도를 식민지화하려는 기반을 구축해 나갔다. 이러한 과정에서 대한제국의 최고 군령기관인 원수부의 권한을 군부로 분산시켜 군사력을 군부로 이전하였다. 군부로 이동된 대한제국의 군사력은 실질적으로 당시 군부고문의 자격을 지닌 일본군 노즈野津鎭武 중좌에게 통째로 넘어가버린 격이었다.[42] 군악대 소속기관 이동은 일제가

41　『官報』號外, 광무 8년 9월 27일.

원수부의 권한을 분산시킴으로써 궁극적으로는 대한제국의 군사력을 해체시키려는 전초전에서 발생된 일과 관련되었다.

1904년 9월 24일 軍部官制[43]

軍務局 – 軍事課, **步兵課**, 騎兵課, 砲兵課, 工兵課
經理局 – 第一課, 第二課
醫務局 – 第一課, 第二課
軍法局
海防國 – 軍務課, 會計課

1905년 2월에도 보병과에서 군악대를 관장하였다.[44] 당시 군부관제는 아래의 표와 같다.

1905년 2월 22일 軍部官制[45]

軍務局 – **步兵課**, 騎兵課, 砲兵課, 海防課, 醫務課, 軍法課
教育局 – 教育課, 編修課
參謀局 – 第一課, 第二課
經理局 – 第一課, 第二課

이후 1907년 6월에 군악대 편제가 다시 개정되었다. 1904년 3월 12일에 발표된 군악 1개 중대 설치건을 골자로 그동안의 변화만 반영하여 부분적으로 수정한 것이었다. 수정된 내용은 군악대 소속이 군부로 바뀐 점, 1등군악장의 직명이 중대장에서 대

42　서인환, 『대한제국의 군사제도』, 288~289쪽.
43　『高宗實錄』.
44　『勅令』(奎17706) 권14, 9ab.
45　『高宗實錄』, 광무 9년 2월 22일; 『勅令』 권14, 7a-17a.

장으로 바뀐 점, 2, 3등군악장의 직명이 소대장에서 부附라는 글자로 대신하게 된 것이다. 군악 1개 중대가 2개 소대로 편성된 내용은 수정되지 않았으므로 군악대원의 인원은 감축되지 않고 그대로 유지된 듯하다. 1907년 6월의 군악대편제개정건을 반영하여 필자가 재구성해 본 군악대설치안은 아래에 제시된 '1907년 6월 군악대편제'와 같다.

勅令 第40號 軍樂隊編制中改正件[46]

光武 8年 勅令 第6號 軍樂下에 [一個中] 三字及 第3條 軍樂下 [中] 一字와 同職員表 樂長下에 [中] 一字를 幷刪去ᄒ며 同第1條中 [侍衛第1聯隊] 六字ᄂ [軍部] 二字로며 同職員表[小隊長] 三字ᄂ [附] 一字로 幷改正홈

光武 11年 6月 19日

1907년 6월 군악대편제

第一條 軍樂**隊**를 設置ᄒ야 **軍部**에 付屬홀 事

第二條 軍樂1個中隊ᄂ 二個小隊로 編成홀 事

第三條 軍樂**隊**에 所屬職員俸給은 開國 504年 勅令 第68號 武官幷相當官官等俸給令 第1
　　　條에 準ᄒ야 一般官吏官等俸給令에 依홀 事

第四條 軍樂一個中隊職員은 左開別表에 依홀 事

第五條 本令은 頒布日로븟터 施行홀 事

第六條 光武 4年 勅令 第59號 軍樂隊設置件은 本令 實施日로븟터 廢止홀 事

〈軍樂一個中隊職員別表〉

官等	職名	人員
1等軍樂長	**隊長**	1人
2,3等軍樂長	**附**	2人

46　『勅令』奎17706, 85a;『官報』제3798호, 광무 11년 6월 21일 金曜.

正校		1人
副參校	1等軍樂手	8人
上等兵	2等軍樂手	12人
兵卒	樂手	54人
	樂工	24人
參校	書記	2人
	計	104人

 그러나 새로운 군악대편제개정안이 발표된 지 한 달 남짓 밖에 안 되어 군대가 해산되어[47] 군악대개정안은 의미를 잃었다.[48] 당시 1등군악장은 백우용白禹鏞이었고, 3등군악장은 강흥준姜興俊이었다.[49] 군부 소관 군악대는 제실음악대帝室音樂隊로 조직한다는 안건이 반포되었고[50] 일부 군악대원만 1907년 12월에 장례원掌禮院 장악과掌樂課로 흡수되어 군악대의 명맥을 잇게 되었다. 장악과로 편입된 대표적인 인물은 백우용, 강흥준, 김창희金昌熙를 꼽을 수 있다.[51] 백우용은 악사장으로 임명되었고 강흥준과 김창희는 악사로 임명되었다. 장악과로 흡수된 이들은 각각 주임관 4등, 판임관 3등, 판임관 4등의 위치에 놓이게 되었으며 각각 3급봉, 6급봉, 8급봉의 연봉을 받게 되었다. 1907년 11월 말의 관등봉급표에 의하면 백우용의 연봉은 400원이었으며 강흥준의 연봉은 300원이었고 김창희의 연봉은 180원이었다. 국악사장, 국악사와 비슷한 수준의 대우였다.[52]
 1900년 12월에 설치령이 내려진 군악대는 시위연대에 소속되어 51인 제1대로 출발

---

47 『純宗實錄』 권1, 순종 1년 7월 31일.
48 『純宗實錄』 권1, 순종 1년 9월 4일;『官報』 제3865호, 융희 원년 9월 7일 土曜.
49 『官報』 附錄, 융희 원년 9월 14일 '宮廷錄事,' '辭令'
50 『純宗實錄』 권1, 순종 1년 9월 1일;『官報』 제3920호, 융희 원년 11월 11일 月曜;『韓末近代法令資料集』 Ⅵ, 대한민국 국회도서관, 1971, 37쪽.
51 이 때 장례원 장악과로 편입된 군악대의 樂卒은 50인이었다고 한다.「朝鮮洋樂의 夢幻的 來歷(3)」,『東明』, 대정 11년 12월 10일, 12면.
52 졸고, 「대한제국기 掌樂機關의 체제」,『공연문화연구』 제17집, 한공연문화학회, 2008.8.

하였다. 이어 군악 제2대가 증설된 것처럼 드러나고, 1904년에는 104인으로 명문화되어 있기는 하지만, 실해되었는지는 불분명하다. 게다가 러일전쟁의 발발과 한일의정서 체결 이후 군사권이 일본으로 넘어가면서 일제에 의해 대한제국의 군사력 해체 작업이 진행되다가 결국 1907년 7월 31일, 군대가 해산되면서 군악대도 정리되었고, 일부 군악대원이 장례원 장악과로 흡수되어 그 명맥을 이어가게 되었다.

4. 군악대 재정

군악대비軍樂隊費에 관한 기록은 군악대 창설 이전에도 보인다. 1898년부터 1900년까지의 군악대비는 매 해 동일한 액수로 책정되어 있으며 그 금액은 4608원이다.[53] 그런데 갑자기 1901년의 군악대비가 24170원으로 쓰여 있다. 이 비용은 4608원의 5배가 넘는 큰 액수이다. 이렇게 군악대비가 급격히 증액된 이유는 무엇일까? 바로 서양식 군악대 창설로 인한 것이라고 본다. 즉 1900년까지 보이는 군악대비는 서양식 군악대를 위한 비용이 아닌 것 같고 갑자기 큰 액수로 책정된 1901년부터의 군악대비가 서양식 군악대를 위한 경비로 보인다.[54] 양악대가 비록 1900년 12월에 창설되었지만 실제로 운용된 해는 1901년으로 넘어가기 때문이다.

1901년~1905년 軍樂隊費[55]

년도	軍樂隊費	년도	軍樂隊費
1901년	24170원	1903년	26097원
1902년	12604원	1905년	9353원

---

53 『歲入歲出豫算表』 奎15295 1책, 15쪽; 『歲入歲出豫算表』 奎15295 2책, 15쪽; 『歲入歲出豫算表』 奎 15295 3책, 16쪽.

54 기존 연구에서는 1900년에 책정된 군악대비를 서양식 군악대를 위한 비용으로 보았다. 張師勛, 앞의 글, 200쪽.

55 『歲入歲出豫算表』 奎15295 4책, 16쪽; 『歲入歲出豫算表』 奎15295 5책, 17쪽; 『皇城新聞』, 광무 7년 3월 13일, 3면; 『官報』 號外, 광무 9년 12월 15일.

서양식 군악대의 예산으로 보이는 1901년 이후의 군악대비를 살펴보면 1901년에는 24170원, 1902년에는 12604원, 1903년에는 26097원, 1905년에는 9353원으로 되어 있다. 이렇게 편성된 예산이 어떻게 지출되었는지는 아래에 제시한 1905년의 군악대비 지출명세서를 통해 대략 짐작해 볼 수 있다.

第六款 侍衛軍樂隊 九千三百五十三圓[56]

第一項 俸 給	八百四十圓	
第二項 下士卒給料	五千七百三十九圓	
第三項 廳 費	四百十一圓	
第四項 雜給及雜費	三百七十圓	
第五項 糧食費	一千八百四十三圓	
第六項 兵器費	一百五十圓	

1905년의 군악대 총예산은 9353원이며, 이 금액은 봉급, 하사졸급료下士卒給料, 청비廳費, 잡비, 양식비, 병기비兵器費, 이상 여섯 가지 명목으로 지출되었다. 봉급은 1등 군악장인 중대장 1인, 2등군악장인 소대장 2인, 이상 3인에게 지급된 것을 의미한다. 가장 많은 비용이 지출된 하사졸급료는 정교正校 이하의 군악대원 101인에게 지급된 비용이다. 참고로 1906년과 1907년의 군악대 하사졸급료를 제시하면 아래의 표와 같다. 이외에 청비는 파고다공원 서변西邊 기와집에 자리한 군악대 본부 운영비이다.[57]

---

56 『官報』 號外, 광무 9년 12월 15일.
57 군악대본부는 창설 당시 경희궁(慶熙宮) 정문 근처에 자리하였다가 1902년 8월에 파고다공원 西邊에 새로 기와집을 짓고 옮겨왔다. 「朝鮮洋樂의 夢幻的 來歷(2)」, 『東明』, 대정 11년 12월 3일, 12면.

1906년 5월과 1907년 5월의 군악대 하사졸(下士卒) 급료표(給料表)[58]

		憲兵隊及軍樂隊		京城各部隊		輜重馬隊		鎭衛各隊	
		月額		月額		月額		月額	
		1906.5.1	1907.5.1	1906.5.1	1907.5.1	1906.5.1	1907.5.1	1906.5.1	1907.5.1
正校及 同階級者	圜	9원 25전	9원 75전	7원 25전	7원 75전	6원 25전	6원 25전	5원 50전	6원
副校及 同階級者	圜	8원	8원 50전	6원 75전	7원 25전	5원 75전	5원 75전	4원 75전	5원 25전
參校及 同階級者	圜	7원	7원 50전	6원 25전	6원 75전	5원 25전	5원 25전	4원 25전	4원 75전
上等兵及 同階級者	圜	5원 50전	6원	5원	5원 50전	4원 50전	4원 50전	2원 50전	3원
一等兵及 同階級者	圜	5원 25전	5원 75전	4원 75전	5원 25전	4원 50전	4원 50전	2원 25전	2원 75전
二等兵及 同階級者	圜	5원	5원 50전	4원 50전	5원	4원 50전	4원 50전	2원	2원 50전

　그밖에 1901년 10월 7일에는 예산 외 군악대비 700원 지출을 허가해 달라는 요청이 있었다. 이는 중국 상해에서 풍금을 구입하기 위한 것이었다. 풍금구입비로 620원, 출장비로 80원을 책정하여 합계 700원 증액을 요구하였다. 이에 고종황제는 1902년 2월 13일에 군악대비 700원 증액을 재가하였다.[59] 그런데 이렇게 사온 풍금이 군악대의 악기편성에 포함되어 있지 않다. 필자는 풍금 사용자가 에케르트였으리라고 본다. 풍금은 한두달 교육으로 능숙히 연주할 수 있는 악기가 아니다. 군악대를 위해 작곡, 편곡작업을 해야 했을 텐데 이러한 작업을 할 때에 피아노 같은 악기가 필요하다. 이런 정황으로 볼 때 에케르트가 풍금을 사용했으리라고 추측된다. 실제로 풍금 구입이 재가된 1902년에 에케르트에 의해 〈대한제국 애국가〉가 탄생하였고[60] 악보를 만든 공

58　『官報』제3448호, 광무 10년 5월 9일 水曜; 『勅令』(奎17706) 권16, 54ab; 『官報』제3749호, 광무 11년 4월 25일, 木曜; 『勅令』(奎17706) 권19, 60a.
59　『高宗實錄』권42, 고종 39년 2월 13일; 『官報』제2125호, 광무 6년 2월 17일 月曜 '彙報'
60　에케르트 작곡 애국가를 들은 외국인들은 고종황제 앞에서는 훌륭하다고 호평했지만 "純全히 陰音階

로로 태극장을 수여 받았다.

軍部所管軍樂隊費增額을 預算外支出請議書 第七十九號[61]

上月十九日 軍部大臣臨時署理第一百三十七號 照會를 接準ᄒᆞ온즉 內開 卽接侍衛一聯隊長 權攝 陸軍副領 閔泳瓚報告內開에 本聯軍樂隊所用風琴一坐를 將自上海로 貿來 而該風琴을 樂器中和音緊用之物 而不可須臾無此이옵기 玆에 更報ᄒᆞ오니 照亮ᄒᆞ오셔 該價金을 劃給ᄒᆞ시믈 伏望等因 據此左開照會ᄒᆞ오니 查照ᄒᆞ오셔 該金七百元을 以紙幣로 計算ᄒᆞ야 算外支出ᄒᆞ시믈 爲要等因이온바 查該費金을 不得不支給淸償이옵기 別紙調書를 從ᄒᆞ야 預備金中支出홈을 會議에 提出事

光武五年十月七日

議政府贊政度支部大臣陸軍副將 閔丙奭

議政府議政 尹容善 閣下

預備金支出調書

一金七百元 軍樂隊 風琴一坐價

內計

金六百二十元 紙幣 風琴一坐價

金八十元 紙幣 浮費

악사樂師인 독일인 에케르트는 자세히 조사하여 절주節奏를 정하고, 성의껏 교습敎習한 공로가 있으니 특별히 훈3등에 서훈하고 태극장太極章을 하사하라.[62]

로 組織하기 때문에 悲調밧재는 아모것도 없다"고 뒷담화를 늘어놓았다고 한다. 「朝鮮洋樂의 夢幻的 來歷(2)」, 『東明』, 대정 11년 12월 3일, 12면.

61 『各部請議書存案』 奎17715 권20, 58b-59b.

62 "樂師德國人에케르트, 有審定節奏, 實心敎習之勞, 特敍勳三等, 賜太極章." 『고종실록』 42권, 고종 39년 (1902년, 광무 6) 12월 20일.

〈대한제국 애국가〉 표지와 한글가사(대한민국역사박물관 소장)

또한 1904년 10월 14일에 일본인 메가다 쇼네타로目賀田種太郎가 탁지부度支部 고문관顧問官으로 임명된 후 군악대 악기구입비로 8천원을 지출하였다는 설도 있다. 악기구입처는 군악대 설립 초기에 악기를 주문했던 곳인 오스트리아墺國 빈(비엔나, 維也納)에 위치한 짐머만Zimmermann 악기회사였다.[63] 이렇듯 예산 외 지출도 있었으니 군악대 경비는 정해진 예산에서만 운용된 것이 아니라 경우에 따라 초과되는 비용도 있었으며 이는 주로 악기구입비였던 것으로 짐작된다.

이후 군대의 해산으로 인해 군악대가 폐지되면서 군부의 남은 경비를 정리하였다. 이 때 군악대의 잔액은 4655원 87전錢 8리里였다. 이 금액은 황실비 예비금으로 들어 갔다고 한다.[64]

---

63   「朝鮮洋樂의 夢幻的 來歷(3)」,『東明』, 대정 11년 12월 10일, 12면.
64   『奏本』 奎17703, 권121 183쪽;『奏本存案』 奎17704 권42, 3쪽.

度支部에셔 請議한 預備金增額과 支出額을 左갓치 內閣會議를 經한後 上奏ᄒ야 奉旨制曰可라ᄒ심 十月 七日[65]

請議年月日	隆熙 元年 九月 三十日		隆熙 元年 十月 一日	同	同	隆熙 元年 十月 四日
預備金種別	第一預備金增額	第二預備金增額	第一預備金支出	第二預備金支出	同	第一預備金支出
所管廳	度支部		內閣	同	同	學部
科目	軍部經費中不用額	**軍樂隊殘額**	官報費增額	露淸銀行償還零額及利子	北關內道路及各殿修理費	觀象所費增額
金額	100,000000	**4,655878**	840000	9,676780	12,919960	239320

　　1901년부터 1905년의 군악대 예산은 최저 9353원에서 최고 26097원이었다. 1905년의 예산지출명목은 봉급, 하사졸급료下士卒給料, 청비廳費, 잡비, 양식비, 병기비兵器費 등이었다. 봉급은 1등 군악장인 중대장 1인, 2등군악장인 소대장 2인, 이상 3인에게 지급된 비용이었고 하사졸급료는 정교正校 이하의 군악대원 101인에게 지급된 것이었다. 에케르트의 월급은 해관에서 지출되었으므로 군악대 예산에는 포함되지 않았다. 한편 군악대 경비는 정해진 예산에서만 운용된 것이 아니라 경우에 따라 초과되는 비용도 있었다. 예산 외 지출은 주로 악기구입비로 쓰였다. 이후 1907년에 군악대가 폐지되면서 군악대의 예산도 정리되었다. 그 잔액은 4655원 87전錢 8리里였다.

5. 군악대원의 복식

　　군악대원의 복식은 '육군장졸복장제식陸軍將卒服裝製式'을 통해 알 수 있다. 육군의 복장은 정장正裝, 군장軍裝, 예장禮裝, 상장常裝으로 분류되었다. 군장과 상장은 장령위관將領尉官과 하사졸下士卒이 모두 착용하고 정장과 예장은 하사졸이 착용하지 못했다. 그리고 하의夏衣도 있었다.[66] 이 중에서 군악대원의 복식은 1900년 7월 2일의 육군복식

65　『官報』 제3892호, 융희 원년 10월 9일 水曜 '彙報'
66　『詔勅』 奎17708-1 권4, 43a-44b.

개정안에 명시된 예장과 상장, 즉 예복禮服과 상복常服에서 드러난다. 군악대원 예복의 상의와 모자 뚜껑은 홍융紅絨質으로 되어 있고 바지는 홍융紅絨에 흑색黑色줄이 있었다. 견장은 금사직金絲織로 된 악기樂器형상이었다. 소매는 흑사직黑絲織이었는데 하사下士 이하의 것은 홍색1자형紅色一字形이며 계급에 따라 표시하는 줄로 차별되었다. 모자 앞 쪽의 챙 위에는 새털立前毛을 세워 꽂았다.[67] 상복은 대례복과 같되 순 흑색純黑色으로 되어 있었고 소매는 대례복과 같았다.[68]

탑골공원 팔각정에서 촬영한 대한제국 군악대
「朝鮮洋樂의 夢幻的 來歷 2」, 『東明』 14호, 大正 11년 12월 3일, 12면, 서울대교 중앙도서관

---

67 『詔勅』 奎17708-1 권9, 61a-62a.
68 "第四常衣 製度와 品質은 大禮衣와 同ᄒ되 但純黑色이요 衣領章은 無ᄒ고 袖章은 黑絲織으로 홀 事 下 士以下는 製式이 將校와 同ᄒ되 鈕子는 隱鈕뿐이요 袖章은 紅色一字形으로 ᄒ되 正校는 下一條[五分] 上三條[各二分]요 副校는 下一條上二條요 參校는下一條上一條로 ᄒ며 兵丁은 二分廣으로 ᄒ되 上等兵 은 三條요 一等兵은 二條요 二等兵은 一條로 홀 事" 『詔勅』 奎17708-1 권4, 52a.

1906년 5월에는 육군의 복장은 대례장大禮裝, 군장軍裝, 예장禮裝, 반예장半禮裝, 상장常裝으로 재분류되었으며 하의夏衣도 있었다. 이 때 군악대원 복장 변화가 발견되는데 군악장軍樂長이 도刀를 찼다佩用. 그리고 모든 군악대 하사졸은 도보도徒步刀를 차고 단화短靴를 신고 각반脚絆을 바지 안쪽에 착용하였다.[69] 군악대원이 도刀를 소지하게 되었다는 점이 큰 변화인 것이다.

1908년 3월에는 장례원 장악과에 소속되어 있던 양악대원, 즉 악사장樂師長, 악사樂師, 악수장樂手長, 악수樂手의 변화된 복제服制가 그림과 함께 소개되었다. 양악대원의 복제는 대례복, 상복 등의 구분이 없어지고 단벌로 일원화 되었다. 단벌의 구성은 상의, 바지, 모자, 외투이다. 그리고 여름용인 하의夏衣가 있었다. 양악대원의 복제는 옷감만 같을 뿐 나머지는 계급에 따라 차별되었다.

악사장의 상의 옷감은 옷깃만 적용이고 나머지는 흑용이었다. 상의 중앙에는 이화李花[70]가 가운에 새겨진 금색 원형 단추 5개가 달렸다. 경장頸章으로는 금선金線 1조條를 두르고 금색金色 악기형장樂器形章을 붙였다. 수장袖章으로는 금선金線 2조를 두르고 금색 이화李花 2개를 붙였다. 견장肩章은 한 쪽 끝이 검劍처럼 뾰족하게 생긴 형태였고 적용을 사용하였으며 금색 이화 2개를 붙였다. 악사의 상의는 악사장의 것과 동일하되 수장에서 금선 1조를 두르고 금색이 아닌 이화 1개를 붙였다는 점, 견장에서 금색이 아닌 이화 1개를 붙였다는 점에서만 다르다. 악수장은 악수장 1급과 악수장 2급으로 구분된다. 악수장 1급의 상의도 악사장의 것과 동일하되 경장에서 금색이 아닌 악기형장을 붙였다는 점, 수장에서 은선銀線 2조를 두르고 은색 이화 2개를 붙였다는 점, 견장에 종금선縱金線이 없고 이화 1개만 붙였다는 점에서 다르다. 악수장 2급의 상의는 악수장 1급의 것과 같되 소매에 은색이 아닌 이화 1개를 붙였다. 악수는 상등악수,

---

69 『官報』 제3462호, 광무 10년 5월 25일 金曜; 『詔勅』 규17706 권16, 56a-71b.
70 대한제국기의 오얏꽃 문양은 황실에서 사용하는 용도의 것을 포함하되 그 범위를 넘어서서 '국가 문장[國文]'의 의미를 내포한 채 주화, 우표, 훈장, 복식 등에 다양하게 활용되었다. 그러나 1910년 한일합방을 전후하여 이왕가 문장으로 그 의미가 변화해 갔다. 목수현, 「한국 근대 전환기 국가 시각 상징물」, 서울대학교 대학원 박사학위논문, 2008, 188~194쪽.

1등악수, 평악수로 구분되었다. 상등악수의 상의는 악수장의 것과 동일하되 은선 1조를 두르고 은색 이화 1개를 붙였다. 1등악수와 평악수의 상의는 상등악수의 것과 동일하되 1등악수의 수장에 이화를 붙이지 않았고 평악수는 수장이 없었다.

바지는 적용으로 되었고 악사장과 악사의 바지 옆에는側章 흑모선黑毛線 2조가 있고 악수장과 악수의 바지 옆에는 흑모선 1조가 있다는 점에서 서로 차별되었다.

모자는 흑융으로 만들어졌다. 모자 앞쪽에는前章 금색 태극太極 1개를 붙였고 모자 앞쪽 상부上部에 이화 1개를 붙였다. 그러나 모자 발권鉢卷의 경우 악사장은 금선 2조를, 악사는 금선 1조를, 악수장은 은선 1조를 둘렀으며 악수는 선을 두르지 않았다는 점만 서로 달랐다.

외투는 모두 흑융이었다. 악사장과 악사의 외투는 이중 여밈에 금색 단추 5개를 두 줄로 단 형태였다. 악수장과 악수의 외투는 가운데 여밈에 단추 5개를 한 줄로 단 형태였다.

1908년 3월 양악대원의 복제[71]

		奏任		判任	
		樂師長	樂師	樂手長	樂手
上衣	地質	黑絨襟赤絨	上同	上同	上同
	製式	자셋도 形竪襟胸一重이니 金色鈕釦五個를 一行에 付흐고 左右에 各二個 隱을 付홈	上同	上同	上同
	頸章	襟周邊에 幅二分되는 金線一條를 周흐고 襟兩端에 金色樂器形章을 付홈	上同	襟兩端에 樂器形章을 付홈	上同
	袖章	袖口에셔 三寸을 距흐야 幅一寸 及五分되는 金線二條를 周흐고 經五分되는 金色李花二個를 付홈	幅一寸되는 金線一條를 周흐고 李花一個를 付며 他는 同홈	幅五分되는 銀線二條를 周흐고 經五分되는 銀色李花二個를 付흐되 但 二級 樂手長은 李花一個를 付홈	幅五分되는 銀線一條를 局흐고 銀色李花一個를 付흐되 但 一等 樂手는 李花를 付치 아니흐고 平樂手는 袖章이 無홈

---

71 『官報』 제4072호, 융희 2년 5월 13일 水曜.

		奏任	判任		
		樂師長	樂師	樂手長	樂手
	肩章	地質赤絨劍尖形이니幅一寸五分長三寸이오全緣에幅三分되는金線을周ᄒ고中央部에幅三分되는縱金線을施ᄒ야其上에各經五分되는金色李花二個를付홈	縱金線中央部에李花一個를付ᄒ고他는同홈	縱金線을付치아니ᄒ고他는同홈	上同
	鈕釦	金色圓形이니經은七分으로ᄒ고李花를中央部에打出홈	上同	上同	上同
袴	地質	赤絨	上同	上同	上同
	製式	普通製	上同	上	上同
	側章	外部縫合部에幅五分되는黑毛緣二條를付홈	上同	幅五分되는黑毛緣一條를付홈	上同
帽	地質	黑絨	上同	上同	上同
	製式	圓形이니眉庇黑塗革이오支革을付ᄒ되兩端을金色鈕釦에止ᄒ고鉢卷에赤絨을周ᄒ야其上에幅三分되는金線二條를周홈	鉢卷에金線一條를周ᄒ고他는同홈	鉢卷에幅五分되는銀線一條를周ᄒ고他는同홈	鉢卷에線은無ᄒ고他는同홈
	前章	金色이니中央部에太極一個와上部에李花一個를付ᄒ고李花枝二條로擁圍ᄒ니圖와如홈	上同	上同	上同
外套	地質	黑絨	上同	上同	上同
	製式	普通製竪襟胸二重이니金色鈕釦各五個를兩行에付홈	上同	胸一重이니鈕釦를一行에付ᄒ고他는同홈	上同
	鈕釦	金色圓形이니中央部에李花를打出ᄒ되大者는經七分이오小者는經三分으로홈	上同	上同	上同

夏衣略服

		奏任		判任		
		樂師長		樂師	樂手長	樂手
上衣	地質	가기色小倉地		上同	上同	上同
	製式	자켓도 形腎襟胸一重이니 角製鈕釦 五個을 一行에 付홈		上同	上同	上同
	頸章	襟兩端에金色樂器形章을付홈		上同	上同	上同
	袖章	金色李花二個를付홈		李花一個를付홈		
袴	地質	가기色小倉地		上同	上同	上同
	製式	普通製		上同	上同	上同

군악대원의 복제는 1906년에 도刀를 소지하게 되면서 큰 변화를 겪었다. 이후 일부 군악대원이 장례원 장악과로 편입되고서는 악사장, 악사, 악수장, 악수에 따라 경장, 수장, 견장, 측장, 외투 여밈 등의 규정에서 세밀하게 차별화 되었다. 이러한 군악대원의 복식 변화에 대한 자세한 분석은 차후의 연구과제로 남긴다.

6. 군악대원의 정년과 징벌사항

대한제국기 군악대원에게도 정년제도가 있었으니 '육군군인현역정한년령조규陸軍軍人現役定限年齡條規'를 통해 알 수 있다. '육군군인현역정한년령조규'에 의하면 1등군악장은 만51세, 2등군악장은 만48세, 군악대하사軍樂隊下士는 만45세, 군악수는 만40세로 정해져 있었다. 그러나 정년 연령이 꽉 차더라도 그 직책을 대신할 사람이 없으면 유임留任할 수 있었다. 반대로 정년 연령이 안 되었지만 현역 11년 이상을 복역하지 못할 때에는 퇴출 당할 수도 있었다. 이 규정은 1904년 9월 27일에 반포되었으므로 군악대 창설 당시부터 적용되었던 것은 아니다.

陸軍軍人現役定限年齡條規[72]

第一條 陸軍軍人이 左의 揭흔 定限年齡에 達ᄒ면 現役을 退흠이라　　　　定限年齡

副將　　　　　　　　　　　　　　　　　　　　　　　　　　　　　　　　滿七十歲

參將, 軍醫摠提, 司計監　　　　　　　　　　　　　　　　　　　　　　　滿六十五歲

一等軍醫長, 一等司計　　　　　　　　　　　　　　　　　　　　　　　　滿六十歲

憲兵屯田兵正. 副領, 二,三等軍醫長, 二,三等司計, 獸醫長　　　　　　　滿五十七歲

步騎砲工輜重兵正,副領, 憲兵屯田兵參領, 一等軍醫, 一等軍司, 一等獸醫　滿五十四歲

步騎砲工輜重兵參領, 憲兵屯田兵正尉, 二等軍醫, 二等軍司, 二等獸醫,

一等軍樂長, 砲工兵上等監護　　　　　　　　　　　　　　　　　　　　**滿五十一歲**

步騎砲工輜重兵正尉, 憲兵屯田兵副,參尉, 三等軍醫, 三等軍司, 三等獸醫,

二等軍樂長, 砲工兵監護, 諸工長, 諸工下長　　　　　　　　　　　　　**滿四十八歲**

步騎砲工輜重兵副,參尉, 憲兵屯田兵下士, 餇官下士, 醫務局下士, **軍樂隊下士** **滿四十五歲**

步騎砲工輜重兵下士, 憲兵屯田兵卒, 看護卒, **軍樂手**　　　　　　　　　**滿四十歲**

步騎砲工輜重兵卒　　　　　　　　　　　　　　　　　　　　　　　　　　**滿三十五歲**

第二條 軍人定限年齡에 達흔 者라도 他人으로써 代ᄒ지 못흔 職에 在흔 時ᄂ 留任을 命ᄒᄂ

　　　　事도 有흠이라

第三條 軍人定限年齡에 達치 못ᄒ야도 現役十一年以上에 服役을 堪忍치 못흘 時ᄂ 將官 은

　　　　上諭에 依ᄒ고 領尉官은 軍部大臣이 旨諭ᄒ야 現役을 退케 ᄒᄂ 事도 有흠이라

第四條 開國五百四年 勅令 第84號 軍人現役定限年齡條規ᄂ 本令頒布日붓터 廢止흠이라

또한 군악대원의 징벌 규정도 있었다. 1906년 10월 16일에 반포된 칙령 제61호 '육군징벌령'을 통해 알 수 있다. 당시 중대장급이었던 군악대장은 부하의 하사下士를 10일 이내의 영창금족營倉禁足하게 하거나 병졸兵卒을 20일 이내의 영창고역營倉苦役하게 할 수 있었다. 이 규정은 1907년 7월 31일 군대의 폐지로 인해 불과 10개월 정도 유

———
72 『官報』號外, 광무 8년 9월 27일; 『勅令』(奎 17708) 권15, 67a-69b 〈陸軍軍人現役定限年齡條規〉.

효했을 뿐이다.

勅令第61號 陸軍懲罰令[73]

第1章 法例

第1條 本令은 軍人의 故意와 疏虞와 懈怠와 過失의 輕犯으로 刑法에는 該當치 아니흔者 와
操行을 不修ᄒ야 軍人의 體面을 汚損흔者가 有흔 時에 其上官이 懲戒ᄒ는 罰則이니
其主旨는 部曲의 風紀를 維持ᄒ고 軍紀의 紊亂흠을 預防흠이라 但所犯이 稍重흔者는
法律에 依ᄒ야 論흠이라

第2條 各所管의 長官及衛戍司令官은 部下의 軍人이 本令을 犯흔者에게는 懲罰흠이 可흠 이
라

第3條 各軍隊의 隊長은 左의 區別을 從ᄒ야 措處를 行흠이 可흠이라

　1 聯隊長은 部下將校를 30日 以內의 謹愼이며 士卒를 營倉禁足苦役

　2 大隊長은 部下의 將校를 10日 以內의 謹愼과 下士를 20日 以內의 營倉禁足과 兵卒 를
30日 以內의 營倉苦役

　3 中隊長은 部下의 下士를 10日 以內의 營倉禁足과 兵卒을 20日 以內의 營倉苦役 獨立或
分屯흔 大隊長及憲兵隊長은 第一項이며 獨立或分屯흔 中隊長及分遣隊長된 副參尉와
憲兵區隊長은 第二項이며 **軍樂隊長은 第三項과 同흠이라**

…(中略)…

第29條 本令은 頒布日노붓터 施行흠이라

第30條 間國五百五年 勅令 第11號는 廢止흠이라 光武 10年 10月 16日

　　비록 군악대의 정년과 징벌규정 기록이 일회적이지만 당시 군악대 규율 관련 기사
를 통해 군악대의 전체 구도를 그려보는 데 조금이나마 도움이 되지 않을까 한다.

---

[73] 『官報』 제3590호, 광무 10년 10월 22일 月曜; 『勅令』(奎 17706) 권18, 12a-20b.

7. 맺음말 : 군악대 활동과 그 의의

대한제국기 군악대는 1900년 12월에 설치령이 내려진 후 에케르트를 교사로 초빙하여 고용계약을 체결하였으며 51인 1소대의 편제를 갖추었다가 여러 가지 변화를 겪으며 존속되었다. 이렇게 체제 변화를 겪었던 군악대는 1901년 9월 7일(음력 7월 25일) 고종황제의 만수성절萬壽聖節에서 초연을 성공적으로 해내며 활동하기 시작하였다. 초연에서 연주된 곡은 이태리가곡 중 제일 간단한 것 1곡, 독일행진곡 중 1곡, 이상 2곡이었다.[74] 군악대 교육 시작 시점을 에케르트의 고종 알현 직후부터 계산하더라고 초연까지는 불과 6개월이 안 되는 짧은 기간이었으므로 군악대 초기교육과정이 매우 힘들었으리라고 짐작된다. 당시 군악대원의 어려움은 아래의 인용문에 잘 나타나 있다.

있는 樂器로 불야불야 가르치기 始作하는데 머리 뒤가 납작하면 슬기롭지 못하다고 쫓아
낸다. 樂器를 조금만 잘 못 들어도 주먹뺨이 풀풀 날은다 하야 매에 못 이기어 도망하는 빗혜
내쫓는 빗혜 한참 風波를 격근 후에 晝夜를 불철하고 쥐구멍에 소를 몰듯 하야 가르치었다.
그러느라니 軍樂이란 士氣를 도웁기는 姑捨하고 士卒들을 들복는 것이라 하야 怨聲이 藉藉
하얏스나[75]

성공적인 초연을 시작으로 군악대는 고종의 만수성절,[76] 계천기원절,[77] 황태자 천추경절,[78] 국가 간의 조약 체결,[79] 각국 공사와 영사를 비롯한 외국인 영접,[80] 러일전쟁

---

74 「朝鮮洋樂의 夢幻的 來歷(2)」, 『東明』, 대정 11년 12월 3일, 12면.
75 군악대의 초기 음악교육이 얼마나 힘들었는지는 다음 기사를 통해 짐작해 볼 수 있다. 「朝鮮洋樂의 夢幻的 來歷(2)」, 『東明』, 대정 11년 12월 3일, 12면.
76 『元帥府來去案』 권3, 81~82쪽; 『元帥府來去案』 권4, 59쪽.
77 『宮內府案』, 358쪽; 『元帥府來去案』 奎17809 권3, 105~106쪽; 『元帥府來去案』 권4, 93쪽.
78 『元帥府來去案』 권4, 20쪽.
79 러시아와 맺은 韓丹通商條約을 기념하여 군악대가 1902년 7월 17일 저녁 7시에 연주를 하였다. 『元帥府來去案』 권3, 78~79쪽.
80 『宮內府案』, 384쪽; 『元帥府來去案』 권4, 38쪽; 『農商工部去牒存案』 奎18152 제9책, 54~55쪽.

전승 기념식,[81] 등 황실의 여러 행사에 동원되었다. 또한 군악대 관사를 파고다공원 근처로 이주한 후에는 팔각정에서[82] 매주 목요일 오후에 외국인이나 국내 고위 관리를 위해 연주회를 개최하기도 하였다. 이처럼 군악대의 연주활동은 황실 관련 행사에 국한되어 있었다. 따라서 군악대의 연주활동 영역을 통해 보건대 군악대는 황실전속악대의 성격을 지녔다고 하겠다.

그러나 한일의정서 체결 되고서 1904년 10월 14일에 일본인 메가다 쇼네타로目賀田種太郎가 탁지부度支部 고문관顧問官으로 임명된 후 군악대의 연주가 일반에 공개되었다. 팔각정은 반향反響이 심하다는 명목으로 20평가량 되는 포자식皰子式(열박아지) 목제木製 음악당을 공원 내에 다시 건축하였고 새 건물 완공 이후 공원을 개방함과 동시에 군악대의 연주회도 일반에 공개해 버린 것이다.[83] 군악대 공개는 황실전속악대의 위상을 격하시키고 황실의 권위를 무너뜨린 만행인 것이다.

심화되는 일제의 간섭으로 인해 대한제국이 서서히 기울어가는 과정 속에서 군악대의 상황도 어려워졌지만 대한제국기 군악대의 존재는 본격적인 양악도입의 계기가 되었다는 점, 서양악보의 도입 경로가 되었다는 점, 취주악의 효시가 되었다는 점에서[84] 의의가 있다고 하겠다.

「대한제국기 군악대 고찰」, 『한국음악연구』 제44집, 2008.12.

---

81 전갑생, 「[발굴! 이 한 장의 사진] 일제가 해산한 비운의 '조선 군악대' 대한제국 군악대의 '러일전쟁 전승 기념식' 연주」, 오마이뉴스 2006.12.6.
82 군악대본부는 창설 당시 경희궁(慶熙宮) 정문 근처에 자리하였다가 1902년 8월에 파고다공원 西邊에 새로 기와집을 짓고 옮겨왔다. 아울러 파고다공원 내에 있는 팔각정에 대해 군악대가 파고다공원 근처로 이주한 이후 군악대의 공연장 용도로 신축하였다는 견해가 있다(「朝鮮洋樂의 夢幻的 來歷(2)」, 『東明』, 대정 11년 12월 3일, 12면).
83 「朝鮮洋樂의 夢幻的 來歷(3)」, 『東明』, 대정 11년 12월 10일, 12면.
84 金源模, 「에케르트軍樂隊와 大韓帝國愛國歌」, 『崔永禧先生華甲紀念韓國史學論叢』, 480쪽.

〈부록 3〉 1908년 순종 2년 樂師長 以下 服制[85]

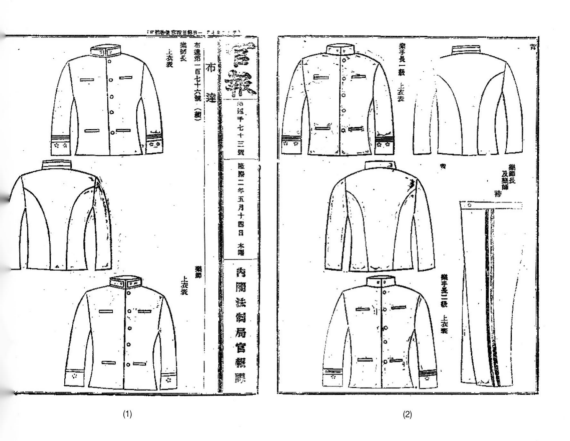

(1)　　　　　　　　　　　　　(2)

85　『官報』 제4073호, 융희 2년 5월 14일 木曜.

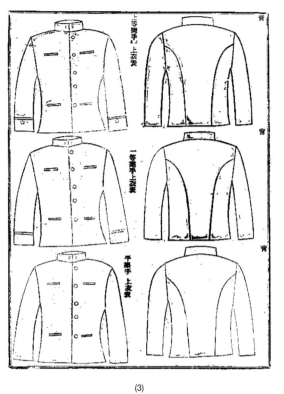

(3)

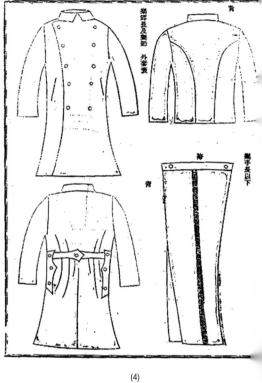

(4)

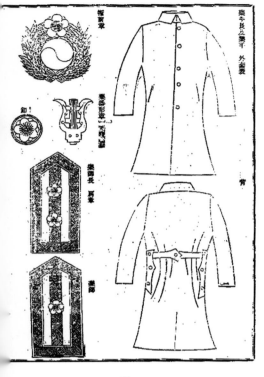

(5)

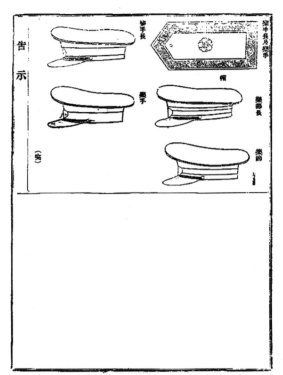

(6)

1. 儀軌 · 典禮書 · 法典 · 官署文案 · 신문 등

『[辛丑]進宴儀軌』(1901, 7), 서울대학교 규장각 한국학연구원 소장, 奎14464.

『[壬寅]進宴儀軌』(1902, 11), 奎14479.

『加資錄』, 한국학중앙연구원 장서각소장, K2-496.

『各府郡來牒』, 奎19146.

『各部來照存案』, 奎17748.

『各部請議書存案』, 奎17715.

『各部通牒』, 奎17824.

『京畿關草』, 奎18067.

『京城府史』, 京城 : 京城府, 1934.

『高宗大禮儀軌』, 서울대학교규장각, 2001.

『高宗時代史』 1~6, 국사편찬위원회, 1967~1972.

『高宗實錄』.

『公文編案』, 奎18154.

『官報』, 奎17289.

『舊韓國外交文書』 권16(德案 2), 고려대학교출판부, 1966.

『국역해행총재(속)』 Ⅹ, 민족문화추진회, 1977.

『國朝祀典』, K2-2529.

『國朝五禮儀』, 景文社, 1979.

『軍部來去文』, 奎17803.

『宮內府來文』, 奎17757.

『宮內府案』, 奎17801.

『耆社契帖』.

『起案』, 奎17746.

『기호흥학회월보』.

『南西巡幸日記』, 奎17846.

『南巡幸時日記』, K2-0188.

『內閣往復文』, 奎17755.

『農商工部去牒存案』, 奎18152.

『大典會通』.

『大韓每日申報』.

『대한민보』.

『大韓禮典序例』(未定本), K2-2124.

『大韓禮典』, K2-2123.

『대한자강회월보』.

『대한학회월보』.

『大皇帝陛下卽位禮式儀註』, 한국학중앙연구원 장서각 소장, 청구기호 911.0093 D132.

『독립신문』.

『東萊統案』, 奎18116.

『東明』.

『來牒存案』, 奎17749.

『梅泉野錄』.

『法規類編』, 奎16032.

『西巡幸日記』, K2-222, K2-223.

『歲入歲出豫算表』, 奎15295.

『世宗實錄樂譜』.

『續陰晴史』, 國史編纂委員會, 1955.

『隨聞見錄』, 독립기념관 소장, 자료번호 1-000488-000.

『修信使記錄』, 한국사료총서 제9권, 국사편찬위원회, 1971.

『순조실록』.

『純宗實錄』.

『承政院日記』.

『新聞集成明治編年史』 제13권, 東京 : 財政經濟學會, 昭和 11年.

『樂學軌範』.

『御旗』, 奎26192.

『영조실록』.

『右侍御廳節目』, 奎9846.

『元帥府來去案』, 奎17809.

『園幸乙卯整理儀軌』, 서울대학교 규장각, 1994.

楢崎桂園, 『韓國丁未政變史』, 京城 : 日韓書房, 1907.

『六典條例』.

『儀註謄錄』, K2-2134.

『仁川港案』, 奎17863-2.

『仁牒』, 奎18088.

『日省錄』.

『帝國新聞』.

『朝鮮雅樂』, K3-590.

『朝鮮樂槪要』, 국립국악원 소장, 유물 000240_000.

『詔勅』, 奎17706, 奎17708-1.

『宗廟五享大祭』, K2-2191.

『奏本存案』, 奎17704.

『奏本』, 奎17703.

『珠淵集』, K4-5682.

『駐韓日本公使館記錄』, 국사편찬위원회, 1986~1994.

『指令存案』, 奎17750-2

『進宴後賞格發記』, K2-2872.

『昌原港報牒』, 奎17869-2.

『滄槎紀行』, 奎古4280-2.

『總關去函』, 奎17832.

『春官通考』, 성균관대학교 대동문화연구원, 1975.

『勅令』, 奎17706, 奎17708.

『度支部來去案』, 奎17766.

『태극학보』.

『統監府文書』, 국사편찬위원회, 1998~2000.

『通牒編案』, 奎20313.

『通牒』, 奎17822.

『航韓必携』, 부산광역시립시민도서관 소장, 古913.05-21.

『해조신문』.

『皇城新聞』.

2. 논문

강상규, 「고종의 대내외 정세인식과 대한제국 외교의 배경」, 『19세기 동아시아의 패러다임 변환과 한반도』, 논형, 2008.

권도희, 「20세기 기생의 음악사회사적 연구」, 『한국음악연구』 제29집, 한국국악학회, 2001.

_____, 「20세기 관기와 삼패」, 『여성문학연구』 16, 여성문학학회, 2006.

_____, 「20세기 기생의 가무와 조직」, 『한국음악연구』 45집, 한국국악학회, 2009.

_____, 「대한제국기 황실극장의 대중극장으로의 전환 과정에 대한 연구」, 『국악원논문집』 제32집, 국립국악원, 2015.

김원모, 「에케르트軍樂隊와 大韓帝國愛國歌」, 『崔永禧先生華甲紀念韓國史學論叢』, 탐구당, 1987.

김기란, 「대한제국기 극장국가 연구(1)」, 『어문론총』 제51호, 한국문학언어학회, 2009.

_____, 「대한제국기 극장국가 연구(2)」, 『한국연극학』 제40호, 한국연극학회, 2010.

김동철, 「通信使 수행 馬上才의 구성과 활동」, 『조선통신사연구』 3호, 조선통신사학회, 2006.

김문식, 「高宗의 皇帝 登極儀에 나타난 상징적 함의」, 『조선시대사학보』 37, 조선시대사학회, 2006.

_____, 「세손 정조의 대리청정」, 『문헌과 해석』 통권 47호, 문헌과 해석사, 2009.

김문식·송지원, 「국가전례의 변천과 복원」, 『서울 20세기 생활·문화변천사』, 서울시정개발연구원, 2001.

김세은, 「고종초기 국왕권의 회복과 왕실행사」, 서울대 박사학위논문, 2005.

김소영, 「순종황제의 南·西巡幸과 忠君愛國論」, 『韓國史學報』 제39호, 고려사학회, 2010.5.

김영운, 「1913년 高宗 誕辰日 祝賀宴 樂舞 硏究」, 『藏書閣』 제18집, 한국학중앙연구원, 2007.

김영학·이인희·박상석, 「격검흥행(擊劍興行)에 관한 고찰」, 『大韓武道學會誌』 제4권 제2호, 대한무도학회, 2002.

김영희, 「승무의 미래와 승무의 과거」, 『공연과 리뷰』 85, 현대미학사, 2014.6.

_____, 「시정오년기념조선물산공진회의 기생의 춤 공연에 대한 연구」, 『국악원논문집』(국립국악원, 2014), 제29집.

김은자, 「朝鮮時代 使行을 통해 본 韓·中·日 音樂文化」, 한국학중앙연구원 박사학위논문, 2011.

김종수, 「外宴과 內宴의 의례구성과 특징(Ⅰ)」, 『韓國音樂史學報』 제29집, 한국음악사학회, 2002.

김종수, 「外宴과 內宴의 의례구성과 특징(Ⅱ)」, 『韓國音樂史學報』 제30집, 한국음악사학회, 2003.

_____, 「1901년(광무 5) 高宗 50세 경축 연향과 『辛丑進宴儀軌』」, 『규장각소장의궤해제집』 2, 서울대학교규장각, 2004.

_____, 「1901년(광무 5) 孝定王后 71세 경축 연향과 『辛丑進饌儀軌』」, 『규장각소장의궤해제집』 2, 서울대학교규장각, 2004.

_____, 「1902년(광무 6) 高宗의 耆老所 入所와 『壬寅進宴儀軌』」, 『규장각소장의궤해제집』 2, 서울대학교규장각, 2004.

김지영, 「조선시대 典禮書를 통해 본 御駕行列의 변화」, 『韓國學報』 제120집, 일지사, 2005.

_____, 「근대기 국가 의례의 장으로서의 東郊」, 『서울학연구』 제36호, 서울시립대학교 서울학연구소, 2009.

목수현, 「한국 근대 전환기 국가 시각 상징물」, 서울대학교 대학원 박사학위논문, 2008.

민경찬, 「일본 근대 양악의 흐름」, 『韓國音樂史學報』 제15집, 한국음악사학회, 1995.

_____, 「우리나라 최초의 국가인 '대한제국 애국가'를 생각하며」, 『한국음악평론』, 한국음악평론가협의회, 2010.

서영희, 「1894~1904年의 政治體制變動과 宮內府」, 『한국사론』 23권, 서울대학교, 1990.

서인화, 「19세기 掌樂院의 존재양상」, 『동양음악』 24집, 동양음악연구소, 2002.

서진교, 「대한제국기 고종의 황실追崇사업과 황제권의 강화의 사상적 기초」, 『한국근현대사연구』 제19집, 한국역사연구회, 2001.

설중환, 「적벽가의 인물구조와 의미」, 『적벽가 연구』, 서울 : 신아출판사, 2000.

손승철, 「조선시대 日本天皇觀의 유형적 고찰」, 『사학연구』 50집, 한국사학회, 1995.

宋芳松, 「대한제국 시절 군악대의 공연 양상」, 『韓國音樂史學報』 제35집, 韓國音樂史學會, 2005.

송지원, 「18세기 후반 조선의 학자군주 正祖의 음악업적」, 『동양음악』, 서울대학교 동양음악연구소, 1999.

_____, 「關王廟 祭禮樂 연구」, 『韶巖權五聖博士華甲紀念 音樂學論叢』, 韶巖權五聖博士華甲紀念論文集刊行委員會, 2000.

_____, 「朝鮮通信使의 儀禮」, 『조선통신사연구』 제2호, 조선통신사학회, 2006.

_____, 「조선시대 독제의(纛祭儀) 악무(樂舞)」, 『문헌과 해석』 겨울 통권 37호, 문헌과해석사, 2006.

_____, 「조선시대 궁중학무(鶴舞)의 연행 양상 연구」, 『공연문화연구』 제15집, 공연문화학회, 2007.8.

_____, 「영조대 국가전례정책의 제 양상」, 『공연문화연구』 제17집, 공연문화학회, 2008.

_____, 「조선통신사를 통해 본 조·일 문화교류의 면면」, 『일본비평』 제5호, 서울대학교 일본연구소, 2011.

신경숙, 「19세기 가객과 가곡의 추이」, 『韓國詩歌研究』 제2집, 한국시가학회, 1997.

_____, 「조선후기 宴享儀式에서의 歌者」, 『국제어문』 29집, 국제어문학회, 2003.

신대철, 「조선조의 고취와 고취악」, 한국학중앙연구원 박사학위논문, 1995.

심민정, 「조선후기 通信使 員役의 선발실태에 관한 연구」, 『한일관계사연구』 제23집, 한일관계사학회, 2005.

岩方久彦, 「1876년 修信使연구 : 高宗의 舊好回復論을 중심으로」, 『韓日關係史研究』, 경인문화사, 2007.

오영섭, 「갑오경장 중 고종의 왕권회복운동」, 『한국민족운동사연구』 24권, 한국민족운동사학회, 2000.

_____, 「을미사변 이전 이범진의 정치활동」, 『한국독립운동사연구』 제25집, 문화체육관광부, 2005.

유 현, 「고종시대 관왕숭배의 확산과 국왕의 대응」, 『박물관연구논집』 12집, 부산박물관, 2007.

윤소영, 「한국통감부의 궁내부 해체와 변용(1904~1908)」, 『한국근현대사학회 제135회 월례발표회 자료집』, 2010.11.

윤 정, 「숙종대 신덕왕후 본궁 추부 논의와 본궁 인식의 변화」, 『한국사학보』 제37호, 고려사학회, 2009.

이경미, 「대한제국의 서구식 대례복 패러다임」, 서울 : 서울대학교 대학원 박사학위논문, 2008.

_____, 「갑신의제개혁(1884년) 이전 일본 파견 수신사와 조사시찰단의 복식 및 복식관」, 『한국의류학회지』 제33권 제1호(통권 183호), 한국의류학회, 2009.

이경미, 「19세기말 서구식 대례복 제도에 대한 조선의 최초 시각 – 서계(書契) 접수 문제를 통해-」, 『한국의류학회지』 제33호, 한국의류학회, 2009.

_____, 「사진에 나타난 대한제국기 황제의 군복형 양복에 대한 연구」, 『한국문화』 50, 서울대학교 규장각 한국학연구원, 2010.6.

_____, 「대한제국기 서구식 문화 대례복 제도의 개정과 국가정체성 상실」, 『服飾』 제61권, 4호, 한국복식학회, 2011.

_____, 「대한제국기 외국공사 접견례의 복식 고증에 관한 연구」, 『한국문화』 56, 서울대학교 규장각한국학연구원, 2011.

이경분 · 헤르만 고체프스키, 「프란츠 에케르트는 대한제국 애국가의 작곡가인가?」, 『역사비평』 101호, 역사비평사, 2012.

이경원, 「조선통신사 수행악대의 음악활동 고찰」, 영남대학교대학원 석사학위논문, 1993.

이숙희, 「行樂 연주 악대의 종류와 성격」, 『한국음악연구』 제35집, 한국국악학회, 2004.

_____, 「대한제국 악제의 성립 배경과 성격」, 『서울학연구』 35호, 서울시립대학교 서울학연구소, 2009.

이왕무, 「대한제국기 순종의 남순행 연구」, 『정신문화연구』 제30권 제2호(통권 107호), 한국학중앙연구원, 2007.

_____, 「대한제국기 순종의 서순행 연구」, 『동북아역사논총』 제31호, 동북아역사재단, 2011.

이 욱, 「근대 국가의 모색과 국가의례의변화 – 1894~1908년 국가 제사의 변화를 중심으로 – 」, 『정신문화연구』 제27권 제2호(통권 95호), 한국정신문화연구원, 2004.

이정희, 「高宗代 圜丘祭禮樂 再考」, 『공연문화연구』 제14집, 한국공연문화학회, 2007.

_____, 「대한제국기 掌樂機關의 체제」, 『공연문화연구』 제17집, 한국공연문화학회, 2008.

_____, 「대한제국기 군악대 고찰」, 『한국음악연구』 제44집, 한국국악학회, 2008.

_____, 「대한제국기 원유회 설행과 그 의미」, 『한국음악연구』 제45집, 한국국악학회, 2009.

_____, 「숭의묘 건립과 숭의묘 제례악」, 『공연문화연구』 제19집, 한국공연문화학회, 2009.

_____, 「개항기 근대식 궁정연회의 성립과 공연문화사적 의의」, 서울대학교 대학원 박사학위논문, 2010.

_____, 「대한제국기 건원절 경축 행사의 설행양상」, 『한국음악사학보』 제45집, 한국음악사학회, 2010.

_____, 「대한제국기 순종황제 즉위 행사와 음악」, 『한국음악사학보』 제47집, 한국음악사학회, 2011.

_____, 「제1차 수신사 김기수가 경험한 근대 일본의 외교의례와 연회」, 『조선시대사학보』 59집, 조선시대사학회, 2011.

_____, 「대한제국기 개국기원절 기념 행사와 음악」, 『공연문화연구』 제25집, 한국공연문화학회, 2012.

_____, 「한국근대전환기의 궁중악사, 명완벽」, 『한국음악사학보』 제51집, 한국음악사학회, 2013.

_____, 「대한제국기 고종황제의 행차와 악대」, 『한국음악사학보』 제53집, 한국음악사학회, 2014.

_____, 「대한제국기 순종황제의 행차와 음악」, 『국악원논문집』 제32집, 국립국악원, 2015.

_____, 「고종황제 만수성절 경축 문화」, 『공연문화연구』 제34집, 한국공연문화학회, 2017.2.

_____, 「1910년대 고종 탄신 기념 연회의 공연 양상」, 『공연문화연구』 제35집, 한국공연문화학회, 2017.8.

이지선 · 야마모토 하나코, 「『직원록(職員錄)을 통해서 본 이왕직(李王職)의 직제(職制)연구』」, 『동양음악』 26집, 동양음악연구소, 2004.

임미선, 「대한제국기 궁중음악 : 『대한예전』을 중심으로」, 『한국음악사학보』 제45집, 한국음악사학회, 2010.

임선화, 「선교사의 독립협회와 대한제국 인식」, 『전남사학』 제14집, 전남사학회, 2000.

장두식, 「근대결혼제도 정착과정과 소설의 관련양상 연구」, 『단국대학교 동양학연구소 중점연구소 연구과제 학술회의 자료집 : 개화기에서 일제강점기까지 한국 문화전통의 지속과 변용』 Ⅵ, 단국대학교 동양학연구소, 2011.

張師勛, 「洋樂界의 黎明期 – 특히 軍樂隊를 중심으로 – 」, 『黎明의 東西音樂』, 寶晉齋, 1974.

전성희 · 박춘순, 「修信使가 본 近代日本風俗 – 김기수의 일본풍속인식을 중심으로 – 」, 『한국생활과학회지』 제14권 5

호, 한국생활과학회, 2005.

정영진, 「통신사행에 수반된 음악」, 『文化傳統論集』 제12집, 경성대학교부설한국학연구소, 2004.

鄭應洙, 「근대문명과의 첫 만남 - 『日東記遊』와 『航海日記』를 중심으로」, 『韓國學報』 제63집, 일지사, 1991.

_____, 「조선사절이 본 메이지(明治) 일본 : 김기수의 『일동기유』를 중심으로」, 『일본문화학보』 제45집, 한국일본문
        화학회, 2010.

정형호, 「한국 격구의 역사적 전승과 변모양상」, 『제3회 국제아세아민속학회 국제학술대회 발표논문집』, 국제아세아
        민속학회, 1999.

조경아, 「조선후기 儀軌를 통해 본 呈才 연구」, 성남 : 한국학중앙연구원 박사학위논문, 2008.

_____, 「대한제국기 연향에서 정재 준비와 공연의 변모」, 『한국음악사학보』 제45집, 한국음악사학회, 2010.

조영규, 「1902년 칭경예식과 진연연구」, 『한국음악사학보』 제41집, 한국음악사학회, 2008.

조항래, 「병자수신사(丙子修信使) 김기수사행고 - 그의 저 『일동기유(日東記遊)』의 검토와 관련하여 -」, 『대구사학』,
        제1집, 대구사학회, 1969.

河宇鳳, 「開港期 修信使行에 관한 一硏究」, 『한일관계사연구』 제10집, 한일관계사학회, 1999.

_____, 「一次修信使・金綺秀の日本認識」, 『翰林日本學硏究』 제5집, 한림대학교일본학연구소, 2000.

한규무, 「초기 한국교회의 만수성절 기념식 자료」, 『한국기독교역사연구소소식』 제27호, 한국기독교역사연구회, 1997.

한복진・이성우, 「조선조 궁중 탄일상 발기의 분석적 연구」, 『韓國食文化學會誌』 4권 1호, 한국식생활문화학회, 1989.

한영우, 「대한제국 성립과정과 『大禮儀軌』」, 『高宗大禮儀軌』, 서울대학교규장각, 2001.

한철호, 「제1차 수신사(1876) 김기수의 견문활동과 그 의의」, 『韓國思想史學』 제27집, 한국사상사학회, 2006.

Thamcharonkij, Tientida, 「韓・泰 양국의 『삼국지연의』 수용 비교를 통한 한국문화교육 연구」, 서울대학교 대학원
        박사학위논문, 2006.

3. 단행본

국립고궁박물관 엮음, 『대한제국 - 잊혀진 100년 전의 황제국 -』, 『왕실문화 기획총서』 1, 민속원, 2011.

김문식・김지영・박례경・송지원・심승구・이은주 지음, 『왕실의 천지제사』, 돌베개, 2011.

김병선, 『창가와 신시의 형성 연구』, 소명출판, 2007.

김은주, 『석조전 - 잊혀진 대한제국의 황궁 -』, 민속원, 2014.

김종수, 『조선시대 궁중연향과 여악연구』, 서울 : 민속원, 2001.

김종수 역주, 『譯註增補文獻備考 - 樂考 -』, 국립국악원, 1994.

김 탁, 『한국의 관제신앙』, 선학사, 2004.

『宮內廳樂府雅樂の正統』, 扶桑社, 2008.

권도희, 『한국 근대음악 사회사』, 민속원, 2004.

노동은, 『한국근대음악사』 1, 한길사, 1995.

노동은, 『한국 근대음악사』 1 : 1860년부터 1910년까지, 민속원, 2015.

단국대학교 동양학연구소 엮음, 『개화기에서 일제강점기까지 한국문화자료총서 - 구한국 관보 복식 관련 자료집』, 『동
        양학총서』 39집, 민속원, 2011.

대한제국 사례소, 임민혁・성영애・박지윤 옮김, 『국역 대한예전』 上・中, 민속원, 2018.

『대한제국황실사진전』, 한미사진미술관, 2009.

東京國立博物館 編, 『幕末明治期寫眞資料目錄』 1, 國書刊行會, 1999.

민경찬, 『청소년을 위한 한국음악사』 양악편, 두리미디어, 2006.

朴志泰 編著,『大韓帝國期政策史資料集』Ⅳ-군사 경찰-, 선인문화사, 1999.

『배재백년사』, 배재백년사편찬위원회, 1989.

부산박물관,『사진엽서로 보는 근대풍경』8, 민속원, 2009.

서인한,『대한제국의 군사제도』, 혜안, 2000.

『세밀한 일러스트와 희귀 사진으로 본 근대 조선』, 살림, 2008.

구자황 편역,『신정심상소학(新訂尋常小學)』, 도서출판 경진, 2012.

국사편찬위원회편,『다양한 문화로 본 국가와 국왕』, 두산동아, 2009.

다카사키 소지, 이규수 옮김,『식민지 조선의 일본인들』, 역사비평사, 2006.

다카시 후지타니, 한석정 옮김,『화려한 군주-근대 일본의 권력과 국가의례-』, 이산, 2003.

『서울六百年史』제4권, 서울특별시사편찬위원회, 1981.

『서울六百年史』文化史蹟篇, 서울특별시사편찬위원회, 1987.

송지원,『정조의 음악정책』, 태학사, 2007.

송호열,『한국의 지명 변천』, 성지문화사, 2006.

신경숙,『조선 궁중의 노래, 악장』,『조선왕실문화총서』009, 민속원, 2017.

심헌용,『한말 군 근대화 연구』, 국방부 군사편찬연구소, 2005.

安自山,『朝鮮武士英雄傳』, 명성출판사, 소화 15년.

안창모,『덕수궁』, 동녘, 2009.

엔도 도루・사사모토 다케시・미야마루 나오코 지음, 시바 스케야스 감수, 허영일 옮김,『그림으로 보는 가가쿠 입문
　　　　사전』, 민속원, 2016.

유모토 고이치(湯本豪一), 연구공간 수유+너머 동아시아 근대 세미나팀 옮김,『일본 근대의 풍경』, 그린비, 2004.

윤광봉,『朝鮮後期의 演戲』, 박이정, 1998.

이경미,『제복의 탄생』, 민속원, 2012.

이상희,『꽃으로 보는 한국문화』2, 넥서스BOOKS, 2004.

이숙희,『조선후기 군영악대』, 태학사, 2007.

이순우,『정동과 각국 공사관』, 하늘재, 2012.

이유선,『한국양악백년사』, 음악춘추사, 1985.

이정희,『근대식 연회의 탄생』, 민속원, 2014.

이지선,『일본의 전통문화』, 제이앤씨, 2008.

_____,『일본전통공연예술』, 제이엔씨, 2009.

이태진 등,『백년 후 만나는 헤이그 특사』, 태학사, 2008.

이태진,『고종시대의 재조명』, 태학사, 2000.

임미선,『조선조 궁중의례와 음악의 사적 전개』, 민속원, 2011.

전통예술원 음악사료강독회, 책임번역 김종수,『국역 고종대례의궤』下, 민속원, 2013.

정 교, 김우철 역주・조광 옮김,『대한계년사』3, 소명출판, 2004.

_____, 조광 편,『대한계년사』6, 소명출판, 2004.

_____, 조광 편,『대한계년사』8, 소명출판, 2005.

『조선사람의 세계여행』, 글항아리, 2011.

『조선통신사 사행록 연구총서』, 學古房, 2008.

趙恒來,『開港期 對日關係史研究』, 한국학술정보, 2006.

『中國音樂詞典』, 北京:人民音樂出版社, 1985.

한국교회사연구소 역주, 『뮈텔주교일기』 4, 한국교회사연구소, 1998.
『한국과 일본의 서양문명 수용 1910년-그 이전 100년』, 경인문화사, 2011.
『韓末近代法令資料集』 Ⅰ~Ⅸ, 대한민국 국회도서관, 1970~1972.
한영우, 『명성황후와 대한제국』, 효형출판, 2001.
한영우 글, 김대벽 사진, 『昌德宮과 昌慶宮』, 열화당·효형출판, 2003.
한일역사공동연구회위원회 한국측위원회, 『근현대 한일관계 연표』, 경인문화사, 2006.
한철호, 『한국근대 주일한국공사의 파견과 활동』, 푸른역사, 2010.
황기원, 『한국 행락문화의 변천과정』, 서울대학교출판문화원, 2009.
황　현, 임형택 외 옮김, 『역주 매천야록』, 상·하, 문학과 지성사, 2005.

4. 기타 자료

이보형 대담기, 2009.04.07, 11시~12시 자택에서.
알렌부인에게 보낸 연회 초청장, 국사편찬위원회 소장, 등록번호 SJ0003.
알렌에게 보낸 연회 초청장, 국사편찬위원회 소장, 등록번호 SJ0031.
개국오백사년독립기념경연초청장, 국사편찬위원회 소장.

가

가곡歌曲   128, 130, 136, 228, 361

가동歌童   131

가마다 신페이鎌田新平   254

가악歌樂   131

가야금   26, 233

가인전목단   143

가전악   26

간겐管絃   258

갓코   258

강녕전康寧殿   205, 273

강흥준姜興俊   327, 332, 347

강희진姜熙鎭   25, 26

개국기원절開國紀元節   152, 201~206, 208, 209, 212~214,
    218, 220, 223, 224, 226, 234, 235

거문고   233

건원절乾元節   99, 148~156, 160, 161, 163, 166~168,
    173, 174, 269, 270, 272, 274, 276, 287~289, 300

검무   143, 170, 298, 299

게이샤藝者   301

게이코藝妓   280, 297~299

격검擊劍   300

격구擊毬   259, 261

격일擊鈠   172

겹내취兼內吹   159, 166

『경국대전經國大典』   315

경모궁제례   196

경모궁제례악   196

경복궁景福宮   140, 143, 202, 204, 205, 210, 268, 270,
    271~274, 276, 283, 284, 291, 293, 294, 302

경성학당京城學堂   226, 229

경연慶宴   131

경운궁慶運宮   17, 35, 52, 75, 91, 92, 135, 339

경절慶節   38, 148~150, 153, 163, 201, 202, 204

경축가慶祝歌   133, 138, 146, 147, 164, 166, 225, 227,
    229, 231, 234

경회루慶會樓   205, 210, 212, 269~273, 276, 283, 284,
    287, 293, 295

경효전景孝殿   97

계천기원절繼天紀元節   152, 361

고마가쿠高麗樂   257, 258

고선궁姑洗宮   18, 20, 21, 196, 197, 199

고토   258

곡호대曲號隊   90~93, 234

곤원절坤元節   151, 152

공복公服   156~159, 210

관기官妓   130, 142, 143, 298, 299

『관보官報』   48, 89, 154, 155, 173, 190, 210, 288, 311,
    325, 327, 329

관왕關王   181

관왕묘   178, 181, 184, 187, 192, 195

관왕묘 제례악   178, 179, 193, 195, 198

관우關羽   178~181, 184, 189, 196

광교기생조합   130, 143

광대   131, 170, 255, 300

광무대   143

교방사敎坊司   130, 306, 310, 313, 317, 322, 329

구성九成   24, 195, 199

국기國旗   66, 67, 103, 122, 152, 153, 162, 207, 229,
    234, 287

국악사   26, 319~323, 326, 327, 329, 330, 347

국악사장國樂師長   26, 319~323, 326~330, 347

『국조오례서례國朝五禮序例』   21

군복軍服 88, 104, 158

군악軍樂 178, 195, 196, 254, 284, 294, 300, 338, 341~
343, 345, 346, 348

군악대軍樂隊 61, 63, 64, 68, 83, 84, 88~91, 93, 104,
108~111, 117, 132, 142, 144, 146, 161, 166, 254,
267, 280, 297~299, 301, 320, 331~333, 336~341,
343~350, 352, 353, 355, 358, 360~362

군악수 339, 358

군악장軍樂長 339, 342, 345, 347, 349, 353, 355, 358

군악학교軍樂學校 343

궁가宮架 18, 22, 29, 31, 32, 34, 36, 72, 199, 310

기술奇術 171, 172

기악妓樂 66, 131, 140, 220, 228, 232, 284

김기수金綺秀 238~240, 242~257, 259, 261, 262

김대건金大建 26

김부리金富利(長笛) 250

김영수金永壽 17, 22

김영제金寧濟 26, 328

김인길金仁吉 325, 327

김종남金宗南 25, 26, 325, 328

김창록金昌祿 26

김창희金昌熙 327, 332, 347

나

나각螺角 86

나라자키 케이엔楢崎桂園 42, 43, 49, 52, 58, 61, 62

나발喇叭 86

나팔 90, 91

나팔수喇叭手 241, 250

낙양춘洛陽春 61, 64, 68

남려궁南呂宮 18, 20, 21, 196, 197, 199

남묘南廟 178, 179, 184

남무男舞 66

내진연 127, 128

내취內吹 82~86, 88, 89, 93, 104

노부鹵簿 74~76, 82, 83, 95, 101~104, 106~108, 110~
113

농산정籠山亭 272, 277

다

다다이코 258

다동기생조합 130, 143

다이쇼코 258

다이코 258

단성사 143

당상악堂上樂 22, 36

당하악堂下樂 22, 32, 36

대가노부大駕鹵簿 74, 76, 80, 82, 84, 89~93, 103, 104,
107

대금大笒 62, 198, 233

대려궁大呂宮 18, 20~22, 34

대례복大禮服 50, 51, 67, 156, 157, 210, 248, 267, 354,
355

『대례의궤大禮儀軌』 17, 59

대례장大禮裝 157~159, 355

대보단 제례악 196

『대성악보大成樂譜』 20

대수장大綬章 210

『대전회통大典會通』 313, 314, 322

대취타大吹打 89, 159, 166

『대한계년사』 224~226, 230, 231, 233

『대한매일신보』 102, 142, 190

『대한예전大韓禮典』 17, 20, 21, 26~30, 32, 33, 36, 62, 72,
74~76, 82, 83, 89, 90, 93, 101, 104, 125, 197, 198

대한제국 애국가大韓帝國愛國歌 63, 64, 68, 110, 111, 350

덕수궁德壽宮 42, 98~100, 136, 149~152, 155, 157, 158,
159, 160, 161, 174

데오도리手踊 170

도가쿠唐樂 257, 258

독립가獨立歌 277

『독립신문』 91, 213, 214, 216, 217, 224, 225, 229, 230

돈덕전惇德殿 38, 39, 48, 49, 51, 52, 54, 64, 65, 67, 94,
149, 160, 161

동가動駕 75, 83, 88, 95, 96, 99, 100, 107, 112, 113

동묘東廟 178, 179, 184, 191

동적전東耤田 97, 98

드럼 90, 91

등가登歌 18, 22, 28, 29, 34, 36, 199

쏘리가와　109, 110, 111

라

류테키　258
리드 오르간　217

마

마상재馬上才　261
막차幕次　210, 211
만복의 근원 하나님Praise God, from Whom all blessings flow
　　216
만수성절萬壽聖節　99, 117~126, 128, 130, 131, 134~137,
　　139, 140, 142~147, 151, 152, 268, 270, 272, 274,
　　336, 338, 361
만자이라쿠萬歲樂　258
명성황후明成皇后　73, 97, 173, 181, 208, 265
명완벽明完璧　25, 26, 325, 327, 328
명호진明鎬震　26
묘사서고일廟社誓告日　152
무고　142, 143
무궁화가　217, 219
무동舞童　66, 126, 134, 166, 170
무명색　143
무무武舞　18, 34, 199
문무文舞　18, 34, 199
『뮈텔주교일기』　224, 230, 233

바

바이올린　232, 233
박무경朴茂卿　228
박용대朴容大　41, 42, 46
박춘섭朴春燮(短笛)　250
『배재백년사』　216, 217
배재학당培材學堂　215~218, 220, 224, 226, 229

백우용白禹鏞　108, 111, 327, 332, 347
법가노부法駕鹵簿　74, 84, 104
『법규류편法規類編』　50~52
변세창　130
봉상사奉常司　308, 309, 313, 316, 322, 324, 329
북　232, 233
북묘北廟　178, 179, 181, 184
북춤　143
분웅奮雄　178, 195
비와　258
비원　140, 142, 150, 167, 169, 268, 269, 271, 287, 299
비파　233

사

사모紗帽　50
사악賜樂　227, 228
사이바라催馬樂　258
사자무　143
사자춤　143
사진첩　173, 288, 300
산대 잡상　170
삼의사三義祠　179
삼패　131, 143
삼현육각　234, 298
상마연上馬宴　245
상선연上船宴　243~245, 256, 259, 261
생황　134
서남순　130
서묘西廟　178
『서순행일기西巡幸日記』　108
서양음악西洋音樂　64, 68, 133, 146, 234, 239, 254~256,
　　262
서재필　218, 219
석고단石鼓壇　14
선유락　143, 300
성악聲樂　131, 171, 228
성진무　143
세악수　82

『세조실록世祖實錄』 22
소가노부小駕鹵簿 74, 75, 84, 104
소고小鼓 134
소동小童 241
소례복小禮服 50, 156, 157, 160
소무昭武 178, 195
소요정 142
소학교小學校 226, 229
『속대전續大典』 315
쇼 258
쇼코 258
수공화首拱花 227
수신사修信使 238~240, 242, 244~246, 248~251, 253,
    255~257, 259, 261
『수신사일기修信使日記』 240
수연장 143
수옥헌漱玉軒 46, 135, 186
수품手品 170
수화지곡壽和之曲 18
숙화지곡肅和之曲 18
순명효황후純明孝皇后 97
순행巡幸 69, 98~100, 106~108, 111, 247
숭의묘崇義廟 178, 179, 181~190, 192, 195, 197, 200
『숭의묘의궤崇義廟儀軌』 185
숭의묘제례 178, 191~193, 195, 198~200
승도繩渡 172
승무 142, 143, 144
승재정勝在亭 142, 277
신경선申敬善 228
신기선申箕善 47, 182, 231
『신정심상소학新訂尋常小學』 122
15궁 20, 21, 35, 36
12장복 39

아

아부악장雅部樂章 21
아악雅樂 22, 178, 195, 196, 198, 200
아악기雅樂器 26

아악사雅樂師 26, 320, 321
아악수장雅樂手長 26
아즈마아소비東遊 258
아펜젤러Appenzeller, Henry Gerhard 215, 216, 218~220,
    223, 235
악공樂工 83, 128, 130, 131, 142, 227, 231, 241, 250,
    299, 308, 313, 315, 329, 339
악공청樂工廳 64
악사樂師 26, 128, 130, 227, 298, 318~325, 327, 329,
    347, 351, 355, 356, 358
악사장樂師長 108, 318~320, 322~329, 347, 355, 356, 358
악생樂生 128, 130, 313, 315, 329
『악서樂書』 27
악실樂室 52, 64
악장樂章 22, 31, 32, 36, 126, 192, 193, 228, 254
『악학궤범樂學軌範』 21, 227
안춘민 130
안화지곡安和之曲 18
애국가愛國歌 38, 55, 57, 61, 64, 109~111, 133, 138,
    146, 147, 152, 218, 225, 229, 230
야진연 127, 128
양악洋樂 117, 132, 133, 144, 146, 166, 170, 254, 283,
    297, 299, 300, 332
어차御車 157, 158, 248
엔기라쿠延喜樂 258
엔료칸延遼館 243, 244, 246, 248, 253, 256
여령女伶 128, 130
여령영솔인女伶領率人 128, 130
여민락령與民樂令 61, 64, 68
여민락만與民樂慢 61, 64, 68
여민락與民樂 231, 232, 234
연경당衍慶堂 142, 266, 271, 272, 277, 280, 283
연미복 156, 157, 160
영관靈觀 178, 195
영화당映花堂 142, 280, 283
예기預妓 143
예복禮服 50, 59, 157, 158, 210, 214, 354
예식원 310, 311, 313, 318, 325
예화지곡豫和之曲 18
옥류천玉流泉 271, 272, 277

올링거 부인Bertha Schweinfurth Ohlinger　216~218

올링거F. Ohlinger　216

옹화지곡雍和之曲　18

외부外部　125, 142, 184, 206, 207, 334, 337

외진연　127

원각사　143, 264

원유회園遊會　140, 142~144, 149, 150, 167~170, 172, 173, 175, 263~268, 270~277, 279, 280, 283, 287~290, 293~295, 297, 299~302

월금　233

유비劉備　178~181, 184, 189

유상룡柳尙龍(長鼓)　250

유술柔術　171, 172

육성六成　18, 21, 22

육일무六佾舞　33, 72, 199, 200

『육전조례六典條例』　313~315, 322

윤치호尹致昊　206, 208, 215, 216, 219, 225~227, 231, 232

을미의숙乙未義塾　277

음양합성지제陰陽合聲之制　22

응화지곡凝和之曲　18

의효전懿孝殿　97

이남희李南熙　327

이운이李雲伊(嵆琴)　250

이용응李允用　102, 104, 150, 168, 231

이재순李載純　16

이종명李鍾明(鼓手)　250

이토 히로부미伊藤博文　46, 99, 142, 173, 243

인정전仁政殿　154, 156, 273

『일동기유日東記遊』　240

일자일음식　22

ㅈ

잡가　170

장계춘　130

장고長鼓　86, 198

장고杖鼓　86, 233

장례원掌禮院　61, 86, 108, 180, 298, 306, 308~312, 317, 318, 324, 347, 348, 355, 358

장비張飛　178~181, 184, 189

장생보연지무　143

장악과掌樂課　61, 64, 142, 144, 298, 299, 306, 311, 313, 318~321, 325, 329, 347, 348, 355, 358

장악기관掌樂機關　61, 306~309, 311~313, 316, 318~324, 329, 331

장악부掌樂部　85, 86, 306, 312, 313, 321, 329

장악원掌樂院　61, 83~85, 225, 226, 228, 231, 232, 277, 306, 308, 309, 312~316, 329

장악원 제조提調　313, 315, 322

장악제조　318, 319, 322~325

적전의례耤田儀禮　97, 100

전별연餞別宴　242, 243

전부고취前部鼓吹　82~84, 104

전악典樂　25, 26, 128, 130, 299, 313, 315, 321~323, 329

전연餞宴　256

전정궁가殿庭宮架　61, 62, 64, 68, 125

절월수節鉞手　241

정용환鄭龍瑍(煥)　25, 26

정재呈才　126, 128, 136, 143, 144, 146, 170, 228

정준환鄭駿瑍　25, 26

정학기鄭學基　228

『제국신문帝國新聞』　180

제등행렬　149, 152, 161, 162, 164, 166, 167

제등회　149, 150, 152, 161

제실음악대帝室音樂隊　320, 347

조복朝服　50

『조선악개요朝鮮樂槪要』　193, 195

조중응趙重應　172, 173, 290

존덕정　142, 271, 272

『종묘오향대제宗廟五享大祭』　185

종묘제례악　196

좌방전악左坊典樂　128, 130

『주례周禮』　21, 22, 32, 35, 36

주사主事　315~318, 322, 324, 325, 329

『주연집珠淵集』　185

주일공사駐日公使　239

주합루宙合樓　142, 173, 271, 272, 277, 290, 300

줄타기 170, 173, 288, 300, 302
중화지곡中和之曲 18
즉위기념장卽位記念章 48
즉위예식일卽位禮式日 38, 152
즉조당卽阼堂 47, 48, 125
『증보문헌비고增補文獻備考』 193
진양 26, 27
『진연후상격발기進宴後賞格發記』 128
진장명陳長命(短笛) 250
집사악사執事樂師 26

ㅊ

차일遮日 222~224, 231
찬송가 133, 146, 147, 216, 217, 220, 234, 332
『찬송가』 216
『찬양가』 216
창가唱歌 66, 202, 214, 216, 224, 234, 332
창경궁昌慶宮 100, 169
창덕궁昌德宮 75, 106, 107, 136, 140, 142, 150, 153~
    156, 158~160, 168, 169, 174, 266, 268, 270~273,
    276, 277, 279, 287, 289, 302
창부倡夫 172, 301
『창사기행滄槎紀行』 240
창시노름 301
천수경절千壽慶節 148
천수성절天壽聖節 148, 151
천신강신악조 35
천신강신악天神降神樂 21
청의정 142
『춘관통고春官通考』 26~31, 83
춘앵전 143
취고수 82
취타吹打 234
취한정 142
친위대親衛隊 81, 103, 339

ㅌ

타구打毬 259, 261
태극정 142
태극훈장太極勳章 111
태평소 178, 195, 198
통신사通信使 239~242, 244~247, 252, 255, 259, 261

ㅍ

파고다공원 270, 271, 349, 362
팔각정 362
팔선상八仙床 207, 223
팔음八音 29, 32, 36, 198
팔일무八佾舞 33, 34, 36, 72, 198, 310
펜튼John William Fenton 254
포구락 143
풍금 217, 218, 350
플라졸렛 232, 233
플루트 232, 233
피리觱篥 26, 62, 198, 233

ㅎ

하선연下船宴 243, 244, 253, 255, 256
하프 232, 233
학무鶴舞 143, 173, 288, 300
『한국정미정변사韓國丁未政變史』 49, 52
함녕전咸寧殿 149, 159
함유재咸有齋 125
함재소咸在韶 25, 26
함재영咸在鍈 26
함제홍咸濟弘 26
함화진咸和鎭 26
항응영무 143
항장무 142, 143, 173, 288, 300
『항한필휴航韓必携』 240, 248, 251, 257
해금奚琴 62, 198, 233

행악行樂　95, 104, 110, 113

향령　143

향사이정법享祀釐正法　152

헌선도　143

협률과協律課　306, 309, 310, 313, 317, 322, 324, 329

협률사協律社　143, 264

협종궁夾鍾宮　18, 20, 21, 24

호적胡笛　134

호적號笛　86

홍필원洪弼源　228

환구단圜丘壇　14, 15, 17, 18, 26, 35, 39, 59, 68, 76, 81, 91, 96, 120

환구제례악圜丘祭禮樂　15, 17, 18, 21, 22, 25, 35, 36

환구제圜丘祭　14~19, 21, 26, 35, 36, 267

황궁우皇穹宇　14

『황성신문皇城新聞』　51, 52, 61, 104, 131, 142, 172

황종궁黃鍾宮　18, 20~22, 34, 196, 197, 199

황태자야연　127, 128

황태자회작　127, 128

후록코트　50, 51, 156, 157, 268

후부고취後部鼓吹　82, 83, 84, 104

휴대용 오르간Portative Organ　217

흑단령黑團領　247, 250, 252

희화지곡熙和之曲　18

히치리키　258

A

Auld Lang Syne　217, 219

Old Hundredth　216

대한제국 황실음악
전통과 근대의 이중주

초판1쇄 발행 2019년 4월 18일

지은이 이정희
펴낸이 홍종화

편집 · 디자인 오경희 · 조정화 · 오성현 · 신나래
              김윤희 · 박선주 · 조윤주 · 최지혜
관리 박정대 · 최현수

펴낸곳 민속원
창업 홍기원   **편집주간** 박호원
출판등록 제1990-000045호
주소 서울 마포구 토정로 25길 41(대흥동 337-25)
전화 02) 804-3320, 805-3320, 806-3320(代)
팩스 02) 802-3346
이메일 minsok1@chollian.net, minsokwon@naver.com
홈페이지 www.minsokwon.com

ISBN   978-89-285-1298-0
S E T   978-89-285-0359-9   94380